TROPICAL

WITHDRAWN

FISH

in

YOUR HOME

By Herbert R. Axelrod and

William Vorderwinkler

G. J. M. Timmerman, *Photographer*

STERLING PUBLISHING CO., Inc.   New York

WARD LOCK & COMPANY LTD.   London

Contents

Twelfth Printing, 1972
Copyright © 1960, 1956 by Sterling Publishing Co., Inc.
419 Park Avenue South, New York, N.Y. 10016
British edition published by Oak Tree Press Co., Ltd., Nassau, Bahamas
Distributed in Australia by Oak Tree Press Co., Ltd.,
P.O. Box 34, Brickfield Hill, Sydney 2000, N.S.W.   7061 2128 7
Distributed in the United Kingdom and elsewhere in the British Commonwealth
by Ward Lock Ltd., 116 Baker Street, London W 1   7063 1010 1
Manufactured in the United States of America   *All rights reserved*
Library of Congress Catalog Card No.: 56-7698
ISBN 0-8069-3710-6
3711-4

1. A Living Picture

Beautiful jewels of color and motion, graceful courtship amidst rich green plants, fascinating habits and exotic personalities—all in a single aquarium. That is reason enough for some 20 million people in America to maintain tropical fishes in their homes, but there are other reasons, too.

Doctors and dentists have long known the value of having an aquarium in their waiting rooms. It helps relax their patients and soothes their nerves. Some psychologists even prescribe the hobby for nervous people, or for those whose ailments require them to take long rests. Patients with eye trouble who must exercise their eye muscles have often been given an aquarium with some very active fishes, such as the Danio species, to watch. This has been found much less tedious and boring than long series of eye exercises, and has in most cases given better results.

The aquarium hobby is also a fascinating and simple approach to teaching natural history to children. Parents, instead of using the "birds and bees" lecture, which they often do not tell easily, can present the so-called "facts of life" in a natural and even fascinating manner by letting the children have an aquarium and a few pairs of inexpensive and colorful live-bearer fishes. More often than not, the parents too are ensnared by the charm of the fishes.

It is the purpose of this book to introduce you to the tropical fish aquarium, its inhabitants, its plants, and to the easy way in which it can be maintained.

SOME FALLACIES

There are many mistaken notions about aquarium keeping. Let us take up the prevalent ones, and see if there is any truth to them.

Fallacy Number One:

First of all, there is the fellow who looks at a large aquarium and says:

"What a lot of mess and bother it must be to change all that water!"

Well, if you had to, it would be. However, a properly kept aquarium need *never* be changed. True, there is a certain amount of evaporation which has to be compensated for now and then by adding fresh water. Naturally, if you wish to move the aquarium from one place to another, you must remove most of the water. If this is done, it is best to save the water that was taken out and put it back after moving. Changing water is done only in extreme cases: if the water has become fouled or is laden with disease bacteria, but generally not otherwise.

Fallacy Number Two:

"I wouldn't want one of those smelly tanks in my house!"

If they were smelly, no one would want them. An aquarium which gives off an unpleasant odor has something very much wrong with it—the result is that the water becomes foul. This may be due to a number of things, but about 90% of the time the fault lies with the misplaced generosity of the Lady (or Lord) Bountiful who dispenses the good things to eat. A fish can go a long time without being fed. Overfeeding to the extent that there is uneaten food left is a practice which is sure to bring on disaster, and quickly, too.

Fallacy Number Three:

"Aren't they beautiful! I'll bet they're awfully expensive!"

Wrong again! If they were expensive, would so many people be able to afford them? Most of the popular aquarium fishes can be bought for about 75¢ apiece. Some cost considerably less. True, there are a few rare species which represent a much bigger outlay, but these are the less attractive fishes. Here's how it works: a beautiful species of fish which is easy to breed is bound to be kept and bred by a great many people; the brisk demand for this beautiful fish is also the green light for the hatcheries to produce the species in large quantities. Suddenly this fish, beautiful as it is, becomes so commonplace that it is no longer a novelty, the demand lessens rapidly, and the price becomes ridiculously low.

The Neon Tetra, before people found out how to breed it, was a very expensive item imported from far up the Amazon. This little beauty, easily the most brightly colored of all aquarium fishes, is now bred extensively. A New York dealer recently offered them at a retail price of 5 for $1. Like all collectors' items, aquarium fishes are more apt to be priced according to their rarity rather than their beauty.

Fallacy Number Four:

"You can't keep those things! I had a friend who had a lot of fish and they died one after the other!"

This man's friend probably didn't believe in taking advice, either from a book or from someone who could tell him what he was doing wrong. You don't have to be a trained biologist, ichthyologist or any other sort of "-ologist" to maintain an aquarium successfully, and even be able to breed and raise most of the fishes available today. All you need is to follow a few common-sense rules, and your chances of success are almost certain. The thrill of seeing your fishes propagate under conditions which you provided is a never-ending source of satisfaction, one which never palls.

There are other fallacies which you may hear about aquarium keeping. Some of these might be hangovers from the days when the aquarist had much less equipment to work with, and when the equipment he had was much less dependable and more expensive. The fact still remains that the fish hobbyist has much more fun per dollar than any other hobbyist you could name. Many aquarists make enough profit on the surplus stock of fishes they raise to offset all expenses. How many people do you know with a hobby which pays for itself?

New York Zoological Society photograph by Sam Dunton

2. Setting Up the Aquarium

THE SHOW TANK

The kind of aquarium we are concerned with in this chapter is the show tank. This is an aquarium in which effort is made to create a beautiful background for beautiful fishes. The fishes are selected for their colors or other interesting characteristics, and the aquarium is to show them off to the utmost.

If several species of fishes are grouped, this becomes what is known as a "community aquarium." There are some fussy people who insist that, in order to conform with a true natural setting, you should confine your tank to fishes which are native to the same area. This gives a rather narrow scope, however, and most of us are likely to put together fishes from all corners of the globe, as long as they get along with each other.

There are some fishes whose beauty or interesting characteristics make them desirable in spite of their somewhat disagreeable habits when placed with strangers. These should be kept in separate tanks, if your interest in them is great enough to warrant keeping them at all.

UTILITY AQUARIA

There are special tanks also which are set up with a utilitarian purpose in mind. For instance, the hobbyist who wants to be sure he is not contaminating his aquarium with disease when new fishes are purchased will set up a "quarantine tank." Here he keeps his new purchases for a week or so. If the fishes remain healthy, he will then consider them safe to join the others.

Then there is the so-called "hospital tank" where fishes which contract disease are put in an effort to cure them.

Another type of aquarium is the "breeding tank." Here we set up conditions which will permit our fishes either to give birth to their young or to lay their eggs in the manner to which they are accustomed. Sometimes this breeding tank is not large enough to accommodate the youngsters when they begin to grow; they are then placed in a "raising tank."

The proper way to set up these utility aquaria varies, and will be taken up in the proper sections. However, we still have the community or show tank to consider, so let us proceed to a few pointers which will help in setting up aquaria in general.

PLACING AND LIGHTING THE TANK

In the first place, you must consider location. The ideal way to see a fish in all its colors is to have the sunlight shining on the tank from behind the observer. If it is at all possible to place your aquarium in such a location, and if the light is not too strong, you have perfection. Some of the color which you see when you look at a fish is refracted or bounced back; if the light is in a position where it will not bounce back, these delicate shades are lost. Remember, a diamond looks like a piece of glass unless it is held so that you can see its refracted colors.

Lighting the aquarium at night presents less of a problem. There are reflectors made to fit across the front of the aquarium, which come equipped with either incandescent or fluorescent lights. The incandescent lights are very satisfactory. Avoid getting the so-called "daylight" blue-tinted tubes if you purchase a fluorescent

Photo by Laurence E. Perkins, taken at Aquarium London

It is possible to use bog plants in an aquarium and have them grow
out of the water.

fixture, as this gives a cold light which washes out many of the
attractive blues and yellows in the fishes. There is a fluorescent tube
known as "warm white" which will give a much better result.

Another thing you must check before filling the aquarium is
whether or not it is standing level. The pressure is unevenly divided
in a tilted aquarium, and leaks can be the result.

If you have a good, solid table for your aquarium, fine and
dandy; if you decide to get yourself an aquarium of larger capacity,
say 15 or 20 gallons, you will probably want to get a matching
stand, which fits the bottom of the aquarium perfectly, and provides
a good, solid foundation. A stand usually has the added feature of
having a shelf underneath, where another aquarium may be added,
if desired.

SHAPE OF THE TANK

There are torture chambers which come under the heading of
"fish-bowls." Many thousands of these are still in use, many of
them with goldfish in them, gasping at the surface for air. A bowl
which bulges at the sides gives a smaller surface at the top than

at the widest point, and is a trap for carbon dioxide gas. A fish breathes oxygen and gives off carbon dioxide, just as humans do, and when there is an oversupply of carbon dioxide, the fish is in trouble. Oxygen is absorbed by the water at the surface, but when the surface is small, the oxygen content of the water is greatly reduced.

The most sensible aquarium is a rectangular, metal-framed receptacle. This provides a water surface which is exactly even from top to bottom, and there are no curved glass surfaces to distort the shape of the fishes. You may be tempted to purchase an aquarium at a "bargain" price. This will get you an aquarium with a frame of thin, galvanized iron which has been painted; it may also have a weak, possibly flawed slate bottom. A tank like this may give satisfactory service for years, but sooner or later the paint will scratch off and give way to ugly rusty spots. A slightly higher outlay will give you a tank which has a stainless steel frame, a heavier slate bottom and better glass. Don't forget, you are buying something which will give you pleasure for many years.

This is the proper size gravel to use. If your gravel is too fine, it will not allow the plants to root properly; if too coarse, it will allow uneaten food particles to decay.

Photo by Mervin F. Roberts

GRAVEL FOR THE TANK

Now your aquarium is ready to be filled. Your first concern is to provide gravel as an anchor for the plants which you intend to use. A happy medium is called for here. If gravel which is too fine is used, the plant roots will have trouble pushing their way through it. On the other hand, if coarse gravel is used, fish detritus and uneaten food will settle down through it resulting in foulness. A medium gravel, with grains about the size of the small "o" in this print, is about right.

Take enough of this gravel to cover an even inch of bottom, and pour it into a dishpan or a bucket. Set it where the receptacle can overflow and turn on your hose or faucet just enough so that you can push the nozzle or stream of water around in the gravel and loosen the dust-fine particles enough to overflow with the water. When the water comes clean, your washing chore is done. Pour the

After the gravel has been washed in a clean pail, pour it into an unfilled aquarium so you can mold it without stirring up the debris in the water.

Photo by Mervin F. Roberts

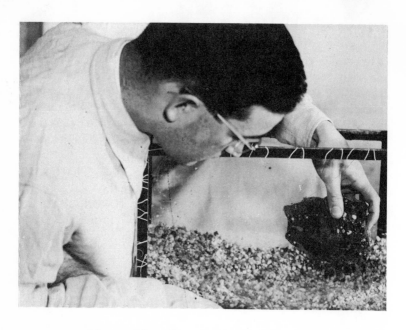

After molding the gravel, set in the rocks.

wet gravel into the aquarium, pushing it back from the front center so that it is deeper at the sides and back. There is a double reason for this: it gives deeper rooting for the plants, and secondly, all the trash will gather at the front, where it can be seen easily and removed by siphoning. When pouring the water in, place a sheet of white paper over the gravel and pour the water gently into a cup on the bottom, letting it overflow onto the paper, so as not to disturb the gravel, then remove the paper.

DECORATING THE TANK

Decorating is a matter of taste. In the old days, it was fashionable to put a lot of marbles, small castles, porcelain mermaids, and the like, into an aquarium. We still see many with decorations—divers, sunken ships, treasure chests—on the bottom. However,

The finished aquarium should look something like this . . . an imitation of nature.

most aquarists prefer to landscape or "aquascape" their tanks by creating a natural setting with rocks and plants.

You have a large selection of plants from all parts of the world to work with. A living picture can be created which equals any underwater scene in beauty. Of course, here again the purists might disapprove if the plants in one aquarium come from such varied places as Asia, Africa, Australia and South America. You can still create a lovely picture and limit your plants to those from certain areas, as well as fishes from the same areas. (More on this later.)

Where rocks are concerned, there are a few words of warning which must be heeded. A rock should not add anything to the water. Therefore those which contain minerals or those which are of a limestone nature will make the water very alkaline and are definitely "out." Rocks of a basaltic nature, or non-metallic rocks such as sandstone or granite, may be used safely. Here is a chance to give scope to your artistic ability by creating a background, using the rocks to set off the plants.

PLANTS FOR THE AQUARIUM

Your aim in setting up your aquarium is to try to imitate the natural surroundings of the fish you are keeping for pets.

In general, use the taller plants in back, and the shorter ones in the foreground, leaving an open space where the fish can show themselves.

Plant your aquarium when it is about one-quarter full of water. (If you already have your tank set up, remove some of the water and keep it in a container to add back later.) Push your rooted plants down so that the roots are well spread in the gravel and all buried. The unrooted plants should have the cut ends buried about one half inch in the gravel, where they will soon anchor themselves. Once the planting is done, add back the "aged" water by pouring it gently into an old saucer or cup standing in the open part of the aquarium. This will deflect the wash of the water upward instead of washing out the roots you have just buried and spoiling all your work.

Don't ever shock your tropical plants by using cold water! Temper it to about room temperature before pouring it in. Never add fresh water! It must always be aged. Water is too fresh if used out of the tap and will give much trouble, especially if it is chlorinated for drinking. Chlorine will kill fish and plants alike. Water, unless from a clean pond, must be allowed to set at least three days in some other container before it is used in the tank. This aging process may be speeded up with the help of tablets which de-chlorinate the water, available from most dealers.

SELECTING YOUR PLANTS

Different plants grow well in different types of aquarium settings. The depth to which they are planted, as well as the light they are to receive, is very important to consider before they are pur-

Cabomba caroliniana (fanwort) is a popular, low-priced aquarium plant, native to the southern states.

chased. Let's take a look at the various plants which are available for the home aquarium:

Cabomba caroliniana, commonly called simply "Cabomba," is native to the southern part of the United States. It is usually available at low prices from most dealers. Cabomba is a lovely plant that can be bunched with 5 or 6 strands. The fan shaped appearance of the leaves may have suggested its popular name, "Fanwort." This plant needs plenty of light and gets stringy when light is not available. If a tank is placed near a window where north light is always available during the daylight hours the plant will do very well.

When planting, snip off the bottom inch or so of the plants and place them about an inch into the sand so they may take root and not float up.

Elodea, or more scientifically, *Anacharis canadensis,* is another popular plant in home aquaria. This is one of the most common North American aquatic plants, and has been introduced in European waters. Cultivated plants are priced reasonably, are usually

Three kinds of *Myriophyllum* (milfoil), an excellent hiding grass for the new-born young of live-bearing fishes, and an excellent spawning medium for most egg-scattering fishes.

available, and will be found to be more attractive and grow better than wild plants.

Since *Elodea* and *Cabomba* grow to very long lengths under the proper conditions, it is wise to plant them to the rear of the aquarium so they will not grow in front of the smaller plants.

Milfoil, or *Myriophyllum spicatum,* is a plant closely resembling Fanwort, but is much more delicate in its lacy leaves. It, like all plants, will grow toward the light, so it is best to plant it in the back or on the sides of the aquarium where the most light is allowed to enter. It is fast-growing and is widely used to help egg-laying fishes to spawn. This plant has a wide distribution throughout the warmer portions of North and South America. Usually available at low prices.

Vallisneria spiralis is the most popular species of aquatic tape grass. It is native to the southern United States and is also found in Southern Europe. It grows very well in a moderate light, and when conditions are to its liking will propagate freely by sending out runners from the base. These runners take root at intervals and result in a whole series of new plants. Usually sold by the dozen at a moderate price. (See photo on page 20.)

Sagittaria natans resembles *Vallisneria,* but has wider, sturdier leaves. It is a little more difficult to grow, and propagates in the same manner as *Vallisneria,* but not as rapidly or as readily. Native to the southern United States, it is usually available at moderate prices.

The *Cryptocorynes* comprise a family which includes about 40 species of plants, some narrow-leaved, and some wide-leaved. They are native to the Malay Archipelago, and usually sell at a fairly stiff price. The reason is that these plants grow and propagate very slowly. This fact is offset by the beauty of these plants. Another item in their favor is that they grow best in about one-half the light required by other aquatic plants. When well established in condi-

Sagittaria (arrowheads) is available at moderate prices and is a beautiful plant with wide, sturdy leaves.

tions to their liking, these plants will live for years and propagate regularly by sending up shoots from their root-stock.

Echinodorus intermedius, or more commonly the Amazon Sword Plant, is an ideal center piece for a tank deep enough to maintain it. It is senseless to place an Amazon Sword Plant in a tank less than 12 inches deep. The plant will grow to 2 or 3 feet tall, depending on the depth of the water. It should be planted with the crown above the sand line and it sometimes needs to be weighted with a piece of lead until it roots.

It is truly the prince of aquarium plants and a good reproducer. The Amazon Sword Plant will make an attractive setting as it grows daughter plants all around it. When a runner starts going out, it is wise to weight the runner into the sand with a small rock or a piece of lead. The daughter plants may be severed from the parent plant as soon as they root.

As the name indicates, this attractive plant comes to us from the Brazilian Amazon region. It is usually available from most dealers, and prices vary according to the size of the plants.

A young Amazon Sword Plant.

This exceptional photograph shows a Neon Tetra swimming past the open flower of a *Cryptocoryne* plant. (Note the unopened blossom.)

This Corkscrew Val is a variety
of *Vallisneria spiralis* which has
leaves that curl around.

Some floating plants like *Lemna minor* and *Spirodela polyrhiza,*
the familiar Duckweed, are usually only a nuisance and should be
avoided. Sometimes they, as well as *Riccia, Salvinia, Utricula minor*
and *Eichhornia crassipes,* the Water Hyacinth, are used when one
is trying to encourage the fishes to spawn.

CARE OF PLANTS

Never use humus or soil of any kind to "fertilize" your plant-
ings. The fish will take care of that job. If the plants begin to lose
their green color and get stringy this simply means that they are
not getting enough light and more light should be offered them.

(Above) *Salvinia*, a floating plant. (Below) The proper method of planting rooted plants requires a half-full aquarium, or else your hand will cause an overflow.

3. Water

As we all know, water is composed of two parts of hydrogen, and one part of oxygen. This is water in its pure state, distilled water. In its natural state, there are many impurities mixed in, just as in the air we breathe. For our fishes, we must keep the impurities under control.

ACIDITY AND HARDNESS TESTS

There are two conditions of water which we are concerned with as aquarists. One is whether the water is acid, neutral or alkaline; the other is whether the water is hard or soft.

In order to determine acidity or alkalinity, there are several types of kits on the market known as pH kits. The usual kit consists of a small vial into which a sample of aquarium water is poured, and then dyed with a special preparation. The water is then compared with a color chart which goes from blue through green to yellow. Blue water shows alkaline, green neutral, and yellow acid. Fishes need neutral or slightly acid conditions.

Whether water is soft or hard can be determined roughly without the aid of a kit. If the water from the tap does not lather readily, or leaves a ring in the bathtub which is difficult to remove, you have hard water. Most fishes require soft water, so if your water is hard you must do something about it. But first you must know more exactly how hard the water is.

There are two types of test kits which determine the amount

of hardness in water. The simpler of the two consists of a graduated beaker and a bottle of liquid soap. A measured amount of aquarium water and a specified number of drops of the soap are placed in the beaker and the mixture is shaken up vigorously. The height to which the suds rise in the beaker is an accurate indication of the degree of hardness which the water has.

Another kit consists of three solutions and a small vial. The water to be tested is poured into the vial, and a specified number of drops of the first two solutions are added. This results in a deep purple solution. Then the third solution is added drop by drop. The water which was purple will suddenly turn blue, and the number of drops which it took to do the trick gives you the number of degrees of hardness of the water. The ideal aquarium water for all-around use should show no more than 10 degrees of hardness.

CONTROLLING WATER CONDITIONS

Suppose your water is hard and alkaline, as many tap waters are. You have one of two courses to choose: you can look for a natural source of soft water, such as an uncontaminated pond or brook, or you can correct your water artificially. If you seek a natural source, take your kit along, and make a test on the spot. A body of fresh water which has a fish population can be assumed to be fairly free of contamination.

There is another source of good aquarium water, and that is Jupiter Pluvius. Rain water is usually quite acid, and very soft. If you gather rain water, wait for a heavy fall, and do not catch it until it has rained for a while. The dust on a roof and in the air can be a real source of contamination, and should be allowed to wash away first. The rain water you finally collect should then be allowed to stand in a non-metallic container until clear. Then it can be separated from any settlings by pouring it off or siphoning it out. If a test shows that the resulting water is highly acid still, add alkaline tap water until the mixture is only slightly acid.

Recently, there came on the market a method by which hard water could be rectified artificially. One can now purchase a bag which contains a small quantity of acrylic resin crystals. This bag can be hung in the aquarium water for a few days until a test shows that the proper softness has been attained. For most fishes, between 5 and 10 degrees of hardness is proper. A few species require less or more for breeding. (These will be pointed out in their individual descriptions.)

You will probably find that as your water gets softer, it turns more acid. If it does not, it may be necessary to add a little acid solution. The least harmful, it has been found, is a brew made by boiling a handful of peat moss in about a quart of rain water and then allowing the result to settle. The boiling should be done in either an enameled or Pyrex container. The clear, dark-brown fluid can be bottled and kept indefinitely, and should be added to the tank water a little at a time until the proper acidity is attained. It may stain the water a light amber color, which is not unpleasant once you have become accustomed to it.

Adding tap water generally will turn your water to the alkaline side. You are aiming to get neutral or slightly acid tank water.

CHLORINE

Tap water usually contains some chlorine, which could do harm to your fish if they are added to tap water too soon. But chlorine soon leaves the water as it is allowed to stand, especially if the water is agitated by means of aeration or a filter. This is the big reason why water should be "aged" before putting fish into it.

In some districts, sodium fluoride is now being added to water as a means of preventing tooth decay. Here we have a double problem, that of getting rid of both the chlorine and the fluoride, which does not leave the water as a gas as chlorine does.

There are several chlorine and fluoride neutralizers on the market which do a good job chemically. These should be used where there is fluoridation, and may be used to speed up the de-chlorination process where there is only chlorine in the water.

When letting the water stand, be sure to use a wide-mouthed container. If a large bottle of the carboy type is used, fill it only to the point where it begins to narrow toward the neck. See

Page 14 for more on this subject in regard to plants and filling the tank.

OTHER IMPURITIES

Sometimes it happens that water will turn cloudy. A microscopic inspection will show that it harbors immense quantities of protozoan life. This sometimes happens in a newly set-up tank; however, it will clear up in a day or two. Protozoan life requires food, and in an empty tank this is rapidly exhausted and starvation clears them out.

Cloudy water in an established tank is a different matter. Here there must be a cause. The most common one is overfeeding; the uneaten food decays and provides sustenance for the swarms of protozoan life which cloud the water. A neglected tank with too much debris on the bottom is also very likely to develop this condition. A dead fish lodged somewhere out of sight can also be the culprit. In any case, the cure is the same: remove the cause. Siphon the decayed matter off the bottom and replace the water which was removed in the process with clean water. Dead fish, snails or plant leaves should of course be removed.

Cloudiness can be caused by infusoria, seen here magnified.

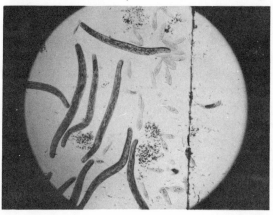

4. Aquarium Accessories

Now that you have the aquarium set up and ready for its finny occupants, you have to take stock of your other necessary equipment. In the first place, you will need a net. Don't get a very small one. One which is large enough to make fish-catching easy will save much wear and tear on the fishes, and on your own nerves.

An enameled pail is often very handy, as is a six-foot length of rubber or plastic hose. The pail is for transporting water, and the hose for siphoning water when you give your tank the occasional cleaning or change of water which it requires. If your aquarium is a small one, all you need for a satisfactory cleaning job is a dip-tube—a tube with a chamber on one end. You push down the chamber end to the bottom with your finger closing the upper end. Lifting your finger causes the water to rush into the chamber, carrying with it the dirt you want to pick up. Then you lift up the chamber and dump the dirty water into the waiting pail.

Certain fishes are adept at jumping out of the water. In order to curb this exuberance, you will find it necessary to cover the exposed top part of your aquarium with a piece of glass. If you are using a reflector with incandescent lamps for lighting, do not use a cover glass which extends all the way over the top. If the reflector is placed on top of the glass, a great deal of heat will be generated and the glass will crack. So, bring your glass up to the edge of the reflector. If you use a flourescent light reflector, much less heat will be generated, and you can put the reflector on top of the glass.

HEATERS ·

The next problem is how to heat your aquarium comfortably for your fishes. This is usually no problem in the summer months, when there is heat aplenty. In the winter, however, we must provide our aquarium with an artificial source of heat. Before the days of electricity, tanks were heated by little lamps or gas flames under the base, and woe betide the aquarist who forgot to fill the lamp on a chilly night! Now we have dependable electric heaters with thermostatic controls which can be set so the water is heated to exactly the right temperature.

Heaters come in various wattages, for different sizes of aquaria. To figure the wattage required, multiply the gallon capacity of your aquarium by 5 watts; for example, a 10-gallon aquarium requires a 50-watt heater.

The over-all temperature range at which practically all tropical aquarium fishes are comfortable is 76° to 78°. This brings us to another piece of necessary equipment: an aquarium thermometer. This either floats in the water or is set on the bottom. (Do not expect an accurate reading from a floating thermometer which is near a light bulb.)

AIR PUMPS

Now we come to the question of whether or not to have aeration in the tanks. Consider the difference it makes, and then decide whether you want an air pump. Without aeration, a limited number of fish can be accommodated in your aquarium, averaging 2 inches of fish for each gallon of water. Now, what happens when you move this water by pumping a gentle air stream into it? The moving water immediately doubles its capacity to contain fish, because of the fact that a great deal more oxygen is now absorbed by the moving surface. Another thing also happens: the heat generated by the heater is distributed evenly throughout. Cool water has a tendency to be heavier, and without circulation in your tank, it might be several degrees cooler on the bottom than at the surface.

An air pump used to be a high-priced luxury. This is no longer the case; for a few dollars, you can get a model which works from a vibrator, and gives years of satisfactory service. If you have only one or two aquaria to be served, there is no need for anything more elaborate. If, however, you have grown to the point where you need air for a battery of aquaria, you will need a pump with a greater capacity, one which is powered by a motor and compresses the air with one or two pistons.

FILTERING

An air line lets you do one more thing: filter the water, and remove the unsightly suspended matter which sometimes prevents your water from being crystal-clear. There are many different types of filters, but they have only one job: to remove dirt. You do not need a large filter for a small aquarium, and a small one is not adequate for a large aquarium. A reliable dealer will be able to guide you here if you tell him your requirements.

All but the very largest filters work on the air-lift principle: a stream of air is pumped into a tube, where it is released in the form of a stream of bubbles. The bubbles traveling upward act as pistons and draw water with them. This water is replaced by other water rushing in, and a circulation is established.

The simplest type of filter utilizes the gravel in the bottom of the aquarium as a filtering medium. The air-lift tube ends in a plastic cup, which is buried in the gravel, and the water circulates into the tube from the surrounding gravel. The dirt which is drawn into the gravel quickly disintegrates when the water flows through it constantly, and the dissolved matter is in turn absorbed by the plants and fish, or dispelled at the surface. There are some variations on this type of filter. One type uses a perforated bed of plastic which covers the tank bottom under the gravel, and another uses a perforated plastic tube which goes all around the bottom. Still another draws the water through a porous plastic tube which is also buried.

Another simple filtering system has the air-lift tube draw the water into a plastic container which is perforated on top and filled with glass-wool. The dirt particles are trapped by the glass-wool and may be washed out when necessary. This filter rests on the bottom, but there is another type in which the box hangs at the surface and the dirty water is lifted into it; then it passes through the filtering medium and returns through perforations at the bottom.

A slightly more elaborate system uses the outside type of filter. Here the box with the filtering medium hangs outside the aquarium and does not take up any space inside the tank. There are two chambers, one with the filtering medium and the other empty. The wall between is perforated. A tube from the aquarium siphons the dirty water into the filtering chamber, and an air-lift tube returns the clean water into the aquarium.

Very large aquaria which require a brisk circulation of water sometimes use a filter which works on the inside filter principle but draws the water into the filtering medium by means of a tiny electric motor and pump.

In order to work efficiently, a filter must be prevented from becoming clogged. Clean it regularly. Glass wool may be removed and rinsed in running water until clean, and if the filter uses charcoal or gravel, a brisk rinsing under the tap will do the trick.

Here is a simple filter to keep your aquarium clear and clean.

5. Foods

Now that your aquarium is set up with its equipment, you can begin to turn your thoughts to what to feed your fishes.

Feeding is not a simple matter of shaking out a few grains from a box every day, as the fishes thrive and grow and grow. While fishes are far from being finicky where food is concerned, you just can't keep on feeding them the same things day after day, year in and year out. In the first place, no matter what the claims are on the box, no food is *that* perfect. In the second place, no matter how you like steak, you wouldn't want it exclusively every day in the week, would you?

Very few of us have the means at our disposal to give our fishes a varied diet of living foods every day, so the likelihood is that your aquarium fishes will get a prepared dry food of some kind. There are many of these foods on the market at the present time; practically all are very good, but none are perfect. They don't cost much. Buy three or four varieties, and then try varying these from day to day. If some are rejected, or consumed with reluctance, go easy on them, or throw them away. You will soon see what your fishes' preferences are, but don't narrow down to one food.

OVERFEEDING

The next paragraph should be in capital letters, because it is by far the most important piece of advice in this whole book:

Your fishes have a limited capacity for food, even though they are gluttons. When they have reached this capacity, they stop eating. Whatever food is left over spoils quickly, contaminating the water and providing sustenance for billions of harmful bacteria. If there is any food left on the surface or on the bottom 10 minutes after your fishes are fed, you are overfeeding. Avoid this and you will scarcely ever have any trouble with sick fish.

LIVE FOODS

Prepared fish foods are never a substitute for living foods; they are merely a supplement. True, some fishes can be kept in good health for a long time on an exclusive diet of dried foods. However, if you want to keep your fishes in really top-notch condition, you must give them an occasional meal of living food. Some of these foods are not difficult to come by; let us see what they are, and how we can provide them.

DAPHNIA: Although these look like insects, these little creatures are actually crustaceans, and lead a completely aquatic existence. They are red in color, and about the size of a pin-head. Swimming is performed in hops, and for this reason and their flea-like shape, they are often called "water-fleas." They occur in huge swarms in some bodies of fresh water which are rich in decaying vegetable matter, and have little or no fish population. If you are fortunate enough to be within traveling distance of one of these ponds, you have a valuable source of what is one of the best possible foods you can provide.

Daphnia do have the disadvantage of not keeping alive very long in a crowded state, however. Do not make the mistake of collecting too many, or you will have a foul mess when you get home. Collect only enough for about two generous feedings, and keep them in as large a container as you have on hand. Aeration helps to keep them alive.

For collecting, a fine-meshed net, preferably with a long handle, is required. A wire-meshed sieve is also useful, and a bucket of some kind with a lid. A little exploration will tell you where the heaviest concentrations of daphnia are to be found, and on a good day it should not take long to make your haul. A good frame for your daphnia net can be made by taking a crab-net and removing the netting. An old nylon curtain will provide good netting material. Sew a pocket of this material about a foot deep on this frame.

A screen on top of your tank should be used to sift the contents of the filled net as you empty it. This removes debris or insect larvae which would grow up in the aquarium and cause trouble. The screen should be coarse enough to allow the daphnia to swim through.

BOSMINAE: Some ponds will be found to contain an organism which is very similar to daphnia, but much smaller and black in color. These are bosminae, and are often found along pond edges. The swarms give the water the appearance of having black pepper suspended in it. This tiny food is just the ticket for baby fishes. They gorge themselves with it until they seem ready to burst.

MOSQUITO LARVAE: A walk through swampy terrain will sometimes disclose pools which are swarming with mosquito larvae; these swim with a wriggling motion, and spend a good deal of time on the surface, where they must come for air. A meal of these is just about the greatest treat you can give to your fishes, but too much generosity on your part with these will backfire: the warm water will speed up the larval growth, and every uneaten larva will result in a mosquito in your house.

ENCHYTRAE (WHITE WORMS): Here is a food which is excellent for your fishes, and can be raised with very little trouble. For this you require a wooden box about 2 feet square, with humus in it about 4 inches deep. Humus can be purchased at a garden supply store or nursery. In this box, place a culture of white worms, such as can be obtained from your dealer, if you do not have a friend with a box of worms going.

Moisten the soil slightly. This does not mean to make mud; just moisten the soil as you would for plants. A sheet of glass on top of the box will keep the soil from drying out, and will also permit you to see how things are going. To feed your worms, place a slice of wet white bread on top of the soil. This will disappear in a surprisingly short time, and turning over the soil will disclose the fact that the worms have multiplied. An old fork is a handy tool for this job, as it can also be used for removing the worms, which form balls. Another food which may be used with some success is boiled oatmeal (a couple of spoonsful). A friend of ours uses any left-over vegetables, and has some of the richest cultures of white worms we have ever seen.

For feeding worms to the fishes, a worm feeder is a handy piece of equipment. This consists of a cup of glass or plastic which is perforated in the lower area, and arranged to float on the surface. The worms wriggle through the perforations, to be gobbled up by the hungry fishes.

TUBIFEX WORMS: Many ponds which daphnia inhabit are also home for aquatic worms known as tubifex worms. These worms gather in clusters along the pond edges, where there is soft mud and a certain amount of decay. The clusters may be recognized by their bright red color. Gathering often proves to be quite a messy job, but if the worms are thick, the clusters may be felt as lumps in the mud and picked up almost intact. However, it is sometimes necessary to gather a whole bucketful of oozy, smelly mud in order to extract from it a handful of tubifex worms.

The easiest extraction process is performed by spreading about one-half inch of sand on the surface of the mud, and gently adding enough water to come one-half inch above the surface of the sand. It is then just a matter of waiting until the worms come up through the sand and form a cluster at the surface. Lift the worms out, and discard the mud and sand. You can keep the worms alive and healthy by placing them in a wide-mouthed jar under a cold-water faucet which has been opened enough to drip slowly.

For those who do not care to go to all this trouble, there are professional worm men who ship to most dealers, and a cluster can be bought at a pet shop at very little expense. The tubifex worms can be fed with a worm feeder in a similar manner to white worms.

BRINE SHRIMP (*Artemia Salina*): Here is what is doubtless the most convenient live food of all. Brine shrimp come to us in egg form, and are collected from two places, San Francisco and

Ogden, Utah. They are equally fine foods, the only difference between them being that the Utah eggs are a bit larger. The embryos remain dried up inside the eggs for an indefinite period of time, ready to hatch when placed in salt water. All you need do when you want a supply of living food is to follow the easy directions which come with the eggs. (These directions vary for the two types.) The newly hatched nauplii, which resemble very small daphnia, should be removed from the salt water in which they hatch by using a fine-meshed net. They will live for a short time in the fresh water of the aquarium. For obvious reasons, avoid pouring salt water into the fresh water when transferring the eggs.

There are other live foods which are useful for feeding to fishes. The larger species of fish may be fed chopped garden worms. Swatted flies and other insects are readily accepted.

There are also some substitutes for living foods which you should know about. When you come home from a successful fishing trip, give your pets a bit of fish roe or chopped-up fish liver which they will accept with enthusiasm. A piece of fish may also be frozen in the refrigerator, and an occasional meal provided by shaving off a slice with a razor blade and chopping it up into bite-size pieces for your fish. Shrimp, clams, oysters and other shellfish may also be used in this fashion.

6. The Secret of Spawning Fishes

"I don't know why it is, but Joe Smith seems to be able to spawn any fish he wants to!"

You will often hear this statement made by a fellow aquarist.

In the first place, an aquarist who says *he* "spawned" a certain species of fish is guilty of misstatement. What he should say is that a certain species of fish spawned *for him*. He may have helped by creating conditions which were to the fish's liking, but the credit for spawning still belongs to the fish.

No matter what favorable conditions you create, it will still do you no good if the fish you work with is not capable of reproduction. So your first task is to make sure of a few things.

The first thing is to find out whether you have a pair or not. This may sound silly, but a busy store clerk anxious to make a sale could easily be tempted to catch two immature fish and assure you that you are getting a pair, meaning a male and a female. Also, some fishes are difficult to "sex" (determine sex of) when full-grown, and impossible to sex when half-grown.

Another important thing is the *age* of the fish. Select a young, healthy couple in the prime of life. It is silly to expect good results from a feeble old pair of fish. Even a mature pair, new to your tank, may have trouble adapting themselves to the new environment, so avoid purchasing mature fish for breeding purposes.

Rather than choosing a large pair, try to get a half-dozen youngsters which are only half to three-quarters grown. You will then be in a position to observe them and become acquainted with their habits and food preferences. When they are ready for spawning, you may select the best specimens. In the case of Cichlids, you need not even select, as there is a tendency for males to pick females of their preference and "pair off." Your fish are almost certain to spawn in these cases.

THE "EASIEST" EGGLAYERS

Many aquarists who would like to try their hand at breeding egglaying fishes want to know which ones are easiest to breed. This always brings to mind an aquarium we once saw at an exhibition. The man had a 50-gallon aquarium, beautifully planted, into which he had put a few pairs of White Cloud Mountain Fish, *Tanichthys albonubes*. Beyond feeding them, he gave them no other attention, but in two weeks there were several hundred fish of all sizes swimming about in little schools. It was one of the high points of the show.

If you are looking for something almost as easy to breed, try one of the small Danios. The fry are very hardy, and easy to raise on prepared as well as live foods.

Most of the Barb family are easily spawned as well. If a well-conditioned pair are put together, things are almost bound to happen.

Once you have mastered a few of these fishes, you will be able to tackle some of the more difficult ones. Remember, good conditioning and proper attention to requirements are the two requisites which spell success.

THE BREEDING TANK

Any small, well-planted aquarium will serve as a "maternity ward" for live-bearing fishes. The female is put there when her bulging sides warn that her time is near. When her babies have all arrived, return her to the original tank, and let the youngsters get a start in the place where they were born. Larger quarters are then in order, where they will have plenty of room for growing. Of course, match the temperatures of the two tanks before transferring.

A breeding tank for egglaying fishes is a slightly more complicated thing. Here you must take the fish's breeding habits into consideration and plant or furnish the tank accordingly.

For fishes which spawn in bushy plants, such as most Barbs or Tetras, a tank of no less than 10 gallons for the smaller species, and 15 to 20 gallons for the larger ones, is recommended. Plant one side generously with *Myriophyllum* or *Nitella,* or if you prefer, a bundle of Spanish moss.

Cichlids usually require some rocks or similar retreats. Flower pots are often used, and are excellent. Dwarf Cichlids can be spawned easily in a 5-gallon tank, but the larger Cichlid varieties will require 15 to 20 gallons. Some of the really large ones like *Astronotus ocellatus* would require larger accomodations yet.

It is always advisable to let the youngsters get a start in the same tank where they hatch. Newly-hatched fry cannot stand any amount of moving; make sure the breeding tank is large enough so that they will not be crowded for the first few months, and leave them there. After this time they will be in much better shape for moving to other aquaria.

FISH PREFERENCES

Now we come to a point where you must observe and study your fish a little. Do your fish prefer to swim in the open, or are they always hiding? Do you find them in sunny spots, or do you have to look for them in dark corners? What is the nature of the terrain from which they come? Are they native to clear, running streams or sluggish, muddy-bottomed ponds? Do they come from far inland or from coastal waters?

How can you as an aquarist duplicate the conditions in which the fish feel at home? You cannot duplicate, but the conditions can be approximated.

First of all, keep in mind that a pond or stream does not resemble an aquarium. The glass sides let in a great deal of light where Mother Nature does not. Some fishes love sunlight, while others instinctively avoid it. Simple observation on this point will tell you whether it is better to select a bright or shady location for your spawning fish.

If you force a timid fish to show himself by taking away some of his hiding places, this increases his timidity and keeps him in a constant state of terror. How can a fish spawn under these conditions? It is better to provide such a fish with *more* plant thickets into which he can dodge. You may be surprised to see that he puts in an appearance more often when he knows that there are places where he *can* hide if something frightens him.

Fishes which are native to running streams, such as Danios or White Clouds, will not tolerate dirty water or very high temperatures. On the other hand, pond or lake dwellers, such as Cichlids, might pick a spot in shallow water near the shore for spawning, as Sunfishes do. Here the sun is bright and the water warm. In the case of other Cichlids, the presence of enemies forces them to hide in pockets along the shore, or in reed growths, or in rock piles. If you approximate these conditions, and make your fish feel at home, your battle for breeding is usually won.

As for the water itself, it will be found that a species of fish which comes from brackish, coastal water will require the addition of a little salt for its well-being. Rain-fed inland streams have an almost neutral, very soft water, while fishes from swampy regions require water of definitely acid character. They will survive without perfect water conditions, but they probably will not breed.

Don't be misled by the apparently careless procedure of the successful breeder who declares he has no trouble; just uses tap-water. There are all kinds of tap-water, and his kind may be just right for the fish he is breeding. He also is well aware of the other requirements of his fish, and supplies them too. Remember that the successful breeder will tell you of his successes; you don't often hear of his failures. Don't let failure discourage you; the "experts" have them too!

7. Diseases of Fishes

ANCHOR WORM (*Lernaecera* species)

Symptoms: Heavy whitish spots of curled-up, imbedded worms (actually this is not a worm but a crustacean).

Treatment: Remove with a sharp, fine needle. Paint spot with mercurochrome.

BLACK SPOT DISEASE (*Diplostomiasis*)

Symptoms: Spots are usually black, though in light-colored fishes the spots take on a brownish cast, and contain a slowly moving worm rolled up inside the cyst. The cyst is surrounded by heavily pigmented cells; thus the color symptom. In time the fish will be nearly covered with these parasites.

Treatment: Life cycle of this parasite is dependent upon a snail, though new fishes may carry it into an otherwise clean tank. Treat infected fish by adding 20 ml. of a 1:100 solution of picric acid and water to a gallon of water and bathing fish for an hour. You may remove the fish sooner due to distress.

CONSTIPATION

Symptoms: Loss of appetite, slight abdominal swelling, few, heavy feces.

Treatment: Soak dried food in medicinal paraffin oil, glycerin or castor oil. If fish refuses this food it must be taken off dried food diet and fed daphnia, mosquito larvae or Cyclops. *Do not use white worms* as they are a chief cause of constipation.

DROPSY (Caused by the basterium *Pseudomonas punctata*)

Symptoms: Bloating of the belly as though the fish were egg-bound.

Treatment: There is no known cure for dropsy. The antibiotics are of no value. Some suggest tapping the liquid from the body of the infected fish, but this is of little value.

EYE FUNGUS

Symptoms: This is a true fungus infection which might easily be fatal. The eye appears to be covered with a whitish scum; cottony appearance in later stage.

Treatment: Paint infected eye with 1% silver nitrate solution obtained from drugstore. (Tap water should not be used in mixing solution.) Then bathe fish's eye in a 1% potassium dichromate solution. The red precipitate which forms on the eye is harmless to the fish. The infected fish should be isolated in an aquarium containing 2 grains of potassium dichromate per gallon of water, until the eye heals, though the disease is not infectious.

FISH LOUSE (*Argulus foliaceus*)

Symptoms: An external visible parasite about as large as a Daphnia, it attaches itself to the skin of the host by two suckers and lives off the blood sucked from the host.

Treatment: Parasite may be removed with a pair of forceps or tweezers and the spot painted with mercurochrome or peroxide of hydrogen. If parasites are difficult to remove, touch them with a piece of salt.

FLUKE (*Gyrodactylus and Dactylogyrus*)

Symptoms: Fish loses color and grows pale, fins close, skin becomes slimy and small blood-spots appear on the body and base of fins. Breathing is more rapid.

Treatment: Treat fish with 5 drops of 5% methylene blue per gallon of water or a 1:100 formalin-water solution. Use aeration when treating with formalin.

A pair of *Astyanax* infected with fungus.

FUNGUS INFECTION (*Saprolegnia*)

Symptoms: A cottony growth about a single or multiple site. Area usually will first show signs of being bruised or torn, as fungus cannot attack a healthy fish.

Treatment: Paint infected areas with a diluted (1:10 solution of commercial strength) preparation of either iodine or mercurochrome. Entire aquarium may be treated with a 1% potassium dichromate solution, or 1 gram of crystalline potassium dichromate to 7½ gallons of water. After fish is cured water should be changed. Treatment should last about a week.

ICH (*Ichthyophthirius multifiliis*)

Symptoms: White spots of pinhead size pepper the body and fins of the fish. Fish gets sluggish, closes fins, and gradually dies.

Treatment: Ich is a parasite which cannot be treated while still in the skin of the fish. Raising the water temperature will hasten

This Scat has the Ich.

the departure of the ich from the host for reproductive purposes. Then you can easily get rid of it. Use 50 mg. of quinine hydrochloride per gallon or bathe infected fish in a brine bath, 4 tablespoons of salt per gallon of water. Leave fish in either bath for at least 3 hours *after* each fish is clean of white spots.

KNOT or PIMPLE DISEASE (*Morbus nodulosus*)

Symptoms: Not really a specific infection but rather a series of parasitic sporozoa. Looks like Ich but is really little knots, or pimples. "Stubborn Ich" might well be name of this disease.

Treatment: No known cure. Remove infected fish immediately and treat for Ich. If this treatment fails, infected fish should be destroyed.

LEECH

Symptoms: External parasite visible as it is attached to the host, sucking its blood.

Treatment: Place the infected fish in a 2½% salt solution for ½ hour. Remove remaining parasites with forceps and paint area with mercurochrome.

LOSS OF COLOR

Symptoms: Fish becomes pale and its colors are not sharp. Normally active live-bearers lose sexual interest.

Treatment: This is strictly a food problem. The diet deficiency is due to a monotonous, unbalanced diet. Feeding of tubifex, daphnia and other live foods usually remedies the situation within 24 hours.

NEON TETRA DISEASE (*Plistophora hyphessobryconis*)

Symptoms: Blemish or spot forms along the "neon" blue-green line on Neon Tetras and related species. As disease progresses the area becomes extended.

Treatment: No known cure, though treatment with 500 mg. *each* of terramycin and aureomycin per 15 gallon aquarium helps considerably.

POP-EYE; EXOPHTHALMIA

Symptoms: The eye starts to bulge as though it were being forced out by an accumulation of fluid behind it.

Treatment: Antibiotics are of no value. No known cure. May be caused by *Pseudomonas punctata* (dropsy).

SCALE PROTRUSION (Either *Mibrio piscium* or *Bacterium lepidorthosae*)

Symptoms: Scales of fish start to protrude all over the body. Fish moves slower, frequency of breathing increases, tail becomes paralyzed and fish stays near top of water.

Treatment: As soon as scales begin to protrude, treatment should begin. Aureomycin, 250 mg. per gallon of water helps at times, but isn't a "sure cure." There is no known absolute remedy. Once this infection has been observed all members of the infected tank should be sterilized by adding 2½ grains of potassium dichromate and two teaspoonsful of salt to each gallon of water. Change water completely after two weeks.

SLIMY SKIN DISEASE (*Cyclochaete domerguei*) (*Chilodon cyprini*) (*Costia necatrix*)

Symptoms: There is a slimy secretion seen on the fish's skin. The fish loses its color, grows paler as the slime covers the entire outside of the fish.

Treatment: 30 minute bath in a 2½% salt solution; repeat in 48 hours, and every two days after that until all symptoms are gone. At least three known organisms are responsible for the symptomatic slimy skin disease. If the salt treatment fails, 2 grains of quinine hydrochloride should be added to a gallon of water and the infected fish should be maintained in this treated water until it is cured. A bath in 2 ml. of formalin per gallon of water, for 15 minutes is a last-resort treatment.

SPOTTINESS OF THE SKIN IN LABYRINTH FISHES (*Pseudomonas fluorescens*)

Symptoms: Whitish or bloody patches appear on the skin and fins of the infected fish.

Treatment: There seems to be no known cure for this disease. *Pseudomonas* seems to thrive in an antibiotic environment. Since labyrinth fishes are usually involved, a high temperature plus a heavy salt bath might work, though it has shown positive results in only few cases out of many. Try 90° F. for 2 hours in a 5% salt solution.

SWIM BLADDER DISEASE

Symptoms: Fish has difficulty swimming. It falls head-over-tail or cannot maintain itself on an even level in the water. May rest on the bottom.

Treatment: Not a fatal disease, but crippling. Fish seldom recovers. It is caused by physical factors such as poor diet, chilling, sudden changes of temperature or pressure.

TAIL-ROT AND FIN-ROT, often called TAIL-FUNGUS, MOUTH FUNGUS.

Symptoms: None of these are true fungus infections. They are caused by slime bacteria and are easily seen by the whitish appearance of the infected area. The sooner the disease is observed the easier it is to cure. Water changes are often responsible for weakening the fish's resistance to bacterial infections of this sort.

Treatment: Aureomycin is ideal for treatment. Single fish may be treated with a 10 mg. tablet of aureomycin in a quart of water. Entire aquarium may be treated with a dose of 250 to 500 mg. of aureomycin per gallon. Sometimes cures are effected with a 500 mg. dosage per 15 gallons of water, but this only removes the symptoms while the cure is in doubt. Bathe the fish in a strong salt solution after the aureomycin treatment. Use 4 tablespoonsful of salt per gallon.

TUBERCULOSIS

Symptoms: Loss of appetite, sluggishness, progressive thinness and gradual wasting away. Yellow spots at the base of the caudal peduncle in Tetras are also a sign.

Treatment: Treatment with streptomycin and PAS (para-amino-salicylic acid) are possible cures in the early stages. 10 grains per gallon of water is the recommended dosage. Prolonged overcrowding might be the cause of this disease. No "sure cure" known.

VELVET DISEASE (*Oodinium limneticum*)

Symptoms: May resemble Ich, but a closer look will show smaller spots, which, when viewed from reflected light, have a velvet-like appearance on the fish's skin. Often the skin looks as though it were peppered with fine powder. White Clouds seem especially susceptible to this disease.

Treatment: Add 2 drops of 5% methylene blue solution per each gallon of aquarium water. Acriflavine, same strength, may be substituted for methylene blue. Keep tank in complete darkness. Remove and sterilize, or throw out, plants. Treatment lasts for 5 days; then a 3-day rest and complete water change, then another treatment.

8. Fishes for the Aquarium

Now that we have learned how to set up our aquarium and how to take care of our fishes, let us turn to the all-important subject of what the available fishes are, what individual requirements they might have, and how they may be propagated.

HISTORY OF AQUARIUM FISHES

The world of aquarium fishes is a large one. Time was when, not so long ago, there were very few fishes brought into the country, for the simple reason that, although there was a demand, there were not many collectors. The German aquarists took a great deal of the initiative in this field, and got a number of sailors and ship captains to pick up fishes at the seaports where their boats docked. When a few precious specimens were gotten in this manner, every effort was made to mate them. Many of our early favorites were obtained from the offspring of these fishes. When it was finally realized that there was so much of a demand for exotic aquarium fishes, there were several large fish importing companies organized, and many fishes which were hitherto unobtainable were made available to the hobbyist; many species owe their continued existence to the efforts of hobbyists who after an intensive study of the habits of certain fishes, were able to solve the riddle of how they bred and made greater numbers of these otherwise rare fishes available. In spite of these, there are still some fishes which have rarely or never bred yet while in captivity. One of the most fascinating facets of this hobby is to get to work on these "difficult" fishes and get results. However, for the aquarist who is content to take the easier ones and get the satisfaction of seeing young fishes in his aquaria which he raised, there are many species which are not very finicky in their requirements and will spawn readily if given half an opportunity. It would take a heavy volume to present to you all the fishes which it is possible to keep and breed in aquaria. You might devote half your life to getting out a complete work on all aquarium fishes known to the fish world, and then find that by the time the book was published there were a score or more newcomers brought in; you just can't keep up with them!

There has been no effort made at completeness in this book; the fishes described here are available everywhere from time to time. Many are in constant supply. If you find that you have a fish which is not listed here, you will usually find that the general requirements for his family will fit him quite well.

FISH PRICES

There has always been a widespread belief among those who are uninitiated in the aquarium hobby that tropical fishes are expensive, as well as difficult to keep. Nothing could be further from the truth. The newcomer generally gets his biggest surprise when he finds out how inexpensive most fishes are.

The greatest paradox in aquarium fish prices is the best-known fish of all: the Guppy. A common Guppy can be bought for a few cents, while a pair of fancy, line-bred show Guppies may bring astronomical prices, if they can be bought at all. A price of $25 per pair is not unusual.

There is a reason for this: a good strain of Guppy takes a long time to produce. There is a great deal of inbreeding, and much unsatisfactory stock must be culled out and disposed of. Before a breeder has something which will command top prices, he must spend a lot of time and do a lot of work.

Other live-bearing fishes are comparatively inexpensive. Prices vary with the size and quality of the stock, but a dollar bill or less will generally buy a pair of live-bearers, with the possible exception of large Black Mollies, which come a little higher.

With the egglaying fishes, prices vary considerably, but practically all of the easily bred species can be purchased considerably under a dollar each. This group would include the Danios, Barbs, many of the Tetras, the young of most Cichlids, many of the Catfishes, and others.

Some fishes are not so easy to breed, grow slowly, or require other special attention. The Siamese Fighting Fish, for instance, presents a problem for breeders. In order to keep the beautiful, flowing fins of the males intact, it is necessary to raise each fish individually in its own glass jar. This requires a great deal of shelf space, as well as cleaning of the jars and feeding individually. The breeder gets (and deserves) a slightly higher price for this reason.

Other fishes, such as the Cyprinodonts, also present problems. The eggs take about two weeks to hatch, and each female will lay only a few eggs per day. The result is that you get a group of young which varies greatly in size and must be sorted frequently to prevent the big ones from eating the little ones. This is extra trouble for the breeders, who seldom bother with them. Therefore, if you should be shopping for some *Aphyosemion, Epiplatys, Pachypanchax, Aplocheilichthys,* or similar species, you will probably find them a bit expensive, if you find them at all.

Then there is another group of fishes which may be a bit higher priced than the average: these are the fishes which are seldom, if ever, spawned in captivity. In order to have these in supply, the dealer must import them from the country to which they are native. Air freight over long distances is an expensive proposition, and losses among wild fishes are much greater than with tank-raised specimens; you have to pay for this.

Family *Poeciliidae*

This is the family of live-bearing Tooth-Carps which includes the well-known Guppy, Platy, Swordtail and Molly. These species usually introduce the aquarist to the world of fishes. Keeping and breeding them is usually a simple matter of putting a healthy male and female together and waiting for Nature to take its course. The bulging abdomen of the female is the signal for her to be moved to a maternity tank, which should be heavily planted to give the newly-born young plenty of places to hide from their mother, who might easily mistake them for edible tidbits.

By means of selective breeding, it has been possible to produce many beautiful strains. This is where the amateur aquarist can compete with the professional breeder by producing strains of his own.

The usual method of selective breeding consists of starting with a pair that is as desirable as possible physically and color-wise. Then you sort out the offspring, culling out the runts as quickly as they prove to be inferior. As soon as they begin to show signs of becoming males, the selected youngsters should be separated, until nothing but females are left in the breeding tank. The best of the second generation females are then mated back to their father, and then there is a fairly well-established strain.

By the time the offspring of the father-to-daughter mating grow up, it will be obvious what the males from this mating look like. There is a fairly good chance that one of these males will be an improvement over his father. He will be the logical candidate to be mated to a virgin female of the last mating. This may seem to be inbreeding of the worst kind, but it is surprising how much inbreeding a healthy strain of fish can stand before there is any evidence of degeneration. The important thing is to use only the *healthiest* specimens from each generation.

Genus *Lebistes*

The Guppy, *Lebistes reticulatus* Peters

The original members of this family came from Trinidad, but the beautiful present-day specimens are a far cry from their ancestors. Here we are able to see the results of selective breeding in its most varied form: short fins, long, flowing fins, lace fins, reds, yellows, blues, swordtails, double swordtails, lyretails, round tails, veiltails, scarftails and many others. Whenever further possibilities seem exhausted, someone manages to come along with a strain which is even more beautiful than the rest.

The Guppy is one of the hardiest of fishes; it demands nothing more than fairly clean water, and a temperature of 76°. It thrives in the smallest aquarium, and a healthy female thinks nothing of giving birth to as many as 60 or 70 offspring. Feeding is no problem; it is fond of living foods, but is also satisfied with the prepared ones.

Keep some plant life in their aquarium; they enjoy nibbling at plants, but do not damage them. All they are after are the minute algae which grow on the leaves. They are active little creatures, always on the alert. Unfortunately, most of the colors are lavished on the males. The females are comparatively drab, olive green in color, some with a bit of black marking in the tail.

Genus Mollienisia

The Sailfin Molly, Mollienisia latipinna Le Sueur
(See color photo on page 70.)

One of the few live-bearing fishes native to our own United States is the Sailfin Molly. It is quite large, attaining 4 inches in length, and the big, beautiful dorsal of the male makes it unmistakable. The sides of the body carry from 6 to 8 rows of green dots, which extend into the tail, and the male has a huge dorsal fin which has a reticulated pattern on the lower half, while the upper half is covered with green dots.

Most people have trouble keeping this fish; there is a great temptation to put it into the community aquarium, but the sad fact is that water which suits the others does not suit the Molly. Being a large, active fish, the Molly needs plenty of room plus a temperature of about 78°. Being primarily a salt-water fish, it requires some salt in the water: a teaspoonful of Epsom salt and two of table salt per gallon is perfect. The third requirement is a partly vegetable diet. An occasional meal of chopped spinach is welcome. When the females become pregnant, they should not be moved to the maternity tank too late; this often causes premature birth.

There is a black color variety of this fish which has come

to overshadow the green forebears in popularity, and for good reason. A fully grown, velvety black male with its big dorsal fin is a gorgeous thing. Whether green or black, however, the Molly has the same special requirements.

Genus *Xiphophorus*

The Swordtail Helleri, *Xiphophorus helleri* Heckel

Another of the popular live-bearing species is the Swordtail. The male is distinguished by an unusual tail formation, the lower caudal rays being greatly elongated into a sword-like point. The female has almost as much color, but no sword. Top size for tank-raised females is about 4½ inches, with the males about an inch shorter. The sides are bluish green, with a red horizontal stripe running the length of the body through the center. In the male, this stripe extends as the upper edge of the sword. There is another horizontal stripe which runs from the belly to the tail, and extends as the lower edge of the tail in the male. The middle stripe is edged with gold, and the dorsal fin is peppered with red dots. A peaceful fish, it is a favorite for the community aquarium. It is a jumper, and the tank should be kept covered.

The Swordtail has been successfully crossed with the Platy, resulting in many interesting color combinations. There is also an albino form, which is light pink in color where the common fish is green, and a brownish red where the red colors appear in the green form. These fish have pink eyes, and there is now a new color variation which has been produced by breeding the albinos back to a red variety, resulting in a beautiful blood red albino with red eyes. There are many hybrid variations which have been produced by crossing the Swordtail with different color varieties of the Platy, resulting in such fishes as the Red, the Red Wagtail, the Tuxedo, the Variegated, and many other types of Swordtails. All are attractive, and all are peaceful and hardy.

The Platy, *Xiphophorus maculatus* Gunther

The Platy is another of the very popular family. It is native to Mexico, like its preceding relative, the Swordtail. A large female would measure 3 inches, and the male is considerably smaller. The original forebears of this family resemble very little the highly developed breeds now available. They are a muddy-colored brownish fish, with a few blue patches and a red spot here and there. By selective breeding, many color varieties have been produced, such as the Red, Black, Blue, Tuxedo, Gold Wagtail, Red Wagtail, Gold, Berlin, Salt-and-Pepper, Bleeding Heart, and others. This fish has been found valuable in cancer research; scientists have been able to develop strains which have cancerous tissues, and have thereby been able to make a close study of these tissues in a living animal.

The Platy is very peaceful and desirable in the community aquarium. If you wish to use Platies for selective breeding, remember that they will interbreed if put together, and one fertilization will produce anywhere from 4 to 7 batches of offspring.

The Variegated Platy, *Xiphophorus variatus* Meek

This is one of the originally colorful members of the family. It did not require much selective breeding to produce the colors known today. The most popular color variety, known also as the Sunset Platy, has a light blue body, shading to yellow on the belly. The dorsal fin is a bright canary yellow, and the tail is a bright red. The female is muddy color throughout, with nothing but a brown horizontal line to relieve the monotony. Possibly the reason for a slight apathy on the aquarist's part where this fish is concerned is the fact that the males do not begin to get their pretty colors until they attain maturity. Otherwise they are a peaceful, attractive and prolific fish.

Family Cyprinidae

These are the carp-like fishes of the world, of which many of the smaller members make excellent aquarium inhabitants. They come from all continents except Australia, and strangely enough, South America.

Genus Brachydanio

The Pearl Danio, Brachydanio albolineatus Blyth
(See color photo on page 67.)

Pearl Danios are among the most active of aquarium fishes. They are always scurrying about busily, in search of food or each other, and will add a great deal of life to any community aquarium. They are responsible for a great amount of profanity on the part of anyone who has tried to catch a desired individual in a well-planted aquarium.

A small, slender fish, the Pearl Danio never exceeds 2½ inches in length. Its sides are of a mother-of-pearl iridescence, and the specific name "albolineatus," meaning white-lined, is a misnomer. The fish was originally named from preserved specimens which showed a white horizontal line but actually this line is orange in color.

Here is a good fish for anyone who wants to try his hand at breeding egglayers for the first time. An all-glass aquarium of one to two gallons capacity is covered with pebbles or glass marbles on the bottom, and then fresh tap water is added to the depth of about 3 inches. This is allowed to stand for a day, and then a heavy female and two healthy males are added. Almost at once a wild chase begins, and eggs are scattered all over. Eggs are non-adhesive, and drop down between the pebbles. When the female is depleted, the parents are removed. The eggs may be seen by placing a light above the pebbles and looking up through the glass bottom. Hatching takes place in 48 hours, and the young become free-swimming in another 48 hours, when they may be fed with fine foods. Temperature, 76° to 78°.

This fish is native to Sumatra, Burma and Thailand.

The Zebra Danio, *Brachydanio rerio* Hamilton-Buchanan

From India comes the most popular of the group, the Zebra Danio. Like the Pearl Danio, it is 2 inches in length, and just as active. The body is silvery, with wide blue horizontal stripes running from the gill-plate all through the sides, the tail, and even the anal fin. Fullness of body is not an infallible guide to sex; a depleted female can look just like a male. However, the background on the anal fin of the female is silver, and on the male, gold.

Breeding procedure is exactly similar to that for the Pearl Danio.

The Spotted Danio, *Brachydanio nigrofasciatus* Day

This smallest member of the family, 1½ inches in length, comes from Burma. The sides are adorned with several greenish-blue stripes across the upper half of the body, and rows of spots on the lower half. It is as active as the others, and may be spawned as easily in the same manner as *B. albolineatus.*

(*See photograph on top of next page*)

(Above) The Spotted Danio, described on page 56. (Below) The *Danio Devario*, described on page 58.

Genus *Danio*

Danio devario Hamilton-Buchanan

This is a rare fish, and probably for that reason it has never been tagged with a popular name. It comes from northern India, and reaches a length of 4 inches. The sides are steel-blue above and silvery below. Three deep blue bands run from the middle of the body to the caudal base, where they converge to form a blue stripe which runs into the upper half of the tail. (See photo on p. 57.)

A tank of at least 10 gallons with a clump of bushy plants at one end is required for breeding this large, active fish. The water should be partly fresh with a temperature of 80°. Hardness and pH do not seem to matter. The pair swim in and out of the plants, stopping side by side every once in a while to deposit eggs in the plants. The young are quite large and easily raised.

The Giant Danio, *Danio malabaricus* Jerdon

For all its size, the Giant Danio will not molest any fish it cannot swallow. The size is a respectable one for an aquarium fish: 6 inches. It comes from the western coast of India as well as Ceylon.

The body is blue, with a few short vertical bars just behind the gill-plate. From here back to the tail, there are two yellow horizontal stripes. The fins are orange in the female, and almost red in the male.

Breeding this large, active fish takes a tank of at least 20 gallons. Otherwise, the procedure is similar to that for the *Danio devario*.

Genus *Puntius*

This genus includes a great number of fishes. For a long time, the generic name was known as *Barbus* and this name, although incorrect, will probably stick for a long time. This large family ranges in size from the 6-foot Mahseer of India to the tiny Golden Dwarf Barb, *Puntius gelius,* which rarely attains a length of 2 inches. Most of the Barbs are peaceful; they are valuable aquarium fishes because in addition to their beauty, they have excellent appetites and prefer to feed on the bottom and clean up a lot of food which would otherwise spoil.

All conform to the same breeding pattern, and if you find that you have a Barb in your possession which is not listed here, the only thing to remember is, if it is large, it requires a large aquarium; the smaller species will spawn in a smaller space.

The Rosy Barb, *Puntius conchonius* Hamilton-Buchanan
(*See color photo on page 66.*)

This is one of the medium-sized Barbs, which is fully grown at 4 inches. It occurs in India, and its disposition is peaceful. Normally, it is a silvery, large-scaled fish with a black spot near the caudal peduncle. The males are a bit slimmer, and the fins just a shade darker than those of the females, whose fins are plain. At breeding time, however, a great change takes place: the male's entire body becomes suffused with a deep rose-pink color, and the fins become black. Young, immature specimens never show these colors, and when a male gets them it is a good indication that he is ready for spawning. Put him with a female whose sides are well rounded and you can be fairly sure of success.

A tank of about 15 gallons is right, and a temperature of 80°.

The tank should be well planted on one side with thickets of bushy plants. When conditions are right, driving begins shortly, the male trying busily to coax and cajole the female into the plants. Her coyness soon disappears and they swim into the thickets together, occasionally stopping side by side and quivering as about 4 to 6 eggs are dropped to be fertilized at once by the waiting male. This Barb is prolific, and 300 to 400 fry from one spawning is not at all unusual. Hatching time is a little under 2 days, and the fry absorb their yolk-sacs in another 2 days. At this time they must be fed. Be guided by the amount of fry as to the amount of food given.

The Clown Barb, *Puntius everetti* Boulenger

Many people who buy this Barb when still young, at a size of 1½ inches or so, are astonished when they see how big it gets. Five inches is not an unusual length. The fish is gaily colored, the sides being rosy pink and the fins red. A large round deep purple spot is found at the exact center of the side, from which an indistinct horizontal line extends to the tail base. There is a saddle on the shoulder, and another halfway between the dorsal fin and the tail. At the base of the dorsal fin there is another dark area.

To breed this large member of the family you need an aquarium of at least 20 gallons. Planting should be quite heavy, and the breeders separated for a few weeks and heavily fed. When the female bulges with eggs and the male is highly colored, put them together and raise the temperature to 80°. There should be no further difficulty. Other instructions coincide with those for the Rosy Barb.

The Striped or Zebra Barb, *Puntius fasciatus* Bleeker

This rare, attractive Barb has seldom if ever been bred. It comes from Sumatra and Borneo; the fish is gold in color, and there are 4 black stripes. The first ray of the dorsal fin is also black. The length is about 4 inches.

Here we have a fish on which the aquarist can try his skill at breeding. The full-size specimens available seem healthy and in good shape. Perhaps some water condition in their habitat which must be duplicated, or some item of diet supplied. This fish would certainly be a desirable addition to any collection if it became generally available.

Black-Spot Barb, *Puntius filamentosus* Cuvier and Valenciennes

Like the Clown Barb, this is one of the big ones; 7 inches is usually the full size. Half-grown specimens are particularly attractive. The sides are golden, with an indistinct band vertically just in front of the dorsal fin, and a large black spot halfway between the dorsal fin and the tail. The dorsal fin is red, as well as the outside rays of the tail, which are tipped with black. As the fish becomes older, the colors fade somewhat.

When the male is ready for spawning, his face becomes covered with sexual tubercles, which resemble pimples. The female makes apparent her readiness for spawning by bulging with eggs.

Spawning is similar to the *Puntius everetti,* and results are sometimes astronomical. When broods are large, they should be spread out to extra tanks as they grow, to prevent excessive crowding.

The Golden Dwarf Barb, *Puntius gelius* Hamilton-Buchanan

In contrast to the larger Barbs here is the "baby" of the family. Although a maximum size of 2 inches is given for this fish, it seldom exceeds 1½ inches. The male is a bit smaller than his mate, who has the fuller shape. The Ganges River, India, is its home. It does not have the short, plump shape found in most Barbs but more closely resembles the Rasboras. The body color is olive green, with black spots near the caudal peduncle and at the base of the dorsal fin and anal fin.

A few extra precautions must be taken with the aquarium when spawning this little fellow. A 5-gallon tank is ample. The bottom should be covered with pebbles or glass marbles, as well

as the bushy plants otherwise used. The parents are extremely fond of their own caviar, but many of the eggs fall to the bottom; hence the pebbles.

Spanner or "T" Barb, *Puntius lateristriga* Cuvier and Valenciennes

This is another of the large Barbs. It comes from a wide range which includes Java, Borneo, Sumatra, Malaya and Thailand. It attains a size of 8 inches and requires so much space that it is not often bred in aquaria.

There are no startling colors, but the pattern is unique; the background is olive, with a slight pinkish tinge in the fins. There are two vertical black bars, one just behind the head and the other at the front half of the dorsal fin. Connected with this posterior bar is a black horizontal line, giving the appearance of the letter "T" lying on its side. The British hobbyists use a little more imagination and see the horizontal line as the handle, and the two vertical bars as the jaws of a monkey wrench or "spanner," as it is called in England. These colors fade as the fish grows older.

If you have a large enough aquarium and wish to try spawning them, the "T" Barbs follow the same pattern as the others.

(Above) A trio of Cherry Barbs. (Below) A pair of Checkered Barbs, *Puntius oligolepis*.

(Above) The familiar Rosy Barbs, *Puntius conchonius*. (Below) A pair of Clown Loaches.

(Above) Pearl Danios. (Below) The Panchax *(Aplocheilus) lineatus.*

(Above) The Bumblebee Fish. (Below) The Penguin Fish, *Thayeria sanctae-mariae* Ladiges.

(Above) The Red Jet Swordtail. (Below) An Albino Swordtail.

(Above) The Green and the Black Sailfin Molly. (Below) The Blue Gularis.

(Above) The majestic Angelfish, *Pterophyllum* species. (Below) The Discus Fish.

(Above) A trio of beautiful *Hyphessobrycon rosaceus*, the Rosy Tetra, a fish closely related to the *Hyphessobrycon callistis*, the Jewel Tetra (below).

(Above) *Pelmatochromis kribensis* and (below) *Apistogramma ramirezi* are both desirable Dwarf Cichlids.

(Left) Dwarf Gouramis in a spawning embrace. The two Pearl Gouramis (below) are peaceful fish for the community aquarium.

(Above) The Fire-Mouth Cichlid. (Below) The Banded Cichlid, or Convict Fish.

(Above) The *Betta splendens*, Siamese fighting fish, in a mating position, with the golden fish, the male, forcing eggs from the female.

The male catches the eggs in his mouth before they hit the sand.

(Above) After catching the eggs, the male spits them into his prepared bubble nest.

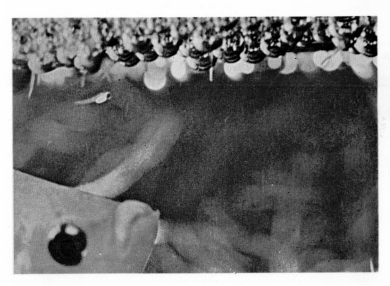

The male guards the young until they are free swimming. Note the fry, just hatched.

(Above) The new Scarlet Characin, *Cheirodon axelrodi*, spawns exactly like the Neon Tetra. (Below) The Congo Tetra.

(Above) The Tetra from Buenos Aires, *Hemigrammus caudovitattus*, a large Tetra favorite. (Below) The "one-lined" Pencil Fish.

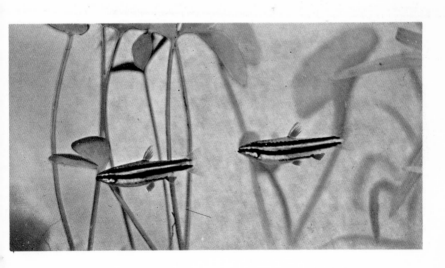

(Above) *Anostomus anostomus.* (Below) Egyptian mouthbreeder.

The Black Ruby Barb, *Puntius nigrofasciatus* Gunther

In its spawning colors, this Barb is second to none in the Barb family. As with the others, the male has the lion's share of the bright hues. Native to Ceylon, this is one of the medium-sized Barbs, which does not exceed 2½ inches in length. The male's body is suffused with a deep, cherry red at spawning time, and there are 3 broad black bars on the sides, which extend into the dorsal and anal fins. The scales each carry a golden dot, and the head is purple in color. The female has the bars, but the deep red of the male is only palely reflected here.

Breeding is the same as for the Rosy Barb, but the pair should be well conditioned and in the best of health.

The Checkered Barb, *Puntius oligolepis* Bleeker
(See color photo on page 65.)

The large, shining scales and attractive colors of this perky little Barb make it an attractive addition to any collection. Native to Sumatra, it barely reaches a length of 2 inches. The back is olive green; there are two horizontal rows of alternating black and light scales. Each light scale is topped by a dark scale, giving a checkerboard pattern. The male's fins are a brownish red, edged with black; the female has light brown fins and less body color.

This peaceful little fish has the added attraction of being very easily bred. Standard procedure as for the other small Barbs is followed.

The Half-Striped Barb, *Puntius semifasciolatus* Gunther

Very few fishes come from China, but this is one of them. Its length of 2½ inches makes it one of the smaller ones. Color is an olive green with a slight golden tinge, and the fins are reddish. There are several irregular narrow black bars which extend from the back half-way down the sides. It is easily spawned, like the others.

The Golden or Brocaded Barb, *Puntius sachsi* Ladiges

This very attractive fish was at first believed to be a golden sport of the preceding species. The body color is bright gold, with red fins. There is a vertical black bar at the tail base, and several irregular black patches appear on the body. It is prolific, and peaceful as well.

The Cherry Barb, *Puntius titteya* Deraniyagala
(See color photo on page 65.)

This is another of the popular small Barbs, which comes from southern India and Ceylon. In size it barely attains 2 inches, and in disposition it is peaceful. A broad black horizontal line characterizes both sexes, and another golden line borders it on top. The male has a brown back, and below the black line has a reddish ventral region, which becomes brilliant cherry red at spawning time. Fins and tail are also red. The female is chocolate brown on the sides, with a silvery belly and little or no color in the fins.

The species is prolific and easy to spawn in the regular manner for small Barbs.

The Sumatran or Tiger Barb, *Puntius tetrazona* Bleeker

Although the name of this popular Barb was corrected many years ago, dealers and hobbyists everywhere still refer to it as "Barbus sumatranus." It is by far the most showy member of the family, which accounts for its widespread acclaim. Body length is usually under 2 inches, and the habitat is Borneo and Thailand. This fish is sometimes guilty of nipping an occasional fin, and it would be unwise to keep it in the company of such long-finned species as the Angelfish or any of the Gourami family.

The short, stocky body is silvery in color, with a light rosy tinge. Four wide black vertical bars cross the body; the first one passes through the eye, and the second halfway between the head and the dorsal fin. The third comes down from a point just behind the dorsal fin, and extends into the anal fin, and the fourth is at the base of the tail. The dorsal fin is a thing of beauty: black, with a red edge and a narrow streak of white between. The male's nose is cherry red. The female's colors are only slightly less intense, but her greater girth identifies her easily.

The *P. tetrazona* is readily bred, using the same methods as for the other medium-sized Barbs.

Stoliczka's Barb, *Puntius stoliczkai* Day

In color, this fish resembles a small facsimile of the Rosy Barb. The black spot toward the tail is a bit larger in relation to the overall size of 2½ inches, and there is another spot behind the gill plate. Instead of being black, the dorsal fin is yellow, with a red border. It is native to Burma and Thailand, and may be bred like the others.

Genus *Rasbora*

The Harlequin Fish or Rasbora, *Rasbora heteromorpha* Duncker

Although there are many species of *Rasbora,* this particular species is so much better known than others that it is usually called simply "Rasbora." German hobbyists call this one "Keil-fleckbarbe", which means "wedge-spot Barb."

These Rasbora are native to Sumatra, Malaya and Thailand and are so common that they are used for food in Singapore, despite their sardine-like size of 2 inches. In an aquarium, they leave nothing to be desired: they are peaceful and colorful. They have an unusual velvety black triangle against a red background on the posterior half of the body. The anterior half has a violet iridescence. With red dorsal and tail fins, the *R. heteromorpha* is one of the most handsome of the smaller aquarium fishes.

Spawning this little beauty is not the easiest of tasks. A tank of 5 gallons capacity should be provided, and stocked with some wide-leaved plants. Their native water has been found to be soft and strongly acid so the water should be less than 5 degrees in hardness, and the pH value should read about 6.2. A combination of distilled water and the bark extract recommended for the Neon Tetra would be a means of arriving at the proper water values. A well-conditioned pair is added, and the water brought to 78°. If all goes well, the male will, after a pretty courtship, lure the female under one of the broad leaves, where both will assume an upside-down position and deposit the eggs there. The parents are removed when they have finished. The eggs hatch the next day, and the fry are easily raised by the usual feeding methods once they begin to swim.

The Dwarf Rasbora, *Rasbora maculata* Duncker

This is the smallest member of the family, and is fully grown when 1 inch long. Because of its small size, it is best to keep these little fellows by themselves in order to meet their water requirements and thus to see the colors at their very brightest.

They are yellow with black caudal, anal and shoulder spots. Water requirements are the same as for *R. heteromorpha,* and the tank may be planted in the same manner. Condition the breeders separately until the female is bulging with eggs, then add them to the breeding tank on an evening when you expect the next morning to be sunny. Place the tank where it will get a little sunlight in the morning, and you can be reasonably sure of success. Temperature should be 78°, and spawning is accomplished in a similar manner to *R. heteromorpha*. The fry are quite easily raised.

Genus *Tanichthys*

The White Cloud Mountain Fish, *Tanichthys albonubes* Lin

Here we have another fish from China. Since its introduction in 1932, it has been a favorite of fanciers the world over. A small fish, its maximum size is 1½ inches, and the slender body resembles the *Brachydanio* species. The body is deep blue on the back, with a golden stripe on the side, followed by a blue one below and a silvery belly. The tail has a red area in the middle, and the dorsal fin is red with a blue edge.

This is probably the easiest of all egg-laying fishes to breed;

a well-fed pair in a well-planted aquarium will produce great numbers of offspring, and seldom eat them unless pressed by hunger. The horizontal blue stripe in the youngsters is very bright, and they look very much like Neon Tetras. This species comes from slightly cooler waters than most of our tropicals, and a temperature of 70° is ample for them.

Family *Cyprinodontidae*

The family of Minnows comes under this heading. It is a huge one, and includes some of our most colorful aquarium fishes.

The Blue Gularis, *Aphyosemion gulare caeruleum* Boulenger
(See color photo on page 70.)

The aristocrat of the *Aphyosemion* family is this beauty. It comes from the Niger delta to the Cameroon River, in Africa. A large fish, 5½ inches long when fully grown, it may cause trouble if kept in a community tank with smaller fishes. A 10-gallon tank is sufficient for a pair. They should be provided with soft, acid water with an addition of salt as for *A. australe*.

The ground color of the male is blue, and the forward half of the body is covered with purple spots. Going back to the tail, there is a series of irregular vertical dark bars on a bright blue background. The dorsal and anal fins are blue, with purple edges. The real feature is the tail, which has a triple point. The upper half is a light blue, and the area from the middle down is bright orange, edged on the bottom with deep blue. Females have a muddy greenish color, with colorless fins, and a few purple dots.

Genus *Aplocheilus*
Panchax lineatus, *Aplocheilus lineatus* Cuvier and Valenciennes
(See color photo on page 67.)

This colorful Panchax comes from India and Ceylon, and is one of the larger members of the family. It is pike-like in form, and has the similar habit of not annoying anything it cannot swallow whole. Therefore it may be kept with other fishes, so long as they are not small. The male may be recognized by a series of purplish horizontal stripes which run the length of his body. The dorsal and anal fins are green, edged with bright red, and the green tail also has a red stripe on the top and bottom. The ventral fins are somewhat elongated. The female has a green body, and a series of dark vertical bars, which makes her easy to distinguish.

Family *Centrarchidae*

This is the family of Basses, Perches and Sunfishes which is familiar to all fresh-water fishermen. Some of the Sunfishes may be kept in aquaria, but because of their rather pugnacious nature, most of them are not entirely satisfactory. There is one worth mentioning, however.

The Black-Banded Sunfish, *Mesogonistius chaetodon* Baird

German aquarists place a much higher value on the Black-Banded Sunfish than most aquarists in this country do. It is found from southern New Jersey to northern Florida, and does not exceed 3 inches. The body is silvery, peppered with black. Distinguishable through this peppering are 6 to 8 vertical black bars. The ventral fins are black, edged with orange. The species is quite peaceful and very attractive.

Spawning is performed in the usual Sunfish manner: a depression is dug in the sand, and the eggs laid into it by the female, to be immediately followed by the male, who fertilizes them. The female is then driven away, and the male fans and guards the eggs until they hatch, at which time other depressions are dug and the young shifted around until they are able to swim. At this time the male should be removed, and feeding begun with newly hatched Brine Shrimp.

Family *Gobiidae*

The Bumblebee Fish, *Brachygobius nunus* Gunther
(*See color photo on page 68.*)

This interesting little fellow is only 1½ inches in length, and comes from Malaya. Its body is yellow, with 4 black vertical bands which make it resemble an underwater bumblebee.

They spawn like Cichlids, using a flowerpot laid on its side. Eggs take 5 days to hatch, and are guarded by the male.

Family *Characidae*

The fishes in this group number far more than a thousand species. Most of them come from South America, and some from Africa. They are popular among aquarists because most of them are small, and many are strikingly beautiful.

The Characins, as these fishes are usually called, are egglayers and their breeding habits are diversified. In most cases eggs are deposited haphazardly among plant thickets, where the parents will eat most of them if not removed after spawning is completed. However, this is generalizing; individual spawning habits are discussed when the fish is described. Some habits are unique.

Genus Aphyocharax

The Bloodfin, Aphyocharax rubropinnis Pappenheim

This popular little fish comes to us from Argentina. Its slender body does not exceed 2 inches in length. As the name indicates, its fins are deep red, and the rest of the fish is light blue. These fish are peaceful, but are excellent jumpers and their tank should be kept constantly covered. The female is a bit heavier-bodied than the male, and has slightly less color in her fins.

To spawn them, prepare a tank with the bottom covered with pebbles or glass marbles. Water should be slightly alkaline, and shallow, and the temperature around 75°. No plants are required. When spawning commences, there is much chasing and jumping, and the non-adhesive eggs fall to the bottom among the pebbles, where the parents have trouble finding them afterwards. The sooner you remove the parents when spawning is complete, the more eggs you will have. Hatching is completed in 36 hours, and the fry are easily raised on dust-fine foods.

Genus *Carnegiella*

The Black-Winged Hatchet Fish, *Carnegiella marthae* Myers

Dr. George S. Myers, who named this fish, must have thought very highly of it; he named it after his wife.

The Hatchet Fishes are among the more oddly-shaped fishes in this group; they have a keeled belly and huge pectoral fins. *C. marthae* is the smallest member of the family, and probably the easiest to keep. As these fish are top-feeders, probably jumping out of the water for insects in their natural habitat, this diet is not an easy one to duplicate. They are fond of swatted flies. You can train them to take floating dried foods, however. Breeding them is still an accomplishment which has not been realized. Keep their tank covered, or you are likely to find them in another tank or on the floor.

The Marbled Hatchet Fish, *Carnegiella vesca*

The Marbled Hatchet Fish is a bit larger than its preceding cousin, attaining 2 inches to *C. marthae's* 1½ inches. Both come from the Guianas and the Amazon Basin. The mottled pattern of wavy lines on a mother-of-pearl body distinguishes the *C. strigata* from all the other Hatchet Fishes. Habits are similar, and this beauty has never been spawned either.

Genus *Chilodus*

The Spotted Head-Stander, *Chilodus punctatus* Muller and Troschel

This silvery, black-spotted fish comes from the Guianas, and is somewhat high in price; the reason for this is twofold. First, the fish is a bit delicate, and must be handled as little as possible. Second, this species has seldom if ever been bred in captivity and so all stock is imported. If there were some tank-bred stock to work with, the fish might prove more hardy and easier to breed. Sexes are difficult to distinguish. If they filled up with eggs, the female would show the rounder body; a ripe female, however, is a rare sight. The body length attains 4 inches, and the disposition is peaceful. A peculiarity is the usual head-down swimming position, for which there seems to be no reason.

Genus *Copeina*

The Splash Tetra, *Copeina arnoldi* Regan

Here we have a fish with one of the strangest breeding habits. It comes from Venezuela, ranging northward to the Amazon River. The slender body is full-grown at 3 inches, and the colors range from chocolate brown on the back to blue-spotted sides and a yellowish belly. There is a black spot in the dorsal fin of both sexes, but the male can easily be distinguished by his long, pointed fins.

For breeding, a 15-gallon aquarium with neutral to slightly acid water is kept at a temperature of 75° to 78°. The water is brought to within 3 inches of the top, and the tank covered with a pane of glass. A strip of frosted glass about 4 inches wide and preferably green in color is slipped under the cover glass so that it extends across the tank near the middle.

If they are ready for spawning, the pair will show great interest in this strip of darker glass, and eventually both will leap up and assume an upside-down side-by-side position under the frosted glass, at the same time releasing a mass of sticky eggs which cling to the glass. This process is repeated until the female is depleted. The male then takes charge, swimming under the eggs at intervals and splashing water upwards so that they remain wet. This goes on for 3 days until the fry emerge and fall into the water. The parents may then be removed, and the youngsters raised in the usual manner.

The Beautiful-Scaled Characin, *Copeina callolepis* Regan

This fish is only occasionally available. Although it resembles its cousin *C. arnoldi* a great deal, it is distinguished by rows of black dots on the sides. Spawning is much different, however. Eggs are usually placed on the broad submerged leaf of a plant. This fish is often mistakenly sold as *C. arnoldi* by dealers.

The Red-Spotted Copeina, *Copeina guttata* Steindachner

The Red-Spotted Copeina does not resemble the other two, either in appearance or habits. Its body is considerably heavier, and it grows to about 4 inches in length. Oddly enough, wild specimens grow to only 3 inches; this is the only instance of a fish growing larger in captivity than in its natural environment. The coloring is attractive, a steel-blue body with red dots in horizontal rows, and yellowish red fins. The female lacks the red dots. Another oddity is that this fish spawns somewhat like our Sunfish. It scoops out a depression in the gravel on the bottom and deposits the eggs in it. For 48 hours the male guards them but he should be removed when the eggs hatch. Fry are easily raised.

Genus *Gasteropelecus*

The Silver Hatchet Fish, *Gasteropelecus levis* Eigenmann

Like the other Hatchet Fishes, this one is attractive and oddly shaped. The body has the same deep keel, and the entire fish is silvery, with the exception of a black horizontal line. It comes from the Amazon basin, attains a size of 2½ inches, and has never been bred in captivity. It is not one of the hardiest fishes to keep.

Genus *Gymnocorymbus*

The Black Tetra, *Gymnocorymbus ternetzi* Boulenger

Paraguay is the home of this favorite. It is one of the larger Tetras, attaining a length of 3 inches. When large, they may cause some trouble if kept in a community aquarium with smaller fishes.

Young specimens are especially attractive, with the posterior half of the body a deep black. This gradually fades to a gray as the fish gets older. The males are slimmer and smaller than the heavier-bodied females.

Breeding is easily accomplished if the sexes have been separated and well conditioned. The breeding aquarium should be at least 10 gallons in capacity; 15 or even 20 gallons is even better, because spawnings are large. Water should be partly fresh and nearly neutral, and there should be plenty of bushy plants. At about 78°, driving will begin, the female often taking the initiative. Eggs are scattered all over the plants, and the parents should be removed immediately after spawning is completed. Fry should be given adequate feedings as soon as they become free-swimming.

Genus *Hemigrammus*

The Glow-Light Tetra, *Hemigrammus gracilis* Reinhardt

This peaceful Tetra made its appearance in this country at about the same time as the famous Neon Tetra, and has shared its popularity. It attains a length of 1¾ inches, and is characterized by a glowing red line through the center of the body which resembles nothing so much as a lighted neon tube. The male is considerably more slender than the female.

Water for spawning this fish should be slightly acid and quite soft. At a temperature of 78° to 80°, the pair will soon be observed swimming closely together into the plants, which should not be too closely bunched. Here they lock fins and do a sort of "barrel roll," at the same time expelling a few eggs, some of which fall to the bottom. After the spawning is completed, the aquarium should be covered to shade it until the fry hatch; this takes place in about 48 hours. Parents should of course be removed when their work of spawning is done.

The Golden Tetra, *Hemigrammus armstrongi* Schultz and Axelrod

This attractive little fish looks as if it had been dipped in gold. It is native to British Guiana, and only 1½ inches in length. Sexes cannot be distinguished by color, but the females have the deeper, heavier body. They have a peaceful, rather shy disposition.

Breeding is similar to the Black Tetra, but a smaller tank may be used.

The Head-and-Tail-Light, *Hemigrammus ocellifer* Steindachner

This is one of the old perennials among tropical aquarium favorites. It is a sturdy, good-looking Tetra which is easily kept and bred. There is a bright red spot at the top of the tail base, which is matched by the upper half of the eye. When lighted from above, it looks as if it had lights glowing fore and aft. Males can be distinguished by a white spot in the anal fin.

Spawning is done in a manner similar to the Black Tetra but a smaller tank may be used, about 3 to 5 gallons in capacity. For almost sure-fire results, the German breeders gather enough rainwater to fill the tank and then stir in a handful of whitewash. This mixture is allowed to settle and clear over a period of a few days. Then the clear water is siphoned off, and is ready for immediate use. The Head-and-Tail-Lights may be added, and if they are in good condition will spawn almost at once. When they are finished, remove them and shade the tank with newspaper or a towel. Three days later you will be able to see the fry hanging on the glass and plants, and you may discontinue the shading. Begin feeding in the usual manner when the youngsters begin to swim.

The Pretty Tetra, *Hemigrammus pulcher* Ladiges

This Tetra comes from the Peruvian Amazon, and does not have the compressed body characteristic of the other *Hemigrammus* species. It is short and heavy-bodied, and has a rectangular black spot which extends from the tail base to almost the middle of the body. There is an orange spot at the top of the tail base, and the upper half of the eye is red.

A well-conditioned pair will spawn in the same manner as the Black Tetra, if the female is heavy with eggs. Size may be up to 2 inches, but most specimens are a bit smaller.

The Rummy-Nosed Tetra, *Hemigrammus rhodostomus* Ahl

Unfortunately this handsome fish from Brazil does not spawn readily. Breeding this fish is an accomplishment that can be claimed by only a few aquarists, who seem to have succeeded by conditioning their breeding pairs with live daphnia, and using soft, slightly acid water.

Identification of this fish is easy. The body is a bit more elongated than the usual *Hemigrammus*. Body color is silvery, with a large black area at the tail base which narrows to a point at the fork of the tail. The tail lobes are crossed in the center by a black stripe, and the black area at the tail base narrows down to a line which extends about three-quarters of the way toward the head. The bibulous name is derived from the bright red area which covers the nose.

The Feather Fin, *Hemigrammus unilineatus* Gill

The Feather Fin resembles the Head-and-Tail-Light a great deal in body form. The difference is that the bright spots are lacking, but the dorsal fin is adorned with a black spot, and the anal fin is edged with black. The female of this species is considerably heavier than the male, and sexes are easy to distinguish in mature pairs.

The same method given for spawning the Head-and-Tail-Light may also be used for this fish.

Genus *Hyphessobrycon*

The Flame Tetra (Tetra from Rio)

The Flame Tetra or Tetra from Rio, *Hyphessobrycon flammeus* Myers
(See photo on opposite page.)

This is another old favorite. It has everything to recommend it: color, peaceful disposition, hardiness, and ease of breeding. It rarely attains a length of 2 inches; most adult specimens are nearer 1½ inches. The posterior half of the body is a bright red, as are the dorsal, tail, anal and ventral fins. Two short black bars adorn the sides in the front half of the body. The male is easily distinguished by the fact that his anal fin and the front half of the dorsal are edged with black.

Breeding is the same as for the Black Tetra, but smaller aquaria may be used.

The Neon Tetra, *Hyphessobrycon innesi* Myers

Probably no other aquarium fish has caused the excitement that this one did when it was first introduced. It was first discovered by Auguste Rabaut in the Peruvian headwaters of the Amazon River about 20 years ago. Rabaut sent some specimens to Paris, whence some traveled to Germany; some were then transported to this country via the dirigible "Hindenburg," shortly before its tragic crash.

Aquarists who were fortunate enough to get them tried to spawn them but most efforts were unsuccessful. The few lucky ones were the very ones who were able to breed *Rasbora heteromorpha,* for a similar set of water conditions is required: soft, slightly acid water. As soon as this was known, breeders everywhere took the cue and began to have results. This is not to say that the Neon Tetra is an easy fish to breed; it is still one of the so-called "problem fishes," but most of the difficulty has been removed. This is how it is done:

Use an all-glass aquarium of rectangular shape and a capacity of 1½ to 2 gallons, thoroughly cleaned and rinsed. Shave off some pieces of oak or elm bark and boil them in distilled water for about 15 minutes. The result will be a highly acid concentrate. Fill the aquarium with distilled water, and add the concentrate until the pH reading drops from 7.0 to 6.5. The remaining concentrate may be bottled for future use. Then take a quart of water and stir in one teaspoonful of powdered alum.

Take a bunch or two of bushy plants and sterilize them by letting them soak in this mixture for 5 minutes. Wash them off in clean water and place in the breeding tank. Do not use any gravel; it is not necessary and can easily cause trouble by hardening the water. The plants may be anchored with a lead strip, or a piece of glass rod. Let the breeding tank stand until the water is crystal clear.

Select a pair which is in good health, the male active and the female heavy with eggs. Do not feed them while they are in the breeding tank; if there is no spawning action within three days, take them out and try with another pair if you have them; if not, feed them well for several days and then try again. Give the tank a place which does not get any direct sunlight; when the fish have spawned, take out the parents and cover the tank for three days. By this time the fry are free-swimming, and no longer sensitive to light. For the first few days you may feed the youngsters by taking the yolk of a hard-boiled egg, placing it in a square of cloth and giving it a few squeezes while sloshing it around in the water. (Don't overdo it lest you foul the water.) When the fry have grown somewhat, switch to freshly-hatched brine shrimp.

Body size of this slender fish is 1½ inches. The upper half of the body, from the eye almost to the tail, is brilliant greenish blue. The belly is white, and the lower posterior half of the body is bright red. Females have a slightly deeper body.

The Lemon Tetra, *Hyphessobrycon pulchripinnis* Ahl

From the Amazon basin comes this attractive member of the Characin family. This fish in the bare tanks of a dealer seems almost colorless, but this is not the case when it is tranferred to a planted aquarium, where it becomes a thing of beauty. The body length is 1¾ inches when fully grown. There is a streak of lemon yellow in the upper half of the dorsal fin, as well as the front edge of the anal fin, which is further adorned with a black streak behind it, and a black edge. The eye is a brilliant red. Females have a deeper body and slightly less color.

Spawning is similar to that of the Black Tetra (p. 98).

The Black-Lined Tetra, *Hyphessobrycon scholzei* Ahl

This is one of the larger Tetras, which grows to about 3 inches in length. It is a silvery fish, with a prominent black horizontal line crossing the body from the gill-plate to the tail, where it ends in a triangular spot. The female is considerably deeper-bodied than the male.

These fish are easily propagated in the same manner as the Black Tetra. They are so hardy that it is possible for the breeders in Florida to raise them in huge quantities the year round in pools.

The Jewel Tetra, *Hyphessobrycon callistus* Boulenger
(See color photo on page 72.)

There has been a certain amount of confusion connected with the naming of this fish. It seems to vary in color in its rather widely distributed haunts, and has been known as *H. serpae* and *H. minor,* depending on its local colors. Some specimens show a brilliant red color, and others are much more subdued. This refers to body color; the tail and anal fins are bright red in all, and the dorsal fin is almost all black. There is a narrow vertical black streak on the side a short way behind the gill-plate, and the anal fin is tipped with black and edged with white, as are the ventral fins. This fish is fully grown at 1½ inches.

Spawning is similar to the procedure for the black Tetra (p. 98).

The Rosy Tetra, *Hyphessobrycon rosaceus* Durbin
(See color photo on page 72.)

The first thing you notice about this fish is the large, showy dorsal fin of the male. Native to the lower Amazon and British Guiana, it reaches a size of 1¾ inches. The body is a bit deeper than most members of this family, and healthy specimens have a rosy tint. The ventral and anal fins, as well as the outer edges of the tail are bright red, and the dorsal fin carries a large black area with white margins. The male's dorsal fin is about twice as long as that of his mate, making it an easy task to distinguish him.

It is easily bred in the same manner as the Black Tetra.

Genus *Nannostomus*

The One-Lined Pencil Fish, *Nannostomus marginatus* Eigenmann
(See color photo on page 79.)

British Guiana is the home of this, the smallest of the Pencil Fishes. Its size is only 1½ inches, and at first glance the name "one-lined" seems like a misnomer. There is one golden line, bordered above and below by wide black lines. The belly is white, and the dorsal, anal and ventral fins are deep red.

This little fish requires something in addition to the usual procedure for spawning. Water level should be brought down to about 3 inches, and the bottom covered with a layer of pebbles or glass marbles. The parents are very fond of their own eggs, and would surely eat them all if they could. However, some eggs fall between the pebbles, where they are inaccessible.

The Golden Pencil Fish, *Nannostomus anomalus* Steindachner

The name "Pencil Fish" has been applied to this family because of the elongated body structure and pointed snout. They are peaceful and colorful, but in a community aquarium there is a possibility that they may not get their fair share of food because of their leisurely manner of swimming. The Golden Pencil Fish comes from the basin of the Amazon and the Rio Negro. It attains 2 inches in length; the back is brown, and there is a bright golden band which runs the full length of the body, bordered below by a wide black band. The belly is white, and the ventral and anal fins of the male have white tips.

Spawning temperature seems to be best at about 78°. Soft water which is slightly acid is best, and bushy plants like *Myriophyllum* should occupy about half of a 5-gallon tank. Eggs hatch in about 48 hours, and the young require very fine foods at first.

Genus *Pristella*

Pristella riddlei Meek

German fanciers call these "water-finches," but there has never been a popular name for them in this country, although they are just as popular here. They come from Eastern Venezuela, the Orinoco Basin and the Guianas, and 2 inches is their extreme length, although most specimens are no more than 1½ inches long. They are graceful and well-proportioned, and a small school of them is an attractive addition to any aquarium. The back is *pale* brown, and there is an indistinct horizontal line. The belly is silvery, and there is a spot on the dorsal, anal and ventral fins; the tail is rosy pink. The female is considerably heavier in body than the male.

If you desire to breed this fish, make sure that you have a mature pair to work with. This means a pair of fish which is more than a year old, as they grow rather slowly. Use a tank of about 5 gallons capacity, and water which is about neutral. The usual bushy plants and a well-conditioned pair complete the picture. They spawn in the usual Tetra fashion. Temperature should be kept at about 80°.

Genus *Phenacogrammus*

The Congo Tetra, *Phenacogrammus interruptus* Boulenger
(See color photo on page 78.)

One of the most beautiful Tetras to reach our shores in recent years is this one. It comes from the upper Congo River, and is one of the larger members of the family. Its full-grown length slightly exceeds 3 inches and, although it is peaceful in the community tank, it is best to keep it away from small fishes. This is a good rule for all community aquaria.

In order to appreciate this lovely fish fully, and also to keep it in good health with the possibility of spawning it, you must take cognizance of its special requirements. In the first place you need a large aquarium, at least 15 gallons in capacity. The water must be soft—no more than 6 degrees of hardness. The water must also be acid, with a pH value of about 6.5. This is the same water which is recommended for the Neon Tetra but the use of 15 gallons of distilled water may be expensive. Rain water could be used after aging; if the acidity is lacking, the bark extract mentioned in the section on Neon Tetras can be used, or else the water may be filtered through peat moss until the proper acidity is reached.

A healthy pair of *Phenacogrammus interruptus* with the sun shining on them is a breath-taking sight; their large scales gleam in all the iridescent colors of the rainbow, with the accent on blues and violets. The fins are blue; the male has the larger dorsal and anal fins, and his tail has several elongated rays in the center, which stream out beyond the lobes. Spawning, if you are lucky, is performed in the usual Tetra fashion, and the parents should be removed afterward and the tank darkened for 3 days.

Family *Cichlidae*

The Cichlids are another very large family which includes many aquarium fishes. Some have the drawback of being rather vicious, but all are interesting in their breeding habits; they are usually devoted parents, lavishing extreme affection on their young, but at times, for no apparent reason, they make a meal of them.

Space forbids a complete listing, but the ones chosen are representative of the rest.

Genus *Aequidens*

The Blue Acara, *Aequidens pulcher* Gill

One of the large Cichlids, the Blue Acara sometimes attains a length of 6 inches, although most specimens are somewhat smaller. It may be kept with larger fishes, but would prove a bit "rough" with small fishes in a community aquarium. The body is marked with 8 or 9 vertical bars, and the fish is peppered all over with blue spots.

Spawning is usually quite easy to induce. A large aquarium of at least 20 gallons is required, with gravel and a few rocks in it. Separate the breeders for a time, until the female is heavy with roe, then place the pair in the tank. When they have become accustomed to their surroundings, the male begins to clean off one of the rocks. When this job is done to their mutual satisfaction, the female begins to glide over the rock. As her vent touches it, she releases a row of eggs which adhere there. The male follows just behind and fertilizes the eggs. Row after row of eggs are laid and fertilized. The male usually takes charge of guarding them, although the female sometimes guards them too. When the eggs hatch, the parents dig holes in the gravel and move the young about. When the fry become free-swimming, they are constantly herded until such time as they revolt against this parental supervision. By this time the parents are often ready to spawn again. Brine shrimp or sifted Daphnia should be provided when the fry begin to swim; the best food for the parents is cut-up garden worms or some other form of worm food.

Genus Pterophyllum

The Angelfish, Pterophyllum eimekei Ahl

(See color photo on page 71.)

There is something about the way an Angelfish moves that appeals to all who watch this most dignified of aquarium fish. It comes from the Rio Negro and Amazon Basin and attains a size of 5 inches. It has 4 vertical bands on a silvery body, and the dorsal is as high as the diameter of the body. The anal fin is the same length, with a long ray which extends back much further. The ventral fins consist only of a few rays, one of which is also very much elongated. The first and last rays of the tail fin are extended as well. The eye is red.

Eggs are laid Cichlid-fashion, usually on the leaf of a large plant. Parental care is divided, and a well-mated pair will seldom eat their young, from which they should be removed as soon as they begin to swim.

An all-black variety has been developed which promises to

become one of the most popular aquarium fishes when it is generally available.

Genus *Symphysodon*

The Discus, *Symphysodon discus* Heckel
(See color photo on page 71.)

This beauty is hard to feed, hard to keep and almost impossible to breed. The body is shaped like a pancake stood on end, and attains a diameter of 9 inches. The main color is brown, and there are 9 vertical bars. The fins are blue, mottled with bright red. The male has some of these blue and red markings in the back and belly regions as well. The ventral fins are edged with bright red.

They spawn in a very similar manner to the Angelfish, whose habitat they share. A few breeders are producing them at present; it is hoped that succeeding generations will be a bit easier to handle.

Genus *Cichlasoma*

The Flag Cichlid, *Cichlasoma festivum* Heckel

This is one of the really peaceful Cichlids, although it is a large one which sometimes grows to 6 inches. Its mark of distinction is an oblique line which begins at the mouth, travels upward through the eye, and ends at the tip of the dorsal fin. There are indistinct vertical bars, and a black spot at the tail base which is ringed with yellow.

The Fire-Mouth Cichlid, *Cichlasoma meeki* Brind
(See color photo on page 75.)

There is no mistaking this large Cichlid: a fiery red area extends from the chin through the entire belly. The body is dark brown, with indistinct vertical bars and a horizontal line which ends in a large black spot in the middle of the body. There is another black spot in the red area at the bottom of the gill-plate. The male has the more pointed dorsal fin. This fish comes from Yucatan. A word of warning: this fish should not be kept in a community aquarium with smaller fishes. It is safe only in the company of big fellows like itself.

It breeds like the Blue Acara.

The Banded Cichlid, or Convict Fish, *Cichlasoma severum* Heckel
(See color photo on page 75.)

The word "banded" is an accurate description of the fish only when it is half-grown. By the time maturity is attained, the bands have practically faded out. Only one band remains, running from the base of the dorsal fin to the base of the anal fin and ending in a spot on each end. This is one of the big Cichlids, and should be treated accordingly. It is 6 inches long and heavy-bodied, so give it a large aquarium; 30 gallons is not too big. The sides are a light brown with a greenish tinge, covered with red spots. The fins are reddish, and covered with blue spots. The female is much duller in color, and her fins are shorter.

It comes from the Guianas, Rio Negro and the Amazon Basin, and breeds like the Blue Acara.

Genus *Apistogramma*

The Agassiz Dwarf Cichlid, *Apistogramma agassizi* Steindachner

This is referred to as a "dwarf," being 3 inches in length at most. The shape of the tail is an easy means of identification: it comes to a single point. Body color is a yellowish brown. There is a black horizontal line from the mouth to the tip of the tail, and the fins are blue, edged with red. The female has plain round

fins, and is a bit more yellow in body color. It is native to the Amazon Basin.

Breeding is similar to that of the Blue Acara, but a much smaller aquarium may be used; 5 gallons is sufficient. There is one important difference, however: after spawning, the little female begins to attack her much bigger mate, and may injure or even kill him if he is left with her. He should be removed, and the female will take over all parental duties herself.

Ramirez's Dwarf Cichlid, *Apistogramma ramirezi* Myers Harry
(See color photo on page 73.)

German aquarists call this one the "Butterfly Cichlid." Its body color is blue, and there are a number of brown vertical bars, especially noticeable in the female. The body is sprinkled with gleaming light-blue spots. The high, saddle-shaped dorsal fin is blue, edged with orange, and the first rays are black. These first rays are elongated in the male. Large specimens sometimes attain 3 inches, but most are a bit smaller.

A temperature of 80° is recommended for their breeding, and they follow the procedure of the preceding species. They are a bit timid, however, and are apt to eat their eggs. Dense planting may help somewhat.

Genus *Pelmatochromis*

Pelmatochromis kribensis Boulenger

(*See color photo on page 73.*)

This visitor from the Congo River in Africa has not been with us long enough to get a popular name, but there is no question of its popularity. Top size for males is about 3 inches while females fall short of this mark by about an inch. They behave well in a community aquarium, and are very colorful. The upper part of the male's body is dark blue, and a horizontal stripe crosses the body from mouth to tail. The lower part of the body is lighter, and a large region about the belly is wine-red. The upper part of the tail has two, three or even four black dots ringed with yellow, and the dorsal fin of the male carries one dot. The female has only one dot on the tail, and two on the dorsal fin. The anal fin of the male is violet, as are the ventral fins, which have a blue edge besides. The dorsal fin is blue, bordered with a wide gold edge which is in turn edged with red. When spawning, the female takes on a bright coppery tinge in the after half of the body, and rivals her mate in brilliance of coloration.

Spawning is tricky as they like to lay their eggs where they will be well hidden. The best spawning site with which to provide them is a flowerpot with a notch cut out of the upper edge. Set it upright in the aquarium and cover it with a piece of slate. They will soon swim in and out, and will eventually spawn there. As with the other Dwarf Cichlids, the female will usually take over the housekeeping duties. It is best to remove the male. Unfortunately, the eggs are often eaten.

Family Anabantidae

Some very interesting and colorful fishes are included in this family. The Anabantids are unusual in that they must occasionally come up for a gulp of air, and have a special breathing mechanism known as a "labyrinth" which handles this air. These fishes include such aquarium favorites as the Betta, the Gouramis, and others. Most of them make nests at the surface by blowing bubbles; the eggs are placed into these and guarded.

Genus Betta

The Siamese Fighting Fish, Betta splendens Regan
(See color photos on pages 76 and 77.)

The Siamese make use of this fish in a gambling game in their own country, where this fish comes from. The males, while not particularly vicious when alone, becames hellions when another male is placed in close quarters with them, and a good fighter, like a fighting-cock in Mexico, can be a valuable asset to its owner.

There is very little resemblance between the short-finned, not particularly colorful fish which the Siamese use and the long-finned, brightly-colored beauties which have been developed from them. The body is slender and 2½ inches long, with long, flowing tail and anal fins, and a high dorsal. Color varieties are numerous, with many combinations of blue, green, red, and a white-bodied fish with red or blue fins. There is even an albino with a white body and fins, and pink eyes. The females have shorter fins and heavier abdomens. They thrive on living foods, but can be carried over for quite a time on prepared foods also.

The breeding behavior of this fish, as well as the other members of the family, is an interesting procedure. Fill a 10-gallon aquarium to a depth of about 5 inches with water which has been aged a few days, and is about neutral. No gravel is required on the bottom, and there is no need for plants. First place the male in the tank. When he signifies his willingness to spawn by blowing a mass of bubbles, introduce a female whose abdomen is bulging. After many tries, the male will lure her under the bubbles, where he wraps his body around hers and squeezes a few eggs out of her, which he fertilizes at the same time. This act is repeated over and over, until the female is depleted, at which time she is driven away. The male then takes full charge of the bubble-nest, and the female should be taken out. In about 30 to 40 hours the eggs hatch, and the male keeps busy retrieving fry which fall out of the nest to the bottom. When the fry become free-swimming, they leave the nest and begin to search for food, at which time the male's work is done, and he should be removed. Dust-fine foods may be fed at this time, to be followed by freshly hatched Brine Shrimp, which the youngsters soon learn to tear to pieces with their sharp teeth.

Genus *Colisa*

The Dwarf Gourami, *Colisa lalia* Hamilton-Buchanan
(See color photo on page 74.)

Probably the best-known of the Gouramis is the Dwarf Gourami. It is a small fish, the male about 2 inches in length, and the females slightly smaller. They are native to India, and are a peaceful species. As is usual with fishes, the male comes in for the lion's share of the colors. There are alternating slanting vertical bars of bright blue and red which pass through the entire length of the body, and the fins are orange, sprinkled with red. At spawning time, the region from the chin to the belly is suffused with bright deep blue. The female has pale bars and plain fins. The ventral fins are unique: they consist of one long ray, which is very flexible. These fins are used as "feelers" and the fish touches everything within range with them.

Breeding is the same as for the Betta, except that these fish like to weave some plant leaves into their nest so a few floating plants are welcome.

Genus *Trichogaster*

The Three-Spot or Blue Gourami, *Trichogaster trichopterus* Palas

Whoever gave this fish the name "Three-Spot Gourami" counted the eye as one spot, because there are only two spots on each side of the body. It comes from Sumatra. It grows as large as 5 inches, at which size it should be kept with large fishes only. The entire body of the male is suffused with blue, and there are many irregular wobbly vertical dark bars. The fins are a lighter blue, and covered with large white dots.

They breed like Bettas, and are easily raised.

The Pearl or Mosaic Gourami, *Trichogaster leeri* Bleeker
(*See color photo on page 74.*)

Many people consider this peaceful fish the most beautiful of all the Gouramis. It grows to 5 inches. The body is covered with a fine, reticulated pattern, and the ground color is silvery with a mother-of-pearl sheen, which often shows as a pale violet. At spawning time, the male develops an orange-red area from the chin all through the belly area. Another way to distinguish him is by the deeper anal and higher dorsal fins. Both sexes show a heavy black line which begins at the mouth and fades out about three-quarters of the way down the body.

This fish comes from Sumatra, Borneo, Malaya and Thailand, and breeds in a similar manner to the Betta.

Family *Cobítídae*

Genus *Botía*

The Clown Loach, *Botía macracanthus* Bleeker
(See color photo on page 66.)

In the comparatively few years it has become available to aquarists, the Clown Loach has become very popular, and for good reason. The body is a rich orange-red in color, with a wide black saddle crossing from just ahead of the dorsal fin to the belly, and wide black band extending from behind the dorsal fin to the anal fin. The tail and fins are bright red. Most specimens offered by dealers are 3 to 4 inches in length, but they grow much larger. Unfortunately, it is a bit of a "shrinking violet" in the daytime, being largely nocturnal in its habits. If there have ever been any successful spawnings, they were never made public.

Family *Callichthydae*

Genus *Corydoras*

These are the Armored Catfishes, which come to us from South America; they are identified by a series of bony plates on the sides in lieu of scales. They spend their time on the bottom grubbing around for some bit of food the others missed, a habit which makes them extremely valuable to the aquarist. Not only do they clean up otherwise uneaten food, but they also keep the gravel loose around the plant roots, thereby cultivating them. Seldom is their digging vigorous enough to dislodge rooted plants.

These bony fishes require calcium, so give them slightly alkaline water in the breeding tank. Not much planting is required; most of the eggs are deposited on the glass sides. A 10-gallon aquarium is ample for all *Corydoras* species. The breeding act is interesting. The pair becomes unusually active, and chases about a great deal. Finally the male stops, and rolls over on his side. The female attaches herself to him by sucking her mouth to his belly; at the same time 4 or 5 eggs are expelled into a pocket which the female makes by pushing together her ventral fins. She then lets go and swims to a previously selected site, usually a spot on the glass sides, and first rubs the spot with her mouth, and then pushes the sticky eggs there. This process is repeated frequently. At 80°, which is the proper spawning temperature, the eggs hatch in 72 hours. The parents seldom bother their young, but there is no point in tempting them, so they should be removed. Dust-fine food should be stirred into a small jar full of water, to allow it to soak and sink to the bottom; live foods may follow when the youngsters grow.

The Arched Corydoras, *Corydoras arcuatus* Elwin

This fish is easily distinguished from the rest of the family by a wide black stripe which runs from the mouth up through the eye and along the back all the way to the bottom of the tail base. Its home is in the Amazon Basin, and size is 2½ inches. It hasn't been spawned.

The Bronze Catfish, *Corydoras aeneus* Gill

This is the most popular member of the family. The sides have a slight greenish bronze tinge, and the maximum size attained is 3 inches. Sex can be easily distinguished by looking down at them from above: the males are smaller, and the females are wider. Spawning occurs as described for the genus.

Myers' Corydoras, *Corydoras myersi* M. Ribeiro

This species is very similar to *C. arcuatus*. It has a darker, pinkish-brown body, and the wide black line, instead of curving from the mouth through the eye, starts just behind the head.

This fish breeds as described for the genus, but there is a peculiarity in the offspring: the front half of the body is red, the back half bright green and the fins are pink. As the fish grows up, the green area gradually becomes the black line, and the pink area spreads out over the lower half of the body.

The Peppered Corydoras, *Corydoras paleatus* Jenyns

This species is not seen quite as often as formerly but it is still popular. For a *Corydoras,* it is large, 4 inches. The body color is brown, and the sides are mottled with darker brown. The tail is adorned with a number of alternating light and dark vertical bars. It comes from Southern Brazil and Northern Argentina, and spawns in the manner described for the species.

The Dwarf Catfish, *Corydoras hastatus* Eigenmann

The smallest member of the family comes from the Amazon Basin. The size at maturity is 1½ inches and it is easily recognized. The body color is brown, with a horizontal stripe of black which ends in a triangular spot at the caudal base. Spawnings are numerous but small in number, and the young are not eaten

if the parents are well fed. Fry are large, and well able to fend for themselves.

The Black-Spotted Catfish, *Corydoras melanistius* Regan

This attractive Catfish comes from Venezuela. It has a pinkish body peppered with small black spots, as is the tail. The face is black, and there is a black area in the dorsal fin which extends down a little way into the body. For spawning, they require a well-planted aquarium in a spot which is partly shaded; otherwise they are inclined to be very nervous and shy.

(Above) *Nothobranchius palmquesti* comes from East Africa. (Below) These Seabats, *Monodactylus sebae*, were found in fresh water in Cameroons, Africa.

(Above) The Striped Barb, *Puntius lineatus*. (Below) *Capoeta callip-terus*, collected by Herbert R. Axelrod in Nigeria.

(Above) A small Barb, *Capoeta puckelli*, is easily spawned. (Below) *Puntius holotaenia*, a Barb from Africa.

(Above) An African rarity, *Irvineia voltae*. (Below) The Nigerian Catfish, *Parauchenoglanis macrostoma*.

(Above) The Black Shark, *Labeo chrysophekadion*, from Siam. (Below) A recent import from the Far East, the Silver Gourami, *Trichogaster microlepis*.

(Above) A fairly common, though unidentified, *Aplocheilichthys* species from the Congo. (Below) *Puntius usumbarae,* a Barb from Africa.

(Above) *Aphyosemion christyi*, an African killifish. (Below) The Striped Barb from Nigeria, *Puntius chlorotaenia*.

(Above) *Ctenopoma ocellatus* is slightly different from the *Ctenopoma kingsleyae* (below). Both are African air-breathing fishes.

(Above) *Micralestes acutidens,* the Congo River silverside. (Below) *Alestes longipinnis,* a tetra from the Congo River, near Leopoldville, Belgian Congo.

(Above) The yellow-finned *Epiplatys* from the French Cameroons.
(Below) The Mirror Barb, *Puntius ablabes*, from Africa.

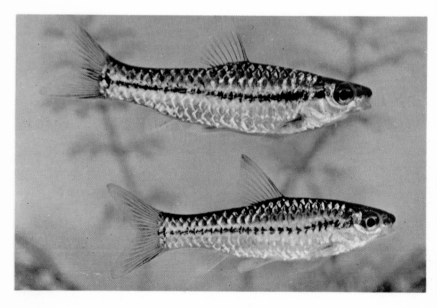

(Above) An unidentified *Aplocheilichthys* species from the Cameroons.
(Below) The Butterfly Barb from the Belgian Congo, *Capoeta hulstaerti*.

(Above) The Hockeystick, *Thayeria obliqua*, is closely related to the Penguin Fish (see page 68). (Below) An African Dwarf Cichlid, *Pelmatochromis dimidiates*.

(Above) The Egyptian Mouthbreeder, *Haplochromis multicolor*. The lower fish, the female, has a mouthful of eggs. (Below) *Steatochranes casuarius*.

These two *Epiplatys* species were collected by Herbert R. Axelrod in
the French Cameroons in Africa. They are sold as *Epiplatys sexfasciatus.*

(Above) *Pelmatochromis arnoldi*, an African Dwarf Cichlid. (Below)
The Goby Cichlid, *Gobiochromis tinanti*, from the Belgian Congo.

(Above) *Distichodus fasciolatus* from Africa. (Below) The beautiful Nigerian Mouthbreeder, *Haplochromis* species, collected in Africa by Herbert R. Axelrod.

W9-CJY-944

Date: 10/18/18

SP FIC JAMES
James, P. D.,
Mortaja para un ruiseñor /

Título original: *Shroud for a Nightingale*
Traducción: Antonio Desmonts
1.ª edición: mayo, 2017

© P. D. James, 1971
© Ediciones B, S. A. , 2017
 para el sello B de Bolsillo
 Consell de Cent, 425-427 — 08009 Barcelona (España)
 www. edicionesb. com

Printed in Spain
ISBN: 978-84-9070-323-6
DL B 4553-2017

Impreso por NOVOPRINT
 Energía, 53
 08740 Sant Andreu de la Barca — Barcelona

Mortaja para un ruiseñor

P. D. JAMES

Para J. M. C.

1

Práctica mortal

I

En la mañana del primer asesinato, la señorita Muriel Beale, inspectora de las Escuelas de Enfermeras al servicio del Departamento General de Enfermería, se despertó algo después de las seis de la madrugada y cayó poco a poco en que era lunes, 12 de enero, la fecha en que le tocaba hacer la inspección del hospital John Carpendar. Para entonces ya había percibido los primeros ruidos habituales del nuevo día: el despertador de Angela, acallado casi antes de que tuviese tiempo de oírlo; la propia Angela moviéndose con pesadez y resollando por el apartamento como un animal torpe pero benévolo; el agradable augurio del tintineo del té en preparación. Se obligó a abrir los párpados, resistiéndose al insidioso impulso de acurrucarse en el envolvente calor del lecho y dejar vagar la mente en la bendita inconsciencia. ¿Por qué diantres habría tenido que decir a la jefa de enfermería Taylor que llegaría poco después de las nueve, a tiempo de participar en la primera clase del día de las estudiantes de tercer curso? Era una hora ridícula e innecesariamente temprana. El hospital estaba en Heatheringfield, en el límite entre Sussex y Hampshire, casi a cincuenta millas por carretera, parte de las cuales tendría que hacer antes de que rompiera el día. Y estaba lloviendo, como venía pasando con deprimente insistencia desde hacía una semana. Oía el apagado murmullo de los neumáticos de los automóviles en Cromwell Road y alguna salpicadura contra los cristales de la ventana. Gracias a Dios, se había tomado la molestia de estudiar el mapa de Heatheringfield hasta localizar exactamente el hospital. Una ciudad comercial en pleno crecimiento, sobre todo siendo desconocida, podía ser un laberinto para el conductor, entre la maraña del tráfico laboral, una mañana lluviosa de lunes. Intuía que sería una jornada complicada y se estiró bajo las sábanas como haciendo acopio de fuerzas para afrontarla. Al estirar los dedos entumecidos, medio saboreó el momentáneo dolor agudo de las articulaciones. Un inicio de artritis. Bueno, eso era de esperar. Después de todo, tenía cuarenta y nueve años. Era hora de que se tomase la vida con un poco más de calma. ¿Por qué diantres se le habría ocurrido que podría llegar a Heatheringfield antes de las nueve y media?

Se abrió la puerta, que dejó entrar un hilo de luz del pasillo. Angela Burrows descorrió las cortinas, descubriendo el cielo oscuro de enero y la lluvia que repiqueteaba en los cristales, y volvió a cerrarlas. «Está lloviendo», dijo con la lúgubre fruición de quien ha pronosticado lluvia y no puede reprochársele el no haber atendido a su advertencia. La señorita Beale se incorporó sobre un codo, encendió la lamparilla y aguardó. A los pocos segundos regresó su amiga y colocó la bandeja del desayuno. El cubrebandejas era de hilo almidonado y bordado, las tazas floreadas estaban dispuestas con las asas bien alineadas, y las cuatro galletas, dos de cada clase, en un platillo de la misma vajilla, pulcramente ordenadas; y la tetera exhalaba un delicado aroma a té indio recién hecho. Las dos mujeres sentían una gran pasión por las comodidades y eran adictas a la limpieza y el orden. Las mismas normas que un tiempo habían aplicado en las habitaciones privadas del hospital donde enseñaban las aplicaban a su propio bienestar, de manera que la vida en el apartamento no era distinta de la de una residencia cara y permisiva.

La señorita Beale compartía la vivienda con su amiga desde que las dos salieron de la misma escuela hacía veinticinco años. Angela Burrows era jefa de estudios en un hospital londinense dedicado a la enseñanza. La señorita Beale la consideraba el modelo por excelencia de la tutora de enfermeras, y en todas sus inspecciones, subconscientemente, tenía en cuenta los principios, tan a menudo reiterados por su amiga, sobre cuál debía ser la formación de una enfermera. Por su parte, la señorita Burrows se preguntaba cómo iba a arreglárselas el departamento cuando le llegase el retiro a la señorita Beale. Los matrimonios más felices se sostienen gracias a tales reconfortantes ilusiones, y las relaciones entre la señorita Beale y la señorita Burrows, distintas pero en esencia inocentes, tenían un fundamento muy similar. Excepto en esta capacidad de admiración mutua, aunque silenciosa, las dos mujeres eran muy diferentes. La señorita Burrows era robusta, corpulenta y formidable, dotada de una sensibilidad fácilmente vulnerable bajo su burda apariencia. La señorita Beale era pequeña y pajaril, de palabras y movimientos medidos, y con unos modales afectados y anticuados que la ponían al borde de la cursilería. Incluso sus costumbres fisiológicas eran distintas. La corpulenta señorita Burrows despertaba instantáneamente al primer campanilleo del despertador, se mostraba absolutamente vital hasta la hora del té y luego, conforme avanzaba la tarde, se iba sumiendo en un letargo soñoliento. La señorita Beale abría todas las mañanas los ojos pegajosos con desgana, tenía que obligarse a cumplir las actividades matutinas, y se iba animando conforme decaía el día. Habían conseguido reconciliar incluso esta incompatibilidad. La señorita Burrows disfrutaba preparando el té de primera hora de la mañana, y la señorita Beale fregaba los platos después de cenar y hacía el cacao de última hora de la noche.

Angela Burrows sirvió las dos tazas de té, puso dos terrones de azúcar en la de su amiga y se llevó la suya al sillón que había junto a la ventana. Su formación impedía a la señorita Burrows sentarse en la cama. Dijo:

—Tienes que salir temprano. Será mejor que te prepare el baño. ¿A qué hora comienza la visita?

La señorita Beale farfulló con voz apagada que había dicho a la jefa de enfermería que llegaría lo antes posible a partir de las nueve. El té estaba condenadamente bueno y podría resucitar a cualquiera. El compromiso de empezar tan temprano había sido un error, pero comenzó a decirse que, después de todo, podría llegar antes de las nueve y cuarto.

—Es Mary Taylor, ¿verdad? Tiene bastante fama, teniendo en cuenta que solo es una jefa de enfermería de provincias. Es raro que no haya venido a Londres. Ni siquiera solicitó el puesto cuando Montrose se retiró.

La señorita Beale murmuró algo incomprensible que, dado que habían tenido anteriormente esta misma conversación, su amiga acertó a interpretar como una protesta de que Londres no era lo que quería todo el mundo y de que la gente solía dar por supuesto demasiado a menudo que nada bueno podía salir de provincias.

—Por supuesto que sí —admitió la amiga—. Y el John Carpendar está en un rincón del mundo muy agradable. Me gusta esa región limítrofe con Hampshire. Es una lástima que no hagas la visita en verano. Pero no es lo mismo que si fuera la jefa de un hospital escuela importante. Con su capacidad podría serlo fácilmente; hubiera podido llegar a ser una de las grandes jefas de enfermería.

En sus tiempos de estudiante, lo mismo que la señorita Beale, había padecido a manos de una de las grandes jefas de enfermería, pero no dejaban de lamentar la desaparición de aquella terrorífica casta.

—A propósito, más vale que salgas con tiempo. La carretera estará atascada hasta la desviación de Guildford.

La señorita Beale no le preguntó cómo sabía ella que la carretera estaría atascada. Era el tipo de cosas que

Angela Burrows siempre sabía. La voz enérgica prosiguió:

—Vi esta semana a Hilda Rolfe, su jefa de estudios, en la biblioteca de Westminster. ¡Menuda mujer! Inteligente, sin duda, y considerada una profesora de primera categoría, pero me imagino que debe tener aterrorizadas a las alumnas.

La señorita Burrows aterrorizaba con frecuencia a sus alumnas, por no hablar de sus colegas del personal docente, pero le habría sorprendido si alguien se lo dijese. La señorita Beale preguntó:

—¿Te dijo algo sobre la inspección?

—Solo la mencionó. Estaba devolviendo un libro y tenía prisa, así que no hablamos mucho. Por lo que parece, han tenido una fuerte epidemia de gripe en la escuela y la mitad del personal está de baja.

A la señorita Beale le pareció raro que la jefa de estudios dispusiera de tiempo para acercarse a Londres a devolver un libro si tenían tantos problemas de personal, pero no lo dijo. Antes de desayunar, la señorita Beale reservaba sus energías para pensar más que para hablar. Angela Burrows se acercó a la cama para servir las segundas tazas. Dijo:

—Pues con este tiempo y con la mitad del personal enfermo, parece que vas a tener un día bastante pesado.

Difícilmente hubiera podido equivocarse más, tal como en los años venideros se repetirían a menudo las dos amigas, con esa predilección por reafirmar lo evidente, que es uno de los placeres de la convivencia. La señorita Beale, que no esperaba nada peor del día que un trayecto aburrido, una inspección ardua y un posible forcejeo con los miembros del comité pedagógico del hospital que se tomaran la molestia de comparecer, se echó la bata sobre los hombros, enfundó los pies en las zapatillas y se dirigió, arrastrando las pantuflas, al cuarto de baño. Estaba dando los primeros pasos para presenciar un asesinato.

II

A pesar de la lluvia, el trayecto fue menos penoso de lo que la señorita Beale se temía. Llegó a Heatheringfield segundos antes de las nueve, a tiempo de encontrarse con la última oleada de la hora punta de ida al trabajo. La ancha calle principal, de estilo georgiano, estaba bloqueada por los vehículos. Las mujeres llevaban a la estación a los maridos que trabajaban fuera, o bien a los hijos a la escuela, las camionetas repartían mercancías, los autobuses cargaban y descargaban pasajeros. En los tres pasos con semáforos los peatones cruzaban en pelotón la calzada con los paraguas inclinados para protegerse de la llovizna. Los jóvenes tenían la pulcritud, el aspecto superuniformado, de los niños de las escuelas privadas; la mayoría de los hombres llevaba bombín y cartera de mano; las mujeres vestían de manera poco convencional, un término medio entre la elegancia urbana y la informalidad de provincias, típico de su clase. Atenta a los semáforos, al cruzar de los peatones y a los indicadores del hospital, la señorita Beale no tuvo apenas oportunidad de apreciar el airoso ayuntamiento dieciochesco, la minuciosamente conservada hilera de casas con frontones de maderamen y la espléndida espira de la iglesia de la Santísima Trinidad, pero sacó la impresión de estar en una comunidad próspera que se preocupaba de conservar su patrimonio arquitectónico, aunque la serie de grandes almacenes modernos que remataban la calle principal sugería que la conservación hubiera podido iniciarse treinta años atrás.

Pero allí estaba por fin el poste indicador. La carretera del hospital John Carpendar ascendía de High Street, flanqueada por una amplia alameda. A la izquierda, una alta tapia de piedra rodeaba el recinto del hospital.

La señorita Beale había preparado el trabajo. Su abultada cartera de mano, que iba en el asiento trasero, contenía un extenso escrito sobre la historia del hospital, así como una copia del último informe de la inspección del Departamento General de Enfermería y de los comentarios de la junta directiva del hospital sobre hasta qué punto habían podido poner en práctica las optimistas recomendaciones de la inspectora. Como bien sabía ella por sus investigaciones, el hospital tenía una larga historia. Había sido fundado en 1791 por un acaudalado comerciante que, hijo de la ciudad, la había abandonado en la penuria de su juventud para buscar fortuna en Londres, y había regresado al retirarse para disfrutar apadrinando e impresionando a sus conciudadanos. Hubiera podido comprarse la fama y asegurarse la salvación socorriendo a viudas y huérfanos, o reconstruyendo la iglesia. Pero la era de la ciencia y la razón estaba sucediendo a la de la fe y resultaba de buen tono donar un hospital para los enfermos indigentes. Y de este modo, con la casi obligatoria asamblea en un café de la localidad, nació el hospital John Carpendar. El edificio original, con ciertos méritos arquitectónicos, había sido sustituido hacía ya mucho, primero por un macizo monumento victoriano a la caridad ostentosa y después por otro más funcional y desgarbado propio del siglo XX.

El hospital siempre había sido floreciente. La comunidad local estaba compuesta, sobre todo, de clase media próspera, personas de acendrados sentimientos caritativos y con pocos objetivos sobre los que volcarlos. En vísperas de la Segunda Guerra Mundial se le había agregado un ala bien equipada para pacientes particulares. Esta había atraído a especialistas de Londres e incluso de más lejos. La señorita Beale se dijo que estaba muy bien que Angela hablara sobre el prestigio de los hospitales de Londres, pero que el John Carpendar disfrutaba de su propia reputación. Una mujer podía pensar que existían peores empleos que el de jefe de enfermería del hospital general de un distrito en crecimiento, bien considerado por la comunidad a la que servía, situado en un paraje agradable y fortalecido por sus propias tradiciones locales.

Ahora estaba en la puerta principal. A la izquierda tenía la garita del portero, una casa de muñecas de ladrillo moteado, reliquia del hospital victoriano, y a la derecha, el aparcamiento de los médicos. Una tercera parte de las plazas señaladas estaba ya ocupada por los correspondientes Daimlers y Rolls. La lluvia había cesado y el amanecer había cedido paso a la normalidad gris de un día de enero. Todas las luces del hospital estaban encendidas. Lo tenía frente a ella, como un gran buque atracado, reluciente de luminarias, lleno de actividad y fuerza latentes. Hacia la izquierda se extendían los edificios bajos con fachada de cristal del nuevo servicio de pacientes externos. Un reguero de estos recorría ya su alicaído camino hacia la puerta.

La señorita Beale se aproximó a la ventanilla de información de la garita, bajó el cristal y se anunció. El portero, voluminoso y uniformado de engreimiento, se dignó salir y presentarse.

—Usted debe de ser del Departamento General de Enfermería —afirmó con grandilocuencia—. Qué lástima que se le haya ocurrido entrar por otra puerta. La escuela de enfermeras está en la Casa Nightingale, a solo unos cien metros de la entrada de Winchester Road. Siempre utilizamos la entrada trasera para ir a la Casa Nightingale.

Había hablado con acusadora resignación, como si deplorara una especial falta de criterio que le acarrearía mucho trabajo adicional.

—Pero supongo que podré llegar a la escuela por este camino...

La señorita Beale no tenía ganas de regresar al barullo de la calle principal ni tampoco intención de dar vueltas alrededor del hospital en busca de la huidiza entrada trasera.

—Sí que podrá, señorita.

El tono del portero daba a entender que solo un testarudo recalcitrante lo intentaría, y el hombre se apoyó contra la portezuela del coche como si fuese a dar instrucciones confidenciales y complicadas. No obstante, resultaron ser muy sencillas. La Casa Nightingale estaba dentro del recinto del hospital, detrás del nuevo servicio de pacientes externos.

—Simplemente siga la carretera de la izquierda, señorita, y luego, una vez pasado el depósito de cadáveres, continúe derecho hasta llegar a las viviendas de los médicos residentes. Después gire a la derecha. Hay una señal donde la carretera se bifurca. No tiene pérdida.

Por una vez, esta afirmación poco propicia parecía justificada. El recinto del hospital, extenso y bastante arbolado, era una combinación de jardín formal, césped y árboles descuidados y amontonados que recordaron a la señorita Beale los parques de los antiguos manicomios. No era frecuente encontrar un hospital general con tanto terreno. Pero las distintas carreteras estaban bien señalizadas y solo una conducía al nuevo servicio de pacientes externos. El depósito de cadáveres resultaba fácil de identificar: una construcción achaparrada, fea y pequeña, discretamente emplazada entre árboles, cuyo estratégico aislamiento resaltaba aún más su carácter siniestro. La residencia del personal médico era nueva e inconfundible. La señorita Beale tuvo tiempo para complacerse en su habitual resentimiento, muchas veces nada justificado, de que las juntas directivas de los hospitales siempre estaban más dispuestas a realojar a los doctores que a proporcionar residencias adecuadas para las escuelas de enfermeras, antes de divisar el prometido cartel. Una tabla pintada de blanco que señalaba a la derecha decía: «Casa Nightingale, Escuela de Enfermeras.»

Cambió de marcha y tomó la curva con prudencia. La nueva carretera era estrecha y sinuosa, bordeada de hojas húmedas apiladas, de modo que apenas había espacio para un único vehículo. Todo a su alrededor era humedad y desolación. Los árboles nacían cerca de la calzada y se enredaban entre sí por encima, embovedando un túnel oscuro con sus ramas fuertes y negras. De vez en cuando, una ráfaga de viento hacía caer un chaparrón de gotas de lluvia en el techo del automóvil o bien pegaba alguna hoja contra el parabrisas. Los márgenes de hierba estaban surcados de arriates de flores, regulares y alargados como tumbas y salpicados de matorrales enanos. Estaba tan oscuro bajo los árboles que la señorita Beale encendió las luces de cruce. La carretera brilló frente a ella como una cinta lubricada. Había dejado abierta la ventanilla y olía, incluso entre el inevitable olor a gasolina y vinilo caliente del automóvil, el hedor dulzón y mohoso de la podredumbre. Se sentía extrañamente aislada en la callada penumbra y de repente le asaltó un malestar irracional, la extravagante sensación de estar viajando fuera del tiempo, hacia una nueva dimensión, arrastrada hacia un horror incomprensible e insoslayable. Fue tan solo un segundo de demencia, del que enseguida se repuso al acordarse del alegre bullicio de la calle principal, a menos de una milla de distancia, y de la proximidad de vida y actividad. Pero fue una vivencia rara y desconcertante. Enfadada consigo misma por aquella caída en la morbosidad, subió el cristal de la portezuela y pisó el acelerador. El pequeño vehículo reaccionó con un salto.

De pronto vio que había tomado la última curva y

que tenía delante la Casa Nightingale. Sorprendida, casi frenó de golpe. Era una vivienda fuera de lo normal, un inmenso edificio victoriano de ladrillo rojo, almenado y decorado hasta resultar fantástico, y coronado por cuatro inmensas torretas. Estaba muy iluminado en medio de la oscura mañana de enero y, después de las tinieblas del parque, resplandecía ante ella como un castillo de la mitología infantil. En el extremo derecho tenía adosado un inmenso invernadero que, pensó la señorita Beale, parecía más propio de un jardín botánico que de lo que sin lugar a dudas había sido una residencia privada. Estaba peor iluminado que la casa, pero, a través de la claridad de los cristales, distinguió las hojas verdes y bruñidas de las aspidistras, el rojo furioso de las flores de Pascua y los pomos amarillos y bronceados de los crisantemos.

El reciente momento de pánico bajo los árboles había quedado completamente olvidado tras el asombro de divisar la Casa Nightingale. Pese a su habitual confianza en su propio gusto, la señorita Beale no era del todo inmune a los caprichos de la moda y se preguntó, sintiéndose incómoda, si aquel edificio no sería digno de admirarse desde algún punto de vista. Pero se había acostumbrado a mirar todos los edificios pensando en su adecuación para servir de escuela de enfermeras —una vez, durante unas vacaciones en París, se encontró para su horror rechazando el Palacio del Elíseo como indigno de mayor atención—, y como escuela de enfermeras la Casa Nightingale era, a todas luces, casi inviable. Le bastaba mirarla para deducir los inconvenientes. La mayor parte de las habitaciones debían ser demasiado grandes.

Por ejemplo, ¿dónde se podrían encontrar unas oficinas recogidas para la jefa de estudios, la instructora de clínica o la secretaria de la escuela? Además, el edificio debía plantear serios problemas de calefacción, y aquellas ventanas de los miradores, pintorescas sin duda para quien gustase de esa clase de cosas, impedirían la entrada de no poca luz. Y lo que era todavía peor, la casa resultaba un poco repulsiva, incluso intimidante. Cuando la Profesión (desafiando una comparación poco afortunada, la señorita Beale siempre pensaba esta palabra con P mayúscula) iba abriéndose paso con tanto esfuerzo por el siglo XX, apartando las barreras de las actitudes y los métodos periclitados —la señorita Beale se veía con frecuencia en la obligación de pronunciar discursos, y determinadas frases favoritas tendían a quedársele grabadas—, era una verdadera pena que se alojara a jóvenes estudiantes en semejante mazacote victoriano. No haría ningún daño incluir en su informe un comentario enérgico sobre la necesidad de una nueva escuela. Había rechazado la Casa Nightingale desde antes de pisarla.

Pero nada pudo criticar en el recibimiento que le dispensaron. Cuando alcanzó el último escalón, la pesada puerta se abrió dejando salir una ráfaga de aire cálido y un olor a café recién hecho. La sirvienta de uniforme se apartó a un lado con deferencia, y a sus espaldas, a los pies de la amplia escalera de roble, resplandeciente contra los paneles oscuros de las paredes como un retrato renacentista gris y dorado, apareció la figura de Mary Taylor, la jefa de enfermería, con la mano extendida. La señorita Beale compuso su rutilante sonrisa profesional, mezcla de felices augurios e indiscriminados alientos, y avanzó hacia ella. Había comenzado la malhadada inspección de la escuela de enfermeras del hospital John Carpendar.

III

Quince minutos después, cuatro personas descendían por la escalera principal camino de la sala de prácticas, situada en la planta baja, donde asistirían a la primera clase del día. El café se había servido en la salita de Mary Taylor, en una de las torres, donde la señorita Beale había sido presentada a la jefa de estudios, Hilda Rolfe, y a un cirujano asesor, el doctor Stephen Courtney-Briggs. A ambos los conocía de nombre. La presencia de la señorita Rolfe era necesaria y contaba con ella, pero a la señorita Beale le sorprendió un poco que el doctor Courtney-Briggs estuviese dispuesto a dedicar a la inspección gran parte de su mañana. Se lo habían presentado como vicepresidente del comité pedagógico del hospital y, en principio, hubiese esperado conocerlo junto con los demás miembros del comité en la entrevista de recapitulación que cerraría el día. No era habitual que un cirujano asistiese a una clase y resultaba gratificante que se tomara tanto interés personal por la escuela.

Los anchos corredores forrados de madera permitían andar de tres en fondo, y la señorita Beale, flanqueada por las altas figuras de Mary Taylor y el doctor Courtney-Briggs, más bien se sentía una especie de diminuto delincuente. El doctor Courtney-Briggs, decididamente impresionante con sus convencionales pantalones a rayas, avanzaba a su izquierda. Olía a loción de afeitar. La señorita Beale reconoció el perfume, pese al penetrante olor a desinfectante, café y pulimento. Lo encontraba sorprendente pero no desagradable. La jefa de enfermería, que era la más alta del trío, andaba en calmoso silencio. Su uniforme, de gabardina gris, abotonado hasta la garganta, se adornaba con un fino ribete de tela blanca alrededor del cuello y los puños. El pelo, color pajizo dorado, casi indiferenciable de la tez, lo llevaba peinado hacia atrás desde la alta frente y cubierto por un enorme triángulo de muselina, cuyo vértice casi alcanzaba la cintura. La cofia recordaba a la señorita Beale las que se usaban durante la guerra en el Cuerpo Militar de Enfermeras. Pocas veces las había visto desde entonces. Pero su sencillez le sentaba bien a la señorita Taylor. Su rostro de pómulos salientes y grandes ojos saltones —a la señorita Beale le recordaban, irrespetuosamente, grosellas silvestres— podría parecer grotesco bajo los perifollos de un tocado más ortodoxo. Detrás de los tres, la señorita Beale sentía la incómoda presencia de la enfermera Rolfe, tan pegada a sus talones que le molestaba.

El doctor Courtney-Briggs iba diciendo:

—Esta epidemia de gripe ha sido un gran incordio. Hemos tenido que retener en las salas al siguiente curso de alumnas e incluso pensamos en algún momento que este curso tendría que volver. Faltó poco.

No me cabe duda, pensó la señorita Beale. Siempre que había una crisis en algún hospital, las futuras enfermeras eran las primeras en pagar las consecuencias.

Siempre era posible interrumpir su programa de estudios. Era un resentimiento personal, pero no parecía ser este el momento de manifestar su protesta. Asintió con un ruido informe e inarticulado. Iniciaron el último tramo de escaleras. El doctor Courtney-Briggs prosiguió su monólogo:

—También está de baja, por lo mismo, parte del personal docente. La práctica de esta mañana corre a cargo de nuestra instructora de clínica, Mavis Gearing. Hemos tenido que reclamarla a la escuela. Normalmente, claro está, solo se ocupa de la enseñanza en las salas. Es relativamente nueva la idea de que la instructora titulada enseñe a las chicas en las salas, sirviéndose de los pacientes como material clínico. Las enfermeras de las salas no dan abasto estos días. Todo el planteamiento del sistema de enseñanza es relativamente nuevo, claro está. Cuando yo era estudiante de medicina, las novicias, como les decíamos por entonces, se formaban en sus propias salas, con alguna conferencia del personal médico cuando disponía de tiempo libre. Había poca enseñanza formalizada y, claro está, no se las sacaba todos los años de sus salas para hacer un curso en la escuela de enfermeras. Ha cambiado todo el sistema de estudios de enfermería.

La señorita Beale era la persona que menos precisaba una explicación del funcionamiento y las obligaciones de las instructoras de clínica ni de la evolución de los métodos de formación de enfermeras. Se preguntó si el doctor Courtney-Briggs no habría olvidado quién era ella. Aquella información elemental más parecía pensada para los nuevos miembros de la junta directiva del hospital, que por lo general desconocían el plan de estudios de las enfermeras tanto como todo lo demás relacionado con los hospitales. Ella tenía la sensación de que el cirujano estaba pensando en otra cosa. O bien se trataría de la cháchara sin pretensiones, al margen de quien fuese el interlocutor, propia de un egoísta que no soportaba privarse ni siquiera un momento de los ecos de su propia voz. De ser así, cuanto antes regresara a su consulta de los pacientes externos, o a sus rondas, y dejara que la inspección prosiguiera sin la colaboración de su presencia, tanto mejor para todos.

La pequeña procesión cruzó el vestíbulo de mosaico y entró en una sala que daba a la fachada del edificio. La señorita Rolfe se adelantó a abrir la puerta y se hizo a un lado para dejar pasar a los demás. El doctor Courtney-Briggs cedió el paso a la señorita Beale. Inmediatamente ella se sintió en su casa. A pesar de las anomalías de la sala —los dos grandes ventanales con sus informes vidrieras de colores, la inmensa chimenea de mármol tallado con figuras envueltas en pliegues que sostenían la repisa, el techo alto con molduras profanadas por tres tubos fluorescentes—, era una feliz evocación de sus tiempos de estudiante, y un universo absolutamente aceptable y familiar. Allí estaban los utensilios de su profesión: las hileras de vitrinas con los instrumentos minuciosamente ordenados; las láminas donde se mostraba, en diagramas de colores chillones, la circulación de la sangre y los inverosímiles procesos digestivos; la pizarra colgada de la pared, con rastros de las anotaciones de la última lección, que no habían quedado bien borradas; los carros de prácticas con las bateas cubiertas con

paños; las dos camas de prácticas, en una de las cuales
había un muñeco a tamaño natural recostado entre las
almohadas; el inevitable esqueleto, colgado de su picota,
decrépito y melancólico. Y todo bañado en el olor intenso y austero de desinfectante. La señorita Beale lo
aspiró como una drogadicta. Cualesquiera que fuesen
las faltas que más adelante encontrara en la sala, en el
instrumental pedagógico, la iluminación o el mobiliario,
nunca dejaría de sentirse en casa dentro de aquella atmósfera intimidante.

Ofreció a estudiantes y profesora una breve sonrisa
tranquilizadora y estimulante, y se instaló en una de las
cuatro sillas ya colocadas en un lateral de la sala. Mary
Taylor y la señorita Beale se sentaron a ambos lados de
ella, tan silenciosa y discretamente como les fue posible,
dada la determinación del doctor Courtney-Briggs de
ser puntillosamente galante y acercar las sillas a las damas. No obstante, la llegada del grupito, por mucho
tacto que pusieran, desconcertó en el primer momento
a la profesora. Una inspección no era ni mucho menos
el ambiente normal de las clases, pero siempre resultaba interesante apreciar cuánto tiempo tardaba la profesora en restablecer la comunicación con el alumnado.
Una profesora de primera, como sabía la señorita Beale por propia experiencia, era capaz de retener el interés
de la clase incluso en medio de un intenso bombardeo,
y no digamos ya en presencia de la inspección del Departamento General de Enfermería; pero no tuvo la
impresión de que Mavis Gearing fuese una candidata a
ese reducido círculo. La chica —mejor dicho, la mujer— carecía de autoridad. Tenía un aspecto concilia-

dor; parecía sonreír con facilidad. E iba muchísimo más maquillada de lo que correspondía a una mujer cuyos pensamientos debían centrarse en artes mucho menos efímeras. Pero, después de todo, solo era la instructora de clínica, no una tutora cualificada. Le habían encomendado con escasa antelación la tarea. La señorita Beale tomó la resolución de no juzgarla con demasiada dureza.

La clase, vio, consistía en prácticas de alimentación de un enfermo mediante sonda gástrica. La estudiante que hacía de paciente estaba ya en una de las camas de prácticas, con el traje a cuadros protegido por un babero impermeable, y la cabeza sostenida por un soporte y un montón de almohadas. Era una chica sin encanto, de cara recia, terca y más adulta de lo normal, con el pelo deslustrado y contraproducentemente peinado hacia atrás desde la frente alta y aristocrática. Estaba inmóvil bajo la luz cruda, con un aspecto algo ridículo pero curiosamente majestuoso, cual si estuviese concentrada en su mundo particular y al margen de todos los preparativos gracias a un esfuerzo de voluntad. De pronto se le ocurrió a la señorita Beale que la chica tal vez estuviera asustada. Una idea absurda pero persistente. De repente se sintió incapaz de mirar aquel rostro decidido. Irritada por lo irrazonable de su sensiblería, concentró la atención en la profesora.

La enfermera Gearing dirigió una mirada aprensiva e interrogativa a la jefa de enfermería, recibió confirmación con la cabeza y prosiguió la lección.

—La enfermera Pearce hace esta mañana de paciente. Acabamos de repasar su historial. Es la señora Stokes, de cincuenta años, madre de cuatro hijos, casada con un recogedor de basuras del ayuntamiento. Se le ha hecho una laringotomía para tratarla de un cáncer. —Se dirigió a una estudiante situada a su derecha—. Enfermera Dakers, ¿sería usted tan amable de describir el tratamiento que ha recibido hasta ahora la señora Stokes?

La enfermera Dakers respondió con esmero. Era una chica delgada y pálida que se puso colorada al hablar. Costaba oírla, pero sabía los datos y los expuso bien. Una criaturita vergonzosa, pensó la señorita Beale, no llamativamente inteligente, quizá, pero trabajadora y digna de confianza. Era una pena que nadie se hubiese ocupado de su acné. Mantuvo el aire de intenso interés profesional mientras la enfermera Dakers presentaba el ficticio historial médico de la señora Stokes y aprovechó la ocasión para examinar con cuidado al resto de las estudiantes del curso, haciendo sus habituales apreciaciones sobre personalidad y capacidades.

La epidemia de gripe se había cobrado, sin duda, muchas bajas. En total solo había siete chicas en el aula. Las dos situadas a ambos lados de la cama de prácticas le causaron una inmediata impresión. Eran gemelas idénticas, chicas fuertes y rubicundas, con el pelo color cobrizo apelotonado en un tupido flequillo sobre los notables ojos de color azul. Llevaban las cofias, con las copas plisadas y redondas, muy adelantadas, y las dos inmensas alas de tela blanca les sobresalían por la espalda. La señorita Beale, que desde sus tiempos de estudiante sabía lo que daban de sí un par de agujones de cabeza blanca, se sintió no obstante intrigada por la habilidad que hacía posible sostener con firmeza una construcción tan extravagante e insustancial sobre tal mata de pelo. Encontraba el uniforme del John Carpendar curiosamente anticuado. Casi todos los hospitales que conocía habían sustituido las antiguas cofias con alas por las más recogidas de tipo americano, que resultaban más fáciles de poner y de hacer, y más baratas de comprar y de lavar. Algunos hospitales incluso habían introducido, para pesar de la señorita Beale, cofias de papel desechables. Pero el uniforme de las enfermeras de cada hospital siempre era celosamente defendido y nunca se cambiaba de buena gana, y el de las enfermeras del John Carpendar estaba, sin la menor duda, muy enraizado en la tradición. Incluso el traje del uniforme era un poco anticuado. Los brazos gordezuelos y pecosos de las gemelas surgían de mangas de zaraza a cuadros rosas que recordaban a la señorita Beale sus propios tiempos de estudiante. La longitud de las faldas no hacía la menor concesión a la moda actual y los robustos pies de las gemelas estaban embutidos en zapatos de tacón bajo, negros y con cordones.

Lanzó una rápida ojeada al resto de las alumnas. Había una chica muy apacible y con gafas, de rostro a todas luces inteligente. La instantánea reacción de la señorita Beale fue que estaría encantada de tenerla en cualquier sala. Al lado de esta se sentaba una morena de aspecto mohíno, maquillada en exceso, que adoptaba un aire de estudiado desinterés por la práctica. Bastante ordinaria, pensó la señorita Beale. Con ocasional desconcierto de sus superiores, la señorita Beale era aficionada a estos adjetivos pasados de moda, que usaba sin avergonzarse y sabiendo exactamente a lo que se refería. Su aforismo «La escuela elige chicas finas» significaba que debían proceder de respetables familias de clase media, haber asistido a una escuela de segunda enseñanza, llevar las faldas a la altura de las rodillas o más abajo, y ser conscientes de los privilegios y las responsabilidades que entrañaba estudiar para enfermera. La última estudiante de la clase era una chica muy bonita, de cabellos rubios peinados con un flequillo que le caía hasta las cejas sobre un rostro fresco y moderno. Era lo bastante atractiva para posar en un cartel de publicidad del gremio, pensó la señorita Beale, pero de algún modo sería la última cara que escogería. Y mientras se preguntaba el porqué, la enfermera Dakers llegó al final de su exposición.

—Bien, enfermera —dijo la profesora Gearing—. Así pues, nos enfrentamos ahora con el problema de una paciente en período postoperatorio, seriamente subalimentada desde antes e incapaz en estos momentos de ingerir nada por vía oral. Lo cual impone ¿qué? Diga, enfermera.

—Alimentación intragástrica o rectal.

Quien respondió fue la chica morena y mohína, con una voz que reprimía meticulosamente toda manifestación de entusiasmo e incluso de interés. No era desde luego una joven agradable, pensó la señorita Beale.

De la clase emanó un murmullo. La enfermera Gearing alzó una ceja en señal de interrogación. La estudiante con gafas dijo:

—No es posible la alimentación rectal. El recto no

tiene capacidad para absorber suficiente alimento. Alimentación intragástrica, sea por vía nasal o bucal.

—Bien, enfermera Goodale, y eso es lo que el doctor le ha prescrito a la señora Stokes. ¿Quiere proseguir, enfermera, por favor? Explique lo que va haciendo paso por paso.

Una de las gemelas adelantó el carro y mostró las bateas con los utensilios necesarios: el frasco que contenía un preparado de bicarbonato de sodio para limpiar las fosas nasales o la boca; el embudo de plástico y los veinte centímetros de tubo para encajarlo; la conexión; el lubricante; la riñonera con la espátula para la lengua; los depresores de la lengua y la torunda. Levantó en el aire el tubo esofágico de Jacques. Le colgaba de la mano balanceándose obscenamente como una culebra amarilla.

—Bien, enfermera —la alentó la instructora Gearing—. Ahora el alimento. ¿Qué va usted a administrarle?

—En realidad solo es leche caliente.

—¿Y si estuviésemos ocupándonos de un paciente?

La gemela dudó. La estudiante con gafas dijo, llena de serena autoridad:

—Podríamos agregar proteínas solubles, huevos, un preparado vitamínico y azúcar.

—Bien. Si la alimentación por sonda se prolonga durante más de cuarenta y ocho horas, debemos cerciorarnos de que la dieta es la adecuada en cuanto a calorías, proteínas y vitaminas. ¿A qué temperatura va usted a administrarle el alimento, enfermera?

—A la temperatura del cuerpo, instructora, a 38 °C.

—Correcto. Y dado que nuestra paciente está consciente y es capaz de tragar, vamos a suministrarle este alimento por la boca. No se olvide de tranquilizar a la paciente, enfermera. Explíquele con palabras sencillas lo que va usted a hacer y el porqué. Recuerden esto, chicas, nunca se inicia ninguna operación de asistencia sin informar al paciente de lo que va a hacerse.

Son estudiantes de tercer curso, pensó la señorita Beale. Eso ya deberían saberlo a estas alturas. Pero la gemela, que sin duda se las hubiera arreglado bien con un auténtico paciente, encontraba muy embarazoso dar explicaciones de lo que iba a hacer a una compañera. Reprimiendo una risita tonta, murmuró unas cuantas palabras a la figura rígida que ocupaba la cama y casi le hincó el tubo esofágico. La enfermera Pearce, que seguía mirando fijamente al frente, buscó el tubo a tientas con la mano izquierda y lo condujo a su boca. Luego, cerrando los ojos, tragó. Los músculos del cuello tuvieron un espasmo. Se detuvo a respirar y luego volvió a tragar. El tubo se fue acortando. Había un gran silencio en la sala de prácticas. La señorita Beale se daba cuenta de que no se sentía a gusto, pero no acertaba con el motivo. Tal vez fuese poco habitual que se practicara la alimentación intragástrica con una estudiante, como allí se estaba haciendo, pero tampoco era tan raro. En un hospital, lo más normal sería que el médico introdujera el tubo, pero bien podía hacerse cargo de la tarea una enfermera; más valía que aprendieran unas con otras que no con enfermos graves, y las prácticas con el muñeco no sustituían de modo verdaderamente satisfactorio a la operación en vivo. Ella había hecho en una ocasión de paciente en su escuela, y tragarse el tubo le había resultado mucho más fácil de lo que esperaba. Viendo ahora los movimientos convulsivos del cuello de la enfermera Pearce y tragando saliva a su vez, por involuntaria simpatía, casi recordaba, transcurridos treinta años, el súbito escalofrío de notar el tubo deslizándose sobre el paladar blando y su leve sorpresa al encontrarlo todo tan fácil. Pero había algo patético e inquietante en aquella figura rígida y de rostro blanquecino que ocupaba la cama, con los ojos muy apretados, envuelta en un babero como un niño, y con el tubo colándosele y retorciéndosele como un gusano en la comisura de la boca. La señorita Beale tuvo la sensación de estar presenciando un sufrimiento gratuito, de que toda la práctica estaba siendo un atropello. Durante un segundo hubo de reprimir el deseo de protestar.

Ahora, una de las gemelas estaba empalmando al extremo del tubo una jeringa de 200 cc., lista para aspirar parte de los jugos gástricos y comprobar así que la sonda había alcanzado el estómago. Las manos de la chica estaban bastante firmes. Quizá solo en la imaginación de la señorita Beale reinaba en la sala un silencio inexplicable. Echó un vistazo a la señorita Taylor. Tenía los ojos clavados en la enfermera Pearce y el entrecejo un poco fruncido. La señorita Beale se preguntó si estaría a punto de interrumpir la sesión. Pero la jefa de enfermería no pronunció palabra. El doctor Courtney-Briggs estaba inclinado hacia delante, rodeándose las rodillas con las manos. Miraba fijamente, pero no a la enfermera Pearce sino al tubo, como hipnotizado por el suave balanceo. La señorita Beale percibía su respiración, muy rasposa. La señorita Rolfe se irguió de repente, con las manos entrelazadas sobre el regazo y los ojos sin expresión. Pero la señorita Beale vio que estaban fijos en la estudiante guapa y no en la chica que ocupaba la cama. Y durante un segundo fugaz la chica volvió la cara hacia ella, asimismo inexpresiva.

La gemela que administraba el alimento, evidentemente convencida de que el extremo del tubo esofágico había alcanzado el estómago, levantó el embudo muy por encima de la cabeza de la enfermera Pearce y, poco a poco, fue vertiendo el preparado lechoso por el tubo. Toda la clase parecía contener la respiración. Y entonces ocurrió. Hubo un alarido, agudísimo, horrorosamente inhumano, y la enfermera Pearce se precipitó desde la cama como impulsada por una fuerza irresistible. Un momento antes estaba tendida inmóvil, apuntalada con el montón de almohadas; al siguiente estaba fuera de la cama, tambaleándose sobre los pies arqueados, como parodiando a una bailarina y agarrándose inútilmente al aire como si buscara con frenesí el entubado. Y durante todo el tiempo chillaba, chillaba sin parar, como un silbato atascado. Horrorizada, la señorita Beale casi no tuvo tiempo de percatarse del rostro contorsionado y de los labios espumosos antes de que la chica se desplomara al suelo, donde se retorcía, doblada como un aro, con la frente contra el suelo y todo el cuerpo sacudido por la agonía.

Una de las alumnas dio un grito. Durante un segundo no se movió nadie. La enfermera Gearing dio un tirón al tubo y lo sacó de la boca de la muchacha. El doctor Courtney-Briggs avanzó resueltamente hacia el grupo con los brazos extendidos. La jefa de enfermería y la enfermera Rolfe se volcaron sobre el cuerpo que se estremecía, tapándolo. Entonces la señorita Taylor se puso en pie y volvió la cara hacia la señorita Beale.

—Las alumnas... ¿Podría ocuparse usted de ellas, por favor? Al lado hay una sala vacía. —Procuraba mantener la calma, pero la urgencia volvía la voz estridente—. Deprisa, por favor.

La señora Beale asintió con la cabeza. Mary Taylor volvió a inclinarse sobre el cuerpo convulso. Ahora los gritos habían cesado. Los sucedió un murmullo lastimero y un terrorífico tamborileo entrecortado de tacones sobre el suelo de madera. El doctor Courtney-Briggs se quitó la chaqueta, la tiró a un lado y comenzó a remangarse.

IV

Entre suaves susurros de ánimo, la señorita Beale condujo el pequeño rebaño de estudiantes por el pasillo. Una de ellas, no se fijó bien cuál, dijo con voz atiplada: «¿Qué le ha pasado? ¿Qué ha pasado? ¿Qué ha salido mal?» Pero nadie contestó. Atontadas, se trasladaron a la sala de la puerta siguiente. Daba a la parte trasera del edificio y era una habitación pequeña e irregular, que a todas luces había sido partida del antiguo salón y que ahora servía de despacho a la jefa de estudios. Con la primera mirada, la señorita Beale captó el escritorio de oficina, una hilera de archivadores de acero verde, un tablón de avisos repleto, un tablero pequeño lleno de ganchos de los que colgaban llaves de todos los tipos y un diagrama, que ocupaba un testero entero, con el programa escolar y el progreso de cada una de las estudiantes. El tabique de partición dividía por la mitad la ventana con parteluz, de manera que el despacho, desagradable por sus proporciones, quedaba también más oscuro de lo conveniente. Una de las estudiantes pulsó el conmutador y el tubo fluorescente central comenzó a encenderse entre parpadeos. En realidad, pensó la señorita Beale, aferrándose desesperadamente a sus preocupaciones habituales, era un local absolutamente inservible para una jefa de estudios o, puestos en el caso, para cualquier otra clase de profesor.

Este breve recuerdo del motivo de su visita le procuró unos instantes de alivio. Pero casi enseguida se reafirmó la horrible realidad del momento. Las estudiantes —un grupito desordenado y patético— se habían apelotonado en el centro del cuarto como si fueran incapaces de hacer nada. Mirando a su alrededor, la señorita Beale vio que solo había tres sillas. De momento se sintió tan azorada y desconcertada como una anfitriona que no está segura de cómo va a acomodar a sus invitados. El problema no era del todo insignificante. Debía instalar y relajar a las chicas, para que hubiese alguna posibilidad de quitarles de la cabeza lo que estaba sucediendo en la sala contigua; y quizá tuvieran que permanecer encerradas durante un buen rato.

—Vamos —dijo con voz vivaz—. Vamos a poner el escritorio contra la pared, para que os podáis sentar encima cuatro de vosotras. Yo utilizaré el sillón de la mesa y otras dos podéis sentaros en las poltronas.

Por lo menos, era hacer algo. La señorita Beale se dio cuenta de que la estudiante delgada y guapa estaba temblando. La ayudó a instalarse en una de las poltronas y pronto la morena mohína ocupó la otra. Confiemos en que se encargue de la primera, pensó la señorita Beale. Ella se puso a ayudar a las demás alumnas a despejar el escritorio y arrimarlo a la pared. ¡Si por lo menos pudiera enviar a alguna a hacer un poco de té! Pese a su acuerdo intelectual con los métodos modernos de combatir los *shocks*, la señorita Beale seguía teniendo confianza en el té caliente y cargado. Pero no había la menor posibilidad de conseguirlo. Encargarlo trastornaría y pondría en guardia al personal de la cocina.

—Y ahora, ¿qué les parece si nos presentamos? —dijo con voz animosa—. Yo soy Muriel Beale. No hace falta decirles que soy inspectora del Departamento General de Enfermería. Conozco los nombres de algunas de ustedes, pero no estoy muy segura de a quiénes corresponden.

Cinco pares de ojos la miraron con asombrada incomprensión. Pero la estudiante eficiente —según seguía identificándola la señorita Beale— las presentó.

—Las gemelas se llaman Maureen y Shirley Burt. Maureen es dos minutos mayor y tiene más pecas. Por lo demás, no nos resulta fácil distinguirlas. Junto a Maureen está Julia Pardoe. Christine Dakers está sentada en un brazo del sillón y Diane Harper, en el otro brazo. Yo me llamo Madeleine Goodale.

La señorita Beale nunca había tenido facilidad para recordar los nombres e hizo su habitual recapitulación

mental. Las gemelas Burt. Saludables y rollizas. No tendría problema en recordar el nombre, aunque era imposible decir cuál era cuál. Julia Pardoe. Un nombre atractivo para una chica atractiva. Muy atractiva para quien gustase de aquella belleza rubia y casi felina. Sonriendo en dirección a los ojos azul violeta, que no se dieron por aludidos, la señorita Beale decidió que a algunas personas, y no todas ellas hombres, podía gustarles muchísimo. Madeleine Goodale. Un buen nombre para una buena chica. Supuso que no le costaría recordar el apellido Goodale. Christine Dakers. Ahí había algo que estaba muy mal. La chica había dado la impresión de estar enferma durante la breve sesión de prácticas y ahora parecía próxima a desmayarse. Tenía el cutis estropeado, lo que no era normal en una enfermera. Se había quedado sin color, de modo que las manchas de alrededor de la boca y de la frente destacaban como un sarpullido. Estaba muy hundida en el sillón, con las finas manos ya alisando, ya tironeando el delantal. La enfermera Dakers era sin duda la persona más afectada del grupo. Quizás hubiese tenido una especial amistad con la enfermera Pearce. Por superstición, la señorita Beale corrigió el tiempo verbal. Quizá tuviese una especial amistad. ¡Si por lo menos pudieran procurarle a la chica un poco de té caliente que la reanimase!

La enfermera Harper, cuyo rojo de labios y sombra de ojos contrastaba con su cara blanquecina, dijo de pronto:

—Debía haber algo en el alimento.

Las gemelas Burt se volvieron al unísono. Maureen dijo:

—¡Desde luego que había algo! Era leche.

—Yo quiero decir además de la leche. —Dudó—. Veneno.

—¡Eso es imposible! Shirley y yo sacamos una botella de leche fresca de la nevera de la cocina. Fue lo primero que hicimos esta mañana. La señorita Collins estaba delante y nos vio cogerla. La dejamos en la sala de prácticas y no se echó en la probeta para medirla hasta un momento antes de usarla. ¿No es verdad, Shirley?

—Es cierto. Era una botella de leche fresca. La cogimos alrededor de las siete.

—¿Y no agregaríais alguna cosa por error?

—¿Como qué? Por supuesto que no.

Las gemelas hablaban al unísono y parecían estar muy seguras, casi despreocupadas. Sabían qué era exactamente lo que habían hecho y cuándo, y nadie, comprendió la señorita Beale, las haría dudar. No eran de la clase de personas que se atormentan con culpabilidades innecesarias ni de las que se inquietan por las dudas irracionales que conmueven a otros seres menos impasibles y más imaginativos. La señorita Beale pensó que las entendía muy bien.

—Quizás alguien más haya manipulado el alimento —dijo Julia Pardoe.

Pasó la vista por sus compañeras, con los párpados entornados, provocativa y un poco divertida.

Madeleine Goodale dijo con calma:

—¿Y por qué?

La enfermera Pardoe se encogió de hombros y curvó los labios con una sonrisita inescrutable. Dijo:

—Por accidente. O bien pudo ser una especie de broma. O quizá lo hicieron a propósito.

—¡Pero eso sería un intento de asesinato! —Había hablado Diane Harper. Su voz sonó incrédula. Maureen Burt se echó a reír.

—No seas necia, Julia. ¿Quién querría matar a Pearce?

Nadie contestó. Al parecer, el argumento era inexpugnable. Era imposible concebir que nadie quisiera matar a Pearce. Pearce, comprendió la señorita Beale, formaba parte de los seres por naturaleza inofensivos o bien con una personalidad demasiado negativa para inspirar el atormentado odio capaz de conducir al crimen. Luego, la enfermera Goodale dijo en tono seco:

—Pearce no gustaba a todo el mundo.

Pillada por sorpresa, la señorita Beale miró a la chica. Era un extraño comentario en boca de la enfermera Goodale, un tanto desconsiderado dadas las circunstancias y desconcertante por lo inusitado. Y también observó que había hablado en pasado. Aquella estudiante contaba con no volver a ver viva a la enfermera Pearce.

La enfermera Harper reiteró con firmeza:

—Es necio hablar de asesinato. Nadie podría querer matar a Pearce.

La enfermera Pardoe se encogió de hombros:

—Tal vez no a Pearce. Pero lo que estaba previsto es que la paciente de hoy fuese Jo Fallon, ¿no es cierto? Fallon era el siguiente nombre de la lista. Si no se hubiera puesto enferma anoche, Fallon habría ocupado la cama esta mañana.

Guardaron silencio. La enfermera Goodale se dirigió a la señorita Beale:

—Tiene razón. Hacemos de paciente siguiendo un orden estricto; en realidad, esta mañana no le tocaba a Pearce. Pero Josephine Fallon fue trasladada anoche al hospital (probablemente ya sabrá que hemos padecido una epidemia de gripe) y Pearce era la siguiente de la lista. Pearce estaba ocupando el lugar de Fallon.

La señorita Beale se quedó momentáneamente sin habla. Tenía la sensación de que debía cortar la conversación, de que le incumbía la responsabilidad de evitar que pensaran en el accidente, que con toda seguridad solo podía haber sido un accidente. Pero no sabía cómo hacerlo. Además, reconstruir los hechos tenía una extraña fascinación. A ella siempre le había ocurrido. Y quizá también fuese preferible que las chicas se volcaran en hacer hipótesis gratuitas, en vez de empeñarse en mantener una conversación antinatural e inútil. Ya se había dado cuenta de que el *shock* había dejado paso a esa excitación medio vergonzante que acompaña a las tragedias, siempre que, claro está, la tragedia recaiga sobre otra persona.

La voz artificiosa, casi infantil, de Julia Pardoe prosiguió:

—Así que si la víctima tenía que ser en realidad Fallon, no podemos haber sido ninguna de nosotras, ¿no es cierto? Todas nosotras sabíamos que Fallon no haría de paciente esta mañana.

Madeleine Goodale dijo:

—Yo diría que todo el mundo lo sabía. Todo el mundo en la Casa Nightingale, se entiende. El hecho se ha comentado mucho en el desayuno.

De nuevo se hizo el silencio, mientras asimilaban la

nueva aportación. La señorita Beale observó con interés que no se objetó en contra de que alguien quisiera matar a Fallon. Luego, Maureen Burt dijo:

—Fallon no puede estar tan enferma. Estaba otra vez aquí, en la Casa Nightingale, esta mañana antes de las nueve menos veinte. Shirley y yo la vimos salir por la puerta lateral precisamente poco antes de entrar en la sala de prácticas.

—¿Qué llevaba puesto? —preguntó la enfermera Goodale con acritud.

Maureen no se sorprendió ante esta pregunta en apariencia irrelevante.

—Pantalones. El abrigo. El pañuelo rojo que se pone en la cabeza. ¿Por qué?

Sin lugar a dudas conmovida y sorprendida, la enfermera Goodale trató de pasar por alto el asunto. Dijo:

—Se puso esas prendas antes de que la lleváramos anoche al hospital. Volvería a recoger algo que necesitaba de su cuarto. Pero no debería haber salido de la sala. Es una estupidez. Tenía 39,8 cuando la internaron. Suerte ha tenido si no la vio la enfermera Brumfett.

La enfermera Pardoe dijo con malicia:

—Pero es extraño, ¿no es cierto?

Nadie respondió. Sí que era extraño, pensó la señorita Beale. Se acordó del largo trayecto pasado por agua desde el hospital hasta la escuela de enfermeras. La carretera era sinuosa; sin duda habría un atajo entre los árboles. Pero era raro que lo recorriera una chica enferma a primera hora de una mañana de enero. Debió existir alguna fuerza mayor que la hiciera volver a la Casa Nightingale. Después de todo, si lo que buscaba era algo de su cuarto, nada le impedía pedirlo. Cualquiera de sus compañeras se habría prestado a llevárselo al pabellón de enfermos. Y esa era la chica que debía hacer de paciente aquella mañana, la que, en buena lógica, debía yacer entre tubos y sábanas en la sala contigua.

La enfermera Pardoe dijo:

—Bueno, sí que había una persona que sabía que Fallon no haría de paciente esta mañana. La propia Fallon.

La enfermera Goodale la miró con el rostro lívido.

—Si quieres ser estúpida y malintencionada, me temo que no puedo impedírtelo. Pero, si yo estuviese en tu lugar, dejaría de difamar.

La enfermera Pardoe no parecía preocupada, sino más bien alegre. Al sorprender su sonrisa socarrona y divertida, la señorita Beale decidió que era el momento de poner fin a la charla. Estaba buscando un tema sustitutivo cuando la enfermera Dakers dijo en voz muy apagada desde las profundidades de su butaca:

—Me encuentro mal.

Allí había un problema inmediato. Solo la enfermera Harper no hizo el menor gesto de ayudarla. Las demás se abalanzaron a su alrededor, contentas de tener oportunidad de hacer algo. La enfermera Goodale dijo:

—Yo la acompañaré al servicio.

Ayudó a su compañera a levantarse. Y para asombro de la señorita Beale, también salió la enfermera Pardoe, olvidando al parecer el reciente enfrentamiento y sosteniendo entre ambas a la enfermera Dakers. La señorita Beale se quedó con las gemelas Burt y la enfermera Harper. Hubo un nuevo silencio. Pero Beale había aprendido la lección. Había cometido una irresponsabilidad imperdonable. No debía haber más charla sobre muertes y asesinatos. Mientras estuviesen allí a su cargo, podrían aprovechar para trabajar. Dirigió una dura mirada a la enfermera Harper y la invitó a exponer los síntomas y el tratamiento de la pulmonía.

Diez minutos después, regresaron las tres que se habían ausentado. La enfermera Dakers seguía estando pálida pero más sosegada. Quien parecía inquieta era la enfermera Goodale. Como si fuera incapaz de callárselo, dijo:

—La botella de desinfectante ha desaparecido del lavabo. Ya sabéis a la que me refiero. Siempre está en la estantería pequeña. Pardoe y yo no hemos podido encontrarla.

La enfermera Harper interrumpió su exposición monótona, pero imprevisiblemente válida, diciendo:

—¿Te refieres a la botella con líquido de aspecto lechoso? Estaba en su sitio anoche después de cenar.

—De eso hace mucho tiempo. ¿Ha estado alguien en ese lavabo esta mañana?

Por lo visto, nadie había estado. Se miraron unas a otras en silencio.

Entonces fue cuando se abrió la puerta. La jefa de enfermería entró sin hacer ruido y la cerró a su espalda. Hubo un crujido de telas almidonadas cuando las gemelas se dejaron resbalar de la mesa y quedaron de pie y atentas. La enfermera Harper se levantó desmañadamente de su butaca. Todas miraban a la señorita Taylor.

—Niñas —dijo ella, y aquella palabra dulce e inesperada las informó de la verdad antes de que hablase—. Niñas, la enfermera Pearce ha muerto hace unos minutos. Aún no sabemos cómo ni por qué; pero, cuando sucede una cosa inexplicable como esta, hay que avisar a la policía. El secretario del hospital se ocupa de hacerlo en estos momentos. Quiero que sean ustedes valientes y sensatas, como sé que serán. Hasta que llegue la policía, considero preferible que no hablemos de lo ocurrido. Recogerán sus libros de texto y la enfermera Goodale las conducirá a mi salita. Voy a pedir un poco de café caliente muy fuerte, que se les servirá enseguida. ¿Queda entendido?

Hubo un amortiguado murmullo de asentimiento.

La señorita Taylor se volvió hacia Muriel Beale.

—Lo siento muchísimo, pero lo dicho significa que usted también tendrá que quedarse aquí.

—Desde luego, lo comprendo perfectamente.

Los ojos de las dos mujeres se encontraron entre las cabezas de las estudiantes, dando muestras de pensamientos desordenados y silenciosa simpatía.

Pero a la señorita Beale le horrorizó recordar después lo banal e irrelevante que había sido su primer pensamiento. «Esta debe ser la inspección más corta de que haya constancia. ¿Qué diantres voy a decirle yo al Departamento General de Enfermería?»

V

Algunos minutos antes, las cuatro personas que había en la sala de prácticas se irguieron y se miraron unas a otras, con las caras blancas y absolutamente exhaustas. Heather Pearce había muerto. Estaba muerta desde cualquier punto de vista, médico o legal. Hacía unos cinco minutos que lo sabían, pero habían seguido actuando, con obstinación y sin decir una palabra, como si aún hubiese la menor posibilidad de que el flácido corazón volviera a latir con vida. Courtney-Briggs se había quitado la chaqueta para asistir a la chica y tenía la pechera del chaleco manchada de sangre. Se quedó mirando la espesa mancha, con la frente surcada de arrugas y la nariz encogida con gesto de fastidio, casi como si la sangre le resultara una sustancia por completo extraña. El masaje cardíaco había sido desaliñado a la vez que inútil. Llamativamente desaliñado para ser obra del doctor Courtney-Briggs, pensó Mary Taylor. Pero ¿había sido acertado intentarlo? No había habido tiempo para trasladar a la chica al quirófano. Era una pena que la enfermera Gearing le hubiera arrancado el tubo esofágico. Tal vez fuese una reacción natural, pero podría haberle costado a Pearce su única baza. Estando el tubo en su sitio, al menos hubieran podido intentar hacerle un lavado de estómago. Pero la tentativa de introducir otro tubo por la nariz había quedado frustrada por los espasmos agónicos de la muchacha y, cuando estos cesaron al fin, ya era demasiado tarde y el doctor Courtney-Briggs se había visto obligado a abrir la caja torácica e intentar la única solución que le quedaba. Los heroicos esfuerzos de Courtney-Briggs eran indiscutibles. Solo que era una pena que hubieran dejado el cadáver tan destrozado y la sala de prácticas con hedor a matadero. Estas cosas era mejor realizarlas en un quirófano, veladas y dignificadas por los adminículos del ritual quirúrgico. El doctor fue el primero en hablar.

—No ha sido una muerte por causas naturales. Había algo más que leche en el alimento. Bueno, eso es obvio para todos nosotros, me parece a mí. Lo mejor será que avisemos a la policía. Yo me pondré en contacto con Scotland Yard. Conozco a alguien allí, por casualidad. A un subcomisario.

Siempre conocía a alguien, pensó la jefa de enfermería. Sintió la necesidad de llevarle la contraria. El *shock* le había dejado un rastro de irritación que, sin ninguna razón, recaía sobre el médico. Dijo con voz calmosa:

—A quien hay que llamar es a la policía local, y yo creo que debe hacerlo el secretario del hospital. Voy a hablar ahora mismo con el señor Hudson por el teléfono interior. Ya llamarán ellos a Scotland Yard, si lo juzgan necesario. Y no alcanzo a ver por qué ha de ser necesario. Pero le corresponde decidirlo al jefe de policía, no a nosotros.

Se acercó al teléfono de pared, teniendo buen cuidado en rodear la figura acuclillada de la señorita Rolfe. La jefa de estudios estaba todavía de rodillas. Con los ojos fulgurantes en el rostro de una palidez mortal, el pelo negro un poco desgreñado bajo la cofia rizada y las manos manchadas, recordaba bastante, pensó Mary Taylor, a un personaje de melodrama decimonónico. Volvía las manos despacio y examinaba la masa roja con un interés reflexivo y distanciado, como si también ella tuviese dificultades para creerse que la sangre era de verdad. Dijo:

—¿Debemos mover el cadáver habiendo sospechas de criminalidad?

—Yo no tengo la menor intención de mover el

cadáver —dijo en tono tajante el doctor Courtney-Briggs.

—¡No podemos dejarla tal como está! —La señorita Gearing casi lloraba de contrariedad. El cirujano le lanzó una mirada feroz.

—Pero, señora, ¡la chica está muerta! ¡Muerta! ¿Qué importancia tiene dónde dejemos el cadáver? Ella no siente nada. No se entera de nada. Por el amor de Dios, no comencemos a ponernos sentimentales ante la presencia de la muerte. Lo indigno es que hayamos de morir, no la suerte que corren nuestros cadáveres.

Dio media vuelta con brusquedad y se situó junto a la ventana. La enfermera Gearing hizo un gesto, como si fuese a seguirlo, y luego se derrumbó en la silla más próxima y se echó a llorar en voz baja, resollando como un animal. Nadie le prestó la menor atención. La enfermera Rolfe se puso en pie. Manteniendo las manos en alto y adelantadas, con la pose ritual del personal de quirófano, anduvo hasta el fregadero que había en un rincón, presionó el grifo con el codo y empezó a lavarse las manos. En el teléfono adosado a la pared, la jefa de enfermería marcaba un número de cinco cifras. Oyeron su voz tranquila.

—¿El despacho del secretario del hospital? ¿Está el señor Hudson? De parte de Mary Taylor. —Hubo una pausa—. Buenos días, señor Hudson. Le hablo desde la sala de prácticas de la Casa Nightingale. ¿Podría usted venir aquí inmediatamente? Sí. Muy urgente. Me temo que ha ocurrido algo trágico y horroroso, y que será necesario que avise usted a la policía. No, prefiero no mencionarlo por teléfono. Gracias. —Colgó el aparato y dijo con voz serena—: Viene ahora mismo. Tendremos que informar también al vicepresidente (es mala suerte que sir Marcus esté en Israel), pero lo primero es ponerse en contacto con la policía. Y ahora lo mejor será que informe a las demás estudiantes.

La enfermera Gearing se esforzaba por dominarse. Se sonó ruidosamente con el pañuelo, devolviéndolo luego al bolsillo del uniforme, y alzó el rostro cubierto de manchas.

—Perdóneme. Es el *shock*, supongo. Es que todo ha sido tan horrible... Que tenga que ocurrir una cosa tan horrorosa... ¡Y además la primera vez que yo me encargo de dar una clase! Y con todo el mundo delante y viéndolo. Todas las demás alumnas también. Un accidente tan espantoso...

—¿Accidente, enfermera? —Courtney-Briggs se había vuelto junto a la ventana. Dio unas zancadas acercándose a ella e inclinó su cabeza de toro cuando estuvo cerca. Tenía la voz agria, despectiva, cuando le escupió las palabras al rostro—. ¿Accidente? ¿Quiere usted decir que un veneno corrosivo se ha colado por accidente en el alimento? ¿O bien que una chica en sus cabales elegiría suicidarse por este concreto y espantoso procedimiento? ¡Vamos, vamos, enfermera! ¡Seamos honrados por una vez! ¡Lo que acabamos de presenciar ha sido un asesinato!

2

Tregua a medianoche

I

A primera hora de la noche del miércoles, 28 de enero, dieciséis días después de la muerte de la enfermera Pearce, la enfermera Dakers estaba escribiendo en la sala de estar de las estudiantes, en el primer piso de la Casa Nightingale, la carta que enviaba a su madre a mediados de todas las semanas. Lo habitual era que la acabase a tiempo para que saliera en el correo del miércoles por la noche, pero esta semana le habían faltado fuerzas e inclinación para ponerse a la tarea. La papelera que tenía a sus pies ya contenía las cuartillas estrujadas de los dos primeros borradores desechados. Y ahora volvía a intentarlo.

Estaba sentada delante de uno de los dos escritorios gemelos situados frente a la ventana, con el codo izquierdo casi rozando la pesada cortina que tapaba la húmeda negrura de la noche y el antebrazo rodeando protectoramente el bloc de cartas. Frente a ella, la lámpara de mesa brillaba sobre la cabeza inclinada de Madeleine Goodale, tan cerca que la enfermera Dakers distinguía la blancura del cuero cabelludo en la raya del pelo y olía el casi imperceptible antiséptico del champú. La enfermera Goodale tenía abiertos dos libros de texto e iba tomando notas. Nada, pensó con envidia la enfermera Dakers, preocupaba a su compañera; nada de lo que hubiera en la sala ni fuera de la sala rompía su concentración. La admirable y firme Goodale estaba asegurándose de que su inmaculado delantal recibiría, al concluir los exámenes finales, la Medalla de Oro del John Carpendar a las mejores calificaciones.

Asustada por la intensidad de esta súbita y vergonzosa hostilidad, que tenía la sensación de que la Goodale percibiría, la enfermera Dakers apartó los ojos de la cabeza inclinada, tan turbadoramente próxima, y repasó con la vista todo el cuarto. Al cabo de tres años en la escuela, le resultaba tan conocido que, por lo general, casi no se fijaba en los detalles arquitectónicos ni en el mobiliario. Pero esta noche lo veía todo con impensada claridad, como si todo aquello no tuviese nada que ver con su vida. Era una sala demasiado grande para ser acogedora y estaba amueblada como si durante años se hubieran reunido objetos extravagantes para luego concentrarlos allí. En sus tiempos debió de ser un salón elegante, pero hacía ya mucho que las paredes habían perdido sus empapelados y ahora estaban pintadas y zarrapastrosas, en espera de volver a ser decoradas —se rumoreaba— cuando hubiese disponibilidades económicas. La vistosa chimenea de mármol labrado sobre fondo de roble estaba equipada con una estufa de gas, antigua y fea de diseño pero aún eficaz, que lanzaba una fuerte emanación de calor hasta los rincones del cuarto en penumbra. La elegante mesa de caoba que había pegada a la pared del fondo, con su barullo de revistas, bien podría haber sido legada por el propio John Carpendar. Ahora estaba deslustrada y arañada, se le quitaba el polvo con regularidad pero rara vez se pulimentaba, y tenía rayas y cercos. A la izquierda de la chimenea, en incongruente contraste, había un gran aparato de televisión moderno, regalo de la Asociación de Amigos del Hospital. Frente a él, un inmenso sofá forrado de cretona, con los muelles hundidos, y una única butaca haciendo juego. Los demás asientos eran similares a los del servicio de enfermos externos, pero estaban avejentados y demasiado raídos para que los utilizasen los pacientes. Los apoyabrazos de madera clara estaban mugrientos; los asientos de vinilo de colores se habían quedado tiesos y abollados, y despedían un olor desagradable al calor del hogar. Una de las sillas estaba vacía. Era la silla de asiento rojo que siempre usaba la enfermera Pearce. Despreciando la comodidad del sofá, se sentaba allí, un poco aparte de la barahúnda que rodeaba al televisor, contemplando la pantalla con manifiesto desinterés, como si fuese un placer del que podía privarse sin esfuerzo. De vez en cuando dejaba caer los ojos sobre algún libro que tenía en el regazo, como si la estupidez que se le ofrecía por entretenimiento le resultara insoportable. Su presencia, pensó la enfermera Dakers, siempre había sido un poco mal recibida y molesta. La atmósfera de la sala de estar de las estudiantes resultaba más luminosa y relajada sin la presencia de aquella figura rígida y reprobatoria. Pero la silla vacía y el asiento abollado casi eran peor. La enfermera Dakers deseó tener el valor de acercarse a la silla, ponerla en fila con las demás alrededor del televisor y acomodarse, como sin dar importancia a la cosa, a sus formas raídas, exorcizando de una vez por todas aquel opresivo fantasma. Le hubiera gustado saber si las otras estudiantes tenían la misma sensación, pero era imposible preguntarlo. ¿Estarían las gemelas Burt sentadas muy juntas en las profundidades del sofá, tan absortas como parecían en la vieja película de pistoleros que estaban viendo? Las dos tejían uno de aquellos gruesos jerséis que invariablemente vestían durante el invierno, con los dedos yendo y viniendo y los ojos imperturbablemente fijos en la pantalla. A su lado, la enfermera Fallon se recostaba en la butaca, con una pierna, enfundada en el pantalón, colgando con descuido sobre el brazo. Era su primer día en la escuela después de la ausencia por enfermedad y todavía estaba pálida y ojerosa. ¿De verdad estaban pendientes sus pensamientos del protagonista de pelo engominado, ridículo sombrero de ala ancha y gigantescas hombreras, cuya voz estridente, intercalada de disparos, llenaba la sala? ¿O no sería a su vez morbosamente consciente de la presencia de la silla roja vacía, la silla abollada, y de los apoyabrazos redondeados por las manos de Pearce?

La enfermera Dakers se estremeció. El reloj de pared señalaba más de las nueve y media. En el exterior, el viento arreciaba. Iba a hacer una mala noche. En los escasos intervalos en que callaba el televisor, oía los crujidos y los suspiros de los árboles, y se imaginaba cómo caerían blandamente sobre la hierba y los senderos las últimas hojas, aislando la Casa Nightingale dentro de un lodazal de silencio y podredumbre. Se obligó a recoger la pluma. ¡Tenía que seguir la carta! Pronto sería la hora de acostarse y, una a una, las estudiantes se despedirían y desaparecerían, dejándola a solas frente a la escalera mal iluminada y el oscuro corredor de más allá. Jo Fallon sí se quedaría, desde luego. Nunca se iba a la cama hasta que concluía el programa nocturno de la tele. Luego subiría en solitario las escaleras, a prepararse su whisky de última hora, caliente con limón. Todo el mundo estaba al tanto de las costumbres inmutables de Fallon. Pero la enfermera Dakers creía que no podría soportar estar a solas con Fallon. Era la última compañía que elegiría, incluso para hacer aquel recorrido solitario y aterrador desde la sala de estar hasta el dormitorio.

Volvió a ponerse a escribir.

«Y ahora, por favor, mamá, no vayas a preocuparte por el asesinato.»

La inviabilidad de la frase se le hizo patente en cuanto vio las palabras sobre el papel. Como fuese, debía evitar aquella palabra emotiva, con color de sangre. Volvió a probar. «Y ahora, por favor, mamá, no vayas a preocuparte por las cosas que leas en los periódicos. No hay ninguna necesidad. Yo no corro el menor peligro, estoy contenta, y en realidad nadie cree que a Pearce la mataran a propósito.»

Lo cual no era cierto, desde luego. Algunas personas debían pensar que Pearce había sido asesinada, porque, si no, ¿qué pintaba allí la policía? Y era absurdo suponer que el veneno hubiera caído por casualidad en el alimento, o que Pearce, tan temerosa de Dios, la puntillosa y esencialmente obtusa Pearce, hubiese querido matarse de aquella manera tan espectacular y tan dolorosa. Dakers siguió escribiendo: «Todavía tenemos por aquí a la policía, pero ya no viene tan a menudo. Han sido muy amables con nosotras, las estudiantes, y no creo que sospechen de ninguna. La pobre Pearce no era muy apreciada, pero es absurdo pensar que alguien quisiera hacerle algún daño.»

Se preguntó si de verdad había sido amable la policía. Sin lugar a dudas, habían sido correctos, muy educados. Habían empleado todos los consabidos lugares comunes tranquilizantes sobre la importancia de cooperar con ellos para resolver aquella terrible tragedia, diciendo siempre la verdad, no ocultando nada por muy trivial y sin importancia que pareciese. Ninguno de ellos había levantado la voz; ninguno había sido agresivo ni intimidante. Y todos la habían atemorizado. Su mera presencia en la Casa Nightingale, siendo varones y hombres seguros de sí mismos, al igual que la puerta cerrada de la sala de prácticas, era un constante recordatorio de la tragedia y del miedo. Para la enfermera Dakers, el inspector Bailey era el más atemorizante de todos. Era un hombre grueso y rubicundo, con cara de bollo, cuya voz animosa y propia de un pariente mayor, junto con sus modales, contrastaba de forma desconcertante con sus ojillos fríos y porcinos. Los interrogatorios se habían prolongado hasta hacerse interminables. Ella todavía se acordaba de las largas sesiones y de los esfuerzos de voluntad que hubo de hacer para afrontar aquella mirada escudriñante.

—Ahora bien, me han dicho que usted fue la que más se trastornó de todas cuando murió la enfermera Pearce. ¿Quizás era especialmente amiga suya?

—No. En realidad, no. No era especialmente amiga mía. Yo casi no la conocía.

—¡Qué sorpresa! ¿Después de casi tres años estudiando juntas? Viviendo y trabajando juntas, yo hubiera supuesto que todas ustedes se conocían bastante bien.

Tuvo que hacer un esfuerzo para explicarse.

—En algunos aspectos sí que nos conocemos. Conocemos las costumbres de todas. Pero en realidad yo no sabía cómo era ella; como persona, quiero decir.

—Una respuesta tonta. ¿Cómo se puede conocer a alguien si no es como persona? Aparte de que no era cierto. Ella sí conocía a Pearce. La había conocido muy bien.

—Pero ustedes se llevaban bien, ¿no? ¿No había habido peleas ni nada de ese tipo? ¿Ni ninguna clase de cuestiones desagradables?

Una expresión rara. Cuestiones desagradables. Volvió a ver la grotesca figura que se retorcía en agonía, con los dedos arañando inútilmente el aire y el tubo estirándole la boca como si fuese una herida. No, no había habido ninguna clase de cuestiones desagradables.

—¿Y las otras estudiantes? ¿Estaban ellas también en buenas relaciones con la enfermera Pearce? ¿No había mala sangre, que usted supiera?

Mala sangre. Una expresión estúpida. ¿Qué era lo contrario de mala sangre?, se preguntó. ¿Buena sangre? Entre nosotras solo había buena sangre. La buena sangre de Pearce.

—No tenía ninguna clase de enemigos, que yo supiera. Y si no gustaba a algunas personas, no por eso la matarían.

—Eso es lo que todas ustedes me dicen. Pero alguien la ha matado, ¿no es cierto? A no ser que el veneno no estuviera destinado a la enfermera Pearce. Solo por casualidad hacía de paciente. ¿Sabía usted que la enfermera Fallon había caído enferma la noche anterior?

Y así había proseguido. Preguntas sobre cada minuto de aquella última y terrible clase práctica. Preguntas sobre el desinfectante del lavabo. La botella vacía, limpia de huellas dactilares, la había encontrado enseguida la policía, entre los matorrales de la fachada trasera de la casa. Cualquiera podía haberla tirado por la ventana de los dormitorios o por la ventana del baño, al amparo de la oscura mañana de enero. Preguntas sobre sus movimientos desde el instante en que se despertó. La constante reiteración de la voz amenazadora de que no se debía ocultar nada, no se debía callar nada.

Dudaba de que las demás estudiantes se hubieran sentido igual de asustadas. Las gemelas Burt parecían sencillamente aburridas y resignadas, acatando las esporádicas citaciones del inspector con un encogimiento de hombros y un cansino «¡Vaya por Dios! Otra vez». La enfermera Goodale no había comentado nada cuando la convocaron para interrogarla ni tampoco después. La enfermera Fallon se había mostrado asimismo reticente. El inspector Bailey la había entrevistado en la sala del hospital, en cuanto estuvo lo bastante bien para recibir visitas. Nadie sabría qué ocurrió en esa entrevista. Se rumoreó que Fallon había admitido que estuvo en la Casa Nightingale a primera hora de la mañana del día del crimen, pero que se negó a decir por qué. Eso era muy propio de Fallon. Y ahora había regresado a la Casa Nightingale a reunirse con su curso. De momento, ni había mencionado la muerte de Pearce. La enfermera Dakers se preguntaba si lo haría alguna vez y cuándo; y con morbosa conciencia del significado oculto de cada una de las palabras, prosiguió esforzadamente su carta:

No hemos utilizado la sala de prácticas desde la muerte de la enfermera Pearce, pero por lo demás el curso sigue desarrollándose con arreglo al programa. Solo una de las estudiantes, Diane Harper, ha dejado la escuela. Vino su padre a recogerla dos días después de la muerte de la enfermera Pearce y la policía no puso objeciones a que se fuera. Todas pensamos que era una tontería por su parte retirarse estando tan cerca de los exámenes finales, pero su padre nunca había aprobado que estudiase para enfermera y, de todas formas, está comprometida en matrimonio, de modo que, creo yo, tampoco a ella le importa mucho. Ninguna más piensa en marcharse, y la verdad es que no corremos el menor peligro. Así que, por favor, mamá querida, deja de preocuparte por mí. Ahora debo contarte algo sobre las actividades de mañana.

Ya no era necesario hacer borrador. El resto de la carta le saldría con facilidad. Repasó lo escrito y lo dio por bueno. Tomando una nueva hoja de papel de bloc, comenzó a escribir la carta definitiva. Con un poco de suerte, la tendría acabada antes del final de la película, momento en que las gemelas dejarían las labores y se retirarían a dormir.

Escribió deprisa, y media hora después la carta estaba terminada; vio con alivio que la película alcanzaba el holocausto final y el último beso. En ese mismo momento la enfermera Goodale se quitó las gafas de leer, levantó la vista de su trabajo y cerró el libro. Se abrió la puerta y apareció Julia Pardoe.

—He vuelto —anunció, y bostezó—. La película era una porquería. ¿Hace alguien té?

Nadie contestó, pero las gemelas pincharon las agujas de tricotar en los ovillos de lana y fueron hacia la puerta, apagando el televisor al pasar. Pardoe nunca se molestaba en hacer té si podía encontrar quien se lo hiciera, y las gemelas solían prestarse. Al seguirlas fuera de la sala de estar, la enfermera Dakers volvió los ojos hacia la figura silenciosa e inmóvil de Fallon, que ahora estaba sola con Madeleine Goodale. Sintió el súbito impulso de hablarle, de darle la bienvenida por su regreso a la escuela, de interesarse por su salud o, simplemente, decirle buenas noches. Pero tuvo la sensación de que las palabras se le atragantaban, pasó el impulso y lo último que vio, al cerrar la puerta, fue el rostro pálido y personal de Fallon, con los ojos en blanco y todavía clavados en el televisor, como si no se hubiera dado cuenta de que estaba apagado.

II

En los hospitales, el tiempo se registra, se miden los segundos de los latidos del pulso; el gota a gota de la sangre y del plasma; el minuto en que se para un corazón; las horas en que suben y bajan las temperaturas, y también la duración de cada intervención quirúrgica. Cuando se quiso documentar los acontecimientos de la noche del 28 al 29 de enero, pocas personas había en el hospital John Carpendar que no supiesen lo que habían hecho y dónde estaban en cada uno de los instantes de aquellas últimas horas de la jornada. Tal vez optasen por no decir la verdad, pero todos sabían cuál era la verdad.

Fue una noche de tormenta fuerte pero intermitente, con una ventolera de intensidad e incluso de dirección cambiante a cada hora. A las diez en punto era poco más que un sollozo de fondo entre los olmos. Una hora después tuvo de pronto un *crescendo* furioso. Los grandes olmos que rodeaban la Casa Nightingale crujían y gemían bajo la violencia de su embestida, mientras el viento aullaba al atravesarlos como una carcajada diabólica. Por los senderos desiertos, las hojas muertas apiladas, todavía pesadas por la lluvia, se removían con pereza; luego se dividían en varias direcciones y se elevaban entre los remolinos del viento como insectos enloquecidos, hasta pegarse contra las cortezas oscuras de los troncos de los árboles. En el quirófano, en el último piso del hospital, el doctor Courtney-Briggs demostraba su imperturbabilidad frente a la crisis al susurrar a su ayudante que hacía una noche horrible, antes de volver a inclinar la cabeza para contemplar con satisfacción el intrigante problema quirúrgico que temblaba entre los labios retraídos de la herida. Debajo de él, en las salas silenciosas y en penumbra, los enfermos rezongaban y se revolvían en sueños, como si percibieran el tumulto del exterior. La radióloga, que había sido llamada urgentemente para que tomase radiografías del paciente del doctor Courtney-Briggs, repuso la funda al aparato, apagó las luces y se preguntó si su utilitario se aguantaría en la carretera. Las enfermeras de noche deambulaban en silencio entre los pacientes, comprobando el estado de las ventanas, corriendo bien las cortinas, como si trataran de aislarlos de alguna fuerza extraterrestre y amenazadora. El portero que estaba de servicio en la puerta principal cambió de postura en el asiento; luego se puso en pie con movimientos entumecidos y echó al fuego otro par de carbones. Sentía necesidad de calor y de bienestar en medio de su aislamiento. La garita parecía temblar a cada embate del viento.

Pero muy poco después de la medianoche la tormenta amainó, como si percibiera la proximidad de la hora de las brujas, de las horas de la noche en que el pulso de los hombres es más lento y los agonizantes se deslizan con menos resistencia hacia el sueño definitivo. Durante unos cinco minutos hubo un silencio pavoroso, al que siguió el flojo gemido rítmico del viento que suspiraba y arremetía entre los árboles, como si su misma furia lo hubiese agotado. Acabada la operación, el doctor Courtney-Briggs se sacó los guantes y se dirigió al vestuario de los cirujanos. En cuanto se hubo quitado la bata, llamó desde el teléfono de pared a la planta de las enfermeras titulares de la Casa Nightingale y pidió a la enfermera Brumfett, la encargada de la sala de enfermos particulares, que regresara para supervisar a su paciente durante la primera hora crítica. Ella podría venir andando por el jardín, como había hecho otras incontables veces en que él la llamara. No se sentiría obligado a ir a recogerla en su coche.

Menos de cinco minutos después, la enfermera Brumfett avanzaba decidida entre los árboles, envuelta en su capa, que flameaba como una bandera plegada alrededor de un asta, y con la capucha cubriéndole por completo la cofia rizada. En este breve intermedio de la tormenta, había una extraña apacibilidad. Ella iba en silencio sobre la hierba mojada, sintiendo en las finas suelas de los zapatos la pegajosidad de la tierra empapada por la lluvia al tiempo que, de vez en cuando, alguna ramita, tronchada por el temporal, se libraba de su último contacto con el tronco y se desplomaba a sus pies con lacia negligencia. Cuando llegó al amparo del pabellón de enfermos particulares y se puso a ayudar a la estudiante de tercer curso a preparar la cama del postoperatorio y disponer el gotero del transfusor de sangre, el viento volvió a levantarse. Pero la enfermera Brumfett, absorta en su tarea, ya no se dio cuenta.

Poco después de las doce y media, Albert Colgate, el portero nocturno de la puerta principal, que daba cabezadas sobre el periódico de la tarde, se sobresaltó ante una ráfaga de luz que barrió los cristales de la garita y el ronroneo de un automóvil que se acercaba. Debía de ser el Daimler del doctor Courtney-Briggs, pensó. O sea que la operación había concluido. Contaba con que el vehículo pasaría sin detenerse, pero inesperadamente se detuvo. Sonaron luego dos bocinazos perentorios. Gruñendo, el portero alargó los brazos para coger el abrigo y salió por la puerta de la garita. El doctor Courtney-Briggs bajó el cristal de la ventanilla y le gritó entre el viento:

—He intentado salir por la puerta de Winchester Road, pero hay un árbol caído que corta la carretera. He pensado que sería preferible informarle. Vaya a verlo en cuanto le sea posible.

El portero metió la cabeza por la ventanilla del coche e inmediatamente constató un fuerte olor a humo de tabaco, loción de afeitar y cuero. El doctor Courtney-Briggs retrocedió un poco ante su proximidad. El portero dijo:

—Sin duda será uno de esos viejos olmos, señor. Será lo primero de que informe por la mañana. No me es posible hacer nada esta noche, con esta tormenta, señor.

El doctor Courtney-Briggs comenzó a subir el cristal de la ventanilla y Colgate se apresuró a retirar la cabeza.

El cirujano dijo:

—No es necesario hacer nada esta noche. He atado mi bufanda blanca a una de las ramas. Dudo de que a nadie se le ocurra utilizar esa carretera antes de que amanezca, pero en todo caso vería la bufanda. Advierta usted a cualquiera que vaya en esa dirección. Buenas noches, Colgate.

El gran coche se alejó por la puerta principal y Colgate regresó al interior de la portería. Observó meticulosamente la hora del reloj de pared que tenía sobre el fuego e hizo la anotación en su libro. «12.32: Doctor Courtney-Briggs informa de que ha caído un árbol en el camino que va a Winchester Road.»

Había vuelto a instalarse en su sillón y a coger el periódico antes de caer en la cuenta de que era raro que el doctor Courtney-Briggs hubiera querido salir por la puerta de Winchester Road. Esa no era la ruta más corta hacia su casa y muy rara vez la utilizaba. El doctor Courtney-Briggs utilizaba siempre la puerta principal. Era de suponer, pensó Colgate, que tendría una llave de la puerta de Winchester Road. Courtney-Briggs tenía la llave de muchos lugares del hospital. Pero, de todos modos, era raro.

Muy poco antes de las dos en punto de la madrugada, en el silencioso segundo piso de la Casa Nightingale, Maureen Burt se removió en sueños, susurró algo incoherente entre sus labios húmedos y apretados, y despertó con la desagradable sensación de que tres tazas de té antes de acostarse había sido demasiado té. Permaneció un momento quieta, medio adormilada y medio consciente de los ruidos de la tormenta, preguntándose si a fin de cuentas no conseguiría volver a dormirse. Comprendió que se sentía demasiado incómoda para que fuese razonable soportarlo y buscó a tientas el conmutador de la lamparita de noche. La luz se encendió al instante, deslumbrándola y despertándola del todo. Metió los pies en las zapatillas, se echó la bata por los hombros y salió al pasillo arrastrando los pies. Al cerrar sin hacer ruido la puerta del dormitorio, una súbita ráfaga de aire hinchó las cortinas de la ventana del fondo. Fue a cerrarla. Entre el revuelto marasmo de ramas y sus sombras movedizas que caían sobre los cristales de la ventana, distinguió el edificio del hospital surcando la tempestad como un gran buque anclado, con las ventanas de las salas poco iluminadas en comparación con la línea vertical de ojos encendidos que señalaban los despachos de las enfermeras y las cocinas. Cerró con cuidado la ventana y, un poco aturdida por el sueño, se dirigió por el pasillo a los servicios. Antes de un minuto había vuelto al corredor y se detuvo un momento para habituar los ojos a las tinieblas. Entre la confusión de sombras que había en la parte alta de la escalera, se individualizó una sombra más oscura, que avanzó y se concretó en una figura con capa y capucha. Maureen no era una chica nerviosa y, en su estado de somnolencia, solo apreció la sorpresa de que alguien estuviera en vela y rondando. Enseguida vio que era la enfermera Brumfett. El par de anteojos penetrantes la miró entre las tinieblas. La voz de la enfermera sonó más estridente de lo previsible.

—Es una de las gemelas Burt, ¿no es cierto? ¿Qué hace aquí? ¿Hay alguna más levantada?

—No, enfermera. Al menos yo creo que no. Solo he salido al lavabo.

—Ya veo. Bueno, parece que todo el mundo está bien. Creía que la tormenta las habría despertado. Yo acabo de regresar de mi sala. Uno de los pacientes del doctor Courtney-Briggs ha tenido una recaída y ha habido que operarlo urgentemente.

—Sí, enfermera —dijo la Burt, sin saber muy bien

qué se esperaba de ella. Le sorprendía que la enfermera Brumfett se molestase en justificar su presencia a una simple estudiante, y observó con cierta perplejidad cómo la enfermera se envolvía mejor en su capa y echaba a andar de repente, pisando fuerte, hacia las lejanas escaleras. Su cuarto estaba en el piso superior, contiguo al apartamento de la jefa de enfermería. Cuando llegó al pie de los escalones, la enfermera Brumfett se volvió como si fuese a decir algo. En ese momento fue cuando se abrió poco a poco la puerta de Shirley Burt y apareció una cabeza rojiza y desgreñada.

—¿Qué pasa? —preguntó con voz de sueño.

La enfermera Brumfett avanzó hacia ellas.

—Nada, enfermera. Voy a acostarme. Yo acabo de volver de mi sala y Maureen se ha levantado para ir al lavabo. No hay de qué preocuparse.

Shirley no había manifestado la menor preocupación. Salió al rellano, poniéndose la bata. Resignada y un poco complaciente, dijo:

—Cuando Maureen se despierta, yo también me despierto. Siempre nos ha pasado lo mismo desde que éramos pequeñas. ¡Pregunte a mamá! —Un poco inestable por el sueño pero nada descontenta de que siguiera funcionando la magia familiar, cerró la puerta de su cuarto como quien, una vez en pie, se propone seguir levantado.

—Con este viento no hay modo de conciliar el sueño. Voy a prepararme un cacao. ¿Quiere que le traiga un tazón, enfermera? Le ayudará a dormirse.

—No, gracias, enfermera. No creo que tenga ningún problema para dormirme. Haga el menor ruido

posible. No debe despertar a las demás. Y no se enfríe.
—De nuevo se dirigió hacia las escaleras.

—Fallon está despierta —dijo Maureen—. Por lo menos tiene la luz encendida.

Las tres volvieron la cara hacia el punto del pasillo donde el ojo de la cerradura de la enfermera Fallon rasgaba la oscuridad y lanzaba un tenue redondel de luz contra la pared de enfrente.

—Le llevaremos una taza —dijo Shirley—. Probablemente estará despierta, leyendo. Vamos, Maureen. Buenas noches, enfermera.

Las dos anduvieron juntas y desmañadas, pasillo adelante, hacia la cocinita situada en el extremo. Después de un segundo de pausa, la enfermera Brumfett, que las había estado mirando mientras se alejaban, con el rostro rígido y sin expresión, se dirigió por fin a las escaleras y siguió hacia su cuarto.

Exactamente una hora después, sin que nadie lo oyera ni lo registrara en la Casa Nightingale, un cristal flojo del invernadero, que llevaba toda la noche traqueteando, cayó al interior y se hizo trizas sobre las losas del suelo. El viento se coló por esa abertura como un animal que siguiera un rastro. Su frío aliento revolvió las hojas de las revistas que había sobre la mesa de mimbre, agitó la fronda de las palmeras e hizo balancearse las ramas de los helechos. Por último, chocó con la gran alacena blanca que ocupaba el centro de las estanterías de plantas. A primera hora de la noche, un visitante con prisa se había dejado entreabierta la puerta después de hurgar en las profundidades del armario. La puerta había permanecido toda la noche abierta e inmóvil sobre los goznes. Pero ahora el viento la batió de un lado a otro y luego, como cansado del juego, acabó por cerrarla con un golpe suave y concluyente.

Y todo lo que respiraba bajo el techo de la Casa Nightingale dormía.

III

A la enfermera Dakers la despertó el zumbido del reloj de su mesilla de noche. La esfera ligeramente luminosa marcaba las seis y cuarto. Aun con las cortinas descorridas, el cuarto estaba totalmente oscuro. El leve rectángulo de luz procedía, como comprendió ella, no de la puerta sino de las lejanas luces del hospital, donde el turno de noche ya estaría repartiendo las primeras tazas de té. Se quedó un momento quieta, tomando conciencia de su propio despertar, adaptándose a las primeras sensaciones del día. Había dormido bien pese a la tormenta, de la que solo se había percatado a ratos. Se dio cuenta, con un respingo de gozo, de que en realidad estaba en condiciones de afrontar el día con tranquilidad. Las aflicciones y aprensiones de la noche anterior, de la semana anterior, parecían haberse evaporado. Ahora solo las consideraba un efecto del cansancio y de una depresión pasajera. Había atravesado un túnel de sufrimientos e inseguridad desde la muerte de Pearce, pero esta mañana, milagrosamente, de nuevo había emergido a la luz del sol. Venía a ser como la mañana de Navidad cuando era niña. O como el comienzo de las vacaciones escolares de verano. Era como despertar recuperada, después de una enfermedad febril, con la agradable convicción de que mamá estaba cerca y de que tenía por delante todo el solaz de la convalecencia. Era la recuperación de la vida normal.

El día resplandecía ante sus ojos. Hizo un inventario de las expectativas y placeres que le ofrecía. Por la mañana tendría una clase de materia médica. Era importante. Siempre había ido floja en fármacos y dosificaciones. Luego, después del café, el doctor Courtney-Briggs impartiría su seminario de cirugía para tercer curso. Era un privilegio que un cirujano tan eminente se tomara tantas molestias por las estudiantes de enfermería. Ella le tenía un poco de miedo, sobre todo por sus preguntas incisivas y entrecortadas. Pero esta mañana se sentía valiente y respondería con voz fuerte y seguridad en sí misma. Más avanzada la mañana, el autobús del hospital trasladaría el curso al centro de maternidad y asistencia infantil, para ver cómo trabajaba el personal local. Esto también era importante para quien confiaba en llegar a ser, a su debido tiempo, enfermera de distrito. Siguió tumbada unos segundos, repasando este atractivo programa, luego saltó de la cama, metió los pies en las zapatillas, forcejeó con la bata barata para ponérsela y salió andando en dirección al pasillo y hacia la cocinita de las alumnas.

Las enfermeras que residían en la Casa Nightingale eran despertadas temprano, a las siete de la mañana, por una de las sirvientas, pero muchas de ellas, habituadas a levantarse más temprano cuando estaban de servicio en las salas, ponían el despertador a las seis y media para tener tiempo de hacerse un té y chismorrear. Las más madrugadoras ya estaban en la tarea. El cuartito estaba muy iluminado y, como siempre, impregnado del delicioso olor casero a té, leche y detergentes. La escena era tranquilizadoramente normal. Allí estaban las gemelas Burt, con las caras todavía embotadas por el sueño, encapsuladas en batas de color rojo brillante. Maureen llevaba su transistor, sintonizado en Radio 2, y movía cadenciosamente las caderas y los hombros al ritmo de la asincopada música matinal de la BBC. La hermana gemela colocaba sus dos enormes tazones en una bandeja y removía el interior de una lata en busca de galletas. La otra estudiante presente era Madeleine Goodale que, dentro de una vieja bata plisada y con la tetera en la mano, aguardaba el primer hervor de la marmita. Dado su humor optimista y relajado, la enfermera Dakers hubiera abrazado a las tres.

—¿Dónde está Fallon esta mañana? —preguntó Maureen Burt sin mayor interés.

La enfermera Fallon destacaba por levantarse tarde, pero por lo general era la primera en hacer té. Tenía la costumbre de llevárselo y disfrutarlo en la cama, donde aguantaba hasta tan tarde como era posible sin dejar de comparecer a tiempo al desayuno. Pero esta mañana su tetera, la taza a juego y la cuchara seguían en el estante del armario, junto a la lata de té chino que ella prefería al té fuerte que las demás consideraban necesario para arrostrar el día.

—La llamaré —sugirió la enfermera Dakers, contenta de ser útil y deseosa de celebrar su liberación de las tensiones de las últimas semanas mediante una indiscriminada buena voluntad.

—Un momento. Llévale una taza de mi tetera —dijo Maureen.

—A Fallon no le gusta el té indio. Voy a ver si se ha despertado y le diré que el agua está hirviendo.

Por un instante, la enfermera Dakers pensó en hacer té con el bote de Fallon. Pero el impulso se desvaneció. No es que Fallon fuese demasiado especial o caprichosa, pero nadie solía tocar sus cosas ni contaba con compartirlas. Tenía pocas cosas, pero todas eran caras, elegantes, elegidas con cuidado y formaban parte hasta tal punto de su personaje que daban la sensación de ser sacrosantas.

La enfermera Dakers casi corrió por el pasillo hasta llegar al cuarto de Fallon. La puerta no tenía echado el pestillo, lo cual no la sorprendió. Desde que una de las estudiantes había caído enferma a medianoche, hacía algunos años, y se sintió tan débil que fue incapaz de cruzar la habitación para abrir el pestillo, las chicas tenían prohibido encerrarse durante la noche. Desde la muerte de Pearce, alguna que otra echaba la llave, y las tutoras, si acaso lo sospechaban, no habían dicho nada. Tal vez también ellas durmieran mejor cerradas con llave. Pero Fallon no había tenido miedo.

Las cortinas estaban bien corridas. La lamparita de la cabecera estaba encendida, pero con la pantalla puesta de tal modo que la escasa luz caía sobre la pared alejada y el lecho quedaba en sombra. Sobre la almohada había una maraña de pelo negro. La enfermera Dakers tanteó la pared para localizar el interruptor y vaciló antes de pulsarlo. Luego presionó con mucha suavidad, como si existiera la posibilidad de iluminar la habitación suavemente y poco a poco, ahorrando a Fallon un despertar brusco. El cuarto se encendió al dar la luz. El repentino resplandor le hizo guiñar los ojos. Luego se acercó a la cama sin hacer ruido. Ni gritó ni se desmayó. Permaneció un instante absolutamente inmóvil, contemplando el cuerpo de Fallon, esbozando una sonrisa como de sorpresa. No le cabía la menor duda de que Fallon estaba muerta. Tenía los ojos abiertos de par en par, pero se veían fríos y opacos, como los ojos de un pescado. La enfermera Dakers se inclinó y los escrutó como si quisiera devolverles el brillo o buscara en vano en ellos algún rastro de su propia imagen. Luego, despacio, se dio la vuelta y salió de la habitación, apagando la luz y cerrando la puerta desde el pasillo. Se tambaleó por el corredor como un equilibrista, sosteniéndose con las manos contra las paredes.

En un principio, las compañeras no se dieron cuenta de que había vuelto. Después, tres pares de ojos se clavaron de repente en los suyos, tres figuras congeladas que componían un cuadro sobre el desconcierto y la curiosidad. La enfermera Dakers se reclinó contra el marco de la puerta y entreabrió los labios sin pronunciar palabra. Por lo visto, algo le afectaba la garganta. La mandíbula le temblaba sin control y tenía la lengua pegada al paladar. Los ojos suplicaban a sus compañeras. Parecieron transcurrir minutos mientras la contemplaban debatirse. Cuando le brotaron las palabras, sonaron tranquilas y un poco sorprendidas.

—Es Fallon. Está muerta.

Sonrió como quien despierta de una pesadilla, explicando sin apresurarse:

—Alguien ha matado a Fallon.

El cuarto se vació. Ella no se dio cuenta de que las demás corrían por el pasillo. Se quedó sola. Ahora pitaba el vapor de la olla y la presión hacía trepidar la tapadera. Con sumo cuidado, apagó el gas, frunciendo el entrecejo con gesto de concentración. Muy despacio, como un niño al que se ha confiado una tarea delicada, bajó de la estantería el bote de té, la elegante tetera, la taza que hacía juego y la cuchara, y canturreando en voz baja para sí preparó el primer té matinal de Fallon.

3

Extraños en la casa

I

—Ha llegado el patólogo, señor.

El detective asomó la rapada cabeza por el quicio de la puerta del dormitorio y alzó interrogativamente una ceja.

El superintendente Adam Dalgliesh interrumpió el examen de las ropas de la chica muerta y dio la vuelta con dificultad a sus ciento ochenta y siete centímetros de estatura atrapados entre los pies de la cama y la puerta del armario. Miró el reloj. Eran las diez y ocho minutos. Sir Miles Honeyman, como siempre, había sido puntual.

—Bien, Fenning. Ruégale que sea tan amable de esperar un momento, por favor. Habremos acabado en un minuto. Luego nos largaremos unos cuantos de nosotros y le dejaremos sitio.

La cabeza desapareció. Dalgliesh cerró la puerta del armario y se las arregló para caber entre el armario y los pies de la cama. Desde luego, no quedaba sitio para una cuarta persona alrededor de la cama. El gran volumen del individuo encargado de las huellas digitales ocupaba todo el espacio entre la mesilla de noche y la ventana, mientras, casi tan doblado como un compás, extendía cuidadosamente polvo de carbón por la superficie de la botella de whisky, sosteniéndola por el tapón. Junto a la botella había una plancha de cristal con las huellas de la muchacha, en las que se apreciaban claramente las líneas espirales.

—¿Ha encontrado algo ahí? —preguntó Dalgliesh.

El hombre de las huellas digitales se detuvo y observó con mayor atención.

—Salen un montón de huellas, señor. Las de ella se ven muy bien. Pero solo las de ella. Da la sensación de que quien vendió la botella le pasó el consabido trapo antes de envolverla. Será interesante ver lo que sacamos del vaso.

Lanzó una mirada celosa y posesiva hacia donde estaba el vaso, que había caído de la mano de la chica y se mantenía en equilibrio inestable sobre un doblez del cobertor. Hasta que se hubiera tomado la última fotografía, no podría examinarlo.

De nuevo se volcó sobre su tarea en la botella. A sus espaldas, el fotógrafo de Scotland Yard maniobraba con el trípode y la cámara —una nueva Cambo monorraíl, se percató Dalgliesh— hacia el lado derecho de los pies de la cama. Hubo un clic y una eclosión luminosa, y la imagen de la muchacha muerta dio un salto hacia ellos y quedó suspendida en el aire, ardiendo en la retina de Dalgliesh. El color y las formas se acentuaron y distorsionaron por obra del cruel fogonazo. La larga melena morena era una peluca enmarañada sobre la blancura de las almohadas; los ojos vidriosos eran mármoles exoftálmicos, como si el *rigor mortis* los expulsara de las cuencas; la piel, muy blanca y suave, parecía repulsiva al tacto, una especie de membrana artificial, dura e impermeable como plástico. Dalgliesh guiñó los ojos, borrando la imagen del juguete de bruja, de la grotesca muñeca que casualmente había caído sobre la almohada. Cuando volvió a mirarla, de nuevo era una joven muerta sobre una cama; ni más ni menos. Otras dos veces le saltó a la cara la imagen distorsionada y se quedó petrificada en el aire cuando el fotógrafo hizo otras dos tomas con la cámara Polaroid Land, para entregar a Dalgliesh las dos instantáneas que siempre solicitaba. Luego, había terminado.

—Esa ha sido la última. He concluido, señor —dijo el fotógrafo—. Ahora haré pasar a sir Miles. —Sacó la cabeza por la puerta mientras el hombre de las huellas digitales, gruñendo de satisfacción, recogía amorosamente con un par de pinzas el vaso caído sobre el cobertor y lo colocaba junto a la botella de whisky.

Sir Miles debía de haber aguardado en el rellano de la escalera, pues inmediatamente entró a buen paso la familiar figura gordinflona, con su enorme cabeza de pelo negro rizado y sus ojos impacientes y diminutos. Lo envolvía un aura de *bonhommie* de *music-hall* y, como siempre, un ligero olor rancio a sudor. No estaba irritado por la espera. Sir Miles, un don de Dios concedido a la patología forense o un charlatán aficionado, según se mirase, no se ofendía fácilmente. Se había ganado buena parte de su reputación y también, probablemente, su reciente nombramiento de caballero, adhiriéndose al principio de nunca ofender con mala intención a nadie, por humilde que fuera. Se despidió del fotógrafo que se retiraba y saludó al encargado de las huellas digitales como si fueran viejos amigos, y a Dalgliesh por el nombre de pila. Pero las formalidades fueron rutinarias; su interés lo precedía como un miasma cuando se contorsionó para acercarse a la cama.

Dalgliesh lo despreciaba por necrófago; lo cual, admitía, no bastaba para explicar su aversión. En un universo perfectamente organizado, sin duda los fetichistas de los pies serían podólogos; los fetichistas de los cabellos, peluqueros; y los necrófagos, anatomistas morbosos. Lo sorprendente era que tan pocos lo fuesen. Pero a sir Miles le cuadraba el supuesto. Se acercaba a cada nuevo cadáver con ansiedad, casi con regocijo; sus chistes macabros circulaban por la mitad de los clubes privados de Londres; era un especialista en la muerte que, sin lugar a dudas, disfrutaba con su trabajo. Dalgliesh se sentía inhibido en su presencia, porque era consciente de la antipatía que le despertaba el hombre. La antipatía parecía restallar en su interior. Pero sir Miles no se daba por enterado. Se gustaba demasiado a sí mismo para concebir que otras personas pudieran considerarlo poco adorable, y tal cautivadora ingenuidad lo dotaba de una especie de encanto. Incluso aquellos colegas que más deploraban su engreimiento, sus ansias de renombre y la irresponsabilidad de la mayor parte de sus declaraciones públicas, encontraban difícil que les disgustara tanto como tenían la sensación de que debía disgustarles. Se contaba que las mujeres lo consideraban atractivo. Quizás ejerciera sobre ellas una fascinación morbosa. Por supuesto, tenía el contagioso buen humor de los seres que no tienen más remedio que ver el mundo como un lugar agradable puesto que los incluye a ellos.

Siempre emitía ruiditos al contemplar un cadáver. Así lo hizo ahora, al retirar la sábana con un gesto curiosamente melindroso de sus dedos gordezuelos. Dalgliesh se acercó a la ventana y miró hacia la maraña de ramas, a través de la cual el lejano edificio del hospital, aún con las luces encendidas, brillaba como un palacio inmaterial suspendido en el aire. Oía el leve susurro de las ropas de cama. Sir Miles debía estar haciendo una inspección preliminar, pero bastaba con pensar en aquellos dedos gordezuelos recorriendo los rebordes de los tiernos orificios del cadáver para hacerle a uno desear una apacible muerte en su propio lecho. El verdadero trabajo se haría después, en la mesa del depósito, en aquella pileta de aluminio con tenebrosos accesorios, sumideros y pulverizadores, donde el cuerpo de Josephine Fallon sería sistemáticamente desmembrado en nombre de la justicia, la ciencia, la curiosidad o lo que se quisiera. Y más tarde, el ayudante de sir Miles se ganaría una guinea volviéndolo a coser hasta darle un aspecto humano decente, de modo que la familia pudiera verlo sin traumas. Si había familia. Se preguntó quiénes serían, de haberlos, los dolientes oficiales de la enfermera Fallon. A primera vista, en el cuarto no había nada —fotografías ni cartas— que permitiera deducir vinculaciones personales con ningún ser vivo.

Mientras sir Miles sudaba y refunfuñaba, Dalgliesh dio una segunda vuelta por la habitación, teniendo buen cuidado de soslayar las actividades del patólogo. Sabía que sus escrúpulos eran irracionales y medio lo avergonzaban. La autopsia no lo perturbaba. Lo que no aguantaba era aquel examen impersonal del cuerpo femenino todavía caliente. Hacía aún muy pocas horas, ella habría tenido derecho a guardar alguna modestia, a elegir su propio médico, a rechazar libremente aquellos dedos de una blancura antinatural y ansiosos de hurgar. Muy pocas horas antes era un ser humano. Ahora no era más que carne muerta.

El cuarto correspondía a una mujer que había optado por vivir sin trabas. Contaba con las necesarias comodidades elementales y un par de adornos elegidos con gusto. Era como si hubiese catalogado sus necesidades y se las hubiese procurado, caras pero escogidas y sin extravagancias. La gruesa alfombra situada junto a la cama, pensó Dalgliesh, no era de las que suministraba la junta directiva del hospital. Solo había un cuadro, pero era una acuarela auténtica, un panorama encantador de las colinas Robert, colgado donde la luz de la ventana lo iluminaba mejor. El único bibelot ocupaba el alféizar de la ventana y era una cerámica de Staffordshire que representaba a John Wesley predicando desde el púlpito. Dalgliesh le dio vueltas entre sus manos. Era perfecta, una pieza de coleccionista. Pero no había ni rastro de los menudos objetos triviales de que suelen rodearse, para disponer de bienestar o de seguridad, quienes residen en instituciones.

Se acercó al estante que había junto a la cama y volvió a examinar los libros. También parecían escogidos para satisfacer estados de ánimo previsibles. Una colección de poesía moderna, incluido el último volumen de Dalgliesh; las obras completas de Jane Austen, desgastadas pero encuadernadas en cuero e impresas en papel de China; una colección de libros sobre filosofía primorosamente equilibrada entre el interés académico y el atractivo popular; un par de docenas de novelas modernas en edición de bolsillo: Greene, Waugh, Compton Burnett, Hartley, Powell, Cary... Pero en su mayor parte eran libros de versos. Viéndolos, pensó que compartían los mismos gustos. De habernos conocido, al menos habríamos tenido algo de que hablar. «La muerte de cualquier hombre me perjudica.» Pues claro que sí, doctor Donne. La tan explotada frase se había convertido en una expresión de moda en un mundo superpoblado donde el distanciamiento venía a ser en la práctica una necesidad social. Pero algunas muertes todavía tenían la facultad de constituir un perjuicio mayor que otras. Por primera vez en años, Dalgliesh tenía la conciencia de sentirse perjudicado, de padecer una pérdida irracional y personal.

Siguió moviéndose. A los pies de la cama estaba el armario, con el mueble de cajones adjunto, un artefacto bastardo en madera clara, diseñado, si acaso alguien había diseñado conscientemente un objeto tan feo, para proporcionar el máximo de espacio con el mínimo volumen. La parte superior del mueble estaba pensada para que sirviera de tocador y sostenía un pequeño espejo. Delante de este espejo estaban el peine y el cepillo. Nada más.

Abrió el cajoncito de la izquierda. Contenía los maquillajes, tarros y tubos pulcramente ordenados sobre una bandeja de *papier-mâché*. Había muchos más tarritos de los que esperaba encontrar; crema limpiadora, una caja de toallitas de papel, crema hidratante, polvos, sombra de ojos y rímel. Sin duda se maquillaba con meticulosidad. Pero solo había un artículo de cada clase. Ni experimentos, ni cosas compradas impulsivamente, ni materiales semiusados y descartados con la pasta medio seca. El conjunto decía: «Esto es lo que me va. Esto es lo que necesito. Ni más ni menos.»

Abrió el cajón de la derecha. Solo había un archivador plegable, con los compartimentos rotulados. Fue ojeando el contenido. Un certificado de nacimiento. Un certificado de bautismo. Una libreta de ahorros de la Caja Postal. El nombre y la dirección de su abogado. Ninguna carta personal. Se echó el archivo bajo el brazo.

Se dirigió al armario y examinó de nuevo la ropa. Tres pares de pantalones. Tres jerséis de cachemir. Una chaqueta de invierno de color rojo fuerte. Cuatro trajes bien cortados de lana fina. Todo destacaba por la calidad. Era un vestuario caro para una futura enfermera.

Oyó el último gruñido de satisfacción de sir Miles y se dio media vuelta. El patólogo estaba enderezándose y desprendiéndose de los guantes de goma. Eran tan delgados que daba la sensación de que se estuviese arrancando la epidermis. Dijo:

—Murió, diría yo, hace unas diez horas. Estoy juzgando, sobre todo, por la temperatura rectal y el grado de rigor de las extremidades inferiores. Pero solo es una conjetura, querido colega. Estos criterios son discutibles, como sabes. Tendremos que echar un vistazo a los residuos del estómago; eso nos proporcionará la clave. De momento y por los síntomas clínicos, yo diría que murió alrededor de la medianoche, hora antes o después. Según el sentido común, claro está, murió al tomar la última bebida del día.

El funcionario encargado de las huellas digitales había dejado la botella de whisky y el vaso sobre la mesa, y ahora estaba ocupándose del tirador de la puerta. Sir Miles trotó alrededor de los objetos y, sin tocar la vasija, inclinó la cabeza y acercó las narices al borde.

—Whisky. Pero ¿qué más? Eso es lo que debemos preguntarnos, querido colega. Eso es lo que nos estamos preguntando. Sabemos algo: no era un líquido corrosivo. Esta vez no es nada parecido al ácido fénico. Yo no hice la autopsia de la otra chica, dicho sea de paso. Aquel trabajito lo hizo Rikki Blake. Un feo asunto. Supongo que estarás buscando alguna conexión entre las dos muertes.

—Es posible —dijo Dalgliesh.

—Podría ser. Podría ser. No es probable que se trate de una muerte natural en este caso. Pero tendremos que aguardar al toxicólogo. Luego sabremos algo. No hay síntomas de estrangulamiento ni de asfixia. Ninguna señal externa de violencia apunta en ese sentido. A propósito, estaba embarazada. De unos tres meses, diría yo. He sentido un ligero y divertido *ballottement* en ese sitio. No había vuelto a detectar ese síntoma desde que era estudiante. La autopsia lo confirmará, claro.

Los ojillos del doctor escudriñaron el cuarto.

—A primera vista no se ve dónde está el veneno. Si

fue veneno, claro. Tampoco hay ninguna nota confesando el suicidio, ¿verdad?

—Tampoco eso sería una prueba concluyente —dijo Dalgliesh.

—Ya lo sé, ya lo sé. Pero la mayor parte de los suicidas dejan algún *billet doux*. Les gusta contar su historia, querido colega. A propósito, el furgón está aquí. Me llevaré el cadáver si ya has terminado tú.

—Yo he terminado —dijo Dalgliesh.

Esperó y estuvo mirando mientras los mozos maniobraban con la camilla por el interior del cuarto y cargaban con veloz eficacia el peso muerto. Sir Miles se impacientaba a su alrededor, con la nerviosa ansiedad del experto que ha descubierto un espécimen muy valioso y ha de supervisar que se traslada como es debido. Era extraño que el traslado de aquella masa inerte de huesos y músculos rígidos, de la que cada cual a su manera se había estado ocupando, dejara el cuarto tan vacío, tan desolado. Dalgliesh se había dado cuenta del hecho antes, en el momento de sacar el cadáver: de la sensación de estar en un escenario vacío, de estar entre objetos dispuestos al azar y carentes de sentido, de estar en una atmósfera drenada. La muerte recién acaecida tenía su particular carisma misterioso; no sin razón hablaban en susurros los hombres en presencia de los cadáveres. Pero ahora ella había muerto y a él no le quedaba nada que hacer en la habitación. Dejó al encargado de las huellas digitales tomando apuntes y fotografiando sus descubrimientos, y salió al corredor.

Eran más de las doce, pero el pasillo seguía muy oscuro, y la única ventana con luz, la del fondo, solo se distinguía como un rectángulo neblinoso detrás de las cortinas corridas. En un primer momento, Dalgliesh apenas percibió los tres cubos rojos con arena y el extintor de incendios cónico, cuya forma y colorido contrastaban con los paneles de roble tallado de las paredes. Las grapas de hierro que los sostenían, brutalmente clavadas en el maderamen, resultaban incongruentes con la hilera de elegantes apliques de bronce en espiras que surgían del centro de las tallas cuadrifoliadas. Los apliques estaban diseñados, evidentemente, para gas, pero habían sido adaptados de cualquier forma, sin imaginación ni habilidad, para utilizarlos con luz eléctrica. El bronce estaba sin bruñir y muchas de las delicadas pantallas de cristal, cuyas formas imitaban pétalos de flores, habían desaparecido o estaban rotas. En cada uno de los desflorados ramilletes se veía ahora una única cuenca monstruosa donde florecía una bombilla mugrienta y de poco voltaje, cuya luz, débil y difusa, lanzaba sombras sobre el piso, que solo acentuaban la penumbra. Aparte de la ventanita situada en el fondo del corredor, la iluminación natural era muy escasa. El ventanal de la escalera, una versión prerrafaelista en colores chillones de la expulsión del Edén, casi no servía para nada.

Inspeccionó los cuartos contiguos al de la chica fallecida. Uno estaba desocupado, con la cama deshecha, la puerta del armario entreabierta y los cajones, forrados de papel recién puesto, salidos todos como si quisieran evidenciar el esencial vacío de la pieza. El otro estaba en uso, pero daba la sensación de haber sido abandonado a toda prisa; las ropas de cama estaban tiradas de cualquier forma a los pies y la alfombra tenía dobleces. Del montón de libros de texto que coronaban la mesilla de noche, Dalgliesh abrió la primera página del que le caía más a mano y leyó la inscripción: «Christine Dakers.» De modo que este era el cuarto de la chica que había descubierto el cadáver. Examinó el tabique que separaba las habitaciones. Era delgado, una fina mampara de chapa pintada que retumbó un poco al golpearla. Se preguntó si la enfermera Dakers no habría oído algo durante la noche. A menos que Josephine Fallon hubiera muerto instantáneamente y casi sin hacer ruido, algún indicio de su zozobra debía haber atravesado aquella insignificante barrera. Estaba deseando entrevistar a la enfermera Christine Dakers. De momento, le habían dicho, estaba internada como consecuencia del *shock*. Lo probable era que este fuese auténtico, pero, aun de no serlo, él nada podía hacer sobre ese particular. A la enfermera Dakers, por el momento los médicos la resguardaban de cualquier clase de interrogatorio policial.

Exploró un poco más. Frente a las habitaciones de las enfermeras estaban los servicios, una serie de cubículos con lavabos e inodoros, distribuidos alrededor de un vestuario cuadrado, y cuatro bañeras protegidas por cortinas de ducha. Cada uno de estos cubículos tenía un ventanuco de guillotina provisto de cristal opaco, mal situado pero no difícil de abrir. Los ventanucos daban a la parte trasera de la casa y a las dos cortas alas, ambas construidas sobre el claustro de ladrillos, que se injertaban arbitrariamente en el cuerpo principal de la casa. Era como si el arquitecto, habiendo agotado las posibilidades del neogótico y el neobarroco, hubiera decidido introducir un sesgo más contemplativo y eclesiástico. El espacio entre los claustros era una jungla abigarrada de arbustos de laurel y árboles sin podar que nacían tan cerca del edificio que algunas ramas parecían arañar las ventanas del bajo. Dalgliesh vio unas figuras oscuras que rebuscaban entre la maleza y oyó débiles susurros de voces. La botella vacía del desinfectante que había matado a Heather Pearce fue encontrada entre aquellos matorrales y cabía la posibilidad de que la segunda vasija, de contenido asimismo letal, también hubiera sido lanzada por la misma ventana en las horas de oscuridad. En la rejilla del baño había una horquilla del pelo y, luego de recogerla, Dalgliesh la tiró por la ventana, trazando un amplio arco, hacia los arbustos. No pudo ni verla ni oírla caer, pero entre las hojas surgió un rostro bienhumorado, se alzó una mano en señal de saludo y los dos policías que buscaban se hundieron aún más bajo la maleza.

A continuación, Dalgliesh recorrió el tramo del pasillo que lo separaba de la cocinita de las alumnas, situada en el extremo. Allí estaba el sargento Masterson con la enfermera Rolfe. Examinaban juntos una heterogénea colección de objetos extendidos sobre la mesa, como si estuvieran enzarzados en un juego de adivinanzas. Había dos limones exprimidos; un cuenco de azúcar; unos cuantos tazones de té frío, con la superficie del líquido cubierta de manchas irregulares; y una delicada tetera de Worcester, con una taza haciendo juego, así como el platillo y la jarrita de leche. También había un rectángulo arrugado de papel de envolver fino que mostraba las palabras «Tienda de Vino de Scunthorpe, Calle Mayor, 149, Heatheringfield», y un recibo escrito a mano, extendido y aplanado entre dos latas de té.

—Compró el whisky ayer por la mañana, señor —dijo Masterson—. Por suerte para nosotros, el señor Scunthorpe es puntilloso en los recibos. Esta es la factura, y este, el papel de envolver. Da la sensación de que destapara la botella ayer al irse a la cama.

—¿Dónde estaba guardada la botella? —preguntó Dalgliesh.

La enfermera Rolfe respondió:

—Fallon siempre guardaba el whisky en su habitación.

Masterson se rio.

—No es sorprendente, siendo una bebida que cuesta tres libras la botella.

La enfermera Rolfe lo miró con desprecio.

—Dudo de que eso le importara a Fallon. No era de la clase de personas que pone marcas en las botellas.

—¿Era generosa? —preguntó Dalgliesh.

—No, sencillamente no se preocupaba. Guardaba el whisky en su habitación porque así se lo pidió la jefa.

Pero lo trajo aquí ayer para prepararse la última copa de la noche, pensó Dalgliesh. Removió suavemente el azúcar con un dedo.

La enfermera Rolfe dijo:

—El azúcar es inocente. Las estudiantes me han dicho que todas lo utilizaron en el té de la mañana. Y las gemelas Burt, por lo menos, bebieron parte del suyo.

—De todas maneras, enviaremos el azúcar y el limón al laboratorio —dijo Dalgliesh.

Levantó la tapadera de la tetera y miró en el interior. Respondiendo a una pregunta que no había hecho, la enfermera Rolfe dijo:

—Al parecer, la enfermera Dakers hizo ahí el té de la mañana. La tetera es de Fallon, desde luego. Nadie más se hace el té de la mañana en una antigüedad de Worcester.

—¿La enfermera Dakers hizo té para la enfermera Fallon antes de saber que había muerto?

—No, después. Fue una reacción puramente automática, supongo. Debía de estar bajo los efectos del *shock*. Después de todo, acababa de ver el cadáver de Fallon. Difícilmente podía esperar curar el *rigor mortis* con té caliente, aun siendo té chino del mejor. Supongo que querrá ver a Dakers, pero tendrá que esperar. De momento, está hospitalizada. Ya se lo habrán dicho. Se encuentra en el ala de pacientes particulares, al cuidado de la enfermera Brumfett. Por eso estoy yo aquí ahora. Lo mismo que la policía, nosotras somos una profesión jerárquica y, cuando la jefa de enfermería no está en la Casa Nightingale, Brumfett es la siguiente en el escalafón. En principio, ella debería ser quien les atendiera, y no yo. Ya le habrán dicho, claro, que la señorita Taylor viene de camino, procedente de una conferencia en Ámsterdam. Tuvo que sustituir inesperadamente al presidente del comité pedagógico de la zona, por suerte para ella. Así, por lo menos hay un miembro de la dirección con coartada.

A Dalgliesh le habían contado aquello más de una vez. La ausencia de Mary Taylor parecía ser un dato que todas las personas con las que había hablado, por poco que fuese, consideraban necesario mencionar, explicar o lamentar. Pero la enfermera Rolfe era la primera en insinuar que eso proporcionaba a la señorita Taylor una coartada, al menos en el momento de la muerte de Fallon.

—¿Y las demás estudiantes?

—Están en el saloncito de lectura del piso de abajo. La enfermera Gearing, nuestra instructora de clínica, las mantiene en un período de estudio. Yo no creo que estén leyendo demasiado. Hubiese sido preferible ponerlas a hacer algo más activo, pero no es fácil en un momento como este. ¿Quiere verlas en el estudio?

—No, luego. Y en la sala de prácticas, donde murió la enfermera Pearce.

Ella le lanzó una mirada y luego apartó los ojos con rapidez, pero no con la suficiente como para que se le escapara el gesto de sorpresa y, se dijo, de desaprobación. Ella contaba con que mostrase mayor sensibilidad, mayor consideración. La sala de prácticas no se había utilizado desde la muerte de la enfermera Pearce. Entrevistar allí a las alumnas, a tan poco tiempo de esta segunda tragedia, devolvería a la memoria aquel horror, con renovada fuerza. Si había alguna dispuesta a perder los nervios, esto lo conseguiría, y él nunca había pensado en usar otro lugar. La enfermera Rolfe, se dijo, era como todas las demás. Quería que cogieran a los asesinos, pero solo mediante los métodos más caballerescos. Querían que fuesen castigados, pero solo a condición de que el castigo no violentara su personal sensibilidad.

—¿Cómo se cierra este lugar por la noche? —preguntó Dalgliesh:

—La enfermera Brumfett, la enfermera Gearing y yo misma nos responsabilizamos de cerrarlo una semana cada una. Esta semana le toca a Gearing. Nosotras somos las tres únicas enfermeras tituladas que residimos aquí. Cerramos con llave y echamos el pestillo de la puerta principal y de la puerta de la cocina a las once en punto. Hay una puertecita lateral, con cerradura Yale y pestillo interior. Si alguna persona, estudiante o miembro del personal, tiene que volver más tarde, se le facilita una llave de esa puerta y echa el pestillo cuando regresa. Las enfermeras tituladas disponemos de una llave en todo momento. Solo existe otra puerta, que da al apartamento de la jefa de enfermería, en el tercer piso.

Ella tiene una escalera particular y, claro, su propia llave. Además de lo dicho, hay tres salidas de emergencia, pero todas están cerradas por dentro. La casa no resultaría difícil de allanar. Supongo que muy pocas instituciones son difíciles de allanar. Pero aquí nunca hemos tenido ladrones, que yo sepa. Dicho sea de paso, el invernadero tiene una pared de cristales. Alderman Kealey, el vicepresidente, parece opinar que el asesino de Fallon entró por allí. Es un hombre capaz de encontrar explicaciones tranquilizadoras a todos los problemas embarazosos de la existencia. Yo tengo la sensación de que el vidrio lo rompió el viento, pero sin duda usted se formará su propia opinión.

Está hablando demasiado, pensó Dalgliesh. La locuacidad es una de las reacciones más normales al *shock* y a los nervios, una reacción de la que puede sacar mucho partido un buen interrogador. Mañana se lo reprochará, lo que la volverá mucho más difícil, mucho menos dispuesta a colaborar. Mientras tanto, ella le iba contando muchas más cosas de lo que conscientemente era capaz de darse cuenta.

Por supuesto, examinarían el cristal roto y el marco de madera para comprobar si quedaban rastros de forzamiento. Pero él creía poco probable que la muerte de la enfermera Fallon hubiera sido obra de un intruso. Preguntó:

—¿Cuántas personas durmieron aquí anoche?

—Brumfett, Gearing y yo. Brumfett estuvo fuera parte de la noche. Tengo entendido que fue reclamada en la sala por el doctor Courtney-Briggs. La señorita Collins estaba también. Es el ama de llaves. Y cinco alumnas: la enfermera Dakers, las gemelas Burt, la enfermera Goodale y la enfermera Pardoe. Y también durmió aquí Fallon, por supuesto. Es decir, si Fallon tuvo tiempo de dormir. Dicho sea de paso, la lamparilla de noche estuvo encendida toda la noche. Las gemelas Burt se levantaron a tomar un cacao poco después de las dos y estuvieron a punto de entrarle una taza a Fallon. De haberlo hecho, usted tendría una idea más exacta de la hora de la muerte. Pero pensaron que debió quedarse dormida sin apagar la luz y que quizá no le entusiasmara que la despertaran, ni siquiera entre olor a cacao. Las gemelas se divierten comiendo y bebiendo a todas horas, pero por lo menos han vivido lo suficiente como para comprender que no todo el mundo comparte su afición y que concretamente Fallon prefería sueño e intimidad a cacao y compañía.

—Habré de ver a las gemelas Burt. ¿Qué me dice del parque del hospital? ¿Está abierto toda la noche?

—Siempre hay un portero de guardia en la entrada principal. La puerta principal no se cierra, por las ambulancias que traen a los accidentados, pero el portero vigila a todo el que entra y sale. La Casa Nightingale está mucho más cerca de la entrada trasera del recinto, pero ese camino no suele utilizarse a pie, porque el sendero está mal iluminado y da bastante miedo. Además, conduce a Winchester Road, que casi dista dos millas del centro de la ciudad. La puerta trasera la cierra al oscurecer, en verano e invierno, uno de los porteros, pero todas las enfermeras y la jefa de enfermería tenemos llave.

—¿Y las enfermeras con pases de noche?

—Deben utilizar la puerta principal y recorrer el camino principal que rodea el edificio del hospital. Hay un atajo mucho más corto entre los árboles, que utilizamos durante el día (solo supone unos doscientos metros), pero muy poca gente lo usa para venir aquí de noche. El señor Hudson, el secretario del hospital, le proporcionará un plano del recinto y de la Casa Nightingale. Dicho sea de paso, él y el vicepresidente lo esperan en la biblioteca. El presidente, sir Marcus Cohen, está en Israel. Aun así, es todo un comité de recepción. Incluso el doctor Courtney-Briggs ha retrasado la consulta de los pacientes externos para recibir a Scotland Yard en la Casa Nightingale.

—Entonces —dijo Dalgliesh—, tal vez tenga usted la amabilidad de hacerles saber que estaré con ellos en unos instantes.

Era una despedida. Como si quisiera suavizarla, el sargento Masterson dijo inesperadamente y en voz alta:

—La enfermera Rolfe ha prestado una gran colaboración.

La mujer soltó un burlesco bufido gutural.

—¿Colaborar con la policía? ¿No suena algo siniestra esa expresión? De todos modos, no creo que yo sirva de mucho. Yo no he matado a ninguna de las dos. Y anoche estuve en el cine, en el nuevo cine de arte y ensayo de aquí. Están poniendo un ciclo de Antonioni. Esta semana echan *L'avventura*. No regresé hasta poco antes de las once y me fui derecha a la cama. Ni siquiera vi a Fallon.

Dalgliesh reconoció con cansina resignación la primera mentira y se preguntó cuántas más, importantes y sin importancia, se pronunciarían antes de concluir la investigación. Pero no era este el momento de interrogar a la enfermera Rolfe. No iba a ser un testigo cómodo. Había contestado a todas las preguntas, pero sin disimular su resentimiento. Dalgliesh no estaba seguro de qué era lo que no le gustaba a la mujer, si el trabajo de él o el de ella, o bien si sería algún hombre quien había dado lugar a su tono de amargo descontento. El rostro de la enfermera concordaba con su personalidad, repelente y defensiva. Era una cara fuerte e inteligente, pero sin dulzura ni femineidad. Los ojos hundidos y muy negros podían resultar atractivos, pero estaban colocados bajo un par de cejas morenas tan absolutamente rectas, tan oscuras y pobladas, que incluso daban cierta apariencia de deformidad al rostro. La nariz era grande y de poros abiertos, los labios finos y con una pose inflexible. Era el rostro de una mujer que no ha aprendido a reconciliarse con la vida y que, quizás, ha renunciado a conseguirlo. De pronto, Dalgliesh pensó que, de demostrarse que era una asesina y salir finalmente en la prensa su fotografía, las demás mujeres que buscaran ávidamente en aquella máscara inflexible los rasgos de depravación no se mostrarían sorprendidas. De pronto se entristeció por ella, con esa mezcla de irritación y compasión que se siente por los inútiles y los deformes. Se volvió deprisa, para que ella no captara aquel súbito estremecimiento de piedad. Sabía que lo entendería como el peor insulto. Y cuando se volvió de nuevo para agradecerle formalmente la ayuda prestada, ella se había ido.

III

El sargento Charles Masterson medía un metro noventa y era muy ancho de hombros. Llevaba con soltura su corpachón, y todos sus movimientos eran sorprendentemente controlados y precisos para tratarse de un hombre tan masculino y pesado. Por regla general, era considerado guapo, sobre todo por parte de sí mismo; y con su cara recia, sus labios sensuales y sus ojos escurridizos, se parecía llamativamente a un famoso actor norteamericano de los de puños y pistolas. De vez en cuando, Dalgliesh sospechaba que el sargento era consciente de ese parecido y que lo fomentaba adoptando un deje americano.

—Muy bien, sargento. Usted ha tenido ocasión de ver el lugar y ha hablado con varias personas. Cuénteme.

Era sabido que esta invitación desencadenaba el terror entre los subordinados de Dalgliesh. Significaba que el superintendente contaba con escuchar un breve informe, sucinto, exacto y dicho con elegancia, pero también íntegro, sobre el crimen, de tal manera que aportara todos los datos sobresalientes conocidos hasta el momento a quien no estuviera enterado de nada. La capacidad para saber qué se quería decir y de decirlo con el mínimo de palabras adecuadas es tan poco corriente entre los policías como entre los demás elementos de la sociedad. Los subordinados de Dalgliesh tenían razones para quejarse de no haber sido informados de que la licenciatura en inglés era obligatoria para entrar en el cuerpo.

Pero el sargento Masterson se sentía menos intimidado que la mayoría. Tenía sus debilidades, pero la falta de seguridad en sí mismo no era una de ellas. Estaba contento de trabajar en el caso. En Scotland Yard era bien sabido que el superintendente Dalgliesh no podía soportar a los tontos y que su concepción de la tontería era personal y rigurosa. Masterson lo respetaba porque Dalgliesh era uno de los detectives más eficaces de Scotland Yard, y para Masterson la eficacia era el único criterio legítimo. Lo consideraba muy capaz, lo que no significaba que considerase a Adam Dalgliesh tan capaz como a Charles Masterson. La mayor parte del tiempo, y por razones que no le parecían dignas de estudiar, le despertaba una antipatía absoluta. Sospechaba que tal antipatía era mutua, pero eso no le preocupaba en demasía. Dalgliesh no era un hombre que perjudicase la carrera de un subordinado porque no le fuese simpático y tenía fama de ser meticuloso, e incluso muy atinado, en cuanto a conceder crédito a quien se lo merecía. Pero la situación imponía estar en guardia y Masterson no tenía intención de bajarla. Un hombre ambicioso, decidido a ascender a los puestos superiores de su carrera, era un imbécil rematado si no comprendía desde un principio que enfrentarse a un superior era una idiotez. Masterson no tenía el menor interés en ser semejante clase de imbécil. Pero le vendría bien un poco de cooperación por parte del superintendente en su campaña en pro de la mutua buena voluntad. Y no estaba seguro de obtenerla. Dijo:

—Trataré de las dos muertes por separado, señor. La primera víctima...

—¿Por qué habla como la página de sucesos, sargento? Asegurémonos de tener una víctima antes de aplicarle la palabra.

Masterson comenzó:

—La primera fallecida..., la primera chica que murió era una estudiante de enfermería de veintiún años de edad: Heather Pearce. —Prosiguió con los datos sobre los fallecimientos de ambas chicas, en la medida en que se conocían, teniendo cuidado en evitar los ejemplos más flagrantes de jerga policial, a la que sabía que era morbosamente susceptible su jefe, y reprimiendo la tentación de exhibir sus recién adquiridos conocimientos en materia de alimentación intragástrica, sobre lo que se había tomado la molestia de sonsacar a la enfermera Rolfe una explicación general, bien que desganada. Acabó—: De manera que hay las siguientes posibilidades, señor: que uno o ambos de los fallecimientos fueran suicidios; que uno o ambos fueran accidentales; que el primero fuera un asesinato en el que pereciese una víctima equivocada; o bien que se trate de dos asesinatos y ambas víctimas sean las deseadas. Un abanico de posibilidades fascinante, señor.

—O bien que la muerte de Fallon se deba a causas naturales —dijo Dalgliesh—. Hasta que dispongamos del informe del toxicólogo, estaremos especulando por delante de los datos. Pero de momento abordaremos ambos casos como asesinatos. Bien, vayamos a la biblioteca y veamos qué tiene que decirnos el vicepresidente de la junta directiva del hospital.

IV

La biblioteca, que no costaba identificar gracias al gran letrero pintado sobre la puerta, era una pieza agradable y de techo alto situada en el primer piso, cerca de la sala de estar de las alumnas. Una de las paredes la ocupaban por completo tres ventanales que componían un mirador, pero las otras tres estaban cubiertas de libros hasta el techo, quedando vacío el centro del cuarto. El mobiliario consistía en cuatro mesas alineadas frente a los ventanales y dos sofás raídos, uno a cada lado de una chimenea de piedra, donde ahora silbaba su siniestra bienvenida una antigua estufa de gas. Delante de la chimenea, bajo las dos tiras de luz fluorescente, había un grupo de cuatro hombres, que susurraban entre ellos con aire conspiratorio y se volvieron al unísono al entrar Dalgliesh y Masterson, observándolos con cautelosa seguridad. Para Dalgliesh, era una situación bien conocida, compuesta como siempre de interés, recelo e ilusión: la primera confrontación de los protagonistas de un caso de homicidio con ese extraño, el especialista en muertes violentas procedente del exterior, que se ha introducido entre ellos, huésped indeseado, para demostrar su talento personal.

Luego se rompió el silencio y las rígidas figuras se relajaron. Los dos hombres que Dalgliesh ya conocía —Stephen Courtney-Briggs y Paul Hudson, el secretario del hospital— avanzaron hacia él con formales sonrisas de bienvenida. Courtney-Briggs, quien al parecer se hacía cargo de cualquier situación a la que dignificara su presencia, hizo las presentaciones. El jefe de personal, Raymond Grout, le tendió una mano húmeda. Tenía el rostro ligeramente entristecido, arrugado ahora por la aflicción, como si fuera un niño a punto de echarse a llorar. El pelo formaba hebras de seda plateada sobre la frente prominente. Probablemente era más joven de lo que aparentaba, pensó Dalgliesh, pero aun así debía estar próximo a retirarse.

Junto a la figura alta y encorvada de Grout, Alderman Kealey parecía tan espabilado como un terrier. Tenía el pelo de color maíz y era un hombrecillo de aspecto zorruno, patizambo como un yóquey, que vestía un traje de cuadros escoceses, la excelencia de cuyo corte subrayaba aún más el horror del dibujo. Le daba un aspecto antropomórfico, parecido al de los animales de los tebeos; y Dalgliesh casi contó con que se encontraría una zarpa al estrecharle la mano.

—Ha hecho muy bien en venir, superintendente, y tan deprisa —le dijo.

La estupidez del comentario se le hizo evidente, al parecer, en cuanto lo hubo pronunciado, pues fulminó a sus compañeros con una mirada hiriente por debajo de sus espinosas cejas amarillentas, como desafiándolos a burlarse. Nadie se burló, pero al jefe de personal se le veía tan humillado como si el despropósito fuera propio, y Paul Hudson volvió la cara para ocultar una sonrisa embarazosa. Hudson era un joven bien parecido que, al llegar Dalgliesh al hospital, se había mostrado a la vez eficiente y autoritario. No obstante, ahora, en presencia del vicepresidente y del jefe de personal, parecía haber perdido el habla y tenía el aspecto de quien se siente de más. El doctor Courtney-Briggs dijo:

—Supongo que sería demasiado esperar ya alguna noticia. Hemos visto irse al furgón y he intercambiado algunas palabras con Miles Honeyman. No le es posible pronunciarse de momento, pero le sorprendería que fuese una muerte natural. La chica se mató. En fin, a mi modo de ver, eso tendría que ser evidente para todo el mundo.

—Nada es evidente todavía —dijo Dalgliesh.

Hubo un silencio. El vicepresidente debía encontrarlo embarazoso, pues se aclaró la garganta ruidosamente y dijo:

—Necesitará usted un despacho, sin duda. La policía local trabaja desde la comisaría. Verdaderamente,

nos han causado muy pocas molestias. Casi no nos dábamos cuenta de que andaba por aquí. —Miró con algo
de optimismo a Dalgliesh, como si tuviese alguna esperanza de que resultase asimismo acomodaticio.

Dalgliesh replicó enseguida:

—Necesitaremos una habitación. ¿Sería posible disponer de alguna en la Casa Nightingale? Sería lo más
cómodo.

La solicitud pareció desconcertarlos. El jefe de personal dijo, vacilante:

—Si estuviera aquí la señorita Taylor... Es difícil para
nosotros saber lo que hay libre. Ella no tardará.

Alderman Kealey gruñó.

—No podemos aguardar a Mary Taylor para todo.
Si el superintendente necesita una habitación, busqué-
mosla.

—Bueno, está el despacho de la señorita Rolfe en la
planta baja, junto a la sala de prácticas. —El jefe de
personal dirigió sus tristes ojos hacia Dalgliesh—. Usted ya conoce a la señorita Rolfe, nuestra jefa de estudios, desde luego. Si a la señorita Rolfe le fuera posible
trasladarse provisionalmente al despacho de su secretaria... La señorita Buckfield está de baja con gripe, o
sea que el cuarto está libre por ahora. Es bastante estrecho, en realidad algo así como un armario, pero si la
señorita Taylor...

—Que la señorita Rolfe traslade todas las pertenencias que necesite. El portero se encargará de llevar los
archivos.

Alderman Kealey se volvió hacia Dalgliesh y le
gritó:

—¿Servirá eso?

—Si está aislado, razonablemente insonorizado, tiene pestillo en la puerta, es lo bastante grande para acoger a tres hombres y hay teléfono directo con el exterior, servirá. Si también dispone de agua corriente, tanto mejor.

Sintiendo el peso de esta formidable lista de exigencias, el vicepresidente dijo dubitativamente:

—Hay un pequeño aseo en la planta baja, frente al cuarto de la señorita Rolfe. Se pondrá a su disposición.

La congoja del señor Grout se intensificó. Miró al doctor Courtney-Briggs, como buscando un aliado, pero el cirujano llevaba en inexplicable silencio los últimos minutos y parecía poco dispuesto a darse por aludido. Entonces sonó el teléfono. El señor Hudson, al parecer contento de que surgiera algo que hacer, se apresuró a cogerlo. Se volvió hacia el vicepresidente.

—Es del *Clarion*, señor. Quieren hablar personalmente con usted.

Alderman Kealey tomó el aparato con gesto resuelto. Habiéndose decidido a afirmarse, al parecer estaba dispuesto a hacerse cargo de cualquier situación y esta caía dentro de sus competencias. El crimen bien podía estar al margen de sus preocupaciones habituales, pero la cuestión de tratar con tacto a la prensa local era algo sobre lo que entendía.

—Al habla Alderman Kealey. El vicepresidente de la junta directiva. Sí, está aquí Scotland Yard. ¿La víctima? Creo que no podemos hablar de la víctima. Al menos, por ahora. Fallon. Josephine Fallon. ¿La edad? —Puso la mano sobre el micrófono y se volvió hacia el jefe de personal. Como era de esperar, quien le respondió fue el doctor Courtney-Briggs.

—Tenía treinta y un años y diez meses —dijo—. Era exactamente veinte años menor que yo, del mismo día.

Alderman Kealey, sin sorprenderse por la gratuidad de la información, habló con su interlocutor telefónico.

—Treinta y un años. No, no sabemos todavía cómo murió. Nadie lo sabe. Estamos esperando el informe del forense. Sí, el superintendente Dalgliesh. Está aquí en este momento, pero demasiado ocupado para hablar. Espero enviar una nota a la prensa esta tarde. Para entonces ya tendremos el informe de la autopsia. No, no hay ninguna razón para sospechar que sea un asesinato. El jefe de la policía local ha llamado a Scotland Yard como medida de precaución. No, por todo lo que nosotros sabemos, las dos muertes no guardan ninguna relación entre sí. Muy apenados. Sí, mucho. Si a usted no le importa telefonear a las seis, tal vez disponga de más información. Todo lo que sabemos por ahora es que la enfermera Fallon ha sido encontrada muerta en su cama esta mañana poco después de las siete. Muy bien pudo ser un ataque al corazón. Estaba recuperándose de una gripe reciente. No, no había ninguna nota. Ni nada por el estilo.

Escuchó un momento, luego volvió a cubrir el micrófono con la mano y se dirigió a Grout.

—Preguntan por los parientes. ¿Qué sabe usted de los parientes?

—No tenía parientes. Fallon era huérfana —de nuevo respondió Courtney-Briggs.

Alderman traspasó la información y colgó el aparato. Sonriendo sombríamente, lanzó a Dalgliesh una mirada de autosatisfacción y advertencia al mismo tiempo. A Dalgliesh le interesó saber que se había avisado a Scotland Yard como medida precautoria. Era una nueva concepción de sus responsabilidades, una concepción que supuso tendría pocas posibilidades de engañar a los chicos de la prensa local, y menos todavía a los reporteros de Londres que pronto olerían el rastro. Se preguntó cómo afrontaría el hospital la publicidad. Alderman Kealey necesitaría algún consejo para que la investigación no sufriera entorpecimientos. Pero había tiempo para eso. Ahora lo único que deseaba era deshacerse de todos ellos y ponerse a la tarea. Los preliminares sociales siempre eran un engorro y una pérdida de tiempo. Y pronto tendría una jefa de enfermería con la que entenderse, celebrar consultas e incluso tener enfrentamientos. De la actitud del jefe de personal de no dar un paso sin el consentimiento de la señorita Taylor, se deducía que era mujer de carácter fuerte. A Dalgliesh no le gustaba la perspectiva de tener que aclarar a la señorita Taylor, con tacto, que en aquella investigación solo había sitio para una personalidad fuerte.

El doctor Courtney-Briggs, que se había quedado junto a la ventana, mirando el jardín arrasado por la tormenta, se dio la vuelta, se deshizo de sus preocupaciones con una sacudida de cabeza y dijo:

—Me temo que no podré perder más tiempo ahora. Tengo que visitar a un paciente particular y luego toda una sala. Debía dar una conferencia aquí a las estudiantes, más entrada la mañana, pero todo eso será cancelado. Hágame saber, Kealey, si hay algo que yo pueda hacer.

No prestó atención a Dalgliesh. La impresión que dio, y con toda seguridad la pretendida, fue la de ser una persona muy ocupada que ya había perdido demasiado tiempo en una trivialidad. Dalgliesh no cedió a la tentación de retenerlo. Aunque le habría apetecido doblegar la arrogancia del doctor Courtney-Briggs, de momento no podía permitirse esa satisfacción. Había asuntos más apremiantes.

Entonces fue cuando oyeron el ruido de un automóvil. Courtney-Briggs regresó a la ventana y miró al exterior, pero no dijo nada. El resto del grupo se estiró y volvió la cara, como empujados por una misma fuerza, hacia la puerta. Se oyó el golpe de la portezuela de un vehículo. Luego hubo unos segundos de silencio, seguidos del resonar de unos pasos apresurados por las losas del pasillo. Se abrió la puerta y entró la jefa de enfermería.

La primera impresión de Dalgliesh fue de una elegancia muy personal, aunque informal, y de una seguridad en sí misma casi palpable. Vio a una mujer alta y esbelta, sin sombrero, de tez color oro viejo claro y el pelo casi del mismo color, estirado desde la alta frente y recogido en un complicado moño sobre la nuca. Vestía una chaqueta de *tweed* gris, con un pañuelo verde brillante anudado al cuello, y llevaba un bolso negro y un maletín de viaje. Entró en el cuarto en silencio y, después de dejar el maletín sobre la mesa, se desprendió de los guantes y pasó la vista por el silencioso grupito. Casi por instinto, como si observara a un testigo, Dalgliesh se fijó en las manos. Tenía los dedos muy blancos, largos y huesudos, pero las articulaciones eran más gruesas de lo normal. Llevaba las uñas cortas. En el tercer dedo de la mano derecha lucía un enorme anillo de zafiros, con montura trabajada, que resplandecía en contraste con el nudillo. Se preguntó, sin venir a cuento, si se lo quitaría para trabajar y, en ese caso, cómo conseguía pasarlo por sus gruesas articulaciones.

El doctor Courtney-Briggs, luego de un breve «Buenos días, señorita Taylor», se dirigió a la puerta y allí se quedó, como un invitado aburrido que manifestaba sus ganas de irse cuanto antes. Pero los demás rodearon a la jefa de enfermería. Al instante hubo una sensación de alivio. Se susurraron las presentaciones.

—Buenos días, superintendente. —La voz de Mary Taylor era profunda y un poco ronca, tan personal como toda ella. Parecía no fijarse demasiado, pero él percibió la rápida valoración de los ojos verdes exoftálmicos. Su modo de estrechar la mano era firme y frío, pero tan breve que daba la sensación de ser solo un fugaz roce de las palmas.

—La policía necesitará una habitación —dijo el vicepresidente—. Habíamos pensado en el despacho de la señorita Rolfe...

—Demasiado pequeño, creo yo, y no lo bastante independiente, tan cerca del vestíbulo principal. Sería preferible que el señor Dalgliesh utilizase la sala de visitas del primer piso y el servicio contiguo. La sala tiene llave. En las oficinas hay una mesa de escritorio, con cajones con cerradura, que se podría trasladar. Así la policía sería independiente y tendríamos las menos interferencias posibles con el funcionamiento de la escuela.

Hubo un murmullo de aprobación. Los hombres se veían aliviados. La jefa de enfermería dijo a Dalgliesh:

—¿Necesitará un dormitorio? ¿Quiere usted dormir en el hospital?

—Eso no será necesario. Nos alojaremos en la ciudad. Pero yo preferiría trabajar aquí. Probablemente estaremos en la casa hasta altas horas de la noche, de modo que nos sería útil disponer de nuestras propias llaves.

—¿Durante cuánto tiempo? —preguntó de pronto el vicepresidente. A primera vista, la pregunta era metódica, pero Dalgliesh se dio cuenta de que todos los rostros lo miraban como si él pudiera contestarla. Conocía su fama de rápido. ¿Sería posible que también ellos la conocieran?

—Alrededor de una semana —dijo. Aunque el caso se prolongara más tiempo, se enteraría de todo lo que necesitaba saber sobre la Casa Nightingale y sus ocupantes en el espacio de siete días. Si la enfermera Fallon había sido asesinada, y él así lo creía, el círculo de sospechosos sería pequeño. Caso de que no se resolviera en una semana, a lo mejor no se resolvía nunca. Creyó apreciar un leve suspiro de alivio.

—¿Dónde está ella? —preguntó Mary Taylor.

—Se han llevado el cadáver al depósito.

—No me refiero a Fallon. ¿Dónde está la enfermera Dakers? Creo que fue quien descubrió el cadáver.

Alderman Kealey respondió:

—La están atendiendo en el pabellón de los particulares. Ha quedado muy conmocionada y hemos pedido al doctor Snelling que le echara un vistazo. Le ha dado un sedante y la enfermera Brumfett la cuida. —Y agregó—: La enfermera Brumfett estaba un poco preocupada por ella. Además de eso, tiene bastantes enfermos graves en la sala. Si no, hubiera ido a recibirla al aeropuerto. Todos lamentamos mucho que no fuera nadie a esperarla, pero nos pareció lo mejor enviarle un mensaje por teléfono pidiéndole que nos llamara en cuanto tomara tierra. La enfermera Brumfett creyó que la sorpresa sería mejor si se enteraba usted de este modo. Por otra parte, parece un error que no hubiese nadie allí. Yo quise enviar a Grout, pero...

La voz ronca interrumpió con tranquila reprobación:

—Yo hubiera pensado que ahorrarme la sorpresa era la última de sus preocupaciones. —Se dirigió a Dalgliesh—: Estaré en mi sala de la tercera planta dentro de unos cuarenta y cinco minutos. Si le va bien, me gustaría tener unas palabras con usted.

Resistiéndose al impulso de responder con un dócil «Sí, señora», dijo que le iba bien. La señorita Taylor se dirigió a Alderman Kealey.

—Ahora voy a visitar a la enfermera Dakers. Después el superintendente quiere entrevistarse conmigo y, en adelante, estaré en mi despacho principal del hospital, si desean verme usted o el señor Grout. Por supuesto, estaré disponible todo el día.

Sin otra palabra ni otra mirada, recogió el maletín y el bolso, y salió de la sala. El doctor Courtney-Briggs abrió mecánicamente la puerta y a continuación se dispuso a seguirla. Bajo el dintel, dijo con jovial beligerancia:

—Bueno, ahora que ha regresado la jefa y se ha resuelto el importante asunto de acomodar a la policía, quizá nos esté permitido proseguir las labores del hospital. Yo no llegaría tarde a la entrevista de ser usted, Dalgliesh. La señorita Taylor no está acostumbrada a la insubordinación.

Cerró la puerta por fuera. Alderman Kealey pareció perplejo por un momento y luego dijo:

—Está trastornado, sin duda. Bueno, como es natural. ¿No corría una especie de rumor sobre...?

Entonces su mirada se cruzó con la de Dalgliesh. Se cortó en seco y se volvió hacia Paul Hudson:

—Bueno, señor Hudson, ya ha oído a la señorita Taylor. La policía utilizará el cuarto de las visitas de este piso. A ver cómo se las arregla, amigo mío. ¡A ver cómo se las arregla!

V

La señorita Taylor se puso el uniforme antes de ir a la sala de pacientes particulares. En aquel momento, le pareció algo instintivo, pero, mientras se ceñía la capa al mismo tiempo que andaba apresuradamente por el senderito que conducía de la Casa Nightingale al hospital, se dio cuenta de que su instinto iba a remolque de la razón. Era importante para el hospital que la jefa de enfermería estuviese de vuelta y era importante que se notara que había vuelto.

El camino más rápido para ir al pabellón de los particulares pasaba por el vestíbulo de los pacientes externos. Los corrillos de cómodos sillones, conscientemente ordenados para conseguir la ilusión de informalidad y relajado bienestar, se estaban llenando muy deprisa. Las voluntarias del comité de damas de la Liga de Amigos del Hospital ya estaban presidiendo junto a la tetera, sirviendo tazas a los pacientes habituales que preferían llegar con horas de adelanto sobre sus citas por el placer de sentarse en el ambiente cálido, leer revistas y charlar con sus iguales. Al pasar, la jefa de enfermería se dio cuenta de que volvían las cabezas para verla. Hubo un instante de silencio, seguido del habitual murmullo de saludos deferentes. Ella era consciente de que el personal médico de chaqueta blanca, los subalternos, se echaba a un lado para dejarle paso y de que las estudiantes de enfermería se apretaban contra las paredes.

La sala de enfermos particulares estaba en la segunda planta de lo que aún se llamaba el edificio nuevo, aunque había sido terminado en 1945. La señorita Taylor subió en el ascensor, compartiéndolo con dos técnicos de radiología y un camillero joven. Susurraron sus formales «Buenos días, jefa» y permanecieron en un silencio poco natural hasta que el ascensor se detuvo, instante en el que retrocedieron mientras ella salía la primera.

La sala de los particulares consistía en un conjunto de veinte habitaciones individuales, todas las cuales daban a un ancho pasillo central. El despacho de la enfermera, la cocina y el cuarto de servicios estaban nada más cruzar la puerta. Al entrar la señorita Taylor, una joven estudiante de primer curso salió de la cocina. Enrojeció al verla y farfulló algo sobre que buscaba a la enfermera.

—¿Dónde está la enfermera?

—En la 7, con el doctor Courtney-Briggs. El paciente no se encuentra muy bien.

—No los moleste; pero diga a la enfermera, en cuanto salga, que he venido a visitar a la estudiante Dakers. ¿Dónde está Dakers?

—En la habitación número 3. —Dudaba.

—Muy bien, enfermera, ya la encontraré yo misma. Siga con lo que estuviera haciendo.

La habitación número 3 estaba al final del pasillo y era una de las seis habitaciones individuales que por regla general se reservaban para las enfermeras enfermas. Solo si todos estos cuartos estaban ocupados se acomodaba al personal en las habitaciones laterales del pasillo. No era la misma habitación, notó la señorita Taylor, en que había sido asistida Josephine Fallon. La número 6 era el cuarto más soleado y más agradable de los seis reservados a las enfermeras. Hacía una semana lo ocupaba una enfermera con pulmonía, una complicación de la gripe. La señorita Taylor, que visitaba a diario todas las salas del hospital y se informaba sobre todas las enfermeras internadas, consideraba improbable que la enfermera Wilkins estuviera lo bastante recuperada para haber recibido el alta. La enfermera Brumfett debía de haberla trasladado para poner la número 3 a disposición de la enfermera Dakers. La señorita Taylor se imaginaba el porqué. Era la única ventana que daba a los prados del parque y a los cuidados macizos de flores de la fachada del hospital; desde ese lado del pabellón era imposible ver la Casa Nightingale, ni siquiera entre la maraña de los árboles deshojados. ¡La buena de la enfermera Brumfett! Tan repelentemente rígida en sus opiniones, pero tan imaginativa cuando se trataba del bienestar y la comodidad de sus pacientes. Brumfett, que hablaba de obligación, obediencia y lealtad hasta resultar embarazosa, pero que sabía exactamente a qué se refería con esos términos impopulares y se atenía a ellos en su conducta. Era una de las mejores enfermeras de la sala que había en el John Carpendar y que hubiera habido. Pero la señorita Taylor estaba contenta de que la devoción al deber hubiese impedido a la enfermera Brumfett presentarse a esperarla en el aeropuerto de Heathrow. Ya era bastante desgracia volver a casa con esta nueva tragedia, sin la carga adicional de la devoción y la preocupación perrunas de Brumfett.

Sacó el taburete de debajo de la cama y se sentó junto a la chica. A pesar del sedante del doctor Snelling, la enfermera Dakers no dormía. Estaba tendida de espaldas, muy quieta, con la vista en el techo. Luego volvió los ojos hacia la señorita Taylor. Tenía la mirada perdida y pesarosa. En el estante de la cabecera había un ejemplar del libro de texto *Farmacología para enfermeras*. La jefa de enfermería lo cogió.

—Esto indica mucha conciencia por su parte, enfermera, pero, dado el poco tiempo que estará aquí, ¿por qué no lee una novela del servicio de la Cruz Roja o alguna revista frívola? ¿Quiere que le traiga alguna?

Le respondió un aluvión de lágrimas. La esbelta figura se retorció convulsivamente en la cama, metió la cabeza bajo la almohada y la sujetó con manos temblorosas. La cama se sacudió en un paroxismo de dolor. La señorita Taylor se puso en pie, se dirigió a la puerta y tapó la mirilla de las enfermeras. Regresó rápidamente al asiento y aguardó sin hablar y sin hacer otro movimiento que el de colocar la mano sobre la cabeza de la muchacha. Después de unos minutos, el desagradable temblor cesó y la enfermera Dakers fue calmándose. Comenzó a murmurar algo, con la voz entrecortada por los sollozos y medio ahogada por la almohada.

—Me siento tan desgraciada... tan avergonzada...

Mary Taylor inclinó la cabeza para entender las palabras. La recorrió un escalofrío de terror. Le parecía imposible estar oyendo una confesión de asesinato. Se encontró rezando en silencio.

«¡Dios mío, no, por favor! ¡Esta niña, no! No puede haber sido ella.»

Aguardó, sin atreverse a hacer preguntas. La enfermera Dakers se revolvió y alzó los ojos, sus ojos enrojecidos e hinchados como dos lunas informes en medio del rostro con ronchas y deformado por el sufrimiento.

—Soy mala, jefa, mala. Me alegré de que muriera.

—¿De que muriera la enfermera Fallon?

—¡No, Fallon no! Lo sentí por Fallon. De que muriera la enfermera Pearce.

La jefa de enfermería colocó sus manos sobre los hombros de la muchacha, empujándola contra la cama. Sostuvo con firmeza el cuerpo tembloroso y escrutó en el interior de los ojos bañados en lágrimas.

—Quiero que me cuente la verdad, enfermera. ¿Mató usted a la enfermera Pearce?

—No.

—¿Y a la enfermera Fallon?

—No.

—¿Ni ha tenido nada que ver con la muerte de ninguna de ellas?

—No.

La señorita Taylor recuperó la respiración. Aflojó la presión que ejercía sobre el cuerpo de la muchacha y se sentó.

—Lo mejor será que me lo cuente todo.

De modo que, con más tranquilidad, fue surgiendo la patética historia. En su momento no le había parecido un robo. Le había parecido una especie de milagro. Mamá tenía tanta necesidad de un buen abrigo de invierno, que la enfermera Dakers había estado ahorrando treinta chelines del cheque mensual de su salario. Pero tardaría mucho tiempo en reunir el dinero y el frío ya estaba encima; y mamá, que nunca se quejaba ni nunca le pedía nada, tenía que esperar el autobús casi quince minutos algunas mañanas, con la facilidad que tenía para resfriarse. Y si se resfriaba no podría dejar de ir al trabajo, porque la señorita Arkwright, la encargada de los almacenes, solo estaba aguardando la oportunidad de poder despedirla. Despachar en unos almacenes no era en realidad un buen trabajo para mamá, pero no resultaba fácil encontrar empleo teniendo más de cincuenta años y ninguna titulación, y las vendedoras jóvenes de los almacenes tampoco eran muy amables. No paraban de insinuar que mamá no hacía su parte, lo cual no era cierto. Mamá no podía ir tan deprisa como ellas, pero de verdad que se portaba bien con los clientes.

Entonces se le habían caído a la enfermera Harper dos billetes de cinco libras, nuevecitos y crujientes, casi a sus pies. A la enfermera Harper, que disponía de tanto dinero para sus gastos, gracias a su padre, que podía permitirse perder diez libras sin casi enterarse. Había ocurrido haría unas cuatro semanas. La enfermera Harper iba andando con la enfermera Pearce del Hogar de las Enfermeras al comedor del hospital, para el desayuno, y la enfermera Dakers las seguía a pocos pasos de distancia. Los dos billetes se cayeron del bolsillo de la capa de la enfermera Harper y se quedaron en el suelo, palpitando. Su primer impulso fue avisar a las otras dos compañeras, pero algo la contuvo al ver el dinero. Los billetes eran tan inesperados, tan increíbles, tan bonitos, tan nuevos y crujientes... Se había quedado un instante mirándolos y luego comprendió que estaba viendo el nuevo abrigo de mamá. Para entonces, las otras dos estudiantes casi se habían perdido de vista, ella estrujaba los billetes en su mano y ya era demasiado tarde.

La jefa de enfermería preguntó:

—¿Cómo supo la enfermera Pearce que tenía usted los billetes?

—Dijo que me había visto. Volvió la cabeza por casualidad cuando yo me agachaba a recogerlos. En aquel momento eso no le dijo nada, pero cuando la enfermera Harper contó a todo el mundo que había perdido el dinero y que se le debían haber caído los billetes del bolsillo de la capa cuando iba a desayunar, la enfermera Pearce adivinó lo ocurrido. Ella y las gemelas acompañaron a la enfermera Harper a revisar el camino por si encontraban el dinero. Supongo que fue entonces cuando se acordó de que yo me agaché.

—¿Cuándo le habló de eso por primera vez?

—Una semana después, quince días antes de que

nos trasladáramos. Creo que hasta entonces no se atrevía a creérselo. Debía estar buscando la manera de hablarme.

Así que la enfermera Pearce había esperado. La señorita Taylor se preguntó por qué. No era posible que tardase una semana en confirmar sus sospechas. Debió acordarse de haber visto agacharse a Dakers para recoger los billetes en cuanto se enteró de que se habían perdido. Entonces, ¿por qué no había abordado a la chica desde el principio? ¿Le habría resultado quizá más satisfactorio a su retorcido ego aguardar hasta que el dinero estuviese gastado y la culpable, sin remedio, en su poder?

—¿Le hizo chantaje?

—¡Oh, no! —La chica estaba asustada—. Solo recuperaba cinco chelines a la semana, y no era un chantaje. Enviaba el dinero todas las semanas a una asociación de ex presidiarios. Me enseñaba los recibos.

—¿Y no le explicó por qué no se lo devolvía a la enfermera Harper?

—Creía que era difícil hacerlo sin comprometerme y yo le rogué que no lo hiciera. Hubiera sido el final de todo. Yo quiero prepararme para ser enfermera de distrito, una vez tenga el título, para ocuparme de mamá. Si consigo sacar una plaza rural, podríamos tener las dos una casita de campo y quizás incluso un coche. Mamá podrá despedirse de los almacenes. Le dije a la enfermera Pearce estas cosas. Además, ella dijo que la Harper era tan descuidada con el dinero que no le vendría mal una lección. Lo enviaba a la asociación de ex presidiarios porque le parecía lo más adecuado. Después de todo, yo habría podido ir a la cárcel si ella no me hubiese encubierto.

La señorita Taylor dijo con voz seca:

—Eso, desde luego, es absurdo, y usted tendría que haber sabido que era absurdo. La enfermera Pearce debía ser una joven muy necia y arrogante. ¿Está usted segura de que no le exigió otras cosas? ¡Existen muchas clases de chantaje!

—¡Pero ella no haría una cosa así! —La enfermera Dakers se esforzó por levantar la cabeza de la almohada—. Pearce era... Era buena. —Pareció encontrar la palabra poco apropiada y arrugó la frente como si tuviera una gran necesidad de explicarse—. Hablaba mucho conmigo y me regaló una tarjeta con un pasaje de la Biblia que yo debía leer todos los días. Una vez a la semana me hacía preguntas sobre eso.

Mary Taylor sentía una indignación moral tan fuerte que hubo de buscar alivio en la acción. Se levantó del taburete y anduvo hacia la ventana, refrescándose el rostro encolerizado contra el vidrio. Sentía palpitarle el corazón y se dio cuenta, con un interés casi clínico, de que le temblaban las manos. Al cabo de un momento regresó junto a la cabecera.

—No diga usted que era buena. Cumplidora, consciente y bien intencionada, si quiere, pero no buena. Si alguna vez encuentra la auténtica bondad, comprenderá la diferencia. Y yo no me preocuparía por alegrarme de que haya muerto. Dadas las circunstancias, no sería usted normal si tuviese otros sentimientos. Con el tiempo, estará en condiciones de apiadarse de ella y perdonarla.

—Pero soy yo la que necesito que me perdonen. Soy una ladrona. —¿No había algo de masoquismo en el gimoteo de la voz, algo de la perversa autodenigración de quien ha nacido para víctima?

La señorita Taylor dijo con brusquedad:

—Usted no es una ladrona. Usted ha robado en una ocasión, lo cual es muy diferente. Todos tenemos algún episodio en nuestra vida del que nos avergonzamos y que lamentamos. Usted acaba de aprender algo sobre sí misma, sobre lo que es usted capaz de hacer, que ha hecho vacilar su confianza en sí misma. Ahora tiene que vivir sabiéndolo. Solo nos es posible comprender y perdonar a las demás personas cuando hemos aprendido a comprendernos y perdonarnos a nosotros mismos. Usted no volverá a robar. Eso lo sé yo, y usted también. Pero lo hizo en una ocasión. Usted es capaz de robar. Saberlo la salvará de ser demasiado indulgente consigo misma, de sentirse demasiado satisfecha de sí misma. Puede convertirla en una persona mucho más comprensiva y tolerante, y en mejor enfermera. Pero no si se entrega usted a la culpabilidad, al remordimiento y a la amargura. Esas insidiosas emociones pueden ser reconfortantes, pero no ayudan, ni a usted ni a nadie.

La chica la miró a la cara.

—¿Habrá de enterarse la policía?

Por supuesto, ese era el problema. Y solo cabía una respuesta.

—Sí. Y tendrá que decírselo usted, lo mismo que me lo ha dicho a mí. Pero yo hablaré antes con el superintendente. Es el nuevo detective, esta vez de Scotland

Yard, y creo que es un hombre inteligente y comprensivo.

¿Lo era? ¿Cómo era posible que ella lo supiese? El primer encuentro había sido muy breve, tan solo una mirada y un roce de manos. ¿No se estaría consolando con la efímera impresión de que allí había un hombre con autoridad e imaginación que sería capaz de resolver el misterio de ambas muertes con un mínimo de sufrimiento tanto para los inocentes como para los culpables? Había tenido esa sensación espontáneamente. Pero ¿era una sensación razonable? Creía la historia de la enfermera Dakers; pero ella estaba dispuesta a creérsela. ¿Cómo interpretaría esa historia el detective que se enfrentaba a un gran número de sospechosos sin ninguna motivación visible? Y en este caso el motivo era muy claro. Estaba en juego todo el futuro de la enfermera Dakers, y el de su madre. Y Dakers se había comportado de una forma bastante rara. La verdad era que había sido la más afectada de todas las estudiantes cuando murió Pearce, pero se había repuesto con llamativa rapidez. Aun habiendo sido sometida a intenso interrogatorio policial, había mantenido oculto su secreto. ¿Qué sería, entonces, lo que había precipitado esta desintegración en forma de confesión y remordimientos? ¿Había sido tan solo el *shock* de descubrir el cadáver de Fallon? ¿Y por qué había supuesto tal cataclismo la muerte de Fallon si ella no tuvo arte ni parte?

La señorita Taylor volvió a pensar en Pearce. Cuán poco sabía sobre cada una de las alumnas. Pearce, si acaso alguna vez había pensado en ella, personificaba a la estudiante gris, concienzuda y sin atractivo, que probablemente aspiraba a ser enfermera para compensar la falta de otras satisfacciones más tradicionales. Por lo general, siempre había alguna así en todas las escuelas de enfermeras. Era difícil rechazarlas cuando solicitaban el ingreso, puesto que presentaban un expediente escolar por encima de lo requerido e impecables referencias. Y en conjunto tampoco resultaban malas enfermeras. Pero rara vez eran de las mejores. Y ahora comenzó a hacerse preguntas. Si Pearce poseía tal ansia secreta de poder que era capaz de utilizar la culpabilidad y la angustia de aquella criatura para alimentar su narcisismo, entonces estaba muy lejos de ser vulgar o incompetente. Había sido una joven muy peligrosa.

Y lo había manejado todo con una gran inteligencia. Al esperar una semana hasta estar segura, dentro de lo razonable, de que el dinero estaría gastado, no había dado opción a Dakers. La chiquilla ni siquiera pudo esgrimir que había sido un impulso momentáneo, pero que pensaba devolver el dinero. Y aunque Dakers se hubiera decidido a confesar, quizás a la enfermera jefa, habría habido que informar a Harper: Pearce se encargaría de eso. Y solo Harper hubiera decidido si denunciarlo o no. Quizás habría sido posible influir en ella y convencerla de que se apiadara. Pero ¿y en el supuesto de que eso no hubiese dado resultado? La enfermera Harper se habría confiado, casi sin ninguna duda, a su padre, y la señorita Taylor no se imaginaba al señor Ronald Harper demostrando misericordia a nadie que hubiera robado dinero a su hija. El trato que había tenido con la señorita Taylor había sido escaso pero revelador. Se había presentado en el hospital dos días después de la muerte de Pearce: un hombre grande, de aspecto opulento y agresivo, envuelto en su gruesa cazadora de motorista con forro de piel. Sin preliminares ni explicaciones, se había lanzado a pronunciar su estudiada diatriba, dirigiéndose a la jefa de enfermería como si esta fuese un peón de garaje. No consentiría que su hija estuviera ni un solo minuto más en una casa donde andaba suelto un asesino, tanto si había policía como si no. Aquellos estudios de enfermería habían sido una idea estúpida, en primer lugar, y ahora iban a concluir. Su Diane no tenía la menor necesidad de ninguna clase de carrera. Estaba prometida en matrimonio. ¡Además, con un partido condenadamente bueno! Con el hijo de su socio. Podían adelantar el matrimonio en vez de aguardar hasta el verano y, mientras tanto, Diane se quedaría en casa y le ayudaría en la oficina. Se la llevaría consigo en aquel mismo momento y le gustaría ver quién se atrevía a impedírselo.

Nadie trató de impedírselo. La chica no se opuso. Se mostró sumisa en el despacho de la jefa de enfermería, declaradamente gazmoña, pero sonreía como si disfrutase con todo aquel alboroto, con la afirmación de la masculinidad de su padre. La policía no pudo impedir que se fuera ni tampoco se había preocupado de intentarlo. Era evidente, pensó Mary Taylor, que nadie sospechaba en serio de Harper; y si ambas muertes eran obra de la misma mano, la policía había acertado. Había visto por última vez a la chica subiendo al coche inmenso y feo de su padre, con las piernas larguiruchas saliendo del nuevo abrigo de pieles que él le había regalado para compensarla de la contrariedad de interrumpir antes de tiempo sus estudios, y volviéndose para decir adiós con la mano al resto del curso, como una estrella de cine que condesciende ante la aglomeración de admiradoras. No, no era una familia muy atractiva. La señorita Taylor sentía pena por todo el que estuviera bajo su férula. Y sin embargo, pues así son las extravagancias de las personas, Diane Harper hubiese sido una enfermera eficiente, mejor enfermera en muchos sentidos que Pearce.

Pero quedaba otra pregunta por hacer y tardó un segundo en reunir el valor para plantearla.

—¿Estaba Fallon enterada de este asunto?

La chica respondió de inmediato, con seguridad y un poco sorprendida.

—¡Oh, no! Por lo menos, yo creo que no. Pearce juró no decírselo a nadie, y no daba la sensación de ser demasiado amiga de Fallon. Estoy segura de que no se lo diría a Fallon.

—No —dijo Mary Taylor—, no creo que se lo dijera.

Levantó con ternura la cabeza de la enfermera Dakers y ahuecó las almohadas.

—Ahora quiero que haga lo posible por dormir un rato. Luego se sentirá mucho mejor. Intente no preocuparse.

El rostro de la chica se relajó. Sonrió y, sacando la mano, rozó un instante la cara de la señorita Taylor. Después se arrebujó en las sábanas como si estuviera decidida a dormir. Ahora todo estaba bien. Por supuesto que sí. Aquello siempre funcionaba. Cuán fácil e insidiosamente satisfactorio era repartir raciones de consejos y consuelos, aderezándolas cada vez al gusto del destinatario. Podría haber sido la esposa de un vicario victoriano y presidir el reparto de la sopa boba. A cada cual según sus necesidades. Eso sucedía a diario en el hospital. La voz profesional de la enfermera encargada de una sala decía: «Aquí viene la jefa de enfermería a verla, señora Cox. Me temo que la señora Cox no se siente muy bien esta mañana, jefa.» Y una cara cansada y torturada por el dolor sonreía valerosamente desde la almohada, con la boca ávida de su ración de consuelo y afecto. Y también las enfermeras planteaban sus problemas, los perpetuos problemas irresolubles, laborales y sobre incompatibilidades entre personas.

—¿Se siente ahora más tranquila, enfermera?

—Sí, gracias. Mucho mejor.

El jefe de personal se desesperaba ante sus propias incapacidades.

—Me sentiría mucho mejor si pudiéramos cambiar unas palabras sobre el problema.

¡Claro que se sentiría mejor! Lo único que querían todos era hablar un poco sobre sus problemas. Y todos se despedían sintiéndose mejor. Escuche las tranquilizadoras palabras de nuestra jefa. Toda su vida profesional venía a ser una especie de ritual blasfemo, en el que absolvía y tranquilizaba. Y cuánto más fácil era dar y aceptar las buenas palabras de la benevolencia humana que afrontar la amarga verdad. Se imaginaba muy bien la absoluta incomprensión y el resentimiento con que las mismas personas reaccionarían frente a su credo íntimo.

«Yo no tengo nada que ofrecer. No existe ninguna posibilidad de ayuda. Todos estamos solos, todos absolutamente, desde el momento del nacimiento hasta el de la muerte. Nuestro pasado es nuestro presente y nuestro futuro. Tenemos que soportarnos a nosotros mismos hasta agotar nuestra existencia. Si aspira a la salvación, búsquela en sí mismo. No hay otro lugar donde buscarla.»

Estuvo sentada unos cuantos minutos más y luego salió silenciosamente del cuarto. La enfermera Dakers le dedicó una breve sonrisa de despedida. Al pisar el pasillo, vio a la enfermera Brumfett y al doctor Courtney-Briggs que salían de la habitación del paciente. La enfermera Brumfett se apresuró.

—Lo siento. No sabía que estuviera usted en la sala.

Siempre utilizaba el tratamiento formal. Podían pasarse juntas todo el tiempo libre, paseando o jugando al golf; podían ir a un espectáculo de Londres una vez al mes, con la regularidad aburrida e íntima de un matrimonio de muchos años; podían tomar juntas el primer té de las mañanas y el último vaso de leche caliente de las noches, entre un tedio inamovible. Pero en el hospital, Brumfett siempre la trataba de usted. Los ojillos astutos buscaron los suyos.

—¿Ha visto usted al nuevo detective, al hombre de Scotland Yard?

—Solo de pasada. He concertado una entrevista con él para cuando vuelva a mi despacho.

El doctor Courtney-Briggs dijo:

—En realidad, yo lo conozco; no muy bien, pero hemos sido presentados. Lo encontrará razonable e inteligente. Tiene bastante buena reputación. Se dice que es muy rápido. Por lo que a mí respecta, me parece una gran ventaja. El hospital no puede soportar tanto incordio. Probablemente querrá verme, pero tendrá que esperar. Hágale saber que pasaré por la Casa Nightingale cuando haya acabado mi ronda de visitas, si no le importa.

—Se lo diré si él pregunta —replicó con calma la señorita Taylor. Se volvió hacia la enfermera Brumfett—: La enfermera Dakers está más tranquila, pero considero preferible evitarle las molestias de las visitas. Probablemente duerma un rato. Yo le enviaré unas revistas y unas flores frescas. ¿Cuándo está previsto que la vea el doctor Snelling?

—Dijo que vendría antes del almuerzo.

—Quizá pueda usted decirle que tenga la bondad de hablar unas palabras conmigo. Estaré todo el día en el hospital.

La enfermera Brumfett dijo:

—Supongo que el detective de Scotland Yard querrá verme a mí también. Espero que no me necesite mucho tiempo. Tengo la sala llena de enfermos graves.

Mary Taylor confió en que Brum no planteara demasiadas pegas. Sería muy desafortunado que creyese que podía tratar a un superintendente de la Policía Metropolitana como si fuera un médico interno recalcitrante. Courtney-Briggs, sin duda, mantendría su habitual personalidad arrogante, pero ella tenía la sensación de que el superintendente Dalgliesh era muy capaz de entendérselas con Courtney-Briggs.

Anduvieron juntos hacia la puerta de la sala. La cabeza de la señorita Taylor seguía ocupándose de los problemas recientes. Habría que hacer algo por la madre de la enfermera Dakers. Faltaban años para que la criatura estuviese en condiciones de poder ser enfermera rural. Y mientras tanto, se le debía aliviar la constante ansiedad por su madre. Sería útil tener unas palabras con Raymond Grout. Tal vez hubiese algún puesto en las oficinas del hospital a la medida de esa señora. Pero ¿estaría bien? Uno no tiene derecho a darse el gusto de ayudar a otra persona a expensas de terceros. Cualesquiera que fuesen los problemas que tenían en Londres con el personal de los servicios hospitalarios, Grout no encontraba ninguna dificultad para cubrir sus puestos de oficina. Era lógico que exigiera eficacia; y la señora Dakers de esta historia, acosada por su propia incompetencia tanto como por su mala suerte, era poco probable que ofreciera eficacia. Supuso que debía llamarla por teléfono; y también a los padres de las demás alumnas. Lo importante era sacar a las chicas de la Casa Nightingale. El programa de estudios no podía interrumpirse; ya era bastante apretado tal como estaba. Sería preferible que se pusiera de acuerdo con la celadora para que durmieran en el Hogar de las Enfermeras —tenía que haber sitio de sobra, con tanta gente hospitalizada— y se acercaran todos los días a utilizar la biblioteca y la sala de lectura. Y luego tendría que reunirse con el vicepresidente y tomar disposiciones para el funeral. La gente querría ponerse en contacto con ella. Pero en primer lugar, porque era lo más importante, debía entrevistarse con el superintendente Dalgliesh.

4

Preguntas y respuestas

I

La jefa de enfermería y las enfermeras de plantilla se alojaban en la tercera planta de la Casa Nightingale. Cuando llegó al final de la escalera, Dalgliesh vio que el ala sudoeste estaba separada del resto del rellano por una partición de madera pintada de blanco, en la que una puerta de proporciones mezquinas y casi inexistentes en comparación con la altura del techo y las paredes forradas de roble, ostentaba el letrero: PISO DE LA JEFA DE ENFERMERÍA. Había un timbre, pero antes de pulsarlo contempló unos instantes el pasillo. Era similar al de la planta inferior, pero con una alfombra roja, que aunque desteñida y desgastada, creaba cierta ilusión de bienestar en medio del vacío reinante en la planta.

Dalgliesh avanzó en silencio de puerta en puerta. Todas tenían una tarjeta escrita a mano con el nombre de la ocupante. Vio que la enfermera Brumfett ocupaba el cuarto contiguo al apartamento de la jefa de enfermería. A continuación estaba el aseo, funcionalmente dividido en tres pequeños cubículos, cada uno de los cuales disponía de bañera y demás servicios. En la tarjeta de la siguiente puerta constaba el nombre de la enfermera Gearing; luego había dos habitaciones desocupadas. La enfermera Rolfe ocupaba el extremo septentrional del pasillo, colindando con la cocina y el cuarto trastero. Dalgliesh no tenía autorización para entrar en los dormitorios, pero probó las manillas de todas las puertas. Tal como esperaba, las encontró cerradas.

La misma jefa le abrió la puerta de su apartamento, a los pocos segundos de llamar, y lo precedió a la sala. El tamaño y la magnificencia de la pieza cortaban el aliento. Ocupaba toda la torreta sudoeste, y era una inmensa habitación octogonal pintada de blanco, con adornos color oro y azul claro en el techo, y dos grandes ventanales que miraban hacia el hospital. Una de las paredes estaba recubierta de estanterías de libros desde el suelo hasta el cielo raso. Dalgliesh reprimió la impertinencia de acercarse, como sin querer, con la expectativa de sopesar la personalidad de la señorita Taylor por sus gustos literarios. Pero desde donde estaba distinguía que no eran libros de texto ni informes oficiales encuadernados ni hileras de archivos. Aquello era una sala de estar y no un despacho.

En la chimenea ardía un fuego, con la leña todavía crujiente al haber sido encendida hacía poco. Aún no afectaba en absoluto a la atmósfera del cuarto, que era fría y silenciosa. La señorita Taylor vestía una corta capa de color escarlata encima del traje gris. Se había quitado el tocado de la cabeza, y el gran moño de cabellos rubios le caía como una carga sobre la frágil y blanquecina nuca.

Tenía suerte, pensó él, de haber nacido en una época que apreciaba la individualidad de los rasgos y las facciones, puesto que lo debía todo a la estructura ósea y nada a la suavidad de las formas femeninas. Un siglo antes la hubieran calificado de fea e incluso de grotesca. Pero actualmente la mayor parte de los hombres la encontraría atractiva y algunos incluso la considerarían guapa. Para Dalgliesh, era una de las mujeres más hermosas que había conocido.

Exactamente en el centro de los tres ventanales había una mesa de roble con un gran telescopio blanco y negro. Dalgliesh comprendió que no era un juguete de aficionado sino un instrumento caro y sofisticado. Su presencia dominaba el cuarto. Mary Taylor vio que lo estaba mirando y dijo:

—¿Le interesa la astronomía?

—No en especial.

Ella sonrió.

—¿*«Le silence éternel de ces espaces infinis m'effraie»*?

—Me acongoja más bien que me aterroriza. Probablemente por vanidad. No consigo interesarme por algo que no puedo comprender y para lo que, además, no veo ninguna perspectiva de llegar a comprender.

—Eso es lo que a mí me atrae. Es una forma de escapismo, incluso de voyeurismo, supongo: absorberme en un universo impersonal sobre el que es imposible ejercer la menor influencia o control y, lo que aún es más, donde nadie cuenta conmigo. Es un modo de abdicar de las responsabilidades. Devuelve los problemas personales a sus auténticas proporciones.

Condujo a Dalgliesh al sofá de cuero negro que había frente al hogar. Delante del sofá, una mesita baja sostenía una bandeja con una cafetera de filtro, leche caliente, azúcar blanca y dos tazas. Al sentarse, él sonrió y dijo:

—Si yo quisiera procurarme esa sensación de pequeñez o especular sobre lo incomprensible, preferiría contemplar una prímula. El coste es insignificante, el placer más inmediato y la moraleja igual de válida.

La boca cambiante le dirigió una burla.

—Y limitaría tales peligrosas especulaciones filosóficas a las pocas semanas que dura la primavera.

Esta conversación, pensó él, es una pavana verbal. Si no me ando con cuidado, terminaré divirtiéndome. Me pregunto cuándo querrá bajar a los problemas. ¿O espera que sea yo quien haga el primer movimiento? ¿Y por qué no? Yo soy el solicitante, el intruso.

Como si le leyera el pensamiento, ella dijo de repente:

—Es curioso que ambas fueran chicas sin amigas y huérfanas las dos. Eso me simplifica el trabajo. No hay padres desolados a los que consolar, gracias a Dios. La enfermera Pearce solo tiene a los abuelos que la trajeron aquí. Él es un minero retirado y viven, con ciertas estrecheces, en las afueras de Nottingham. Pertenecen a una secta religiosa muy puritana y su única reacción al enterarse de la muerte de la pequeña fue decir: «Hágase la voluntad de Dios.» Parece una respuesta rara para una tragedia en la que tan manifiestamente ha intervenido la voluntad de los hombres.

—O sea que usted cree que la muerte de la enfermera Pearce fue un asesinato.

—No necesariamente. Pero yo no acusaría a Dios de haber envenenado la sonda gástrica.

—¿Y los parientes de la enfermera Fallon?

—No hay ninguno, que yo sepa. Se le preguntó el nombre del pariente más próximo cuando ingresó en la escuela y nos dijo que era huérfana sin ningún pariente consanguíneo vivo. No había razón para no creerla. Pero la noticia de su muerte saldrá mañana en los periódicos y, si hay algún pariente o amigo, sin duda tendremos noticias suyas. Usted ya habrá hablado con las estudiantes, supongo.

—Solo acabo de tener una charla preliminar con ellas en grupo. Las he visto en la sala de prácticas. Me ha servido para hacerme con algunos antecedentes del caso. Todas están dispuestas a que se les tomen las huellas dactilares y eso es lo que se está haciendo ahora mismo. Necesitaré las huellas de todas las personas que estaban en la Casa Nightingale anoche y esta mañana, aunque solo sea para descartarlas. Desde luego, también tendré que entrevistar a todo el mundo de uno en uno. Pero me alegra haber tenido la oportunidad de verla a usted antes. Después de todo, usted estaba en Ámsterdam cuando murió la enfermera Fallon. Eso significa que tendré un sospechoso menos.

Vio con sorpresa que los nudillos de la mujer estaban blancos alrededor del asa de la taza de café. El rostro de la señorita Taylor enrojeció. Ella cerró los ojos y él creyó oírla suspirar. La estuvo observando con algo de desconcierto. Lo que él había dicho debía ser obvio para una mujer de su inteligencia. Le costaba comprender por qué se había molestado en decirlo. Si esta segunda muerte resultara ser asesinato, todo el que tuviera una coartada que le cubriera la tarde y la noche anteriores estaría libre de sospechas. Y ella, como si captara su sorpresa, le dijo:

—Lo siento. Debo parecer obtusa. Ya sé que es una tontería sentirse aliviado por no ser sospechoso cuando uno sabe de todos modos que es inocente. Quizá sea porque nadie es inocente del todo en el fondo. Un psicólogo sabría explicarlo, estoy segura. Pero ¿tiene usted que ser tan confiado? ¿No sería posible haber colocado el veneno, si se trata de veneno, en la botella de whisky de Fallon en cualquier momento posterior a que ella la comprara, o bien sustituir la botella que ella compró por otra envenenada? Eso pudo hacerse antes de que yo me fuera a Ámsterdam el martes por la noche.

—Me temo que tendrá que resignarse usted a ser inocente. La señorita Fallon compró esa botella de whisky en la tienda de licores de Scunthrope, en la calle Mayor, ayer por la tarde, y se tomó el primero y único trago la noche de su muerte. La botella sigue estando casi llena, el whisky sigue siendo un whisky perfectamente bueno, por lo que nosotros sabemos, y las únicas huellas que hay en la botella son las de la señorita Fallon.

—Han trabajado ustedes muy deprisa. De modo que el veneno fue puesto en el vaso después de que ella se sirviera la bebida caliente o bien en el azúcar, ¿no?

—Si es que fue envenenada. No estaremos seguros de nada hasta disponer del informe de la autopsia y quizá ni siquiera entonces. El azúcar ha sido analizado, pero es una mera formalidad. La mayor parte de las estudiantes utilizaron el mismo azucarero para el té de la mañana y por lo menos dos de ellas lo bebieron. Lo cual nos obliga a limitarnos al vaso de whisky y al limón. La señorita Fallon le puso las cosas muy fáciles al asesino. Al parecer, toda la Casa Nightingale sabía que, si no salía por la noche, se quedaba viendo la televisión hasta el final del programa. Dormía mal y nunca se acostaba temprano. Cuando acababa la tele, se iba a su cuarto y se desnudaba. Luego, en bata y pantuflas, se dirigía a la cocinita del segundo piso y se preparaba la última bebida del día. Guardaba el whisky en su cuarto, pero no podía prepararse la bebida allí porque no disponía de agua ni de ningún medio para calentarla. De modo que tenía por costumbre llevarse el vaso, con el whisky ya servido, y agregar el limón caliente en la cocinita. En el armario había provisiones de limón, junto con el café, el cacao, el chocolate y los demás artículos que utilizan las enfermeras para sus bebidas nocturnas. Después volvía a su cuarto con el vaso y lo dejaba sobre la mesilla de noche mientras se bañaba. Siempre se bañaba deprisa y le gustaba meterse en la cama inmediatamente después, estando todavía caliente. Supongo que esa era la razón de que se preparara la bebida antes de entrar en el cuarto de baño. En el momento en que regresaba al dormitorio y se metía en la cama, la bebida estaba a la temperatura exacta. Y por lo visto esta rutina no se alteraba nunca.

La jefa de enfermería dijo:

—Casi da miedo pensar en la cantidad de gente que llega a conocer los hábitos ajenos en una comunidad cerrada y pequeña como esta. Pero, desde luego, es inevitable. No existe auténtica intimidad. ¿Cómo podría existir? Yo estaba enterada de lo del whisky, por supuesto, pero no me parecía que fuese de mi competencia. La chica no era en absoluto una alcohólica incipiente ni fomentaba la bebida entre sus compañeras más jóvenes. A su edad tenía derecho a escoger lo que le gustaba tomar a la hora de acostarse.

Dalgliesh preguntó a la señorita Taylor cómo se había enterado de la existencia del whisky.

—Me lo contó la enfermera Pearce. Solicitó verme y me dio la información en tono de «No me gusta ir con cuentos, pero creo que usted debe saberlo». La bebida y el demonio eran lo mismo para la enfermera Pearce. Pero yo no creo que Fallon hiciera ningún secreto de que bebía whisky. ¡Cómo iba a esconderlo! Ya le he dicho que todas conocemos los hábitos de todas. Pero existen algunas cosas, claro está, que no sabemos. Josephine Fallon era una persona muy reservada. Me es imposible proporcionarle ninguna información sobre su vida fuera del hospital, y dudo que nadie pueda hacerlo.

—¿Quién era aquí su amiga? Probablemente debía tener alguien en quien confiaba. ¿Acaso no constituye eso una necesidad para toda mujer que vive en una comunidad cerrada?

Ella lo miró de un modo un poco extraño.

—Sí. Todas necesitamos a alguien. Pero yo creo que

Fallon tenía menos necesidad de amigas que la mayoría. Era llamativamente independiente. Si confiaba en alguien, sería en Madeleine Goodale.

—¿Esa chica vulgar, de cara redonda y grandes gafas?

Dalgliesh la recordaba. No era un rostro sin atractivo, sobre todo debido al buen cutis y a la inteligencia de los grandes ojos grises rodeados por los gruesos aros de concha. Pero la enfermera Goodale no tenía más remedio que ser vulgar. Se dijo que era capaz de adivinar su futuro: los años de estudios sobrellevados a base de voluntad y la progresiva acumulación de responsabilidades hasta convertirse también en jefa de enfermería. No era raro que una chica así fuese amiga de otra mujer más atractiva. Era una manera de compartir, por lo menos, una existencia más romántica y menos funcional. Como si le estuviese leyendo el pensamiento, la señorita Taylor dijo:

—La enfermera Goodale es una de nuestras alumnas más eficientes. Yo contaba con que siguiera entre nosotros una vez acabados los estudios, con un empleo de enfermera. Pero parece poco probable. Está prometida con el vicario local y piensan casarse para la Pascua Florida del año que viene.

Miró a Dalgliesh con algo de malicia en los ojos.

—El vicario es considerado un gran partido. Parece que le sorprende, superintendente.

Dalgliesh rio.

—Después de veinte años en la policía, debería haber aprendido a no juzgar por las apariencias. Creo que tendré que ver en primer lugar a la enfermera Goodale.

Entiendo que el cuarto que nos están arreglando aún no está disponible. Supongo que podremos seguir utilizando la sala de prácticas. ¿O tal vez van a necesitarla ustedes?

—Yo preferiría que se entrevistara con las chicas en otro sitio, si no le importa. Esa sala les trae recuerdos muy poco agradables y muy dramáticos. Todavía no hemos vuelto a usarla para las prácticas. Hasta que esté disponible la sala de visitas pequeña, me gustaría que entrevistase a las chicas aquí.

Dalgliesh le dio las gracias. Devolvió la taza de café a la mesa. Ella dudó y luego dijo:

—Señor Dalgliesh, hay una cosa que quiero decirle. Yo creo tener, o mantener, una especie de relación familiar con las alumnas. Si surgiese algún problema... Si comenzara usted a sospechar que alguna de ellas está implicada, ¿puedo confiar en que me lo hará saber? Entonces necesitarán protección. Probablemente se planteará la necesidad de un abogado... —Volvió a dudar—. Por favor, perdóneme si estoy siendo ofensiva. Tiene una tan poca experiencia en estas cosas... Se trata tan solo de que no me gustaría verlas...

—¿Atrapadas?

—Empujadas a decir cosas que pudieran, por error, incriminarlas a ellas mismas o a otros miembros del personal.

Dalgliesh se sintió irrazonablemente irritado.

—Hay normas establecidas, ¿sabe usted? —dijo.

—¡Normas! Claro que sé que hay normas. Pero estoy convencida de que usted tiene demasiada experiencia y es demasiado inteligente como para conseguir que le estorben demasiado. Me estoy limitando a recordarle que esas chicas son menos inteligentes y que carecen de la más mínima experiencia en estas cuestiones.

Conteniendo su irritación, Dalgliesh respondió en tono formal:

—Yo solo puedo decirle que existen normas y que nosotros somos los más interesados en respetarlas. ¿No se imagina usted el regalo que sería para el abogado defensor cualquier infracción? Una chica joven y desamparada, una estudiante de enfermería, amedrentada por un oficial de policía con años de experiencia en atrapar incautos. Ya hay en este país bastantes impedimentos para la acción policial; no los aumentemos voluntariamente.

Ella se puso colorada y a él le interesó ver cómo la oleada de color se extendía desde el cuello a toda su tez, pálida y dorada, dando la impresión durante un instante de que le circulaba fuego por las venas. Luego, enseguida, el rubor se desvaneció. El cambio fue tan repentino que él no estuvo seguro de haber presenciado en realidad aquella metamorfosis delatora. Ella dijo con aplomo:

—Los dos tenemos nuestras responsabilidades. Debemos confiar en que no choquen. Mientras tanto, usted debe contar con que yo me preocuparé tanto de las mías como usted de las suyas. Y eso me recuerda algo que debo decirle. Se refiere a Christine Dakers, la estudiante que descubrió el cadáver de la enfermera Fallon.

Le contó breve y sucintamente lo que había ocurrido durante su visita al pabellón de enfermos particulares. Dalgliesh se fijó en que no hizo ningún comentario, no ofreció ninguna opinión ni hizo el menor intento de justificar a la muchacha. Él no le preguntó si creía la historia. Era una mujer de gran inteligencia. Debía saber que le estaba ofreciendo el primer móvil. Le preguntó cuándo podría entrevistar a la enfermera Dakers.

—Ahora está dormida. El doctor Snelling, que es quien se cuida de la salud de la enfermera, la visitará más adelante esta misma mañana. Entonces me informará. Si da su aprobación, podrá usted verla por la tarde. Y ahora enviaré a buscar a la enfermera Goodale. Es decir, si no puedo hacer nada más por usted.

—Necesitaré una gran cantidad de información sobre las edades, los antecedentes y el tiempo que cada persona lleva en el hospital. ¿No constará todo eso en los expedientes? Me sería muy útil disponer de ese material.

La señorita Taylor se quedó pensativa. Dalgliesh se dio cuenta de que cuando pensaba mantenía la cara en absoluto reposo. Al cabo de un momento dijo:

—Desde luego, tenemos un fichero con todo nuestro personal. Legalmente, es propiedad de la junta directiva. El presidente no regresará de Israel hasta mañana por la tarde, pero hablaré con el vicepresidente. Me imagino que me dirá que repase las fichas y, si no contienen nada de carácter íntimo e irrelevante para su investigación, que se las pase.

Dalgliesh decidió que sería prudente no insistir de momento sobre el problema de quién decidía qué era irrelevante para la investigación. Dijo:

—Hay cuestiones íntimas sobre las que tendré que hacer determinadas preguntas. Pero sería más cómodo, y ahorraría mucho tiempo, obtener la información rutinaria consultando las fichas.

Era extraño que la voz de la señorita Taylor fuera tan agradable y a la vez tan obstinada.

—Me hago cargo de que sería mucho más cómodo; y que también serviría para comprobar las cosas que se le digan. Pero los expedientes solo se le entregarán en las condiciones que acabo de explicarle.

De modo que confiaba en que el vicepresidente aceptaría y refrendaría su criterio sobre lo que era correcto. E indudablemente sería así. Se trataba de una mujer tremenda. Enfrentada a un problema intrincado, había reflexionado sobre el asunto, había llegado a una resolución y la había expuesto con firmeza, sin disculpas ni vacilaciones. Una mujer admirable. Sería fácil entenderse con ella mientras todas sus decisiones, claro está, fuesen tan aceptables como esta.

Le pidió permiso para utilizar el teléfono; dispensó al sargento Masterson de supervisar la conversión de la sala de visitas en oficina, y se dispuso a soportar el aburrimiento de las entrevistas personales.

II

La enfermera Goodale fue convocada por teléfono y se presentó en menos de dos minutos, con aspecto tranquilo y compuesto. Al parecer, la señorita Taylor no juzgó necesario dar explicaciones ni reconfortar a aquella jovencita tan dueña de sí misma, sino que se limitó a decir:

—Siéntese, enfermera. El superintendente Dalgliesh desea hablar con usted.

Luego, tomó su capa de la silla donde estaba, se la echó sobre los hombros y salió sin volver a mirar a ninguno de los dos. El sargento Masterson abrió su cuaderno de notas. La enfermera Goodale estaba sentada en una silla alta junto a la mesa, pero cuando Dalgliesh la invitó a ocupar una butaca frente al fuego se trasladó sin hacerse rogar. Se sentó muy tiesa en el borde del asiento, con la espalda erguida y las piernas, de un moldeado y una elegancia imprevisibles, modestamente juntas. Pero las manos que tenía sobre el regazo estaban por completo relajadas y Dalgliesh, que ocupaba la butaca de enfrente, se encontró ante un par de ojos de una inteligencia desconcertante. Dijo:

—Probablemente usted era la persona que mejor conocía a la señorita Fallon en el hospital. Hábleme de ella.

La chica no demostró sorpresa por cómo le hacía la primera pregunta, pero tardó algunos segundos en responder, como si pusiera orden en sus ideas. Luego dijo:

—Me era simpática. Me toleraba mejor que a la mayor parte de las demás estudiantes, pero no creo que sus sentimientos hacia mí fueran mucho más allá. Después de todo, tenía treinta y un años, y todas debíamos resultarle bastante inmaduras. Era muy sarcástica hablando, lo que no la ayudaba, y me temo que algunas compañeras le tenían bastante miedo.

»Rara vez me hablaba de su pasado, pero sí me habló de sus padres; murieron los dos en 1944, en un bombardeo de Londres. Se crio con una tía mayor y se educó en uno de esos internados que se hacen cargo de los niños cuando son pequeños y los retienen hasta que están en condiciones de irse por su cuenta. Con tal de que se paguen los honorarios, por supuesto; pero creo que no había ninguna dificultad en ese aspecto. Siempre quiso ser enfermera, pero tuvo tuberculosis después de salir del colegio y pasó dos años en un sanatorio. No sé dónde. Después de eso, dos hospitales la rechazaron por motivos de salud, de manera que hizo diversos trabajos provisionales. Me contó, al poco de comenzar los estudios, que una vez tuvo novio pero que no resultó.

—¿Usted no le preguntó nunca el porqué?

—Yo nunca le preguntaba nada. Si hubiese querido decírmelo, me lo habría dicho.

—¿Le dijo a usted que estaba embarazada?

—Sí. Me lo dijo dos días antes de ponerse enferma. Debía sospecharlo desde antes, pero la confirmación le llegó aquella misma mañana. Le pregunté qué pensaba hacer y dijo que se desharía del niño.

—¿Le señaló usted que probablemente eso era ilegal?

—No. A ella no le preocupaba la legalidad. Yo le dije que estaba mal.

—¿Pero ella seguía pensando en abortar?

—Sí, dijo que conocía a un médico que se lo haría sin ningún riesgo real. Le pregunté si necesitaba dinero y me contestó que no, que el dinero era el menor de sus problemas. Nunca me dijo quién era el médico ni yo se lo pregunté.

—Pero usted estaba dispuesta a ayudarla con dinero, de necesitarlo, aun cuando desaprobaba que se deshiciera del niño.

—Mi desaprobación no tenía importancia. Lo importante era que estaba mal. Pero cuando supe que se había decidido, tuve que pensar en si la ayudaría. Tenía miedo de que recurriera a algún sitio de mala muerte, a alguna persona sin preparación, poniendo en peligro su vida y su salud. Yo sé que la legislación ha cambiado y que ahora es más fácil conseguir una recomendación médica, pero no creía que ella la obtuviera. Tuve que hacer una opción moral. Si uno se propone cometer un pecado, más vale cometerlo con inteligencia. De lo contrario, se ofende a Dios al mismo tiempo que se lo desafía, ¿no le parece?

Dalgliesh dijo en tono grave:

—Es una cuestión teológica muy interesante sobre la cual no estoy capacitado para opinar. ¿Le dijo a usted quién era el padre de la criatura?

—No directamente. Yo creo que debe ser un joven escritor del que era muy amiga. No sé el nombre ni dónde puede usted encontrarlo, pero sé que Jo pasó una semana con él en la isla de Wight el pasado octubre. Le sobraban siete días de vacaciones y me contó que había decidido recorrer la isla con un amigo. Me imagino que él era el amigo. Estuvieron allí durante la primera semana y ella me contó que se alojaron en un pequeño hostal, a unas cinco millas al sur de Ventnor. Eso es todo lo que me contó. Supongo que es posible que se quedara embarazada durante esa semana.

—Las fechas encajarían —dijo Dalgliesh—. ¿Y ella nunca le hizo confidencias sobre el padre del niño?

—No. Yo le pregunté por qué no se casaba con el padre y ella dijo que no sería justo que el niño cargara con dos padres irresponsables. Recuerdo que dijo: «A él le horrorizaría la idea, a no ser que sintiera la súbita necesidad de vivir la paternidad solo por saber en qué consiste. Y tal vez le gustase ver nacer al niño para poder escribir algún día una descripción espeluznante del parto. Pero en realidad no se siente comprometido con nadie salvo consigo mismo.»

—¿Pero a ella le interesaba él?

La chica aguardó todo un minuto antes de responder. Luego dijo:

—Yo creo que sí. Creo que podría ser la razón por la que se ha suicidado.

—¿Qué le hace pensar a usted que se ha suicidado?

—Supongo que el hecho de que cualquier otra alternativa resulta aún más improbable. Yo nunca pensé que Jo fuese de la clase de personas que se suicidan, si es que existe esa clase. Pero en realidad yo no la conocía. Nunca se conoce de verdad a ningún ser humano. Cualquier cosa es posible en cualquier persona. Esto es lo que siempre he creído. Y es más probable que ella se haya matado a sí misma que no que la haya matado otra persona. Esto me parece absolutamente increíble. ¿Por qué iban a matarla?

—Yo tenía la esperanza de que usted me lo dijera.

—Pues me es imposible. No tenía ningún enemigo en el John Carpendar, que yo sepa. No era muy popular. Era demasiado reservada, demasiado solitaria. Pero la gente no le tenía antipatía. Y aunque se la hubieran tenido, el asesinato debe requerir algo más que mera antipatía. Parece mucho más lógico pensar que volvió al trabajo demasiado pronto después de la gripe, se vio abrumada por la depresión, tuvo la sensación de no tener fuerzas para afrontar el aborto, al mismo tiempo que era incapaz de hacer frente a tener un hijo ilegítimo, y que se mató sin pensárselo dos veces.

—Usted dijo, cuando yo le pregunté en la sala de prácticas, que probablemente fue la última persona que la vio con vida. ¿Qué fue exactamente lo que sucedió anoche mientras estuvieron juntas? ¿Le dijo algo que pudiera hacerle pensar a usted que iba a suicidarse?

—De haberlo hecho, desde luego que no le habría permitido irse a su cuarto sola. No dijo nada. No creo que cambiáramos más de media docena de palabras. Le pregunté cómo se sentía y replicó que estaba muy bien. A todas luces no tenía ganas de charlar, de modo que no quise darle la lata. Unos veinte minutos después me acosté. No volví a verla.

—¿Y ella no mencionó el embarazo?

—No mencionó nada. Se la veía cansada, me pareció, y bastante pálida. Pero Jo siempre estaba bastante pálida. Me apena pensar que a lo mejor necesitaba ayuda y que yo la dejé sin pronunciar las palabras que hubieran podido salvarla. Pero no era una mujer que invitase a las confidencias. Me quedé cuando se fueron las demás, porque pensé que querría hablarme. Cuando estuvo claro que quería estar sola, me fui.

Dice estar apenada, pensó Dalgliesh, pero ni lo aparenta ni lo demuestra. No cree tener nada que reprocharse. ¿Qué podría reprocharse? Pero dudaba de que estuviese demasiado afligida. Había tenido más amistad con Josephine Fallon que cualquier otra compañera.

Pero en realidad no le importaba. ¿Habría alguien en el mundo a quien Fallon le importara? Preguntó:

—¿Y de la muerte de la enfermera Pearce?

—Creo que en el fondo fue un accidente. Alguien puso el veneno en el alimento, por broma o por malicia, sin darse cuenta de que el resultado sería fatal.

—Lo cual sería bastante extraño en una estudiante de enfermería de tercer curso y treinta y un años cuyo programa de estudios incluye, es de suponer, alguna información elemental sobre venenos corrosivos.

—Yo no quería decir que haya sido una enfermera. No sé quién fue. Ni tampoco creo que usted vaya a descubrirlo ahora. Pero me cuesta pensar que fuese un crimen premeditado.

Todo eso estaba muy bien, pensó Dalgliesh, pero seguramente era un poco insincero en una chica tan inteligente como la enfermera Goodale. Y desde luego era la opinión general, casi la oficial. Exoneraba a todo el mundo del peor crimen y no acusaba a nadie de nada que no fuera malicia o descuido. Era una teoría reconfortante y, a no ser que él tuviera suerte, nunca se desmentiría. Pero personalmente no se la creía ni tampoco aceptaba que se la creyese la enfermera Goodale. Pero aún era más difícil aceptar que tenía ante sus ojos a una chica que se consolaba con hipótesis falsas o bien no quería ver, voluntariamente, las cosas desagradables.

Entonces Dalgliesh le preguntó por sus movimientos durante la mañana en que murió Pearce. Ya los conocía por las notas del inspector Bailey y por las anteriores declaraciones de la enfermera, y no se sorprendió cuando Goodale le confirmó lo sabido sin dudarlo. Se había levantado a las 6.45 y había tomado el té de la mañana con las demás compañeras en la cocina del pasillo. Les dijo que Fallon tenía gripe, puesto que la enfermera Fallon había ido a su cuarto por la noche al sentirse enferma. Ninguna de las alumnas había manifestado especial preocupación, pero se habían preguntado cómo harían las prácticas ahora que el curso estaba diezmado y habían especulado, no sin malicia, sobre cómo se las arreglaría la enfermera Gearing con la inspectora del DGE. La enfermera Pearce había tomado el té con las demás y la enfermera Goodale decía recordarla diciendo:

—Si Fallon está enferma, supongo que yo tendré que hacer de paciente. —La enfermera Goodale no recordaba que hubiese ningún comentario ni discusión sobre el asunto. Estaba aceptado por todas que la siguiente de la lista sustituyese a quien estuviera enferma.

Luego de tomar el té, se había vestido y, después, fue a la biblioteca a repasar el tratamiento de la laringotomía, preparando la clase de la mañana. Era importante que se respondiera pronto y con viveza a las preguntas para que el seminario saliese bien. Se había puesto a trabajar alrededor de las siete y cuarto, y la enfermera Dakers se había reunido con ella poco después, compartiendo una devoción al estudio que, pensó Dalgliesh, al menos había tenido la compensación de proporcionarles una coartada para la mayor parte del tiempo anterior al desayuno. Ella y Dakers no habían dicho nada digno de mención mientras estudiaban, y dejaron la biblioteca al mismo tiempo y fueron a desayunar juntas. Eso había sido alrededor de las ocho menos diez. Compartió la mesa con Dakers y las gemelas Burt, pero había abandonado el comedor antes que ellas. Esto ocurrió a las ocho y cuarto. Había regresado al dormitorio a hacerse la cama y luego estuvo en la biblioteca escribiendo un par de cartas. Después había hecho una breve visita al aseo y se había dirigido a la sala de prácticas, cuando estarían al caer las nueve menos cuarto. Allí solo estaban la enfermera Gearing y las gemelas Burt, pero las otras habían llegado enseguida; no recordaba en qué orden. Creía que Pearce fue una de las últimas.

—¿Qué aspecto tenía Pearce? —preguntó Dalgliesh.

—No le noté nada anormal, pero entonces tampoco lo buscaba. Pearce era Pearce. Pasaba desapercibida.

—¿Dijo algo antes de que comenzara la práctica?

—Sí, en realidad sí dijo algo. Es curioso que usted me lo pregunte. No lo había mencionado antes, supongo que porque el inspector Bailey no me lo preguntó. Pero sí habló. Nos miró a todas (para entonces ya estábamos todo el curso) y preguntó si alguien había cogido algo de su habitación.

—¿No dijo qué?

—No. Solo se quedó de pie, con la mirada acusadora y bastante agresiva que le salía a veces, y dijo: «¿Ha estado alguien en mi cuarto esta mañana o cogido algo de allí?» No contestó nadie. Yo creo que todas negamos con la cabeza. No era una pregunta que nos tomásemos demasiado en serio. Pearce era propensa a armar mucho ruido por naderías. De todos modos, las gemelas Burt estaban haciendo sus preparativos y las demás charlábamos. Pearce no consiguió que se prestara mucha atención a su pregunta. Dudo de que siquiera la oyéramos la mitad de nosotras.

—¿Se dio usted cuenta de cómo reaccionó ella? ¿Preocupada, enfadada, angustiada?

—Ninguna de esas cosas. Verdaderamente fue algo raro. Ahora lo recuerdo. Parecía satisfecha, casi triunfante, como si algo que ella sospechaba se hubiera confirmado. No sé por qué me fijé en eso, pero me fijé. Luego, la enfermera Gearing nos llamó al orden y comenzamos la clase de prácticas.

Dalgliesh no habló inmediatamente después de que hubiera terminado este relato y, al cabo de algún tiempo, ella tomó el silencio por una despedida y se levantó para irse. Se separó de la butaca con la misma gracia controlada con que se había sentado, se alisó el delantal con un gesto casi imperceptible, le dirigió una última mirada interrogativa y anduvo hacia la puerta. Luego se volvió como cediendo a un impulso.

—Usted me ha preguntado si alguien tenía motivos para matar a Jo. Yo le he dicho que no sabía de nadie. Esa es la verdad. Pero supongo que, desde el punto de vista legal, un móvil es otra cosa. Debo decirle que algunas personas pueden pensar que yo tenía un móvil.

—¿Y lo tenía usted? —preguntó Dalgliesh.

—Yo creo que usted diría que sí. Yo soy la heredera de Jo, al menos así lo creo. Hace unos tres meses me contó que había hecho testamento y que me dejaba todo cuanto tenía. Me dio el nombre y la dirección de su abogado. Puedo proporcionarle a usted los datos. Todavía no me ha escrito nadie, pero creo que lo harán, claro está, si verdaderamente Jo hizo testamento. Y creo que lo hizo. No era una chica que hiciese promesas para no cumplirlas. Quizá prefiera usted ponerse ya en contacto con el abogado. Estas cosas llevan tiempo, ¿no es cierto?

—¿Le dijo por qué iba a hacerla su heredera?

—Dijo que tenía que dejar su dinero a alguien y que yo probablemente lo utilizaría bien. Yo no me tomé la cosa muy en serio, ni tampoco ella, me parece. Después de todo, solo tenía treinta y un años. No esperaba morirse. Y me advirtió que lo más probable sería que cambiase de opinión mucho antes de ser lo bastante vieja para que la herencia fuese una perspectiva seria. Después de todo, probablemente se casaría. Pero tenía la sensación de que debía hacer testamento y yo era la única persona, en aquel momento, de quien le apetecía acordarse. Yo entendí que era una mera formalidad. Nunca se me ocurrió que pudiera tener mucho que dejar. Solo cuando hablamos sobre los precios del aborto me contó cuánto era lo que tenía.

—Y ¿era..., o es, mucho?

—Unas dieciséis mil libras, creo. Proceden de los seguros de sus padres. —Y se rio un poco irónicamente—. Bastante, como ve, superintendente. Yo diría que puede considerarse un móvil perfectamente respetable, ¿no le parece? Ahora podremos poner calefacción central en la vicaría. Y si usted viera la vicaría de mi novio (doce habitaciones, de las que casi todas dan al norte o al este), comprendería que tengo todo un móvil para matar.

III

La enfermera Rolfe y la enfermera Gearing aguardaban con las estudiantes en la biblioteca; se habían trasladado allí, desde el cuarto de estar de las enfermeras, para aprovechar el tiempo en leer y repasar. Hasta qué punto lo estaban aprovechando las chicas era discutible, pero desde luego la apariencia era de silencio y aplicación. Las estudiantes se habían acomodado en los escritorios, frente a las ventanas, y permanecían con los libros delante, aparentemente concentradas. La enfermera Rolfe y la enfermera Gearing, como si quisieran señalar su superior categoría y su mutua solidaridad, se habían instalado en el sofá situado delante de la chimenea, que ocupaban codo con codo. La enfermera Rolfe subrayaba con bolígrafo rojo un montón de ejercicios de las alumnas de primer curso, cogiendo los cuadernos de la pila que tenía en el suelo, a sus pies, y volviéndolos a dejar, una vez corregidos, en el montón cada vez mayor que se sostenía contra el respaldo del sofá. La enfermera Gearing tomaba a todas luces notas para su siguiente clase, pero parecía incapaz de apartar los ojos de los decisorios jeroglíficos de su colega.

Se abrió la puerta y regresó Madeleine Goodale. Sin una palabra volvió a su escritorio, tomó la pluma y se enfrascó de nuevo en su tarea. La enfermera Gearing susurró:

—Goodale parece muy tranquila. Es raro, teniendo en cuenta que se le suponía la mejor amiga de Fallon.

La enfermera Rolfe no levantó los ojos. Dijo en tono seco:

—En realidad, no le importaba Fallon. Las reservas afectivas de Goodale son limitadas y me imagino que las invierte íntegramente en ese pastor extraordinariamente lerdo con el que ha decidido casarse.

—Pero es un hombre bien parecido. Goodale está feliz de haberlo pescado, si quieres que te diga.

Pero el tema tenía un interés secundario para la enfermera Gearing y no lo prosiguió. Al cabo de un minuto, como era de esperar, dijo:

—¿Por qué no llama a otra la policía?

—Ya llamarán. —La enfermera Rolfe agregó un nuevo cuaderno de ejercicios, con grandes adornos de color verde, a la pila que tenía al lado—. Seguro que estarán estudiando las aportaciones de Goodale.

—Deberían habernos entrevistado a nosotras primero. Después de todo, nosotras somos profesionales. La jefa de enfermería debió explicárselo. ¿Y por qué no está aquí Brumfett? No entiendo por qué tienen que tratarla de distinta manera que a nosotras.

La enfermera Rolfe respondió:

—Está muy ocupada. Al parecer, han caído ahora con gripe un par de las estudiantes de segundo curso de su sala. Ha enviado al señor Dalgliesh una especie de nota con el portero, probablemente informándole sobre sus movimientos de anoche. He encontrado al mozo con la nota y me ha preguntado dónde podría ver al caballero de Scotland Yard.

La voz de la enfermera Gearing se volvió petulante.

—Todo eso está muy bien, pero debería estar aquí.

¡Bien sabe Dios que nosotras también tenemos trabajo! Brumfett vive en la Casa Nightingale; ha tenido tanta ocasión de matar a Fallon como la que más.

La enfermera Rolfe dijo en voz baja:

—Ha tenido más ocasiones.

—¿Qué quieres decir con «más ocasiones»?

La voz aguda de la enfermera Gearing rompió el silencio y una de las gemelas Burt levantó la cara.

—Ha tenido a Fallon en su poder, internada en su sala, durante los diez últimos días.

—Pero supongo que no querrás decir que... ¡Brumfett no sería capaz!

—Exactamente —dijo con frialdad la enfermera Rolfe—. Así que ¿a qué hacer comentarios estúpidos e irresponsables?

En el silencio solo se oía el roce del papel y el zumbido de la espita del gas. La enfermera Gearing se removió inquieta.

—Supongo que si Brumfett ha perdido otras dos enfermeras por culpa de la gripe, estará presionando a la jefa de enfermería para que envíe más de este curso. Tiene los ojos puestos en las gemelas Burt, lo sé.

—Entonces no va a tener suerte. En este curso ha habido muchas interrupciones. Después de todo, están ya muy cerca de los exámenes finales. La señorita Taylor no consentiría que se les recorte.

—Yo no estaría tan segura. Recuerda que hablamos de Brumfett. La jefa no suele decirle que no a nada. Aunque sea ridículo, he oído decir que se irán juntas de vacaciones este año. Uno de los ayudantes de la farmacia se ha enterado por la secretaria de la jefa de enfermería de que ella está pensando en hacer un viaje por Irlanda en coche.

Dios mío, pensó la enfermera Rolfe. ¿Queda algo de vida privada en este sitio? Pero no dijo nada, sino que solo se apartó unos dedos del descontentadizo ser que tenía al lado.

En ese instante sonó el teléfono. La enfermera Gearing se apresuró a levantarse y atravesó la sala para cogerlo. Se volvió hacia el resto del grupo con la cara ensombrecida de contrariedad.

—Era el sargento Masterson. El superintendente Dalgliesh quiere ver a continuación a las gemelas Burt, por favor. Se ha trasladado a la sala de visitas de este piso.

Sin una palabra ni la menor muestra de nerviosismo, las gemelas Burt cerraron sus libros y se dirigieron a la puerta.

IV

Media hora más tarde, el sargento Masterson estaba haciendo café. La sala de visitas había sido dotada de una cocina en miniatura; en un gran hueco había un fregadero y un armario forrado de fórmica con un hornillo doble de gas. El mueble había sido vaciado de todo su contenido a excepción de cuatro grandes tazas, un bote de azúcar y otro de té, una lata con galletas, una gran vasija de cerámica con colador y tres paquetes transparentes de café recién molido. Junto al fregadero había dos botellas de leche. Se veía perfectamente la capa de nata, pero el sargento Masterson quitó el tapón de una de las botellas y olió la leche con desconfianza antes de poner a calentar una poca en un cazo. Templó la jarra de cerámica con agua tibia del grifo, la secó cuidadosamente con el trapo de cocina, que estaba colgado junto al fregadero, vertió a cucharadas una generosa cantidad de café y se quedó aguardando la primera bocanada de vapor de la olla. Estaba satisfecho con el arreglo conseguido. Si la policía tenía que trabajar en la Casa Nightingale, este cuarto era tan práctico y cómodo como el que más, y el café constituía un extra inesperado que atribuyó a Paul Hudson. El secretario del hospital le había dado la impresión de ser un hombre eficiente e ingenioso. El suyo no debía ser un trabajo fácil. Probablemente el pobre diablo llevaba una vida infernal, emparedado entre aquellos dos viejos idiotas, Kealey y Grout, y la despótica lagarta de la jefa.

Filtró el café con meticulosidad y acercó una taza a su jefe. Se sentaron y bebieron como camaradas, mientras se les iban los ojos hacia el jardín destrozado por la tormenta. A ambos les desagradaba mucho la comida mal guisada y el café instantáneo, y Masterson pensó que nunca estaban tan cerca de simpatizar entre sí como cuando comían y bebían juntos, lamentándose de los defectos de las comidas del alojamiento o bien, como ahora, disfrutando de un buen café. Dalgliesh se calentó las manos poniéndolas alrededor de la taza y pensó que el abastecerlos de auténtico café decía mucho de la eficacia y el ingenio de Mary Taylor. El suyo no debía ser un trabajo fácil. Aquella pareja de incompetentes, Kealey y Grout, no serían una gran ayuda para nadie, y Paul Hudson era demasiado joven para prestarle demasiado apoyo.

Una vez saboreado su café, Masterson dijo:

—Ha sido una entrevista frustrante, señor.

—¿La de las gemelas Burt? Sí, confieso que esperaba algo más interesante. Después de todo, estaban en el centro del misterio; ellas administraron el alimento fatal; ellas sorprendieron a la misteriosa enfermera Fallon cuando salía de la Casa Nightingale; ellas encontraron a la enfermera Brumfett deambulando a altas horas de la noche. Pero todo eso ya lo sabíamos. Y ahora no sabemos ni una palabra más.

Dalgliesh pensó en las dos muchachas. Masterson había colocado una segunda butaca cuando entraron y ellas se habían sentado una junto a otra, con las pecosas manos ritualmente puestas sobre el regazo y las piernas cruzadas con modestia, cada una fiel retrato de la otra. Sus educadas respuestas en forma de antífona a la pregunta que él les hizo, entonadas con las erres guturales de su región de origen, eran tan agradables al oído como su resplandeciente buena salud a los ojos. Casi se había prendado de las gemelas Burt. Desde luego, también podían ser dos experimentadas cómplices. Cualquier cosa era posible. Sin lugar a dudas, habían dispuesto de la mejor ocasión para envenenar el alimento así como de tantas oportunidades como cualquiera de las residentes en la Casa Nightingale para manipular la última copa de Fallon. Sin embargo, habían estado completamente relajadas delante de él, quizás un poco aburridas de tener que repetir en buena parte la misma historia, pero nunca asustadas ni demasiado incómodas. De vez en cuando lo miraban con una leve preocupación especulativa, algo así como si fuese un paciente difícil cuyo estado comenzara a dar pie a alguna preocupación. Él ya había percibido idéntica preocupación, interesada y compasiva, en los rostros de otras enfermeras durante el primer contacto en la sala de prácticas, que le había resultado desconcertante.

—¿Y no notaron ustedes nada en la leche?

Respondieron casi al unísono, censurándolo con la voz serena del sentido común.

—¡Oh, no! Bueno, no habríamos procedido a verter el alimento de haber notado algo, ¿no es cierto?

—¿Se acuerdan de cuando quitaron la tapa de la botella? ¿Estaba suelta?

Los dos pares de ojos azules se miraron entre sí, casi como si intercambiaran una señal. Luego, Maureen replicó:

—No nos acordamos de cómo estaba. Pero de haber estado suelta, no habríamos sospechado que nadie había tocado la leche. Habríamos pensado que la sirvió así el lechero.

Luego habló Shirley por su cuenta.

—De todos modos, no creo que viéramos ningún defecto en la leche. Comprenda que nosotras estábamos concentradas en las operaciones de administrar el alimento, asegurándonos de que teníamos todos los instrumentos y el equipo que necesitábamos. Sabíamos que la señorita Beale y la jefa de enfermería llegarían en cualquier momento.

Desde luego, era una explicación. Eran muchachas que habían sido adiestradas para observar, pero su capacidad de observación era específica y limitada. De estar frente a un paciente, no se habrían perdido ninguno de sus síntomas, ni una caída de los párpados ni una alteración del pulso; y todo lo demás que ocurriera en la habitación, por llamativo que fuese, probablemente les habría pasado desapercibido. Su atención estaba puesta en la práctica, en el aparato, en el equipo y en el paciente. La botella de leche no planteaba ningún problema. Eso lo habían dado por descontado. Y sin embargo, eran hijas de campesinos. Una de ellas —había sido Maureen— vertió, de hecho, el contenido de la botella. ¿De verdad era posible que hubieran confundido el color, la textura y el olor de la leche?

Como si le estuvieran leyendo los pensamientos, Maureen dijo:

—No es que nosotras no distinguiéramos el ácido fénico. Es que todo el aula olía a desinfectante. La señorita Collins lo echa por todas partes como si todas estuviéramos leprosas.

Shirley se echó a reír:

—¡El ácido fénico no es eficaz contra la lepra!

Se miraron la una a la otra, sonriendo con divertida complicidad.

Y así se había desarrollado la entrevista. No tenían ninguna hipótesis que proponer ni ninguna sugerencia que aportar. No sabían de nadie que deseara la muerte de Pearce ni de Fallon, y, no obstante, ambas muertes —puesto que habían ocurrido— no parecían provocarles mayor sorpresa. Recordaban todas las palabras de la conversación sostenida entre ellas y la enfermera Brumfett a primeras horas de la madrugada, pero, al parecer, el encuentro les había causado poca impresión. Cuando Dalgliesh preguntó si la enfermera titular les había parecido preocupada o alterada, lo miraron simultáneamente, con la frente fruncida de perplejidad, antes de responder que la enfermera les había parecido la misma de siempre.

Como si siguiera el hilo de sus ideas, Masterson dijo:

—Con la prisa por preguntarles francamente si la enfermera Brumfett tenía cara de acabar de asesinar a Fallon en aquel momento, no pudo ponérselo usted más sencillo. Son una curiosa pareja poco comunicativa.

—Por lo menos están seguras de la hora. Cogieron la leche poco después de las siete en punto y la llevaron directamente a la sala de prácticas. Dejaron la botella sin abrir encima del carro mientras hacían los preparativos previos. Salieron de la sala de prácticas a las siete y veinte, para desayunar, y la botella seguía estando en el carro cuando regresaron alrededor de las nueve menos veinte a terminar los preparativos. Entonces la metieron, todavía cerrada, en una jarra de agua caliente, para ponerla a la temperatura del cuerpo, y allí estuvo hasta que vertieron el contenido de la botella en la probeta, unos dos minutos antes de que llegara el grupo de la señorita Beale y la jefa de enfermería. La mayor parte de los sospechosos desayunó al mismo tiempo, entre las ocho y las ocho y veinticinco, de modo que la mala pasada se cometió o bien entre las siete y veinticinco y las ocho o bien en el breve período comprendido entre el final del desayuno y la vuelta de las gemelas a la sala de prácticas.

Masterson dijo:

—Yo sigo encontrando extraño que no notaran nada raro en la leche.

—Tal vez notaran más de lo que ahora recuerdan. Después de todo, es la enésima vez que cuentan la historia. Durante las semanas que siguieron a la muerte de Pearce, las primeras declaraciones se les fueron fijando en la memoria como la verdad inmutable. Por eso les he hecho la pregunta crucial sobre la botella de leche. Si ahora me dieran una respuesta equivocada, ya no la cambiarían. Es necesario sorprenderlas para que recuerden. Ya no ven con mirada fresca nada de lo ocurrido. Me disgustan las reconstrucciones de los crímenes; siempre hacen que me sienta un policía de novela. Pero creo que en este caso hay razones para reconstruirlo. Yo tengo que estar en Londres mañana temprano, pero usted y Greeson se encargarán de eso. Greeson probablemente se lo pasará bien.

Le expuso en pocas palabras a Masterson lo que se proponía y concluyó:

—No se moleste en incluir a las enfermeras de plantilla. Espero que consiga hacerse con una ración de desinfectante pidiéndolo a la señorita Collins. Pero, por el amor de Dios, no pierda de vista el veneno y tírelo después. No queremos otra tragedia.

El sargento Masterson recogió las dos tazas y las llevó al fregadero. Dijo:

—La Casa Nightingale parece tener mala suerte, pero no me imagino al asesino haciendo otra de las suyas mientras estamos nosotros por aquí.

Lo cual resultaría ser un comentario de lo menos profético.

V

Desde su encuentro con Dalgliesh en la cocinita de las enfermeras a primera hora de la mañana, la enfermera Rolfe había tenido tiempo para recuperarse del susto y reconsiderar su situación. Como Dalgliesh había contado con que sucediera, ahora estaba mucho menos afable. Ya había prestado al inspector Bailey una declaración clara e inequívoca sobre los preparativos de la práctica y el alimento intragástrico, así como sobre sus movimientos durante la mañana en que murió la enfermera Pearce. Refrendó su testimonio con exactitud y sin aspavientos. Convino en que estaba enterada de que la enfermera Pearce iba a hacer de paciente y señaló, con sarcasmo, que difícilmente podría negarlo, puesto que fue ella a quien avisó Madeleine Goodale cuando Fallon se puso enferma.

—¿Tuvo usted la menor duda sobre la autenticidad de esa enfermedad? —preguntó Dalgliesh.

—¿En aquel momento?

—Entonces o ahora.

—Supongo que está insinuando que Fallon pudo fingirse griposa para asegurarse de que Pearce ocuparía su puesto, y luego colarse en la Casa Nightingale, antes del desayuno, a envenenar el alimento. Yo no sé por qué volvió, pero puede quitarse de la cabeza cualquier sospecha de que estuviera simulando la enfermedad. Ni siquiera Fallon podría provocarse una temperatura de 39,8, un leve rigor y un pulso galopante. Estaba muy enferma aquella noche, y siguió estando enferma durante casi diez días.

Dalgliesh señaló que de todos modos era muy raro que estuviese lo bastante bien para regresar a la Casa Nightingale a la mañana siguiente. La enfermera Rolfe replicó que era tan raro que solo le cabía pensar que Fallon había tenido una imperiosa necesidad de volver. Invitada a especular sobre cuál podría haber sido esa necesidad, contestó que su trabajo no consistía en proponer hipótesis. Después, como sin pensárselo, agregó:

—Pero no fue para matar a Pearce. Fallon era muy inteligente, tal vez la chica más inteligente de su curso. Si Fallon hubiera regresado para poner el corrosivo en el alimento, habría sabido perfectamente bien que existía el gran riesgo de que la vieran en la Casa Nightingale, aun cuando no la echaran en falta en la sala, y habría tenido buen cuidado en buscarse una excusa. No le habría sido difícil inventarse alguna cosa. Y por lo que yo he deducido, se limitó a no dar ninguna explicación al inspector Bailey.

—Tal vez fuese tan inteligente como para darse cuenta de que esa extraordinaria reticencia haría pensar a otra mujer inteligente exactamente lo que usted piensa.

—¿Una especie de farol? No lo creo. Sería apostar demasiado fuerte por la inteligencia de la policía.

Admitió sin inmutarse que no tenía coartada para ningún momento del tiempo comprendido entre las siete en punto, cuando las gemelas habían recogido la botella de leche en la cocina, y las nueve menos diez, cuando se había reunido con la jefa de enfermería y el doctor Courtney-Briggs en la salita de la señorita Taylor para aguardar la llegada de la señorita Beale, excepto el rato que iba desde las ocho hasta las ocho y veinticinco, en que estuvo desayunando en la misma mesa que la enfermera Brumfett y la enfermera Gearing. La enfermera Brumfett había sido la primera en levantarse de la mesa y ella la había seguido alrededor de las ocho y veinticinco. Primero fue a su despacho, contiguo a la sala de prácticas, pero, al estar usándolo el doctor Courtney-Briggs, continuó sin detenerse hacia sus habitaciones del tercer piso.

Cuando Dalgliesh le preguntó si la enfermera Gearing y la enfermera Brumfett le parecieron las de siempre durante el desayuno, replicó secamente que no mostraban señales de estar a punto de padecer manía homicida, si se refería a eso. Gearing leía el *Daily Mirror* y Brumfett la revista profesional de las enfermeras, si es que eso le importaba, y la conversación fue mínima. Lamentaba no poder aportar ningún testigo de sus movimientos antes ni después del desayuno, pero era bastante comprensible; hacía ya algunos años que prefería arreglarse e ir al lavabo a solas. Aparte de eso, valoraba el tiempo libre previo a la jornada laboral y prefería pasarlo sola.

Dalgliesh preguntó:

—¿Le sorprendió encontrar al doctor Courtney-Briggs en su despacho cuando pasó por allí después de desayunar?

—No demasiado. Di por supuesto que había pasado la noche en las habitaciones de los médicos de servicio y que se habría acercado temprano a la Casa Nightingale para recibir a la inspectora del DGE. Probablemente buscaba algún sitio donde escribir una carta. El doctor Courtney-Briggs se considera con derecho a utilizar cualquier local del John Carpendar como despacho particular si así se le ocurre.

Dalgliesh le preguntó por sus movimientos durante la noche anterior. Ella repitió que había estado sola en el cine, pero esta vez agregó que se había encontrado con Julia Pardoe a la salida y que habían regresado juntas, andando, al hospital. Entraron por la puerta de Winchester Road, de la que ella tenía llave, y estaban en la Casa Nightingale poco después de las once. Ella se había retirado inmediatamente a su cuarto y no había visto a nadie. La enfermera Pardoe, supuso, se habría ido también a la cama o se habría unido al resto del curso en la sala de estar de las alumnas.

—Entonces, ¿no tiene nada que contarme? ¿Nada que pueda ayudarnos?

—Nada.

—¿Ni siquiera por qué mintió, casi seguro que sin necesidad, sobre que fue al cine sola?

—Nada. No tengo por qué pensar que mis asuntos particulares sean de la incumbencia de ustedes.

Dalgliesh dijo con calma:

—Señorita Rolfe, han muerto dos estudiantes. Yo estoy aquí para descubrir cómo y por qué murieron. Si no quiere colaborar, dígalo. No tiene por qué responder a mis preguntas. Pero no intente decirme qué preguntas debo hacer yo. Estoy encargado de esta investigación y la hago a mi modo.

—Entiendo. Usted establece las reglas sobre la marcha. Lo único que los demás podemos hacer es decir cuándo no queremos participar. Su juego es un poco peligroso, señor Dalgliesh.

—Dígame algo sobre esas estudiantes. Usted es la enfermera jefa de estudios; deben haber pasado muchísimas chicas por sus manos. Creo que debe tener buen criterio sobre las personas. Comencemos por la enfermera Goodale.

Si la elección le causó sorpresa o alivio, lo ocultó.

—Madeleine Goodale es considerada la principal candidata a ganar la Medalla de Oro como mejor enfermera de su promoción. Es menos inteligente que Fallon (que lo que era Fallon), pero es muy trabajadora y extremadamente escrupulosa. Es una chica de aquí. Su padre es muy conocido en la ciudad, un corredor de fincas con enorme éxito en los negocios, que heredó las propiedades de una familia muy arraigada aquí. Forma parte del ayuntamiento y estuvo algunos años en la junta directiva del hospital. Madeleine asistió a la escuela privada de la ciudad y luego se vino con nosotros. No creo que en ningún momento pensara en ninguna otra escuela de enfermeras. Toda la familia es de una gran lealtad a la tierra. Está prometida en matrimonio con el joven vicario de la iglesia del Espíritu Santo y creo que piensan casarse en cuanto ella termine los estudios. Otra buena enfermera que se pierde, pero supongo que ella sabe qué es lo que más le conviene.

—¿Las gemelas Burt?

—Unas chicas buenas, amables y juiciosas, con más imaginación y sensibilidad de lo que suele suponérseles. Proceden de una familia campesina de la región de Gloucester. No sé muy bien por qué han elegido este hospital.

Creo que una prima estudió aquí y quedó bastante contenta. Son la clase de chicas que elegirían la escuela por este tipo de razones familiares. No son demasiado inteligentes, pero no son tontas. No tenemos necesidad de admitir chicas tontas, gracias a Dios. Cada una tiene su acompañante habitual y Maureen está prometida. No creo que ninguna de las dos piense ejercer de enfermera a largo plazo.

Dalgliesh dijo:

—Van a tener ustedes problemas para encontrar líderes profesionales si se convierte en norma la dimisión automática por matrimonio.

Ella dijo con sequedad:

—Ya tenemos problemas ahora. ¿Quién más le interesa a usted?

—La enfermera Dakers.

—¡Pobre niña! Otra chica de aquí, pero de muy distintos orígenes que Goodale. El padre era un pequeño funcionario de la administración local, que murió de cáncer cuando ella tenía doce años. Desde entonces la madre ha vivido de una pequeña pensión. La chica fue a la misma escuela que Goodale, pero nunca han sido amigas, que yo sepa. Dakers es muy trabajadora y escrupulosa, con una gran ambición. Lo hará todo muy bien, pero no pasará de hacerlo muy bien. Se cansa con facilidad, no es verdaderamente fuerte. La gente la tiene por tímida y por muy estirada, sea lo que sea lo que venga a significar este eufemismo. Pero Dakers es bastante tenaz. Estudia tercer curso, recuérdelo. Una chica no llega tan lejos si es demasiado débil, sea física o mentalmente.

—¿Julia Pardoe?

La enfermera Rolfe se controlaba ahora perfectamente y su voz no se alteró al proseguir.

—La única hija de padres divorciados. La madre es una de esas mujeres hermosas pero egoístas que encuentran imposible permanecer con un mismo marido. Ahora va por el tercero, creo. No estoy segura de si la chica sabe de verdad cuál es su padre. No ha pasado mucho tiempo en casa. La madre la internó en una escuela primaria cuando tenía cinco años. Tuvo una experiencia escolar tormentosa y vino aquí procedente del sexto curso de uno de esos internados femeninos caros donde no se enseña a las chicas nada de nada, pero ellas se las arreglan para aprender mucho de todo. Primero solicitó el ingreso en un hospital de Londres. No alcanzaba ni de lejos el nivel para ser admitida, ni social ni académicamente, pero la remitieron aquí. Las escuelas como la nuestra tienen este tipo de convenios con los hospitales dedicados a la enseñanza. Allí reciben doce solicitudes por plaza. En su mayor parte por esnobismo y con la esperanza de cazar un marido. Nosotros estamos muy contentos de aceptar una parte de las que rechazan; sospecho que muchas veces cuajan en mejores enfermeras que las que admiten. Pardoe es una de estas. Es de inteligencia despierta pero poco trabajada. Como enfermera es atenta y considerada.

—Sabe usted mucho sobre las alumnas.

—Forma parte de mi trabajo. Pero no espere que opine sobre mis colegas.

—¿La enfermera Gearing y la enfermera Brumfett? No. Pero me gustaría conocer su opinión sobre las enfermeras Fallon y Pearce.

—No puedo decirle mucho sobre Fallon. Era una chica muy reservada, casi sigilosa. Inteligente, desde luego, y más madura que la mayor parte de las alumnas. Creo que solo he tenido una conversación personal con ella. Fue al final de su primer curso, cuando la llamé para una entrevista y le pregunté sus impresiones sobre los estudios. Me interesaba conocer la impresión que habían causado nuestros métodos en una chica tan distinta de la estudiante habitual, que llega recién salida del colegio. Me dijo que no estaba bien juzgar siendo todavía una aprendiza a la que se trataba como si fuese una friegaplatos subnormal, pero que seguía pensando que ser enfermera era lo suyo. Le pregunté qué la atraía de la profesión y dijo que quería adquirir unos conocimientos que le permitieran ser independiente en cualquier parte del mundo, una titulación de la que siempre habría demanda. No creo que tuviese ninguna especial ambición de llegar a ninguna parte en la profesión. Sus estudios solo eran el medio para un fin. Pero quizá me equivoque. Como le he dicho, en realidad no la conocía.

—Entonces, ¿no puede decir si tenía enemigos?

—No puedo decir por qué podía querer matarla nadie, si es a eso a lo que se refiere. A mi modo de ver, el papel de víctima le iba mucho mejor a Pearce.

Dalgliesh le preguntó el porqué.

—Yo no apreciaba a Pearce. Yo no la maté, porque yo no mataría a nadie por el mero hecho de no ser de mi gusto. Pero era una chica rara, una hipócrita y una entrometida. Es inútil que me pregunte cómo lo sé. No tengo ninguna prueba y, si la tuviese, no estoy segura de si se la daría.

—Entonces, ¿no le sorprendió que la hubieran asesinado?

—Lo encontré asombroso. Pero nunca, ni por un momento, pensé que su muerte fuera suicidio ni accidente.

—¿Y quién supone usted que la mató?

La enfermera Rolfe lo miró con una especie de macabra alegría.

—Eso dígamelo usted, superintendente. ¡Dígamelo usted!

VI

—De manera que anoche fue al cine sola.

—Sí, ya se lo he dicho.

—A ver una reposición de *L'avventura*. ¿Tal vez tenía usted la sensación de que las sutilidades de Antonioni se aprecian mejor sin compañía? ¿O no encontró a nadie que quisiera ir con usted?

Por supuesto, esto no pudo resistirlo.

—Hay mucha gente que iría conmigo al cine, si yo quisiera, a ver cualquier película que den.

Que «den». Cuando Dalgliesh tenía la edad de ella, se decía que «echen». Pero el abismo intergeneracional era más hondo que una simple cuestión de palabras, la incomunicación era casi absoluta. Sencillamente, él no la entendía. No disponía de la más ligera clave sobre qué ocurría tras aquella frente tersa e infantil. Los notables ojos de color violeta, muy separados bajo las cejas curvadas, lo escrutaban, con precaución pero con indiferencia. La cara de gato, con el mentoncillo redondeado y los pómulos prominentes, no manifestaba sino una vaga incomodidad por lo que se llevaban entre manos. Era difícil, pensó Dalgliesh, imaginarse junto a la cabecera de la cama una figura más agradable o hermosa que la de Julia Pardoe; a no ser, claro está, que uno estuviese verdaderamente dolorido o angustiado, en cuyo caso el sólido sentido común de las gemelas Burt o la eficiente serenidad de Madeleine Goodale resultarían mucho más aceptables. Debía ser un prejuicio personal, pero no conseguía imaginarse a ningún hombre exponiendo voluntariamente su debilidad y congoja físicas a aquella joven vivaz y ensimismada. ¿Qué sería exactamente, se preguntó, lo que le reportaba hacer de enfermera? Si el John Carpendar hubiese sido un hospital dedicado a la enseñanza, lo habría comprendido. Aquel recurso de abrir mucho los ojos mientras hablaba, de modo que el oyente se encontraba agasajado por una súbita llamarada azul, y de entreabrir un poco los labios húmedos sobre los dientes limpios y marfileños, muy bien podía hacer sucumbir a toda la promoción de estudiantes de medicina.

Tampoco dejaba de surtir efecto, se percató Dalgliesh, sobre el sargento Masterson.

Pero ¿qué era lo que había dicho de ella la enfermera Rolfe?

«De inteligencia despierta pero poco trabajada; una enfermera atenta y considerada.»

Pues tal vez sí. Pero Hilda Rolfe tenía sus prejuicios. Y lo mismo, a su manera, le pasaba a Dalgliesh.

Prosiguió el interrogatorio, reprimiendo las ocu-

rrencias sarcásticas, las mofas fáciles, fruto de la antipatía.

—¿Le gustó la película?

—Estaba muy bien.

—Y regresó a la Casa Nightingale luego de ver este
filme que estaba tan bien, ¿a qué hora?

—No lo sé. Poco antes de las once, supongo. Me
encontré a la enfermera Rolfe en la puerta del cine y
volvimos las dos andando. Ella ya se lo habrá dicho.

De manera que se habían puesto de acuerdo aquella
misma mañana. Esta era su historia y la chica la estaba
repitiendo sin fingir que le importaba el que la creyeran
o dejaran de creerla. Desde luego, podría comprobarse.
Era posible que la taquillera del cine recordara si habían
llegado juntas. Pero era dudoso que eso tuviese ninguna
utilidad para la investigación. ¿Por qué habría de impor-
tar, a menos que se hubieran pasado la noche urdiendo
el crimen al mismo tiempo que embebiéndose de cultu-
ra? Y si tal era el caso, allí tenía a una de las implicadas en
la iniquidad, sin el menor aspecto de estar preocupada.

—¿Qué ocurrió cuando regresaron? —preguntó
Dalgliesh.

—Nada. Fui a la sala de estar de las alumnas, que
estaban viendo la tele. Bueno, en realidad la tenían apagada cuando yo entré. Las gemelas Burt hicieron té en
la cocinita del pasillo y fuimos al cuarto de Maureen a
tomarlo. Dakers vino con nosotras. Madeleine Goodale había salido con Fallon. No sé a qué hora se fueron.
Yo me acosté en cuanto hube tomado el té. Estaba dormida antes de las doce.

De modo que podía haber sido ella. Pero sería un

asesinato muy sencillo. No había nada que le impidiera esperar, quizás en uno de los cubículos de los lavabos, hasta oír a Fallon bañándose. Una vez que Fallon estuvo dentro del cuarto de baño, la enfermera Pardoe sabía lo mismo que todas las demás estudiantes: que en la mesilla de noche la aguardaba un vaso de whisky con limón. Era muy fácil deslizarse en el cuarto y agregar algo a la bebida. Agregar ¿qué? Era enloquecedor estar trabajando entre tinieblas, con la inevitable tendencia a hacer suposiciones sin contar con los datos. Hasta que hubiera concluido la autopsia y dispusiera del informe del toxicólogo, ni siquiera podía estar seguro de que lo que investigaba era un asesinato.

De pronto cambió el curso del interrogatorio, volviendo sobre un aspecto anterior.

—¿Lamenta usted la muerte de la enfermera Pearce?

De nuevo los grandes ojos se ensancharon y surgió el mismo mohín reflexivo, que venía a decir que la pregunta era absolutamente estúpida.

—Sí. —Una breve pausa—. Nunca me hizo ningún mal.

—¿Y no le haría algún mal a otra persona?

—Más vale que se lo pregunte a esa persona. —Otra pausa. Tal vez tuviese la sensación de estar siendo más necia y más grosera de lo prudente—. ¿Qué mal podía hacer Pearce a nadie?

Lo dijo sin el menor matiz despectivo, casi con desinterés, como el mero reconocimiento de un hecho.

—Alguien la mató. De ahí no se deduce que fuera inofensiva. Alguien tenía que odiarla lo bastante para querer quitarla de en medio.

—Bien pudo matarse ella misma. Cuando se tragó aquel tubo sabía muy bien lo que se le venía encima. Estaba aterrorizada. Todos los que estábamos viéndolo pudimos darnos cuenta.

Julia Pardoe era la primera estudiante que mencionaba el miedo de la enfermera Pearce. La única otra persona que se había dado cuenta del miedo había sido la inspectora del Departamento General de Enfermería, la cual había subrayado en su declaración la cara de aprensión y casi de resistirse de la muchacha. Era interesante y sorprendente que la enfermera Pardoe fuera tan observadora. Dalgliesh dijo:

—¿De verdad cree usted que ella misma puso el veneno corrosivo en el alimento?

Los ojos azules se cruzaron con los suyos. Ella esbozó una sonrisa disimulada.

—No. Pearce siempre se aterrorizaba cuando hacía de paciente. Le repugnaba. Nunca decía nada, pero todo el mundo veía lo que le pasaba. Tragarse el tubo debió resultarle sumamente desagradable. Me dijo una vez que no podía soportar la idea de un reconocimiento o una operación de garganta. Le quitaron las amígdalas siendo niña, y el cirujano (si no fue una enfermera) estuvo impertinente con ella y le hizo mucho daño. Como fuera, la experiencia resultó horrible y le dejó esa especie de fobia a que le tocaran la garganta. Desde luego, podría habérselo explicado a la enfermera Gearing y otra de nosotras hubiese ocupado su lugar. No tenía por qué hacer de paciente. Nadie iba a obligarla. Pero supongo que Pearce pensó que era su deber soportarlo. Era muy mirada con el deber.

De modo que todos los presentes pudieron ver lo que sentía Pearce. Pero, de hecho, solo dos de ellos lo habían visto. Y uno de los que lo habían visto era aquella chica en apariencia poco sensible.

Dalgliesh estaba intrigado, pero no excesivamente sorprendido, de que la enfermera Pearce hubiera optado por confiarse a Julia Pardoe. Ya había encontrado otras veces esta perversa atracción que a menudo sienten las personas guapas y bien vistas por las feas y despreciadas. A veces incluso era una atracción recíproca; una curiosa fascinación mutua que, sospechaba él, sustentaba muchas amistades y matrimonios que el mundo consideraba inexplicables. Pero si Heather Pearce había jugado la baza del patetismo, en busca de amistad o simpatía, mediante la confesión de las desdichas de su infancia, no había tenido suerte. Julia Pardoe respetaba la fuerza, no la debilidad. Sin duda debía ser impermeable a cualquier solicitud de piedad. Y, no obstante, ¿quién sabía?, quizá Pearce hubiera obtenido algo de ella. No amistad, ni simpatía, ni piedad siquiera; pero sí una pizca de comprensión.

Llevado por un súbito impulso, Dalgliesh dijo:

—Me parece probable que usted sepa más cosas sobre la enfermera Pearce que ninguna otra persona aquí, me parece probable que la comprendiera mejor. Yo no creo que su muerte fuera un suicidio, ni usted tampoco. Quiero que me cuente todo lo que sepa sobre ella que pueda ayudarme a descubrir un móvil.

Hubo una pausa de un segundo. ¿Sería la imaginación de Dalgliesh o sería que de verdad la chica estaba disponiéndose a decir algo? Luego ella dijo con su voz aguda, infantil y falta de fuerza:

—Yo creo que estaba chantajeando a alguien. Una vez lo intentó conmigo.

—Cuéntemelo.

Ella alzó la vista al rostro de él, reflexionando, como si sopesara su integridad o se preguntara hasta qué punto merecía la pena contar la historia. Luego, un ligero amago de sonrisa le curvó los labios. Dijo con calma:

—Mi novio pasó una noche conmigo hace alrededor de un año. No aquí; en la residencia principal de las enfermeras. Abrí una de las salidas de incendios y entró por allí. En realidad, lo hicimos por divertirnos.

—¿Trabajaba en el John Carpendar?

—En el archivo de cirugía.

—¿Y cómo lo descubrió la enfermera Pearce?

—Era la noche antes de los exámenes de ingreso, del primer examen para poder matricularnos. Pearce siempre tenía dolor de estómago antes de los exámenes. Supongo que andaría merodeando por el pasillo, camino del aseo, y me vio abrirle a Nigel. O bien regresaba a acostarse y escuchó detrás de la puerta. A lo mejor nos oyó reírnos o lo que fuera. Yo me figuro que escucharía todo lo posible. No entiendo para qué. Pero nadie quiso nunca hacerle el amor a Pearce, de manera que supongo que se excitaba por el mero hecho de oír a otra acostada con un hombre. En fin, que me abordó a la mañana siguiente y luego me amenazó con contárselo a la jefa de enfermería y hacer que me expulsaran de la escuela.

Hablaba sin resentimiento, casi con un dejo divertido. No se había inquietado entonces y no iba a inquietarse ahora.

—¿Y qué precio pedía por su silencio? —preguntó Dalgliesh.

No le cabía la menor duda de que, cualquiera que hubiese sido el precio, no se había pagado.

—Dijo que tendría que tomar una determinación al respecto; que tendría que pensárselo despacio. Debía ser algo adecuado. Tendría usted que haberle visto la cara. La tenía toda llena de manchas y encarnada como un pavo rabioso. Yo no sé cómo pude mantenerme seria. Aparenté estar terriblemente preocupada y contrita, y le pedí que habláramos del asunto por la noche. Solo lo hice para darme tiempo a ver a Nigel. Él vivía con su madre viuda en las afueras de la ciudad. Ella lo adoraba y yo sabía que no tendría ningún inconveniente en jurar que él había pasado la noche en casa. Ni siquiera le importaría que hubiésemos estado juntos. Pensaba que su adorado Nigel tenía derecho a hacer todo lo que le diera la gana. Pero yo no quería que Pearce hablara antes de habernos puesto de acuerdo. Cuando la vi por la tarde le dije que los dos negaríamos la historia de plano y que Nigel se respaldaría con una coartada. Ella se había olvidado de la madre de él. Y también se había olvidado de otra cosa. Nigel es sobrino del doctor Courtney-Briggs. De modo que si hablaba, lo único que pasaría era que Courtney-Briggs la expulsaría, a ella y no a mí. En realidad, Pearce era completamente idiota.

—Por lo visto, afrontó usted el problema con admirable eficacia y soltura. ¿Así que nunca llegó a saber cuál era el castigo que Pearce le tenía reservado?

—¡Sí que lo llegué a saber! La dejé hablar antes de

explicarle nada. Para que fuese más divertido. No se trataba de un castigo; era más bien un chantaje. Quería venir con nosotras, quería formar parte de mi banda.

—¿Banda?

—Bueno, salir conmigo, Jennifer Blain y Diane Harper. Yo salía por entonces con Nigel, y Diane y Jennifer también tenían sus amigos. Usted no conoce a Blain; es una de las alumnas que están de baja por la gripe. Pearce quería que nosotras le buscáramos un hombre para ser la cuarta pareja.

—¿No lo encontró sorprendente? Por lo que he oído, Pearce no era precisamente la clase de persona que se interesa por el sexo.

—A todo el mundo le interesa el sexo, cada cual a su manera. Pero Pearce no lo planteó así. Dijo que nosotras tres no éramos de fiar y que necesitábamos a alguien que nos vigilara. ¡No tiene mucho mérito adivinar quién sería la vigilante! Pero yo me daba cuenta de lo que quería, en el fondo. Quería a Tom Mannix. Tom Mannix era por entonces el archivero de pediatría. Era pecoso y, en realidad, bastante pelma, pero a Pearce le gustaba. Los dos asistían a la Congregación Cristiana del hospital y Tom iba a hacerse misionero o algo por el estilo cuando concluyera sus dos años aquí. Hubiera hecho muy buena pareja con Pearce y me atrevería a decir que yo habría conseguido que saliera con ella un par de veces de habérmelo propuesto. Pero eso no le hubiera servido de nada a Pearce. Él no la quería; me quería a mí. Bueno, ya sabe usted cómo son esas cosas.

Dalgliesh sabía cómo eran esas cosas. Después de

todo, se trataba del más habitual, del más banal de los dramas personales. Uno quiere a alguien pero no es querido. Y lo que es peor, contradiciendo a sus propios intereses y al precio de destruir la tranquilidad de uno, la persona en cuestión quiere a una tercera persona. ¿Qué sería de la mitad de los poetas y novelistas del mundo sin esta universal tragicomedia? Pero a Julia Pardoe no le afectaba en absoluto. Si tan siquiera la voz, pensó Dalgliesh, retuviera un rastro de piedad... ¡O al menos de emoción! Pero la desesperada necesidad de Pearce, el anhelo de amor que la había conducido a aquel patético intento de chantaje, no despertaban en la víctima nada, ni tan siquiera una carcajada de desprecio. Ni siquiera se molestaría en pedirle a Dalgliesh que mantuviese la historia en secreto. Y luego, como si le estuviera leyendo el pensamiento, le dijo por qué.

—Ahora no me importa que usted lo sepa. ¿Por qué iba a importarme? Después de todo, Pearce ha muerto. Y también Fallon. Quiero decir que, con dos asesinatos dentro del hospital, la jefa de enfermería y la junta directiva tienen cosas más importantes de qué preocuparse que no de si Nigel y yo nos acostábamos juntos. ¡Pero cuando me acuerdo de aquella noche! De verdad le digo que fue hilarante. La cama era estrechísima y no paraba de hacer ruido, y Nigel y yo nos reíamos tanto, sin poder evitarlo, que apenas si... ¡Y pensar que Pearce estaba mirando por la cerradura!

Y a continuación se echó a reír. Fue un repiqueteo de júbilo espontáneo y sugerente, inocente y contagioso. Mientras la miraba, el insulso rostro del sargento Masterson resplandecía con una ancha sonrisa de indulgencia y, durante un minuto fuera de lo normal, él y Dalgliesh tuvieron que contener las ganas de reírse a carcajadas con ella.

VII

Dalgliesh no había convocado a los miembros del pequeño grupo reunido en la biblioteca en ningún orden especial ni había dejado para la última a la enfermera Gearing con ninguna intención maliciosa. Pero la larga espera había sido una falta de consideración. Era evidente que ella había encontrado tiempo a primera hora de la mañana para maquillarse con espléndida meticulosidad; una preparación instintiva, sin duda, para cualesquiera que fuesen los encuentros traumáticos que pudiera dispensarle el día. Pero el maquillaje se había estropeado mucho. El rímel se le había corrido y ahora estaba difuminado entre la sombra de ojos, tenía gotas de sudor en la frente y una mancha de lápiz de labios en la barbilla. Quizá sin darse cuenta se había estado tocando la cara. Indiscutiblemente le costaba mantener las manos quietas. Estaba sentada, retorciendo el pañuelo entre los dedos, cruzando y volviendo a cruzar las piernas con un malestar evidente. Sin esperar a que hablara Dalgliesh, estalló en una charla vehemente y frenética.

—Usted y el sargento se alojan con los Maycroft en The Falconer's Arms, ¿no es cierto? Espero que se sientan cómodos. Sheila es un poquitín pesada, pero Bob vale mucho cuando se lo trata un poco.

Dalgliesh había tenido buen cuidado en no tratar a Bob. Había elegido The Falconer's Arms por ser un hostal pequeño, céntrico, tranquilo y medio vacío; la razón de lo cual no había tardado en conocer. El capitán Robert Maycroft y su esposa estaban más interesados en impresionar a sus visitantes con sus buenos modales que en atender al bienestar de sus huéspedes, y Dalgliesh confiaba fervientemente en haber abandonado la pensión antes de que concluyera la semana. Mientras tanto, no tenía la menor intención de hablar sobre los Maycroft con la enfermera Gearing y la condujo, con amabilidad pero con firmeza, hacia temas más relevantes.

A diferencia de los demás sospechosos, esta encontró necesario perder los cinco primeros minutos en manifestar su horror por la muerte de las dos chicas. Todo había sido demasiado horrible, trágico, tenebroso, terrorífico, bestial, inolvidable e inexplicable. La emoción, pensó Dalgliesh, era bastante genuina, aunque la forma de expresarla fuese poco original. La mujer estaba sinceramente apenada. Sospechó que también muy asustada.

Le hizo repasar los acontecimientos del lunes, 12 de enero. Ella tenía pocas novedades interesantes que contar y su narración cuadraba con la previamente recogida. Se había despertado muy tarde, se había vestido muy deprisa y no había conseguido llegar al comedor sino a las ocho en punto. Había desayunado con la enfermera Brumfett y la enfermera Rolfe, por quienes había sabido que la enfermera Fallon se había puesto enferma durante la noche. Dalgliesh le preguntó si recordaba cuál de las dos le había dado la noticia.

—Pues la verdad es que no puedo decir que lo recuerde. Creo que fue Rolfe, pero no estoy segura. Con una cosa y otra, aquella mañana fue un poco caótica. No me ayudaba mucho haberme quedado dormida más de la cuenta y, como es natural, estaba algo nerviosa por la inspección del Departamento General de Enfermería. Después de todo, yo no soy la profesora titular. Solo estaba sustituyendo a la enfermera Manning. Y ya es bastante desagradable dar la primera clase práctica a un curso, sin que además estén la jefa de enfermería y la inspectora del DGE, el doctor Courtney-Briggs y la enfermera Rolfe, todos allí delante, pendientes de cada gesto de una. Me sorprendió que, con la ausencia de Fallon, solo quedaran siete estudiantes del curso. Bueno, eso me venía muy bien; cuantas menos, mejor, por lo que a mí me tocaba. Tenía que confiar en que las bestezuelas respondieran y demostraran un poco de inteligencia.

Dalgliesh le preguntó quién había salido primero del comedor.

—Brumfett fue la primera en irse. Muerta de ganas de volver a su sala, como de costumbre, supongo. Yo salí a continuación. Llevé mis papeles al invernadero, junto con una taza de café, y estuve leyendo unos diez minutos. Christine Dakers, Diane Harper y Julia Pardoe estaban allí. Harper y Pardoe charlaban entre ellas y Dakers estaba sentada aparte, leyendo una revista. Yo no estuve mucho rato y ellas se quedaron cuando me fui. Subí a mi cuarto cuando serían las ocho y media, recogiendo, al pasar, el correo, y luego volví a bajar y fui derecha a la sala de prácticas, unos instantes antes de las nueve menos cuarto. Ya estaban las gemelas Burt, acabando los preparativos, y Goodale llegó enseguida. El resto del curso entró en grupo, como a las nueve menos diez, excepto Pearce, que no llegó hasta el último momento. Hubo la habitual cháchara femenina antes de ponernos a la tarea, pero no la recuerdo en absoluto. Lo demás ya lo sabe usted.

Dalgliesh lo sabía. Pero, aunque consideraba muy improbable enterarse de nada nuevo por boca de la enfermera Gearing, le hizo repasar los acontecimientos de aquella traumática práctica. Pero ella no tenía nada nuevo que revelarle. Todo había sido demasiado horrible, terrible, terrorífico, horroroso e increíble. Ella no lo olvidaría mientras viviera.

Entonces, Dalgliesh volvió sobre la muerte de Fallon. Pero ahora la enfermera Gearing le procuró una sorpresa. Era la primera sospechosa que disponía de coartada, o de lo que sin duda ella consideraba tal, y así se lo comunicó con comprensible satisfacción. Desde las ocho hasta la medianoche había recibido a un amigo en su habitación. Dio el nombre a Dalgliesh con afectada mala gana. Era Leonard Morris, el jefe de la farmacia del hospital. Lo había invitado a cenar, le había ofrecido unos sencillos espaguetis a la boloñesa, hechos en la cocina de las enfermeras en la tercera planta, y se los había servido en su cuarto a las ocho en punto, muy poco después de que él llegara. Habían estado juntos las cuatro horas, salvo los pocos minutos en que ella había ido a la cocina a buscar la comida, y durante otro par de minutos alrededor de la medianoche, en que él había salido al lavabo, y durante otro tiempo equivalente, más pronto por la noche, cuando ella se había separado de él por la misma razón. Aparte de eso, en ningún momento habían dejado de verse. Ella agregó con vehemencia que Len —es decir, el señor Morris— confirmaría con mucho gusto sus palabras. Len recordaría las horas con absoluta exactitud. Al ser farmacéutico, era exacto y minucioso en todos los detalles. El inconveniente era que no estaba en el hospital aquella mañana. Había telefoneado a la farmacia antes de las nueve diciendo que estaba enfermo. Pero volvería a su puesto al día siguiente, estaba segura. Len odiaba no trabajar.

Dalgliesh le preguntó a qué hora se había ido él de la Casa Nightingale.

—Bueno, pues no pudo ser mucho después de la medianoche. Recuerdo que cuando mi reloj dio las doce, Len dijo que ya era hora de irse. Salimos unos cinco minutos después, bajando por las escaleras traseras, las que salen del piso de la jefa de enfermería. Yo dejé la puerta abierta; Len recogió su bicicleta de donde la había dejado y yo lo acompañé hasta el primer recodo del camino. No hacía precisamente una noche para pasear, pero aún teníamos pendientes un par de cuestiones del hospital (Len da clases de farmacología a las estudiantes de segundo curso) y yo pensé que soportaría un poco de viento. A Len le disgustaba dejarme volver sola, de modo que regresó hasta la puerta. Supongo que serían alrededor de las doce y cuarto cuando al fin se marchó. Yo entré por la puerta de la jefa y la cerré con llave. Fui derecha a mi cuarto, llevé los platos a la cocina para fregarlos, pasé por el cuarto de baño y a la una menos cuarto estaba acostada. No vi a Fallon en toda la noche. Lo siguiente que supe fue que la enfermera Rolfe me despertó con la noticia de que Dakers había encontrado a Fallon muerta en su cama.

—De modo que usted salió y volvió por el piso de la señorita Taylor. ¿Estaba, pues, la puerta sin cerrar?

—¡Oh, sí! La señorita Taylor acostumbra dejarla abierta cuando se ausenta. Sabe que a nosotras nos resulta más cómodo y más discreto utilizar su escalera. Después de todo, somos mujeres adultas. No es que tengamos exactamente prohibido llevar amigos a las habitaciones, pero tampoco es demasiado agradable ir enseñándolos por toda la casa, con las estudiantillas mirando de reojo por todas las esquinas. La jefa es muy considerada. Creo que incluso deja la sala de estar sin echar la llave cuando se ausenta de la Casa Nightingale. Supongo que es para que la enfermera Brumfett pueda utilizarla si le apetece. Brumfett, por si aún no lo sabe, es la sombra de la jefa. Muchas de ellas tienen perrito, ¿sabe? La señorita Taylor tiene a Brumfett.

Fue una nota de amargo cinismo tan inesperada que Masterson levantó la cabeza del cuaderno donde escribía, estremeciéndose, y miró a la enfermera Gearing con cara de estar viendo de repente unas posibilidades imprevisibles en una candidata que bien poco prometía. Pero Dalgliesh lo dejó pasar. Preguntó:

—¿Estaba la enfermera Brumfett en el piso de la señorita Taylor anoche?

—¿A medianoche? ¡No! Brumfett se acuesta temprano, a no ser que salga por ahí, de pendoneo, con la señorita Taylor. Normalmente se toma la última bebida del día a las once menos diez. De todos modos, anoche la llamaron. El doctor Courtney-Briggs le pidió que fuera a la sala de los particulares y que se ocupara de un paciente suyo que acababa de operar. Creo que todo el mundo lo sabe. Eso ocurrió muy poco antes de las doce.

Dalgliesh le preguntó si ella había visto a la enfermera Brumfett.

—No, pero la vio mi amigo. Len, quiero decir. Sacó la cabeza por la puerta, a ver si estaba despejada la costa para ir al aseo antes de marcharse y vio a Brumfett envuelta en su capa, con ese viejo bolso que lleva, que se perdía escaleras abajo. Era evidente que iba a salir y supuse que la habrían reclamado en la sala. Eso le ocurre constantemente a Brumfett. En parte, la culpa es de ella. No hay como ser demasiado concienzuda.

Dalgliesh pensó que no era un defecto al que fuese propensa la enfermera Gearing. Se hacía difícil imaginársela atravesando el parque a pie a medianoche, en lo peor del invierno, por la azarosa convocatoria de ningún cirujano, por eminente que fuese. Pero lo lamentó bastante por ella. Le había ofrecido un deprimente vislumbre sobre lo que embrutece la falta de intimidad, y sobre las mezquindades y subterfugios con que las personas que viven en indeseada proximidad protegen su existencia y procura invadir la ajena. La idea de un hombre adulto que espía a escondidas por el quicio de la puerta antes de salir, de dos amantes adultos que huyen furtivamente por una escalera trasera para evitar ser descubiertos, era algo grotesco y humillante. Recordó las palabras de la señorita Taylor: «Aquí nos enteramos de todo; no existe auténtica intimidad.» Incluso cuál era la última bebida de la pobre Brumfett y a qué hora se acostaba eran de conocimiento general. Poco cabía dudar de que la Casa Nightingale alimentaba su propia y específica neurosis, dado que la enfermera Gearing consideraba necesario justificar un paseo con su amante por el recinto, sus obvios y naturales deseos de prolongar la despedida de la noche, con la poco convincente patraña de que tenían que hablar de cuestiones profesionales. Todo esto lo encontraba profundamente deprimente y no lo lamentó cuando llegó el momento de permitirle retirarse.

VIII

Dalgliesh casi disfrutó durante la media hora que estuvo con la señorita Martha Collins, el ama de llaves. Era una mujer delgada, de piel oscura, frágil y elegante, como una rama muerta que da la sensación de que hace mucho tiempo que se le secó la savia en las venas. Tenía el aspecto de haberse ido encogiendo poco a poco dentro de su traje, sin haberse dado cuenta. La bata de faena, de grueso algodón pardusco, le colgaba formando largos pliegues desde los estrechos hombros hasta la mitad de las pantorrillas y se la ceñía alrededor de la cintura con un cinto de colegial, a rayas rojas y azules, cerrado por una hebilla en forma de serpiente. Las medias parecían acordeones alrededor de los tobillos, y o bien le gustaba usar zapatos de al menos dos números por encima de su talla, o bien tenía los pies llamativamente desproporcionados con respecto al resto del cuerpo. Se había presentado en cuanto la llamó, se había derrumbado frente a él, con sus inmensos pies firmemente plantados en el suelo y separados, y lo había mirado con expectante malevolencia, como si estuviese a punto de entrevistarse con una criada más terca de lo normal. Durante toda le entrevista no sonrió ni una vez. Había que admitir que las circunstancias no tenían nada de divertido, pero ella parecía incapaz de dibujar ni siquiera la más leve sonrisa de educada deferencia. A pesar de tan poco prometedores comienzos, la entrevista no había estado mal. Dalgliesh se preguntó si su tono avinagrado y su apariencia, perversamente carente de todo atractivo, no formarían parte de un personaje calculado. Quizás unos cuarenta años atrás decidiera convertirse en un personaje dentro del hospital, en el adorado tirano de las novelas, tratando a todo el mundo, desde la jefa de enfermería hasta la última criada, con la misma irreverencia, y descubriese que esa caracterización se le daba tan bien y era tan satisfactoria que nunca había logrado deshacerse de ella. Gruñía sin cesar, pero sin malicia, por puro formalismo. Dalgliesh supuso que, en realidad, le gustaba su trabajo y que no era tan desgraciada ni estaba tan descontenta como quería aparentar. Era difícil que hubiera permanecido cuarenta años en el puesto, de ser tan insoportable como le gustaba presentarlo.

—¡Leche! No me hable a mí de leche. Hay en esta casa más problemas con la leche que con todos los demás abastecimientos juntos, que ya es decir. Estamos gastando quince pintas diarias, y eso que la mitad de la gente está fuera con la gripe. No me pregunte adónde va tanta leche. Yo he dejado de responsabilizarme de eso y así se lo he hecho saber a la jefa. Hay un par de botellas que es lo primero que se sube por las mañanas al piso de las enfermeras de plantilla, para que se hagan el primer té del día. Dos botellas para tres, les envío. Usted pensaría que es bastante para todas. La jefa, por supuesto, va aparte. Ella sola se toma una pinta, ni una gota menos. ¡Pocos problemas nos da la leche! La primera enfermera que le pone la mano encima le quita toda la nata, creo. Lo cual no es muy considerado, y así se lo he hecho saber a la jefa. Ya tienen suerte con conseguir una botella o dos de leche entera; nadie más tiene de esa leche en toda la casa. Pero todo son quejas. La enfermera Gearing se queja de que está demasiado aguada para ella, y la enfermera Brumfett, porque dice que no es leche entera; y la enfermera Rolfe la quiere en botellas de media pinta, que ella sabe tan bien como yo que ya no existen. Luego está la leche para el primer té de las estudiantes, para el cacao y los demás brebajes que ellas mismas se preparan por la noche. Se supone que deben firmar por las botellas que cogen de la nevera. No se les escatima, pero la norma es que firmen. Pues échele un vistazo usted mismo al libro de control. Nueve de cada diez veces es imposible descifrar los nombres. Y luego están los cascos. Se supone que deben enjuagar las botellas y devolverlas a la cocina. No me dirá usted que la molestia es excesiva. Pues, en lugar de eso, dejan las botellas en cualquier sitio de la casa: en las habitaciones, en los armarios o en su cocina, y encima a medio fregar, hasta que el sitio apesta. Mis chicas tienen ya bastante que hacer sin tener que ir persiguiendo por todas partes a las alumnas y a las botellas de la leche, y así se lo he hecho saber a la jefa.

»¿Qué quiere usted decir: si estaba yo en la cocina cuando las gemelas Burt cogieron su pinta? Ya sabe que sí que estaba. Así se lo hice saber al otro policía. ¿En qué otro sitio iba a estar a esas horas? Yo siempre estoy en mi cocina antes de las siete menos cuarto, y eran casi las siete y tres minutos cuando entraron las gemelas Burt. No, yo no les entregué la botella. La cogieron ellas solas de la nevera. Mi trabajo no consiste en servir con brazos y piernas a las estudiantes, y así se lo tengo dicho a la jefa. Pero a la leche no le pasaba absolutamente nada cuando salió de mi cocina. No nos la trajeron hasta las seis y media, y ya tenía yo bastantes cosas que hacer antes del desayuno sin necesidad de liarme a echar desinfectante en la leche. Además, yo tengo una coartada. Estuve con la señora Muncie desde las seis cuarenta y cinco en adelante. Es la señora de hacer faenas que viene de la ciudad a echarme una mano cuando no doy abasto. Puede verla siempre que quiera, pero no creo que le saque nada. La pobre no tiene mucha sustancia entre oreja y oreja. Pensándolo bien, no creo que se enterara de si yo me pasé toda la mañana envenenando la leche. Pero estuvo conmigo, que es lo que importa. Y yo estuve con ella todo el tiempo. Nada de idas al servicio en mi caso, gracias. Yo hago todo ese tipo de cosas en su debido momento.

»¿El desinfectante del lavabo? Creo que usted anda preguntando por eso. Yo misma llené las botellas con el bidón grande que nos manda una vez a la semana el almacén general del hospital. En realidad no es obligación mía, pero no me gusta encargárselo a las criadas. Son muy descuidadas. Solo saben rociar los suelos de todos los lavabos. Yo llené la botella del váter de abajo el día antes de que muriera la enfermera Pearce, de modo que debía estar casi llena. Hay estudiantes que se molestan en echar un poco cuando han usado el váter, pero la mayor parte no. Usted podría pensar que las futuras enfermeras han de atender a esta clase de cosas, pero no son mejores que el resto de la gente joven. El desinfectante lo utilizan sobre todo las criadas para limpiar las tazas de los retretes. Todos los lavabos se limpian una vez al día. Yo soy muy especial en cuanto a la limpieza de los lavabos. El que hay en la planta baja tenía que haberlo limpiado Morag Smith después de la comida, pero la enfermera Goodale y la enfermera Pardoe se dieron cuenta de que faltaba la botella antes de esa hora. He oído que el otro policía la encontró vacía entre los matorrales de la fachada trasera de la casa. Y ya me gustaría a mí saber quién la tiró allí.

»No, no puede ver a Morag Smith. ¿No se lo han dicho? Es su día de permiso. Se fue ayer después del té, por suerte para ella. Morag no tendrá que cargar con estas molestias de última hora. No, no sé si se fue a su casa. Ya tengo bastante responsabilidad sobre las criadas cuando están en la Casa Nightingale. Yo no me preocupo de lo que hacen en sus días libres. Y lo mismo hago con respecto a muchas de las cosas que oigo. Volverá esta noche, es más que probable, y la jefa ha dado órdenes de que se traslade a la residencia del personal fijo. Ahora este sitio es demasiado peligroso para nosotras, por lo que se ve. Pues a mí no me cambiará nadie. Yo no sé cómo creen que voy a arreglármelas por la mañana si Morag no se deja ver hasta la hora del desayuno. Yo no sé controlar a la gente si no la tengo a la vista. No es que Morag dé mucha guerra. Es tan tozuda como todas cuando llegan, pero es trabajadora. Y si tratan de decirle que Morag Smith puso la mano en el alimento ese, no se lo crea. Es posible que esa chica sea un poco torpe, pero no está loca de atar. No consentiré que se calumnie a mi personal sin motivo.

»Y ahora le diré una cosa, señor detective. —Levantó el magro trasero del asiento, se inclinó sobre la mesa y clavó los ojillos en Dalgliesh. Él quiso sostenerle la mirada sin parpadear y se quedaron mirándose fijamente como un par de luchadores al inicio de un asalto.

—Diga, señorita Collins.

Ella clavó un dedo en el pecho de Dalgliesh. Él parpadeó.

—Nadie tiene ningún derecho a sacar la botella del lavabo sin mi permiso ni a utilizarla con ningún otro fin que no sea el de limpiar la taza del retrete. ¡Nadie!

No podía estar más claro en qué consistía la enormidad del crimen cometido a ojos de la señorita Collins.

IX

A la una menos veinte compareció el doctor Courtney-Briggs. Llamó a la puerta con viveza, entró sin aguardar contestación y dijo lacónicamente:

—Puedo concederle un cuarto de hora en este momento, Dalgliesh, si le va bien.

Por el tono se entendía que habría de ir bien. Dalgliesh asintió y le señaló la silla. El cirujano dirigió una mirada al sargento Masterson, que permanecía impasible con su cuaderno de notas dispuesto, dudó y luego volvió la silla para quedar de espaldas al suboficial. Después tomó asiento y buscó algo con su mano en el bolsillo del chaleco. La pitillera que sacó era de oro delicadamente trabajado y tan delgada que parecía inservible. Ofreció un cigarrillo a Dalgliesh, pero no a Masterson, y no dio la impresión de sorprenderse lo más mínimo ni preocuparse demasiado por el rechazo del superintendente. Encendió el suyo. Las manos con que arropaba el encendedor eran grandes y de dedos cuadrados; no eran las manos sensibles de un cirujano de novela, sino unas fuertes manos de carpintero, muy bien cuidadas.

Declaradamente absorto en los papeles, Dalgliesh observó al individuo. Era voluminoso, pero no gordo. El terno, que casi le sentaba demasiado bien, recubría un cuerpo acicalado y bien alimentado y reforzaba la sensación de una fuerza latente, solo en parte controlada. Todavía se podía decir que era guapo. Los cabellos, largos, que se peinaba hacia atrás desde la frente despejada, eran fuertes y oscuros, excepto un único mechón cano. Dalgliesh se preguntó si sería teñido de blanco. Tenía los ojos demasiado pequeños para el tamaño del rostro, grande y bastante rojizo, pero bien conformados y muy separados. No dejaban traslucir nada.

Dalgliesh sabía que el doctor Courtney-Briggs había sido el principal responsable de que el comisario local recurriera a Scotland Yard. Resultaba fácil comprender el motivo por la algo desabrida explicación que le había dado el inspector Bailey durante su breve entrevista a raíz de hacerse cargo Dalgliesh del caso. El cirujano se había convertido en un estorbo desde el primer momento, y sus motivaciones, si acaso tenían alguna justificación racional, se prestaban a toda suerte de especulaciones. Al principio había aseverado firmemente que la enfermera Pearce había sido asesinada sin ningún género de dudas, que era impensable que nadie relacionado con el hospital estuviera implicado en el crimen y que la policía local tenía la obligación de actuar partiendo de tal supuesto, y de descubrir y detener al asesino en un mínimo de tiempo. Cuando las investigaciones no rindieron resultados inmediatos, se impacientó. Era un hombre acostumbrado a mandar, y desde luego no carecía de influencia. Había en Londres personas eminentes que le debían la vida y algunas de ellas disponían de facultades para molestar. El jefe de policía y Scotland Yard recibieron llamadas telefónicas, unas educadas y en tono casi de disculpa, otras francamente críticas. Y cuando el inspector encargado de la investigación estuvo bastante convencido de que la muerte de la enfermera Pearce se debió a una broma que desbordó a sus autores, Courtney-Briggs y sus secuaces proclamaron en voz aún más alta que había sido asesinada y presionaron, con aún mayor ardor, para que el caso fuese traspasado a Scotland Yard. Y luego apareció muerta la enfermera Fallon. Cabía esperar entonces que la policía local se galvanizara con renovada actividad, que la difusa luz que había alumbrado el primer crimen se intensificara y concentrara sobre esta segunda muerte. Y ese fue el momento elegido por el doctor Courtney-Briggs para telefonear al comisario y comunicarle que no había necesidad de nuevas pesquisas, que para él era evidente que la enfermera Fallon se había suicidado, que tal suicidio solo podía deberse a los remordimientos por el trágico desenlace de la broma que había costado la vida a su compañera, y que ahora interesaba al hospital cerrar el caso con un mínimo de escándalo antes de comprometer la afluencia de enfermeras a la escuela y, en suma, todo el futuro de la institución. La policía no carece de experiencia sobre estos súbitos bandazos temperamentales, lo cual no quiere decir que los acoja de buen grado. Dalgliesh suponía que el comisario debió decidir de bastante buena gana que, dadas las circunstancias, sería prudente solicitar que Scotland Yard se ocupase de esclarecer ambas muertes.

Durante la semana siguiente a la muerte de la enfermera Pearce, Courtney-Briggs incluso había llamado a Dalgliesh, que había sido paciente suyo tres años atrás. Fue un caso de apendicitis sin complicaciones, y aunque la vanidad de Dalgliesh estaba agradecida por la pequeñez y limpieza de la cicatriz, opinaba que la pericia del cirujano ya recibió entonces su justa recompensa. Desde luego, no estaba en absoluto dispuesto a ser utilizado para los objetivos particulares de Courtney-Briggs. La conversación telefónica había sido embarazosa y le había resultado ofensiva. Ahora se fijó en que, al parecer, el cirujano había decidido que se trataba de un incidente que más valía olvidar por ambas partes.

Sin levantar los ojos de los papeles, Dalgliesh dijo:

—Tengo entendido que usted opina que la señorita Fallon se ha suicidado.

—En efecto. Es la explicación evidente. ¿No irá usted a pensar que alguien le echa algo a uno en su whisky? ¿Por qué habría de hacer nadie una cosa así?

—Existe el problema, ¿no es cierto?, de que ha desaparecido el envase del veneno. Es decir, si era veneno. No lo sabremos hasta disponer del informe de la autopsia.

—Qué problema. No hay ningún problema. El vaso era opaco y estaba envuelto en un aislante. Pudo echar el veneno a una hora más temprana de la noche. Nadie se hubiese dado cuenta. O bien llevó el polvo envuelto en papel y tiró el sobre por el retrete. El envase no plantea ningún problema. Dicho sea de pasada, esta vez no era corrosivo. Eso saltaba a la vista cuando vi el cadáver.

—¿Fue usted el primer médico que lo reconoció?

—No. Yo no estaba en el hospital cuando la encontraron. Fue el doctor Snelling. Es el médico general que se ocupa aquí de las enfermeras. Se dio inmediatamente cuenta de que no se podía hacer nada. Yo me acerqué a echar un vistazo al cadáver en cuanto supe la noticia. Llegué al hospital muy poco antes de las nueve. Para entonces ya estaba la policía, claro. La policía local, me refiero. No entiendo por qué no la han dejado continuar con el caso. Llamé al comisario para darle a conocer mi opinión. Dicho sea de paso, Miles Honeyman me dijo que murió alrededor de la medianoche. Lo vi en el momento en que se iba. Estuvimos juntos en la Facultad de Medicina.

—Eso tengo entendido.

—Ha sido acertado por su parte contar con él. Está considerado como uno de los mejores.

Hablaba con complacencia, con la condescendencia de reconocer el éxito ajeno. Sus criterios no eran muy sutiles, pensó Dalgliesh. Dinero, prestigio, reconocimiento público, poder. Sí, Courtney-Briggs siempre exigiría lo mejor para sí, confiando en su capacidad para pagarlo.

—Estaba embarazada. ¿Lo sabía usted? —dijo Dalgliesh.

—Me lo dijo Honeyman. No, yo no lo sabía. Estas cosas ocurren, incluso hoy en día, cuando los anticonceptivos son seguros y están al alcance de cualquiera. Pero yo hubiera esperado que una chica con su inteligencia tomara la píldora.

Dalgliesh recordó la escena de la mañana en la biblioteca, cuando el doctor Courtney-Briggs reveló saber la edad de la muchacha al día. Le hizo la siguiente pregunta sin ambages:

—¿La conocía usted bien?

La alusión era llana y el cirujano no respondió durante unos instantes. Dalgliesh no esperaba que fanfarroneas e ni que se amedrentara, y no sucedió ninguna de las dos cosas. Hubo un mayor respeto en la mirada que dirigió a quien le preguntaba.

—Durante un tiempo, sí. —Hizo una pausa—. Se podría decir que la conocí íntimamente.

—¿Fue su amante?

Courtney-Briggs lo miró impasible, reflexionando. Luego dijo:

—Eso suena muy formal. Dormimos juntos, con bastante regularidad, durante sus seis primeros meses aquí. ¿Tiene algo que objetar?

—Poco tendría yo que objetar si ella no se opuso. Es de suponer que lo hacía por su gusto.

—Bien puede decirlo.

—¿Cuándo terminaron?

—Creo que ya se lo he dicho. Duró hasta el final de su primer curso. Hace de eso año y medio.

—¿Se pelearon?

—No. Ella decidió, digámoslo así, que había agotado sus posibilidades. A algunas mujeres les gusta la variación. A mí también. No me hubiera liado con ella de pensar que era el tipo de mujer que trae complicaciones. Y no me interprete mal. No tengo por costumbre dormir con las alumnas de la escuela. Soy un tanto remilgado.

—¿No le fue difícil mantenerlo en secreto? Hay muy poca intimidad en este hospital.

—No sea usted romántico, superintendente. No nos besábamos ni acariciábamos en el cuarto trastero. Cuando dije que dormía con ella quise decir exactamente eso. Yo no utilizo eufemismos para hablar del sexo. Venía a mi piso de Wimpole Street cuando tenía una noche libre y dormíamos juntos. No tengo a nadie instalado allí y mi casa está cerca de Selborne. El portero de Wimpole Street debe estar al corriente, pero sabe tener la boca cerrada. No quedaría ningún inquilino en la casa si no la tuviera cerrada. No había el menor riesgo, con tal de que ella no hablara, y ella no era muy habladora. Tampoco me hubiera preocupado en exceso. Hay determinados terrenos de la vida personal en que actúo como quiero. Sin duda, usted también.

—Así que el niño no era suyo.

—No. Yo no soy negligente. Además, lo nuestro había concluido. Pero, en caso contrario, tampoco lo habría matado. Ese tipo de solución acarrea más engorros de los que ahorra.

—¿Qué hubiera hecho usted? —preguntó Dalgliesh.

—Eso habría dependido de las circunstancias. Tendría que haber estado seguro de que el hijo era mío. Pero este problema no es infrecuente ni resulta insoluble si la mujer es razonable.

—Me han contado que la señorita Fallon proyectaba abortar. ¿Se dirigió a usted?

—No.

—¿Podría haberlo hecho?

—Desde luego que podría haberse dirigido a mí. Pero no lo hizo.

—¿La hubiera usted ayudado de haberlo hecho?

El cirujano se quedó mirándolo.

—Esta pregunta no es muy de su competencia, diría yo.

—Eso lo decido yo —dijo Dalgliesh—. La chica estaba embarazada; al parecer se proponía abortar; dijo a una amiga que conocía a alguien que la ayudaría. Como es natural, tengo interés en saber a quién se refería.

—Usted conoce la legislación. Yo soy cirujano, no ginecólogo. Prefiero no salirme de mi especialidad y ejercerla con arreglo a la ley.

—Pero hay otras formas de ayudar. Enviarla al especialista adecuado, correr con los gastos...

Una muchacha que podía legar dieciséis mil libras era poco probable que necesitase ayuda para pagar el precio de un aborto. Pero la herencia de la señorita Goodale no era del dominio público y Dalgliesh tenía interés en saber si Courtney-Briggs estaba enterado de la fortuna de Fallon. Pero el cirujano no dio el menor indicio.

—Pues no se dirigió a mí. Tal vez estuviera pensando en mí, pero no se dirigió a mí. De haberlo hecho, no la habría ayudado. Yo asumo mis propias responsabilidades, pero no me hago cargo de las de los demás. Si ella pudo encontrar en otra parte quien la satisficiera, también podía encontrar en otra parte quien la ayudara. Yo no la embaracé. Otro la embarazó. Que él la cuide.

—¿Esta habría sido su respuesta?

—Sin ninguna duda. Y con toda razón.

La voz tenía un dejo de torva satisfacción. Al mirarlo, Dalgliesh vio que se había puesto colorado. El hombre tenía dificultades para controlar sus emociones. Y a Dalgliesh pocas dudas le cabían sobre cuáles eran sus sentimientos. Eran de odio. Prosiguió el interrogatorio.

—¿Estaba usted en el hospital anoche?

—Sí. Me avisaron para operar una emergencia. Uno de mis pacientes recayó. No fue del todo inesperado, pero sí muy grave. Acabé de intervenirlo a las doce menos cuarto de la noche. La hora constará en el registro del quirófano. Luego llamé a la enfermera Brumfett, que estaba en la Casa Nightingale, para pedirle que tuviera la amabilidad de regresar a la sala durante una hora o así. Mi paciente era particular. Después llamé a mi casa para decir que volvería, en lugar de pasar la noche aquí, en las habitaciones de los médicos, como hago a veces cuando opero tarde. Dejé el edificio principal poco después de las doce. Probé a salir con el coche por la puerta de Winchester Road. Tengo llave. Pero hizo muy mala noche, como probablemente se habrá dado cuenta, y encontré un olmo atravesado en el camino. Tuve suerte en no atropellarlo. Me bajé del coche y anudé mi bufanda blanca alrededor de una de las ramas, para advertir a cualquiera que pudiese circular por allí. No era probable que pasara nadie, pero el árbol constituía un peligro evidente y no había ninguna posibilidad de retirarlo hasta que amaneciese. Di media vuelta al coche, me dirigí a la puerta principal e informé al portero sobre el árbol caído al salir.

—¿Se fijó usted en la hora que era?

—No me fijé. Tal vez él sí. Pero, poco más o menos, serían alrededor de las doce y cuarto. Quizá más tarde. Perdí un poco de tiempo con el árbol.

—Tuvo que pasar junto a la Casa Nightingale al ir hacia la salida trasera. ¿No entró?

—No tenía ninguna razón para entrar y no entré, ni para envenenar a la enfermera Fallon ni por ninguna otra razón.

—¿Y no vio a nadie dentro del recinto del hospital?

—¿Pasada la medianoche y en medio de la tormenta? No, no vi a nadie.

Dalgliesh alteró el curso del interrogatorio.

—Usted vio morir a la enfermera Pearce. Supongo que no hubo la menor posibilidad de salvarla.

—Ninguna, diría yo. Tomé medidas bastante enérgicas, pero no es fácil cuando uno no sabe con qué se enfrenta.

—Pero usted sabía que era veneno.

—Lo supe bastante pronto, sí. Pero no sabía cuál. No es que eso hubiera servido de mucho. Usted conoce el informe de la autopsia. Ya sabe lo que le dieron.

Dalgliesh preguntó:

—¿Estaba usted en la Casa Nightingale desde las ocho de la mañana el día en que murió?

—Usted sabe perfectamente que sí, si como doy por supuesto se ha tomado la molestia de leer mi primera declaración. Llegué a la Casa Nightingale poco después de las ocho. Mi contrato es por seis medias jornadas teóricas a la semana; estoy en el hospital todo el día los lunes, jueves y viernes. Pero no es raro que me llamen para operar alguna emergencia; sobre todo tratándose de pacientes particulares; y también, cuando la lista de espera es larga, en ocasiones utilizo el quirófano los sábados por la mañana. Me habían avisado poco después de las once de la noche para una apendicitis urgente, de un enfermo mío particular, y pareció práctico pasar la noche en los alojamientos de los médicos.

—¿Dónde están los alojamientos?

—En el deplorable edificio nuevo que hay cerca del pabellón de pacientes externos. Sirven el desayuno a una hora tan inverosímil como las siete y media.

—Vino usted bastante pronto. La práctica no tenía que comenzar hasta las nueve.

—No estaba aquí únicamente por las prácticas, superintendente. No entiende usted mucho de hospitales, ¿no es cierto? Un jefe de servicio de cirugía no asiste normalmente a las clases de las enfermeras, a no ser para impartirlas. Si yo asistí el 12 de enero fue porque estaría presente la inspectora del DGE. Soy vicepresidente del comité de la escuela de enfermeras. Fue una cortesía para con la señorita Beale el estar aquí para recibirla. Vine temprano porque quería trabajar en unas notas de clínica que había dejado en el despacho de la enfermera Rolfe después de dar una clase. También quería hablar un momento con la jefa de enfermería antes de que comenzara la inspección y asegurarme de llegar a tiempo para recibir a la señorita Beale. Subí al piso de la jefa a las ocho y treinta y cinco y la encontré acabando el desayuno. Y, si está usted pensando que bien pude poner el corrosivo en la botella de la leche en cualquier momento entre las ocho y las ocho treinta y cinco, tiene toda la razón. Pese a lo cual, no lo puse.

Consultó el reloj.

—Y ahora, si no tiene ninguna otra pregunta que hacerme, he de almorzar. Tengo otra consulta de pacientes externos esta tarde y el tiempo apremia. Si es en realidad necesario, probablemente le concederé otros cuantos minutos antes de irme, aunque espero que no haga falta. Ya he firmado una declaración sobre la muerte de Pearce y no tengo nada que agregar ni que modificar. Ayer no vi a Fallon. Ni siquiera sabía que le hubiesen dado el alta. Su hijo no era mío; y aunque lo fuese, yo no habría sido tan imbécil como para matarla. Dicho sea de paso, lo que le he contado sobre nuestras anteriores relaciones era, como es lógico, confidencial.

Lanzó una significativa mirada al sargento Masterson.

—No es que me preocupe que se sepa. Pero, después de todo, la chica ha muerto. También debemos salvaguardar su buen nombre.

Dalgliesh encontraba difícil creer que el doctor Courtney-Briggs estuviera interesado en ningún buen nombre que no fuese el suyo. Pero dio las pertinentes seguridades con la mayor solemnidad. Vio marcharse al cirujano sin pesar. Un cabrón egoísta al que sería divertido, aunque infantil, provocar. Pero ¿un asesino? Tenía el engreimiento, el temple y el egoísmo de los asesinos . Y en concreto, había tenido la oportunidad. ¿Y el móvil? ¿No había habido un poco de doblez por su parte al confesar tan desde el principio sus relaciones con Josephine Fallon? Había que admitir que no le hubiera sido posible guardar el secreto mucho tiempo; un hospital no es precisamente una de las instituciones más discretas. ¿Había hecho entonces virtud de la necesidad, asegurándose de que Dalgliesh conociera su versión del asunto antes de que el inevitable comadreo llegara a sus oídos? ¿O sencillamente había sido el candor de la presunción, la vanidad sexual de un hombre que no se molestaría en ocultar ninguna hazaña que proclamara su atractivo y su virilidad?

Mientras reunía sus papeles, Dalgliesh se dio cuenta de que tenía hambre. Había comenzado la mañana muy temprano y había sido una mañana muy larga. Era hora de olvidarse de Stephen Courtney-Briggs, y de que él y Masterson pensaran en comer.

5

Conversación de sobremesa

I

Las enfermeras de plantilla y las estudiantes de la Casa Nightingale solo desayunaban y tomaban el té de la tarde en el comedor de la escuela. Para las comidas principales del mediodía y de la noche, concurrían con el resto de los empleados al restaurante del hospital, donde comían todos, menos el personal facultativo, en ruidosa e institucionalizada promiscuidad. La comida siempre era nutritiva, sabrosa y tan variada como era compatible con la necesidad de satisfacer los distintos gustos de varios cientos de personas, evitando herir susceptibilidades religiosas y dietéticas sin desatender tampoco las limitaciones presupuestarias del encargado de la intendencia. Los principios que determinaban el menú eran inmutables. Nunca se servía hígado ni riñones los días en que operaba el cirujano de vías urinarias, ni tampoco se encontraban nunca las enfermeras con el mismo menú que acababan de servir a los enfermos.

El restaurante único había sido impuesto en el hospital John Carpendar con la fuerte oposición de todas las categorías del personal. Ocho años antes había comedores separados para las enfermeras y las estudiantes, otro para los administrativos y los técnicos no sanitarios, y una cantina para los porteros y el personal de mantenimiento. Este arreglo era del gusto de todos, puesto que hacía las adecuadas distinciones entre las categorías y aseguraba que cada cual encontrase una cierta intimidad y la compañía de aquellos con quienes prefería pasar el descanso del almuerzo. Pero ahora solo el personal médico superior disfrutaba de la paz y el recogimiento de un comedor propio. Este privilegio, celosamente defendido, era constantemente atacado por los interventores del ministerio, los asesores en abastecimientos del gobierno y los especialistas en organización del trabajo, los cuales, armados de costosas estadísticas, no tenían la menor dificultad en demostrar que el sistema era antieconómico. Pero hasta el momento los médicos habían ganado. Su argumento de mayor peso era la necesidad de hablar *de los pacientes* en privado. Esta insinuación de que ellos trabajaban sin cesar, incluso durante las comidas, era recibida con un cierto escepticismo, pero resultaba difícil de refutar. La necesidad de preservar el secreto de las historias clínicas de los enfermos gravitaba sobre esa esfera de la relación médico-paciente que los facultativos siempre estaban prestos a explotar. Ante semejante mística, incluso los auditores del Ministerio de Hacienda resultaban impotentes. Además, los médicos contaban con el apoyo de la jefa de enfermería. La señorita Taylor había manifestado que consideraba sobradamente razonable que el personal sanitario superior siguiera teniendo su propio comedor. Y la influencia de la señorita Taylor sobre el presidente de la junta directiva del hospital era tan manifiesta y databa de tan antiguo que ya casi no provocaba comentarios. Sir Marcus Cohen era un viudo acaudalado y bien parecido, y a estas alturas lo único sorprendente era que él y la jefa no se hubiesen casado. En general, se aceptaba que eso era debido a que sir Marcus, conocido dirigente de la comunidad judía, no estaba dispuesto a casarse fuera de su fe, o bien a que la señorita Taylor, tan apegada a su profesión, no estaba dispuesta a casarse con nadie.

Pero nadie ponía en duda la enorme influencia de la jefa de enfermería sobre el presidente y, por lo tanto, sobre la junta directiva del hospital. Era sabido que eso irritaba, y mucho, al doctor Courtney-Briggs, porque disminuía en gran medida su propia influencia. Mas en la cuestión del comedor de los médicos, la señorita Taylor se había puesto a favor del cirujano y tal actitud había sido decisiva.

Pero aunque se hubiera forzado la promiscuidad del resto del personal, no había sido posible obligarlos a intimar. La jerarquización seguía siendo visible. La inmensa sala del restaurante estaba dividida en zonas separadas por mamparas de rejilla y jardineras con plantas, y en cada uno de estos cenadores se recreaba la atmósfera de un comedor particular.

La enfermera Rolfe se sirvió pescado y patatas, acarreó la bandeja a la mesa que durante los últimos ocho años había compartido con las enfermeras Brumfett y

Gearing, y pasó la vista por los habitantes de aquel extraño universo. En el cenador más próximo a la puerta estaban los técnicos del laboratorio, con sus batas manchadas, ruidosos y animados. Junto a ellos se sentaba el viejo Fleming, el farmacéutico de los pacientes externos, haciendo bolitas de pan (como si fueran píldoras) entre sus dedos manchados de nicotina. En la siguiente mesa había cuatro taquígrafos médicos, con sus batas de faena de color azul. La señorita Wright, decana de las secretarias, que llevaba veinte años en el John Carpendar, comía deprisa y furtiva como era su costumbre, deseosa de reincorporarse a su máquina de escribir. Detrás de la mampara adyacente había una pequeña nidada de personal técnico: la señorita Bunyon, la primera ayudante de radiología; la señora Nethern, la jefa de las asistentes sociales; y dos fisioterapeutas, todos empecinados en mantener su estatus, con cara de serena eficacia, sin apresurarse, y con una notoria y absoluta indiferencia por los alimentos que comían y por el hecho de haber elegido una mesa todo lo alejada posible de la del personal subalterno de oficinas.

¿Y en qué estarían pensando? Probablemente en Fallon. Era imposible que quedase nadie en el hospital, desde los especialistas hasta las criadas de las salas, que no estuviese ya enterado de que había muerto una segunda alumna en circunstancias poco claras y de que se había avisado a Scotland Yard. La muerte de Fallon era probablemente el tema de conversación de la mayor parte de las mesas esta mañana. Pero eso no impedía que la gente almorzara ni que prosiguiera con sus ocupaciones. Había mucho que hacer; había otras muchas preocupaciones apremiantes; e incluso había muchas habladurías. Sencillamente, la vida debía continuar, y en un hospital ese tópico tenía una especial relevancia. La vida seguía su curso, arrastrada por la fuerza imperiosa del nacimiento y la muerte. Se producían nuevos ingresos; a diario las ambulancias descargaban emergencias; se despachaban por correo los avisos de la lista de espera; se retiraban los fallecidos y se daba el alta a los curados. La muerte, incluso la muerte súbita e inesperada, era más familiar a aquellas estudiantes jóvenes y frescachonas que a los más experimentados detectives. Y la capacidad de sorprenderlas tenía un límite. O bien uno se aviene con la muerte en los primeros años de profesión, o bien se renuncia a ser enfermera. Pero ¿y el asesinato? Eso era otra cosa. Incluso en este mundo violento, el asesinato retenía su escandaloso poder ancestral y macabro. Pero, en realidad, ¿cuánta gente creía en la Casa Nightingale que Pearce y Fallon habían sido asesinadas? Hacía falta algo más que la presencia del niño prodigio de Scotland Yard y su séquito para dar crédito a una idea tan extravagante. Existían otras muchas explicaciones posibles, todas más simples y más creíbles que el asesinato. Dalgliesh podía pensar lo que quisiera; otra cosa sería demostrarlo.

La enfermera Rolfe inclinó la cabeza y emprendió con entusiasmo la labor de diseccionar el pescado. No tenía demasiada hambre. El intenso olor a la comida enrarecía la atmósfera y sofocaba el apetito. La algarabía del restaurante le resonaba en los oídos. Era un ruido incesante e insoslayable, un barullo disonante entre el que no se diferenciaban los distintos sonidos.

A su lado, con la capa bien doblada sobre el respaldo de la silla y el bolso informe de tapicería que la acompañaba a todas partes abandonado en el suelo, la enfermera Brumfett comía bacalao hervido en salsa verde con tanta agresividad como si la ofendiera tener que alimentarse y estuviese desfogando su irritación contra las viandas. La enfermera Brumfett comía invariablemente pescado hervido; y la enfermera Rolfe tuvo de pronto la sensación de que no podría soportar otro almuerzo contemplando a la Brumfett comer bacalao.

Se acordó de que no había ninguna razón por la que tuviese que soportarlo. Nada le impedía sentarse en cualquier otro sitio, nada salvo esta petrificación de la voluntad que convertía el simple gesto de llevar su bandeja a otra mesa diferente en algo así como un cataclismo incontrolable e irrevocable. A su izquierda, la enfermera Gearing preparaba entre mil melindres un bistec a la plancha y partía la ración de col en cuadraditos regulares. Cuando se pusiera a comer de verdad, engulliría la comida con la avidez de una colegiala golosa. Pero siempre se detenía en aquellos prolegómenos. La enfermera Rolfe se preguntó cuántas veces se había aguantado las ganas de decir: «¡Por el amor de Dios, Gearing, deja de darle vueltas y cómetelo!» Sin duda, algún día lo diría. Y otra enfermera de mediana edad y escasos encantos sería públicamente tildada de estar «poniéndose insoportable. Probablemente debido a los años».

Había considerado la posibilidad de vivir fuera del hospital. Estaba permitido y ella podía costeárselo. Comprar un piso o una casita sería la mejor inversión con vistas al retiro. Pero Julia Pardoe había hecho pedazos la idea con unos cuantos comentarios egoístas y destructivos, dejados caer como guijarros helados en el pozo sin fondo de sus esperanzas y sus planes. La enfermera Rolfe aún oía aquella voz aguda e infantil.

—¿Vivir fuera? ¿Por qué quieres hacer eso? Entonces ya no nos veríamos tanto.

—Sí que podríamos vernos, Julia. Y con mucha mayor intimidad y sin todos estos riesgos y engaños. Sería una casita cómoda y agradable. Te gustaría.

—No sería tan fácil como subir las escaleras para verte cada vez que me apetece.

¿Cuándo le apetecía? ¿Qué le apetecía? La enfermera Rolfe había rechazado con todas sus fuerzas estas preguntas que nunca se atrevía a contestar.

Sabía cuál era su dilema. Después de todo, no era una peculiaridad suya. En toda relación amorosa, uno amaba y otro consentía en ser amado. Esto no era más que una forma sencilla de reconocer la brutal economía del deseo: de cada cual según su capacidad, a cada cual según sus necesidades. Pero no era egoísmo ni presunción esperar que quien lo recibía reconociese el valor del don; confiar en no estar desperdiciando su amor en una tramposilla, promiscua y pérfida, que encontraba su placer dondequiera que decidía buscarlo. Ella había dicho:

—Probablemente podrías ir a verme dos o tres veces por semana, o tal vez más. No me iría muy lejos.

—No veo cómo iba a arreglármelas. No entiendo por qué quieres trabajar y ocuparte de una casa. Aquí estás bien.

La enfermera Rolfe pensó: «Pero aquí no estoy del todo bien. Este sitio me amarga la vida. No solo se institucionalizan los enfermos crónicos. A mí también me está sucediendo. Me disgusta la mayor parte de la gente con la que tengo que trabajar y la desprecio. Incluso el trabajo está perdiendo interés. Las estudiantes son más tontas y peor educadas en cada promoción. Ni siquiera estoy segura de que sirva para nada lo que hago.»

Hubo un golpe cerca del mostrador. A una de las camareras se le había caído una bandeja llena de platos usados. Al mirar instintivamente en esa dirección, la enfermera Rolfe vio que el detective acababa de entrar y recogía su bandeja al final de la cola. Observó la figura alta, a la que no prestaban atención las parlanchinas enfermeras que lo precedían, avanzando entre un camillero con chaqueta blanca y una aspirante a comadrona, cogiendo un panecillo y mantequilla y aguardando a que la chica le alargara lo que hubiese escogido de plato fuerte. Le sorprendió verlo en el restaurante. En ningún momento se había imaginado que fuera a almorzar en el comedor del hospital ni que pudiera sentirse a gusto allí. Lo siguió con los ojos mientras llegaba al final del mostrador, entregaba el vale de la comida y se volvía para buscar un asiento libre. Parecía absolutamente tranquilo y como si no percibiera el ambiente que lo rodeaba. Se dijo que probablemente era un hombre que nunca se había sentido en inferioridad de condiciones en ninguna parte, puesto que estaba seguro en su mundo personal y disponía de esa autoestima interior que constituye la base de la felicidad. Se preguntó qué clase de mundo sería el del detective; luego, inclinó la cabeza sobre el plato, al darse cuenta del desacostumbrado interés que le despertaba. Probablemente la mayor parte de las mujeres lo encontrarían guapo, con su cara enjuta y huesuda, a la vez arrogante y sensible. Esa debía de ser una de sus bazas profesionales y, siendo hombre, le habría sacado todo el partido posible. Seguramente era una de las razones por las que le habían encomendado este caso. Si el soso de Bill Bailey es incapaz de sacar nada en claro, probemos con el niño prodigio de Scotland Yard. En una casa repleta de mujeres y con tres solteronas maduras, sin duda eran muchas sus posibilidades. ¡Pues buena suerte!

Pero no era ella la única de la mesa que se había percatado de su presencia. Sintió, más bien que vio, ponerse rígida a la enfermera Gearing y un segundo más tarde la oyó decir:

—Vaya, vaya. ¡El detective guapo! Más le vale comer con nosotras o se encontrará en medio de una manada de estudiantes. Alguien debería haberle contado al pobre hombre cómo funciona esto.

Y ahora, pensó la enfermera Rolfe, le lanzará una de sus sugerentes miradas y tendremos que cargar con él durante el resto del almuerzo. Se lanzó la mirada y no fue rechazada la invitación. Sosteniendo la bandeja con indiferencia y, al parecer, con absoluta soltura, Dalgliesh atravesó la sala y se acercó a la mesa. La enfermera Gearing dijo:

—¿Qué ha hecho usted de su guapo sargento? Yo creía que los policías iban siempre de dos en dos, como las monjas.

—Mi guapo sargento está estudiando los informes

y almorzando bocadillos y cerveza en la oficina mientras yo disfruto con ustedes de las ventajas de la antigüedad. ¿Está ocupada esta silla?

La enfermera Gearing corrió su silla hacia la de la enfermera Brumfett y le sonrió:

—Ahora sí.

II

Dalgliesh se sentó, consciente de que la enfermera Gearing así lo deseaba, de que la enfermera Rolfe no quería y de que a la enfermera Brumfett, que se había dado por enterada de su presencia con un escueto movimiento de cabeza, tanto le daba que estuviese con ellas como que no. La enfermera Rolfe lo miró sin sonreír desde el otro lado de la mesa y dijo a la enfermera Gearing:

—No te imagines que el señor Dalgliesh comparte la mesa con nosotras por tus *beaux yeux*. El superintendente cuenta con obtener información al tiempo que se toma su bistec a la plancha.

La enfermera Gearing soltó una risita tonta.

—Querida, de nada sirve prevenirme. Yo no sé guardarme nada si un hombre atractivo de verdad se propone sonsacármelo. En mi caso, sería completamente inútil cometer un asesinato. No tengo cerebro para eso. No es que yo haya pensado, ni por un momento, que nadie haya... cometido un asesinato. Ya se entiende. De todos modos, olvidemos esa cosa horripilante mientras comemos. Yo ya he pasado por el tercer grado, ¿no es cierto, superintendente?

Dalgliesh ordenó los cubiertos alrededor del plato con el bistec a la plancha y echó la silla hacia atrás, ahorrándose el levantarse, para poner su bandeja en el montón que había en el cercano aparador. Dijo:

—Aquí la gente se está tomando con bastante calma la muerte de la enfermera Fallon.

La enfermera Rolfe se encogió de hombros.

—¿Esperaba usted que nos pusiéramos brazaletes negros, habláramos en susurros y rechazáramos el almuerzo? El trabajo sigue su curso. De todos modos, muy pocas de estas personas deben haberla conocido personalmente, y aún menos conocerían a Pearce.

—Ni, al parecer, le tenían simpatía —dijo Dalgliesh.

—Sí, no creo que en general le tuvieran simpatía. Era demasiado santurrona, demasiado religiosa.

—Si puede llamarse a eso ser religiosa —dijo la enfermera Gearing.

—Tampoco era mi idea de la religión. Latines y todo eso, pero la chica no era más que una mojigata. Siempre daba la sensación de ser un espantajo, más preocupada por los defectos de los demás que por los propios. Por eso no la querían las compañeras. Respetan las auténticas convicciones religiosas. Como la mayor parte de la gente, me parece a mí. Pero no les gusta que las espíen.

—¿Las espiaba Pearce?

La enfermera Gearing parecía medio arrepentida de lo que había dicho.

—Quizá dicho así sea demasiado fuerte. Pero si pasaba algo malo en el curso, se podía apostar a que la enfermera Pearce estaría enterada de todo. Y por lo general se las componía para hacerlo llegar a oídos de la autoridad. Siempre con las mejores intenciones, no me cabe duda.

La enfermera Rolfe dijo con sequedad:

—Tenía la funesta costumbre de entrometerse en los asuntos ajenos por el bien de los demás. Eso no procura simpatías.

La enfermera Gearing apartó su plato, se acercó un cuenco con natillas y ciruelas, y fue extrayendo los huesos de la fruta con tanta meticulosidad como si fuese una intervención quirúrgica. Dijo:

—No obstante, no era mala enfermera. Se podía confiar en Pearce. Y gustaba a los pacientes. Supongo que les gustaba esa actitud de estar por encima del bien y del mal.

La enfermera Brumfett levantó la vista del plato y habló por primera vez:

—Vosotras no estáis en condiciones de dar una opinión sobre si era o no era buena enfermera. Ni tú ni Rolfe. Vosotras solo veis a las chicas en la escuela. Yo las veo en las salas.

—Yo también las veo en las salas. Recuerda que soy la instructora de clínica. Mi trabajo consiste en enseñarles en las salas.

La enfermera Brumfett era impenitente.

—Toda la enseñanza que reciben las estudiantes en mi sala se la doy yo, como muy bien sabes. Las otras enfermeras de sala pueden acoger a la instructora de clínica si quieren. Pero en la sala de los particulares, yo soy quien enseña. Y prefiero que sea así cuando veo las extravagantes ideas que tú les metes en la cabeza. Y, de paso, entérate de que sé (de hecho, porque me lo contó

Pearce) que visitaste mi sala cuando yo estaba libre de servicio el siete de enero y que diste una clase. En adelante, por favor, consúltame antes de utilizar a mis pacientes como material clínico.

La enfermera Gearing enrojeció. Procuró reírse, pero su alegría se notó artificial. Lanzó una mirada a la enfermera Rolfe, como si solicitara su ayuda, pero esta mantuvo los ojos imperturbablemente clavados en el plato. Luego, desafiante y con algo así como la determinación de un niño decidido a pronunciar la última palabra, dijo, en apariencia sin venir a cuento:

—Algo ocurrió que trastornó a Pearce cuando estaba en tu sala.

Los ojos de la enfermera Brumfett la fulminaron.

—¿En mi sala? ¡Nada la trastornó en mi sala!

La resuelta afirmación aseveraba de forma inequívoca que ninguna enfermera merecedora de ese nombre podría trastornarse por nada que sucediera en la sala de los enfermos particulares; que allí donde mandaba la enfermera Brumfett estaba prohibido cuanto pudiese dar lugar a trastornos.

La enfermera Gearing se encogió de hombros.

—Pues algo la trastornó. Puede que no tuviese nada que ver con el hospital, por supuesto, pero una nunca acaba de creer que la pobre Pearce existiese de verdad fuera de estas paredes. Fue el miércoles de la semana anterior a que su grupo pasara a la escuela. Visité la capilla un poco antes de las cinco, para arreglar las flores (por eso me acuerdo de qué día fue) y estaba allí sentada, ella sola. No de rodillas ni rezando, sino sentada. Bueno, hice lo que tenía que hacer y me fui sin decirle una palabra. Después de todo, la capilla está abierta para reposar y meditar, y si alguna alumna desea meditar, a mí me parece muy bien. Pero cuando volví casi tres horas después, porque me había dejado las tijeras en la sacristía, seguía allí, sentada y completamente tiesa, en el mismo sitio. Bueno, meditar está muy bien, pero cuatro horas es un poco excesivo. No creo que la chica cenara nada. Además, se la veía muy pálida, de modo que me acerqué y le pregunté si se encontraba bien, si podía hacer algo por ella. Ni siquiera me miró para contestarme. Dijo: «Nada, gracias, enfermera. Hay algo que me preocupa sobre lo que tengo que reflexionar muy despacio. He venido aquí en busca de ayuda, pero no de la de usted.»

Por primera vez en lo que iba de comida, la enfermera Rolfe dio la sensación de divertirse.

—¡Pequeña bestia cáustica! —dijo—. Querría decir, supongo, que había ido a consultar con una autoridad superior a la de la instructora de clínica.

—Quiso decir que no me metiera en sus cosas. Y eso hice.

La enfermera Brumfett, cual si tuviera la impresión de que la presencia de su colega en el lugar sagrado necesitaba alguna justificación, dijo:

—La enfermera Gearing se da mucha maña con las flores. Por eso la señorita Taylor le pidió que se cuidara de la capilla. Repasa las flores los miércoles y sábados. Y hace unos arreglos preciosos para la Cena Anual de las Enfermeras.

—La pequeña Mavis no tiene solo una cara bonita. Pero gracias por el cumplido.

Se hizo un silencio. Dalgliesh se dedicó a su bistec a la parrilla. No estaba incómodo por no haber tenido conversación, ni tenía intención de ayudar a las enfermeras a salir de la suya introduciendo un tema nuevo. Pero la enfermera Gearing parecía convencida de que no era correcto guardar silencio en presencia de un desconocido. Dijo en tono vivaz:

—He visto en las actas que la junta directiva del hospital ha aprobado las propuestas del Comité Salmón. Más vale tarde que nunca. Supongo que eso significa que la jefa de enfermería pasará a dirigir los servicios de enfermeras de todos los hospitales de la zona. ¡Jefa del servicio de enfermería! Será importante para ella, pero me gustaría saber cómo va a tomárselo C. B. Si fuera por él, la señorita Taylor no iría a más sino a menos. Tal como están las cosas, la tiene ya clavada como una espina.

La enfermera Brumfett dijo:

—Es hora de que se haga algo para poner en marcha el hospital psiquiátrico y las unidades de geriatría. Pero yo no sé para qué quieren cambiarle el título. Si llamarse enfermera era bastante para Florence Nightingale, también es bastante para Mary Taylor. No creo que le guste mucho ser la jefa del servicio de enfermería. Parece un cargo militar. Es ridículo.

La enfermera Rolfe encogió sus hombros.

—No creáis que me entusiasma el Informe Salmón. Estoy empezando a preguntarme qué le ocurre a la profesión de enfermera. Todos los informes y recomendaciones tienden a alejarnos de la cabecera de los enfermos. Hay especialistas en dietética que se ocupan de la alimentación, fisioterapeutas para que los enfermos hagan ejercicio, asistentas sociales que escuchan sus problemas, auxiliares que les hacen las camas, técnicos de laboratorio que les extraen sangre, recepcionistas de sala que colocan las flores y se entrevistan con los parientes, especialistas de quirófano que entregan los instrumentos a los cirujanos. Si no tenemos cuidado, nuestra profesión se convertirá en una artesanía residual, en lo que queda por hacer cuando todos los técnicos han hecho lo suyo. Y ahora nos encontramos con el Informe Salmón, repleto de palabrería sobre el primero, el segundo y el tercer nivel de dirección. Dirección, ¿para qué? Demasiada jerigonza técnica. Preguntaos cuál es actualmente la función de la enfermera. ¿Qué es exactamente lo que queremos enseñar a esas chicas?

—A obedecer ciegamente las órdenes y a ser leales a sus superiores —respondió la enfermera Brumfett—. Obediencia y lealtad. Enseña eso a las estudiantes y tendrás buenas enfermeras.

Cortó una patata con tal fruición que el cuchillo raspó contra el plato. La enfermera Gearing se echó a reír.

—Llevas veinte años de atraso, Brumfett. Eso estaba bien para nuestra generación, pero estas chicas se preguntan si las órdenes son razonables antes de obedecerlas y también qué han hecho sus superiores para merecer que ellas los respeten. Lo cual, en suma, tampoco está mal. ¿Cómo diablos esperas reclutar chicas inteligentes para la profesión si las tratas como a subnormales? Tenemos que animarlas a que pongan en cuestión los procedimientos establecidos, incluso a que sean respondonas en algunos casos.

La enfermera Brumfett daba la sensación de que, de buena gana, prescindiría de la inteligencia si sus manifestaciones resultaban tan desagradables.

—La inteligencia no es lo único. Ese es el problema hoy en día. La gente cree que sí es lo más importante.

La enfermera Rolfe dijo:

—Dame una chica inteligente y yo la convertiré en una buena enfermera, tanto si cree que tiene vocación como si no. Puedes quedarte con las tontas. Tal vez te rindan pleitesía, pero nunca las convertirás en unas buenas profesionales. —Miraba a la enfermera Brumfett mientras hablaba y el dejo despectivo era inconfundible.

Dalgliesh bajó los ojos al plato y simuló estar más interesado de lo verosímil en la meticulosa extracción de la grasa y los cartílagos del bistec. La enfermera Brumfett reaccionó como era de prever:

—¡Profesionales! Estamos hablando de enfermeras. Una buena enfermera se considera, en primer y último lugar, enfermera. ¡Y claro está que es una profesional! Yo creo que todas aceptamos eso a estas alturas. Pero en estos tiempos se piensa y se habla demasiado sobre el estatus. Lo importante es cumplir con el trabajo.

—Pero ¿con qué trabajo exactamente? ¿No es precisamente eso lo que nos estamos preguntando?

—Tal vez tú sí. Yo tengo perfectamente claro qué es lo que hago. Y, en este momento, consiste en ocuparme de una sala con enfermos muy graves.

Puso el plato a un lado, se echó la capa sobre los

hombros con pericia de veterana, se despidió con un movimiento de cabeza, que más era una advertencia que un adiós, y salió del comedor pavoneándose, con sus rápidos andares de gañán y el bolso de tapicería colgándole del hombro. La enfermera Gearing se echó a reír y la contempló mientras se iba.

—¡Pobre Brum! Según ella, siempre tiene la sala llena de enfermos muy graves.

La enfermera Rolfe dijo en tono seco:

—Siempre es así.

III

Concluyeron la comida casi en silencio. Luego se fue la enfermera Gearing, tras farfullar algo sobre una clase de clínica en el servicio de traumatología. Dalgliesh se encontró haciendo el camino de vuelta a la Casa Nightingale con la enfermera Rolfe. Salieron juntos del comedor y él recogió su abrigo del perchero. Luego recorrieron un pasillo largo y atravesaron el pabellón de pacientes externos. Saltaba a la vista que se había inaugurado hacía muy poco tiempo, pues el mobiliario y la decoración estaban todavía relucientes y nuevos. El gran vestíbulo, con los grupos de mesas de fórmica y poltronas, los grandes maceteros y los cuadros en absoluto notables, quedaba bastante alegre, pero Dalgliesh no tuvo el menor deseo de pararse. Sentía por los hospitales la antipatía y la repugnancia propias del hombre sano, y encontraba poco convincente y terrorífica aquella atmósfera de alegría preconcebida y falsa normalidad. El olor a desinfectante, que para la señorita Beale era el elixir de la vida, le sugería a él las más tenebrosas ideas sobre la muerte. No creía tener miedo a la muerte. Había estado cerca de la muerte en una ocasión o dos a lo largo de su carrera y no se había preocupado más de lo debido. Pero tenía un miedo atroz a la vejez, a las enfermedades incurables y a la incapacidad. Lo aterrorizaban los oprobios de la senilidad, la pérdida de su independencia, la renuncia a la intimidad, la abominación del dolor, las miradas compasivas de los amigos enterados de que su compasión no se prolongaría mucho tiempo ya. Todas estas cosas habría que afrontarlas en su momento, a no ser que la muerte se lo llevara rápida y limpiamente. Y las afrontaría. No era tan arrogante como para suponerse a cubierto de correr la misma suerte que el resto de los hombres. Pero, hasta entonces, prefería que no se lo recordaran.

El departamento de enfermos externos estaba cerca de la entrada del servicio de urgencias y, al pasar por allí, se cruzaron con una camilla. El paciente era un anciano extenuado; sus labios mojados vomitaban en el borde de una palangana y sus inmensos ojos giraban llenos de incomprensión, hundidos en aquel cráneo que era como una calavera. Dalgliesh se dio cuenta de que la enfermera Rolfe lo observaba. Volvió la cabeza a tiempo de captar su mirada pensativa y desdeñosa.

—No le gusta este sitio, ¿verdad? —le preguntó ella.

—No me siento muy a gusto aquí, desde luego.

—Tampoco yo en este momento, pero sospecho que por razones muy distintas.

Anduvieron en silencio durante un minuto. Luego,

Dalgliesh preguntó si Leonard Morris comía en el comedor del personal cuando estaba en el hospital.

—No muy a menudo. Creo que se lleva bocadillos y se los come en la farmacia. Prefiere su propia compañía.

—¿No será la de la enfermera Gearing?

Ella se rio despectivamente.

—Vaya, se ha enterado ya de eso, ¿verdad? ¡Pues claro! Lo estuvo agasajando anoche, según he oído. O bien la comida, o bien lo que hicieran después debió ser más de lo que da de sí el hombrecito. ¡Qué carroñeros tan meticulosos son los policías! Tiene que ser un trabajo raro ir olisqueando por todas partes el delito, como hacen los perros con los árboles.

—¿No es muy fuerte la palabra delito para referirse a las inquietudes sexuales de Leonard Morris?

—Desde luego que sí. Solo trataba de ser ingeniosa. Pero no debería consentir que el lío Morris-Gearing le preocupase a usted. Hace ya tanto tiempo que anda de boca en boca que a estas alturas casi es respetable. Ni siquiera sirve para chismorrear. Ella es la clase de mujer que necesita llevar a alguien a remolque, y a él le gusta tener a alguien a quien confiar los horrores de su familia y las brutalidades de los médicos, que no lo aceptan del todo, a juicio de él, como un profesional de su misma categoría. Tiene cuatro hijos, dicho sea de paso. Me imagino que si la esposa decidiera divorciarse, nada desconcertaría tanto a él y a Gearing como ser libres para casarse. Sin duda a Gearing le gustaría tener un marido, pero no creo que eligiera al pobrecito Morris para el papel. Lo más probable sería que...

Se interrumpió. Dalgliesh preguntó:

—¿Cree usted que tiene pensado un candidato más idóneo?

—¿Por qué no prueba a preguntárselo a ella? A mí no me hace confidencias.

—Pero usted supervisa su trabajo. La instructora de clínica responde ante la jefa de estudios de las enfermeras, ¿no?

—Yo superviso su trabajo, no sus costumbres.

Habían alcanzado la puerta más lejana del servicio de urgencias y, al alargar la enfermera Rolfe la mano para empujarla y abrirla, se coló dentro el señor Courtney-Briggs. Lo seguían media docena de médicos jóvenes parlanchines, vestidos con chaqueta blanca y con fonendoscopio colgando del cuello. Los dos que iban a ambos lados del cirujano asentían con deferente atención a las palabras del gran hombre. Dalgliesh pensó que tenía la presunción, la pátina de vulgaridad y el algo burdo que él *savoir-faire* asociaba con cierto tipo de profesionales de éxito. Como si le leyera el pensamiento, la enfermera Rolfe dijo:

—No todos son iguales, ¿sabe? Tome al doctor Molravey, nuestro cirujano de oftalmología. Me recuerda a un lirón. Todos los martes por la mañana entra a paso ligero y se pasa cinco horas en el quirófano, sin decir una palabra innecesaria, tirándose de las patillas y entendiéndoselas, con sus manecitas melindrosas, con toda una serie de ojos de pacientes. Luego da formalmente las gracias a todo el mundo, hasta a la última enfermera de quirófano, se quita los guantes y sale deprisa para seguir jugando con su colección de mariposas.

—Un hombrecito modesto de verdad.

Ella se volvió hacia él, y él percibió de nuevo en los ojos de la enfermera un parpadeo incómodo y elíptico de desprecio.

—¡No! ¡De modesto, nada! Hace una comedia distinta y nada más. El doctor Molravey está tan convencido como Courtney-Briggs de que es un gran cirujano. Los dos son vanidosos en el aspecto profesional. La vanidad, señor Dalgliesh, es un pecado tan arraigado en los cirujanos como el servilismo en las enfermeras. Todavía no he conocido un solo cirujano de éxito que no estuviese convencido de ocupar el lugar inmediatamente siguiente al de Dios Todopoderoso. Todos están infectados de arrogancia. —Hizo una pausa—. ¿No se supone que les ocurre lo mismo a los asesinos?

—A un tipo de asesinos. Debe usted tener presente que el asesinato es un delito muy personal.

—¿Sí? Yo hubiera pensado que los móviles y los medios le resultarían a usted monótonos de tan sabidos. Pero, claro, usted es el especialista.

Dalgliesh dijo:

—Al parecer, siente usted poco respeto por los hombres, enfermera.

—Un inmenso respeto. Lo que pasa es que no me gustan. Pero hay que respetar a un sexo que ha convertido en tal arte el egoísmo. Eso es lo que les da a ustedes su fuerza, esa capacidad para consagrarse absolutamente a sí mismos y a sus propios intereses.

Un poco maliciosamente, Dalgliesh dijo que le sorprendía que la señorita Rolfe, puesto que sin duda estaba quejosa del servilismo de su trabajo, no hubiera elegido una ocupación más masculina. ¿La medicina quizás? Ella se rio con amargura.

—Quise ser médico, pero mi padre opinaba que las mujeres no debían estudiar. Tengo cuarenta y seis años, recuerde. Cuando yo iba a la escuela, aún no existía la enseñanza general obligatoria. Mi padre ganaba demasiado para que yo tuviese derecho a plaza, de modo que tenía que pagar. Dejó de pagar en cuanto pudo hacerlo sin desdoro, cuando yo tenía dieciséis años.

Dalgliesh no dio con nada adecuado que decir. La confidencia le había sorprendido. Ella no se parecía mucho a la mujer que él se había imaginado. Le contaba un resentimiento personal a un desconocido y él no tenía la presunción de suponer que lo encontrara simpático. No debía encontrar simpático a ningún hombre. El exabrupto era probablemente espontáneo, una forma de liberarse de una amargura retenida, pero si era contra su padre, contra los hombres en general o contra las limitaciones y servilismos de su trabajo, eso no era fácil decirlo.

Ahora habían salido del hospital y avanzaban por el estrecho sendero que conducía a la Casa Nightingale. Ninguno dijo otra palabra hasta llegar al edificio. La enfermera Rolfe se envolvió en su gran capa, ciñéndosela al cuerpo, y se levantó la capucha como para protegerse mejor del azote del viento. Dalgliesh estaba sumido en sus pensamientos particulares. Y así, tan separados como daba el ancho del camino, recorrieron en silencio el tramo cubierto por los árboles.

En la oficina, el sargento Masterson pasaba a máquina un informe. Dalgliesh dijo:

—Hasta reincorporarse a la escuela, la enfermera Pearce estuvo trabajando en la sala de enfermos particulares bajo la dirección de la enfermera Brumfett. Quiero saber si ocurrió allí algo importante. Y quiero una relación pormenorizada de sus actividades durante la última semana, y otra, hora por hora, de lo que hizo en el último día. Investigue quiénes eran las demás enfermeras del servicio, cuáles fueron las obligaciones de Pearce, cuándo estuvo libre y cómo la encontraba el resto del personal. Quiero los nombres de todos los pacientes que hubo en la sala mientras ella trabajó allí y un informe sobre qué ha sido de ellos. El mejor sistema será que hable con las demás enfermeras y que utilice el dietario. Tienen obligación de llevarlo al día.

—¿Me lo proporcionará la jefa de enfermería?

—No. Pídaselo a la enfermera Brumfett. Nosotros nos entendemos directamente con ella. Y tenga tacto, por el amor de Dios. ¿Están ya listos esos informes?

—Sí, señor. Están mecanografiados. ¿Quiere usted leerlos ahora?

—No. Dígame si hay algo que yo deba saber. Los miraré por la noche. Supongo que sería demasiado esperar que alguno de nuestros sospechosos tenga antecedentes policiales.

—Si los tiene, señor, no constan en los expedientes personales. En la mayor parte de ellos, llama la atención la poca información que contienen. Julia Pardoe fue expulsada del colegio, no obstante. Parece ser la única delincuente de todos.

—¡Vaya por Dios! ¿Por qué motivos?

—El expediente no lo dice. Al parecer, tuvo algo que ver con un profesor provisional de matemáticas. La directora consideró oportuno mencionarlo cuando envió las referencias a la señorita Taylor, antes de que la chica iniciara sus estudios aquí. No es nada muy concreto. Escribe que el pecado fue más contra Julia que de Julia, y que confiaba en que el hospital le ofreciese la ocasión de hacer los únicos estudios por los que había demostrado algún interés o indicios de adecuación.

—Un bonito comentario de doble filo. De modo que esa es la razón de que no la admitieran en las escuelas de los hospitales de Londres. Yo creo que la enfermera Rolfe fue poco sincera en sus explicaciones. ¿Hay algo sobre los demás? ¿Alguna relación previa entre ellos?

—La jefe y la enfermera Brumfett estudiaron juntas en el norte, en el Hospital Real de Nethercastle, hicieron juntas los cursos de comadrona en la maternidad de allí y vinieron aquí, hace quince años, como enfermeras de sala. El doctor Courtney-Briggs estuvo en El Cairo en 1946-1947, lo mismo que la enfermera Gearing. Él era mayor del ejército y ella enfermera auxiliar del Servicio Militar. Nada indica que se conocieran entonces.

—Si se conocieron, no podemos esperar que conste en los expedientes. Pero lo más probable es que sí. En 1946 había mucha vida social en El Cairo, según me han contado mis amigos del ejército. Me pregunto si la señorita Taylor se enrolaría en el Servicio Militar de Enfermeras. Utiliza una capa de enfermera del ejército.

—Si estuvo, no consta en la ficha. El primer documento son las referencias de la escuela donde estudió. Estaba estupendamente bien considerada en Nethercastle.

—Está estupendamente bien considerada aquí. ¿Ha hecho usted las comprobaciones sobre Courtney-Briggs?

—Sí, señor. El portero toma nota de todos los coches que entran y salen después de medianoche. Courtney-Briggs salió a las doce y treinta y dos.

—Más tarde de lo que él nos dio a entender. Quiero comprobar su horario. La hora exacta en que concluyó la operación estará en el registro del quirófano. El médico que le hizo de ayudante es probable que sepa cuándo salió. El doctor Courtney-Briggs es el tipo de hombre que se hace escoltar hasta el coche. Luego, haga el mismo recorrido y cronométrelo. Solo pudo perder unos pocos minutos, en el mejor de los casos, en atar la bufanda. Ya habrán retirado el árbol, pero debe ser posible localizar el sitio donde cayó. Investigue qué fue exactamente lo sucedido. Cuesta pensar que mintiera sobre algo que es tan fácil de verificar, pero es sobradamente presuntuoso para creer que puede salir bien librado de cualquier cosa, incluso de un asesinato.

—El agente Greeson podría encargarse de la comprobación. Le gusta hacer reconstrucciones.

—Dígale que refrene sus ansias de realismo. No hay ninguna necesidad de que se ponga la bata de cirujano ni de que entre en el quirófano. Tampoco se lo permitirían. ¿Hay alguna noticia de sir Miles o del laboratorio?

—No, señor, pero tenemos el nombre y la dirección del individuo con quien la enfermera Fallon pasó aquella semana en la isla de Wight. Es un telefonista nocturno de Correos que vive en North Kensington. Los de la comisaría local los han pillado casi enseguida. Fallon se lo puso muy fácil. Se registró con su nombre y tomaron dos habitaciones.

—Era una mujer que apreciaba su independencia. Sin embargo, es difícil que se quedara embarazada de mantenerse en su cuarto. Veré al individuo mañana por la mañana, después de visitar al abogado de la señorita Fallon. ¿Sabe usted si Leonard Morris está ya en el hospital?

—Todavía no, señor. He comprobado en la farmacia que llamó por teléfono esta mañana y dijo que no se encontraba bien. Al parecer, tiene una úlcera de duodeno. En la farmacia suponen que le habrá empeorado.

—Le empeorará mucho si no vuelve pronto y hace la entrevista. No quiero ponerlo en el aprieto de presentarnos en su casa, pero no podemos esperar indefinidamente para comprobar la historia de la enfermera Gearing. En estos dos asesinatos, si han sido asesinatos, el tiempo es un factor fundamental. Debemos conocer los movimientos de todo el mundo, si es posible, minuto por minuto. La cronología es crucial para nosotros.

—Eso es lo que me sorprende en el alimento envenenado —dijo Masterson—. No se pudo agregar el ácido fénico a la leche sin hacerlo con mucho cuidado, sobre todo la operación de reponer la tapa de la botella. Además de asegurarse de que la concentración era la correcta y de que el preparado tenía la textura y el color de la leche. No es posible que se hiciera a toda prisa.

—No me cabe la menor duda de que se hizo con mucho cuidado y dedicándole tiempo. Pero eso creo saberlo.

Expuso su teoría. El sargento Masterson, enfadado consigo mismo por habérsele escapado lo evidente, dijo:

—Claro. Tuvo que hacerse de ese modo.

—No, sargento. Solo es probable que se hiciera de ese modo.

Pero el sargento Masterson había descubierto una objeción y la puso de manifiesto.

—Pero eso no es así en el caso de ser una mujer —replicó Dalgliesh—. Una mujer lo haría sin dificultad, sobre todo una mujer concreta. Pero admito que resultaría más difícil para un hombre.

—Entonces ¿la hipótesis es que la leche fue envenenada por una mujer?

—Lo probable es que ambas mujeres fueran asesinadas por una mujer. Pero de momento solo es probable. ¿Se ha enterado usted ya de si la enfermera Dakers está lo bastante recuperada para entrevistarla? El doctor Snelling debía verla esta mañana.

—La jefa llamó antes del almuerzo para decir que la chica sigue dormida, pero que posiblemente se encontrará en condiciones cuando despierte. Está bajo los efectos de un sedante, de manera que Dios sabe cuándo despertará. ¿Le echo un vistazo a la chica cuando me acerque a la sala de los enfermos particulares?

—No. La veré yo más tarde. Pero haga usted comprobaciones sobre la historia esa del regreso de Fallon a la Casa Nightingale la mañana del 12 de enero. Alguien tuvo que verla salir. Y entérese de dónde se guardaron sus ropas mientras ella estuvo internada. ¿Pudo alguien apoderarse de las ropas y fingir que era ella? Hemos de comprobarlo.

—El inspector Bailey lo comprobó, señor. Nadie vio a Fallon salir, pero ella admitió que había salido sin que nadie se diera cuenta. Todo el mundo estaba muy atareado y ella ocupaba una habitación individual. De haberla encontrado vacía, probablemente habrían pensado que estaba en el lavabo. Las ropas estaban colgadas en el armario de su cuarto. Todo el que estaba autorizado a circular por la sala pudo cogerlas, con tal de que, claro está, la señorita Fallon durmiera o no estuviese en la habitación. Pero nadie lo considera probable.

—Ni tampoco yo. Creo saber el motivo por el que Fallon volvió a la Casa Nightingale. La enfermera Goodale nos dijo que Fallon había recibido la confirmación del embarazo tan solo dos días antes de caer enferma. Es posible que no destruyera la carta. De ser así, ese es el objeto que tenía en su cuarto y que no quería que nadie encontrara. Desde luego, no ha aparecido entre sus papeles. Mi sospecha es que regresó a recogerlo, lo rompió y lo tiró por el retrete.

—¿No hubiera podido telefonear a la enfermera Goodale y pedirle que lo destruyera?

—No sin despertar sospechas. No podía estar segura de que la Goodale cogiera el teléfono y no quería dar a nadie más el recado. Al insistir en hablar con una compañera concreta y negarse a aceptar la ayuda de cualquier otra, habría llamado la atención. Pero esto no es sino una hipótesis. ¿Se ha acabado de registrar la Casa Nightingale?

—Sí, señor. No hemos encontrado nada. Ni el menor rastro de veneno ni ningún envase. En la mayor parte de las habitaciones hay tubos de aspirina, y la enfermera Gearing, la enfermera Brumfett y la señorita Taylor tienen, todas, pastillas para dormir. Pero es casi seguro que Fallon no murió envenenada con hipnóticos ni con narcóticos.

—No. Fue algo más rápido. Ahora tendremos que armarnos de paciencia hasta recibir el informe del laboratorio.

V

Exactamente a las dos y treinta y cuatro minutos, en la más amplia y más lujosa de las habitaciones privadas, la enfermera Brumfett perdió a un paciente. Ella siempre concebía la muerte de aquel modo. El paciente había fallecido; la batalla había terminado; ella, la enfermera Brumfett, había sufrido una derrota personal. El hecho de que tantísimas de sus batallas estuvieran condenadas al fracaso, de que el enemigo —aun cuando fuese rechazado en la escaramuza del momento— siempre estuviese seguro de su victoria final, nunca mitigaba su sensación de derrota. Los pacientes no entraban en la sala de la enfermera Brumfett para morir; entraban para restablecerse y, gracias al indomable empeño que ella ponía en la tarea de fortalecerlos, por regla general mejoraban, muchas veces para sorpresa del mismo enfermo y en ocasiones a pesar de sus propios deseos.

Ella no tenía muchas esperanzas de ganar esta batalla, pero solo aceptó la derrota cuando el doctor Courtney-Briggs levantó la mano para interrumpir la transfusión de sangre. El paciente había sido combativo, sin la menor duda; un paciente difícil, un paciente exigente, pero un gran luchador. Era un acaudalado hombre de negocios cuyos meticulosos planes para el futuro no incluían, desde luego, morir a los cuarenta y seis años. Recordaba la cara de feroz sorpresa, casi de indignación, que el hombre había puesto al comprender que la muerte era algo sobre lo que ni él ni su contable podían decidir. La enfermera Brumfett había conocido de sobra a la joven viuda, en las diarias visitas de la dama, para suponer que no sufriría demasiado ni pasaría ninguna clase de apuros. El paciente era la única persona que se había mostrado furiosa ante el fracaso de los caros y heroicos esfuerzos del doctor Courtney-Briggs por salvarle la vida, y —por suerte para el cirujano— también era la única persona que no estaba en condiciones de exigirle explicaciones ni disculpas.

Courtney-Briggs vería a la viuda y le presentaría sus habituales condolencias, en frases estudiadas, asegurándole que se había hecho cuanto era humanamente posible. En este caso, la magnitud de la minuta sería una garantía de eso mismo y un fuerte antídoto, sin duda, contra la inevitable culpabilidad del desconsuelo. Courtney-Briggs se portaba de verdad muy bien con las viudas; y, para hacerle justicia, lo mismo los pobres que los ricos recibían el consuelo de su mano en el hombro y de las estereotipadas palabras de pésame.

Extendió el doblez de la sábana sobre el rostro de repente inexpresivo. Al cerrar los ojos sin vida con sus dedos experimentados, sintió todavía el calor de los glóbulos bajo los párpados. No tenía conciencia de pesadumbre ni de cólera. Solo sentía, como siempre, el peso aplastante del fracaso tirándole como una auténtica carga de los cansados músculos del estómago y la espalda.

Se alejaron juntos de la cama. Al echar una ojeada al rostro del cirujano, la enfermera Brumfett sorprendió una mueca de agotamiento. Por primera vez, él también parecía amenazado por el fracaso y la edad. Desde luego, no era habitual que los pacientes murieran en su presencia. Todavía menos frecuente era que muriesen en la mesa de operaciones, aun cuando el traslado desde el quirófano a la sala se hiciera a veces de modo un tanto indigno. Pero, a diferencia de la enfermera Brumfett, el doctor Courtney-Briggs no tenía que velar a sus enfermos hasta el último suspiro. De todos modos, ella no creía que fuese aquella muerte lo que le había deprimido. Después de todo, no dejaba de ser esperada. Él no tenía nada que reprocharse, ni aunque hubiera sido dado a la autocrítica. Ella opinaba que estaba tenso por alguna otra preocupación más sutil, y se preguntaba si tendría algo que ver con la muerte de Fallon. Ha perdido un poco de jactancia, se dijo la enfermera Brumfett. De pronto el cirujano parecía haber envejecido diez años.

La precedió por el pasillo hasta llegar a la oficina. Al acercarse a la cocina de la sala se oyó un alboroto de voces. La puerta estaba abierta. Una estudiante empujaba un carro con las bandejas del té de la tarde. El sargento Masterson estaba apoyado contra el fregadero y la contemplaba con aspecto de sentirse completamente a sus anchas. Al surgir en el vano de la puerta la enfermera y el doctor Courtney-Briggs, la chica se puso colorada, susurró en voz baja un «Buenas tardes, señor» y empujó el carro al pasillo, rebasándolos, con prisa y atolondrada. El sargento Masterson la siguió con la mirada, condescendiente y tolerante, y luego elevó la vista a la altura de la enfermera Brumfett. Parecía no haber reparado en Courtney-Briggs.

—Buenas tardes, enfermera. ¿Podría hablar un momento con usted?

Apoderándose de la iniciativa, la enfermera Brumfett dijo en tono admonitorio:

—En mi oficina, por favor, sargento. En primer lugar, allí es donde debería usted haber esperado. La gente no se pasea de un lado a otro por mi sala como le viene en gana; y eso incluye a la policía.

Sin inmutarse, el sargento Masterson escuchó el discurso con mirada de agradecimiento, como si confirmase algo que sospechaba. La enfermera Brumfett se apresuró a meterse en su oficina, con los labios apretados y lista para entrar en combate. La sorprendió bastante que el doctor Courtney-Briggs la siguiera.

El sargento Masterson dijo:

—Deseo saber, enfermera, si me sería posible ver, en el dietario de la sala, el período correspondiente a los días en que estuvo aquí la enfermera Pearce. Me interesa sobre todo la última semana.

El doctor Courtney-Briggs interrumpió con rudeza:

—¿Esa información no es confidencial, enfermera? Seguramente la policía tendrá que hacer una solicitud formal para que usted le entregue el dietario.

—No lo creo yo así, señor. —La voz del sargento Masterson era tranquila y casi demasiado respetuosa, pero con un dejo divertido que no escapó a su interlocutor—. Los dietarios de las enfermeras de las salas no me parece que sean médicos en el estricto sentido de la palabra. Yo solo quiero ver a quién estuvo atendiendo Pearce durante ese período y si sucedió alguna cosa que pueda interesar al superintendente. Se ha mencionado que ocurrió algo que trastornó a la enfermera Pearce mientras estuvo de servicio en esta sala. Pasó directamente de aquí a la escuela, si recuerdan.

La enfermera Brumfett, encendida y temblando de cólera, que escasamente dejaba sitio al miedo, acertó a decir:

—No ocurrió nada en mi sala. ¡Nada! Todo eso son chismorreos estúpidos y maliciosos. Si una enfermera hace su trabajo como debe y obedece las órdenes, no tiene por qué padecer ningún trastorno. El superintendente ha venido a investigar un asesinato, no a hurgar en mi sala.

El doctor Courtney-Briggs intervino con suavidad:

—E incluso si estuvo... trastornada (así lo ha dicho usted, sargento), no veo qué tiene eso que ver con su muerte.

El sargento Masterson le sonrió como si estuviese tratando con un niño tozudo.

—Todo lo que le ocurrió a la enfermera Pearce durante la semana anterior a su muerte puede tener importancia, señor. Por eso es por lo que pido ver el dietario de la sala.

Como ni la enfermera Brumfett ni el cirujano hicieron ningún gesto de darse por enterados de lo dicho, agregó:

—Solo se trata de confirmar una información de la que ya disponemos. Sé lo que estaba haciendo en la sala durante aquella semana. Me han contado que dedicó todo el tiempo a atender a un enfermo. Un tal Martin Dettinger. Estuvo «especializada» en ese enfermo, según creo que dicen ustedes. Mi información es que rara vez abandonó el cuarto del paciente mientras estuvo aquí de servicio durante la última semana de su vida.

O sea, pensó la enfermera Brumfett, que han estado chismorreando con las alumnas. ¡Por supuesto que sí! Así trabajaba la policía. Era inútil querer ocultarles nada. En todo metería las narices aquel joven impertinente, incluso en los secretos médicos de su sala y en las atenciones de las enfermeras a sus pacientes, y de todo informaría a su superior. El dietario de la sala no contenía nada que no se pudiera descubrir por otros medios más tortuosos. Descubrir, agrandar, malinterpretar y utilizar para armar discordia. Sin habla a causa de la cólera y en un estado próximo al pánico, oyó la voz suave y tranquilizadora del doctor Courtney-Briggs.

—Entonces más vale que le entregue el libro, enfermera. Si la policía insiste en perder el tiempo, nosotros no tenemos por qué perder el nuestro.

Sin mediar otra palabra, la enfermera Brumfett fue

a su escritorio e, inclinándose, abrió el cajón más bajo de la derecha y sacó un gran libro encuadernado. En silencio y sin mirar al sargento, lo entregó a Masterson. El sargento le dio las gracias con profusión y se volvió hacia Courtney-Briggs:

—Y ahora, señor, si el paciente sigue estando a su cuidado, me gustaría tener unas palabras con el señor Dettinger.

Courtney-Briggs no hizo el menor esfuerzo por ocultar la satisfacción que resonaba en su voz.

—Me parece muy probable que eso esté más allá incluso de sus fuerzas, sargento. El señor Martin Dettinger murió el mismo día en que la enfermera Pearce abandonó esta sala. Si recuerdo bien, Pearce estaba con él en el momento del fallecimiento. De modo que ambos están a buen resguardo de sus preguntas. Y ahora, si tiene la bondad de disculparnos, la enfermera y yo tenemos trabajo.

Sostuvo la puerta abierta y la enfermera Brumfett salió a buen paso delante de él. El sargento Masterson se quedó solo, con el dietario en las manos.

—¡Maldito cabrón! —dijo en voz alta.

Permaneció de pie unos momentos, pensando. Luego, se fue a buscar el archivo de los historiales médicos.

VI

Diez minutos más tarde, había vuelto a la oficina. Llevaba bajo el brazo el dietario de la sala y una carpeta de color beis, con la advertencia, estampada en letras mayúsculas, de que no debía prestarse a los enfermos, y sendos rótulos con el nombre del hospital y el número de la ficha médica de Martin Dettinger. Puso el libro sobre la mesa y entregó la carpeta a Dalgliesh.

—Gracias. ¿Lo ha conseguido sin problemas?

—Sí, señor —dijo Masterson. No vio razón para explicarle que el encargado del archivo médico no estaba en su departamento y que había tenido medio que convencer, medio que intimidar al oficinista subalterno para que le entregara el historial con el razonamiento, que él en ningún momento se creyó, de que las normas sobre la confidencialidad de los archivos médicos quedaban en suspenso a partir de la defunción del enfermo, y que cuando un superintendente de Scotland Yard solicitaba algo era porque tenía derecho a conseguirlo sin protestas ni dilación. Estudiaron juntos el historial. Dalgliesh dijo:

—Martin Dettinger. Edad: cuarenta y seis años. Dio por dirección su club de Londres. Divorciado. Pariente más próximo: Señora Louise Dettinger, Saville Mansions, 23, Marylebone. Madre. Lo mejor será que vea a esta señora. Concierte una cita para mañana por la tarde. Lo necesitaré aquí durante el día, mientras yo estoy en la ciudad. Y tenga mucho cuidado con ella. Debe haber visitado a su hijo a menudo mientras estuvo en el hospital. La enfermera Pearce estuvo especializada en él. Probablemente las dos mujeres se vieron muchas veces. Algo ocurrió que trastornó a la Pearce mientras estuvo trabajando en la sala de los enfermos particulares durante la última semana de su vida, y yo quiero saber qué fue.

Volvió sobre el historial médico.

—Aquí hay muchos papeles. El pobre hombre debió tener una historia médica tormentosa. Sufrió de colitis durante los últimos diez años, y antes de eso hay una ficha de largas explicaciones sobre mala salud sin diagnosticar, quizás un antecedente del mal que acabó matándolo. Estuvo hospitalizado tres veces durante el servicio en el ejército, incluido un intervalo de dos meses en un hospital militar de El Cairo, en 1947. Fue declarado inútil por el ejército en 1952 y emigró a Sudáfrica. Eso no parece que le sentara muy bien. Aquí hay notas de un hospital de Johannesburgo. Courtney-Briggs las solicitó; es indudable que se tomó molestias. Sus propias notas son muy copiosas. Se hizo cargo del caso hace un par de años, al parecer para ser algo así como el médico de cabecera de Dettinger, a la vez que su cirujano. La colitis se hizo aguda hace alrededor de un mes y Courtney-Briggs operó y extrajo un gran fragmento de intestino el viernes, día 2 de enero. Dettinger superó la intervención, aunque ya por entonces en estado muy grave, e hizo ciertos progresos hasta primeras horas de la mañana del lunes, 5 de enero, en que tuvo una recaída. Después, rara vez estuvo consciente mucho rato y murió a las cinco y media de la tarde del viernes, 9 de enero.

—La enfermera Pearce estaba con él en el momento de expirar —dijo Masterson.

—Y al parecer lo atendió casi exclusivamente ella durante la última semana de su vida. Me pregunto qué nos contará al respecto el dietario de las enfermeras.

Pero el dietario de las enfermeras era mucho menos informativo que la ficha médica. La enfermera Pearce había escrito con su letra de escolar las anotaciones sobre la temperatura, la respiración y el pulso del paciente; sobre su desasosiego y escasas horas de reposo; sobre la medicación y la alimentación. Era excelente en tanto que meticuloso el informe de los servicios de la enfermera. Aparte de eso, no les dijo nada.

Dalgliesh cerró el libro.

—Más vale que devuelva esto a la sala y la carpeta al departamento correspondiente. Ya sabemos todo lo que podían contarnos. Pero yo tengo la corazonada de que la muerte de Martin Dettinger tiene algo que ver con este caso.

Masterson no respondió. Como todos los detectives que habían trabajado con Dalgliesh, sentía un profundo respeto por las corazonadas del viejo. Podían parecer inoportunas, perversas y rebuscadas, pero habían dado en el clavo demasiadas veces como para no tenerlas en cuenta. Y él no tenía nada que oponer a pasarse una tarde en Londres. El día siguiente era viernes. El horario del tablón de anuncios del vestíbulo decía que las clases de las estudiantes acababan temprano los viernes. Estarían libres poco después de las cinco. Se preguntó si a Julia Pardoe le apetecería ir en coche a la ciudad. Después de todo, ¿por qué no? Dalgliesh estaría de vuelta antes de que fuese su hora de partir. Poniendo cuidado, podía arreglarlo todo. Y había algunos sospechosos con los que sería todo un placer tener una entrevista a solas.

VII

Poco antes de las cuatro y media, desafiando los convencionalismos y la prudencia, Dalgliesh tomaba el té a solas con la enfermera Gearing en sus habitaciones. Se habían encontrado por casualidad, en el vestíbulo de la planta baja, cuando las alumnas salían en fila de la sala de lectura después del último seminario del día. Ella lo había invitado espontáneamente y sin afectación, aunque Dalgliesh se percató de que el sargento Masterson no estaba incluido. Él habría aceptado la invitación incluso de recibirla en papel rosa muy perfumado y acompañada de la más flagrante de las insinuaciones sexuales. Lo que deseaba, después de los interrogatorios formales de la mañana, era sentarse con comodidad y oír manar los chismorreos, espontáneos, sinceros y un poquito maliciosos; escuchar con la parte más superficial del entendimiento, desatenta e incluso un poco cínicamente divertida, pero con las agudas garras de la inteligencia afiladas en espera del botín. Se había enterado de más cosas y detalles sobre las enfermeras de plantilla de la Casa Nightingale durante la conversación de la comida que en todas las entrevistas formales, pero no podía pasarse todo el tiempo pegado a las enfermeras, recogiendo retazos de chismorreos como otros tantos pañuelos caídos. Dudaba sobre si la enfermera Gearing tendría algo que contarle o bien algo que preguntarle. En cualquier caso pensaba que una hora en su compañía no sería una pérdida de tiempo.

Dalgliesh aún no había estado en ninguna de las habitaciones de la tercera planta, salvo en el piso de

Mary Taylor, y le sorprendió el tamaño y las agradables proporciones del cuarto de la enfermera Gearing. Desde allí no se veía, ni siquiera en invierno, el hospital, y reinaba una paz especial, muy alejada de la vida frenética de las salas y los departamentos. Dalgliesh pensó que en verano debía de ser muy agradable, con el panorama de las lejanas montañas solo interrumpido por la espesura de las copas de los árboles. Incluso ahora, con las cortinas cerradas contra la luz moribunda del día y la estufa de gas soltando su festivo zumbido, resultaba acogedor y cálido. Cabía presumir que el diván de la esquina, con el cobertor de cretona y el montón de cojines cuidadosamente dispuestos, habría sido proporcionado por la junta directiva del hospital, al igual que los dos cómodos sillones, forrados con la misma tela, y el resto del mobiliario, sin gracia pero funcional, aunque la enfermera Gearing había puesto su sello personal al conjunto. Sobre la larga estantería de la pared del fondo se alineaba una colección de muñecas vestidas con diversos trajes regionales. En otra pared, una estantería menor sostenía unos cuantos gatos de porcelana de varios tamaños y razas. Había un ejemplar especialmente repulsivo, a lunares azules, con los ojos protuberantes y adornado con una cinta azul; y junto a este gato se apoyaba una postal de felicitación. Representaba un petirrojo hembra —un delantal plisado y un sombrero con flores indicaban el sexo— encaramado a una ramita. A sus pies, un petirrojo macho deletreaba las palabras «Buena suerte» con gusanos. Dalgliesh apartó rápidamente los ojos de aquella aberración y prosiguió el discreto examen del cuarto.

La mesa colocada delante de la ventana quería ser, presumiblemente, un escritorio, pero, de hecho, una media docena de fotografías con marcos de plata ocupaba la mayor parte del espacio disponible. En un rincón había un tocadiscos, con un mueble para discos al lado y, encima, un póster de un reciente ídolo pop sujeto con chinchetas a la pared. Además de la gran cantidad de cojines de todos los tamaños y colores, tres pufs de diseño poco logrado, una imitación de piel de tigre que hacía de alfombra, en nailon marrón y blanco, y una mesita de café donde la enfermera Gearing había servido el té, acababan de llenar el espacio. Pero el objeto más destacado de la habitación, a ojos de Dalgliesh, era un jarrón alto con crisantemos y hojas secas, muy bonito, colocado sobre una mesita lateral. La enfermera Gearing tenía fama de ser mañosa con las flores, y aquel ramo, por la simplicidad de las líneas y los colores, era absolutamente encantador. Qué curioso, pensó él, que una mujer dotada de ese gusto instintivo para arreglar las flores se sintiera bien en aquella habitación recargada de objetos. Lo cual sugería que tal vez la enfermera Gearing fuese una persona más complicada de lo que parecía a primera vista. En apariencia, era un personaje fácil de identificar. Era una mujer madura, una solterona apasionada, no demasiado bien educada ni inteligente, que encubría sus frustraciones bajo una pátina de jovialidad algo falsa. Pero veinticinco años en la policía habían enseñado a Dalgliesh que nadie está libre de complejidades e incoherencias. Solo los jóvenes y los muy arrogantes se imaginan que es posible hacer un retrato robot del alma humana.

Aquí, en su propio terreno, la enfermera Gearing se mostraba menos coqueta que en sociedad. Si bien había optado por servir el té acurrucada en el gran cojín colocado a los pies de él, dado el número y la variedad de cojines desparramados por toda la habitación, Dalgliesh adivinó que era su forma habitual de acomodarse, más que una gatuna invitación a imitarla. El té, caliente y recién hecho, era excelente. Lo acompañaban unas tostadas con abundante paté de anchoa. Había una admirable ausencia de pasteles pegajosos y servilletas de papel, y el asa de la taza permitía sostenerla cómodamente sin dislocarse ningún dedo. Ella había actuado con calma y eficacia. Dalgliesh pensó que la enfermera Gearing era una de esas mujeres que, cuando están solas con un hombre, se sienten obligadas a hacer todo lo posible por servirlo y halagarlo. Lo cual quizás enfurezca a otras mujeres menos devotas, pero sería ilógico esperar que despierte la oposición de ningún hombre.

Relajada por el calor y el bienestar de su cuarto, y estimulada por el té, la enfermera Gearing estaba a todas luces en vena de explayarse. Dalgliesh la dejó hablar, intercalando de vez en cuando alguna pregunta. Ninguno de los dos nombró a Leonard Morris. Las confidencias espontáneas que aguardaba Dalgliesh era difícil que surgieran del azaramiento o la inhibición.

—Desde luego, lo que le ocurrió a esa pobre niña, Pearce, es absolutamente pasmoso, cualquiera que sea la causa. ¡Y con todo el curso viéndolo! Me sorprende que no las haya descompuesto de pies a cabeza, pero los jóvenes son muy fuertes en estos tiempos. Y no es que yo le tuviera simpatía; solo que no puedo creer que ninguna de sus compañeras echara el corrosivo en el alimento. Después de todo, son estudiantes de tercer curso. Saben que el ácido fénico vertido directamente en el estómago con esa concentración es letal. Maldita sea, tuvieron una clase sobre venenos el curso anterior. De modo que no puede haber sido una broma que salió mal.

—Aun así, esa parece ser la opinión general.

—Como es natural, ¿no es cierto? Nadie quiere creer que la muerte de Pearce fuese un asesinato. Y si se tratara de chicas de primero, yo tampoco lo creería. A cualquiera de ellas se le hubiera podido ocurrir cambiar el alimento, suponiendo a lo mejor que ese desinfectante sería un emético y que la práctica resultaría más divertida si Pearce le vomitaba todo encima a la inspectora del DGE. Un sentido del humor algo extravagante, sí, aunque los jóvenes son capaces de ser muy groseros. Pero estas chicas tenían que saber lo que haría el corrosivo al caer en el estómago.

—¿Y qué me dice de la muerte de la enfermera Fallon?

—Un suicidio, diría yo. Después de todo, la pobre chica estaba embarazada. Probablemente tuvo un momento de fuerte depresión y no le encontró sentido a seguir adelante. Tres años de estudios desperdiciados y sin familia a la que regresar. ¡Pobrecita Fallon! Yo no creo que en realidad fuese de las que se suicidan, pero lo probable es que lo hiciera sin pensárselo. Se ha criticado un poco al doctor Snelling (que es quien se cuida de la salud de las estudiantes) por haber permitido que se reincorporara tan pronto al curso después de la gripe.

Pero ella detestaba estar de baja y no es lo mismo que si hubiera ido a las salas. Esta época del año no se presta a mantener al personal en convalecencia. Estaba tan bien en la escuela como en cualquier otro sitio. No obstante, la gripe no debió ayudarla. Probablemente la dejaría muy baja de ánimos. Esta epidemia está teniendo algunos efectos secundarios bastante desagradables. Si por lo menos se hubiera confiado a alguien... Es terrible pensar que se mató de ese modo en medio de una casa llena de gente a la que le hubiera gustado ayudarla con solo que lo hubiese pedido. En fin, permítame servirle otra taza. Y pruebe uno de estos pastelillos. Son caseros. Me los manda de vez en cuando mi hermana casada.

Dalgliesh tomó él mismo un pastelillo de la caja metálica que se le ofrecía y observó que había quienes opinaban que la enfermera Fallon bien podía tener otra razón para suicidarse, además del embarazo. Como haber puesto el líquido corrosivo en el alimento. Al menos, la habían visto en la Casa Nightingale a la hora crítica.

Expuso la posibilidad solapadamente, aguardando la reacción de ella. Por supuesto que el argumento no le resultaba nuevo a la enfermera Gearing; debía haberlo pensado todo el mundo en la Casa Nightingale. Pero ella era demasiado simple para sorprenderse de que todo un detective experimentado estuviera hablando del caso con ella en términos tan francos, y demasiado necia para preguntarse el motivo.

Rechazó la hipótesis con una carcajada.

—¡Fallon no fue! Era una estupidez, y Fallon no era

estúpida. Se lo digo de verdad, todas las alumnas de tercer curso saben que eso es mortal. Y si lo que quiere dar a entender es que Fallon pretendía matar a Pearce (y no veo el menor motivo para que lo hiciera), yo le diría que era la última persona que sentiría remordimientos. Si Fallon hubiese decidido matar, no se habría molestado en arrepentirse después, y no digamos ya en matarse por remordimiento. No, la muerte de Fallon es bastante comprensible. Tuvo una depresión después de la gripe y pensó que no sería capaz de enfrentarse a tener un hijo.

—Entonces, ¿usted cree que las dos se suicidaron?

—Bueno, yo no estoy segura en cuanto a Pearce. Hay que estar muy enloquecida para elegir una muerte tan dolorosa, y para mí que Pearce estaba bastante cuerda. Pero sería una explicación posible, ¿no es cierto? Y no me parece que vaya usted a demostrar otra cosa distinta por mucho tiempo que se quede aquí.

Dalgliesh creyó percibir una nota de relamida complacencia en la voz de la mujer y la miró con dureza. Pero el rostro delgado no presentaba otro aspecto que el habitual de vaga insatisfacción. Estaba comiendo un pastelillo, mordisqueándolo con sus muy blancos y cortantes dientes. Los oía raspar en el dulce. Ella dijo:

—Cuando algo resulta imposible de explicar, la verdad debe ser inverosímil. Alguien dijo algo parecido. G. K. Chesterton, ¿verdad? Las enfermeras no se matan entre sí. Ni a nadie, si hay que decirlo todo.

—Existió la enfermera Waddingham —dijo Dalgliesh.

—¿Quién fue?

—Una mujer poco atractiva y desagradable que envenenó con morfina a una de sus pacientes, a una tal señorita Baguley. La señorita Baguley había sido tan mal aconsejada que legó su dinero y sus propiedades a la enfermera Waddingham, a cambio de ser asistida durante toda su vida en la clínica de esta. Hizo un mal negocio. A la enfermera Waddingham la ahorcaron.

La enfermera Gearing tuvo un escalofrío de fingida repugnancia.

—¡Con qué gente tan horrorosa se tratan ustedes! De todos modos, lo probable es que fuese una de esas enfermeras sin estudios. No va usted a decirme que Waddingham estaba registrada en el Departamento General de Enfermería.

—Pensándolo bien, no creo que estuviera registrada. Además, yo no la traté. Eso sucedió allá por 1935.

—¿Ve? —dijo la enfermera Gearing a modo de vindicación.

Se estiró para servirle una segunda taza de té, luego se retorció para acomodarse mejor entre los cojines y se retrepó contra el brazo de la butaca que ocupaba él, de modo que la melena le rozó las rodillas. Dalgliesh se encontró examinando con mediano interés la estrecha franja de pelo más oscuro, sin teñir, a ambos lados de la raya. Vista desde arriba, la cara parecía más vieja, y la nariz, más puntiaguda. Percibió las bolsas de piel bajo las pestañas inferiores y las manchitas de vasos rotos que tenía en los pómulos, cuyos rastros morados solo a medias disimulaban el maquillaje. Ya no era una mujer joven; eso lo sabía. Y también otras muchas cosas entresacadas de su expediente. Había estudiado en un hospital del East End de Londres, después de una serie de empleos burocráticos desafortunados y poco lucrativos. Su carrera de enfermera había tenido altibajos y sus referencias eran sospechosamente ambiguas. Se había dudado sobre su idoneidad para desempeñar el cargo de instructora de clínica, que ella había solicitado no tanto por el deseo de enseñar como por la esperanza de hacer un trabajo más fácil que el de enfermera de sala. También sabía él que estaba teniendo problemas con la menopausia. Sabía muchas más cosas sobre la enfermera de lo que ella se imaginaba, muchas más de las que ella hubiera considerado que tenía derecho. Pero aún no sabía si era una asesina. Perdido por un momento en sus reflexiones, apenas captó las siguientes palabras de la mujer:

—Es curioso que sea usted poeta. Fallon tenía su último libro de versos, ¿no es cierto? Rolfe me lo contó. ¿No es difícil conciliar la poesía con el trabajo policíaco?

—Nunca se me ha ocurrido que la poesía y mi oficio necesitaran conciliarse en ese sentido ecuménico.

Ella se echó a reír con afectación.

—Usted sabe muy bien a lo que me refiero. Después de todo, es un poco raro. A una no se le ocurre pensar que los policías sean poetas.

Claro que él entendía de qué hablaba. Pero no era un tema en el que estuviese dispuesto a entrar. Dijo:

—Los policías son personas como las de cualquier otro oficio. Tampoco ustedes, las tres enfermeras de plantilla, tienen mucho en común, ¿no es verdad? Es difícil que haya dos personas más distintas que usted y la enfermera Brumfett. No me imagino a la enfermera Brumfett invitándome a canapés de anchoa y pastelillos caseros.

Ella reaccionó de inmediato, como él esperaba.

—Brumfett está muy bien, cuando se la conoce. Desde luego, lleva veinte años de retraso. Como dije en el almuerzo, las niñas de hoy en día no están dispuestas a escuchar todas esas patrañas sobre la obediencia y el deber y el sentido de la vocación. Pero es una enfermera maravillosa. No quiero oír una palabra contra Brum. Yo fui intervenida aquí de apendicitis hace unos cuatro años. Salió un poquitín mal y la herida se reventó. Luego tuve una infección resistente a los antibióticos. Todo fue muy complicado. No fue precisamente una de las actuaciones más logradas de nuestro Courtney-Briggs. Como fuera, me sentí morir. Una noche tuve unos dolores terribles y no podía dormir y estaba absolutamente convencida de que no vería el día siguiente. Estaba aterrorizada. Tenía un pánico total. ¡Se habla mucho del miedo a la muerte! Aquella noche supe lo que eso significaba. Entonces se me acercó Brumfett. Era ella quien me atendía; no dejaba que las estudiantes me hicieran nada mientras estaba de servicio. Le dije: «No voy a morirme, ¿verdad?» Ella me miró. No me dijo que no fuera tonta ni ninguna de las consabidas mentiras piadosas. Solo dijo con esa voz ronca: «No si yo puedo evitarlo.» E inmediatamente el pánico cedió. Yo sabía que, si Brumfett estaba luchando por mí, vencería. Puede resultar un tanto bobo y sentimentaloide dicho así, pero eso fue lo que pensé. Ella se porta así con todos los pacientes que están muy enfermos. ¡Hablando de confianza! Brumfett le hace sentir a una que ella la sacará del borde de la tumba a base de fuerza de voluntad, aunque todos los diablos del infierno anden tirando hacia el otro lado; lo cual era probablemente lo que sucedía en mi caso. Pero nunca han vuelto a intentarlo.

Dalgliesh hizo los convenientes ruidos de asentimiento y una breve pausa antes de retomar las alusiones al doctor Courtney-Briggs. Casi con ingenuidad, preguntó si eran muchas las intervenciones del cirujano que fracasaban de manera espectacular. La enfermera Gearing se echó a reír.

—¡No, por Dios! Las operaciones de Courtney-Briggs suelen salir como él quiere. Lo cual no quiere decir que salgan como elegirían los pacientes, de estar enterados de todo. C. B. es lo que se dice un cirujano heroico. Si quiere mi opinión, la mayor parte del heroísmo tienen que ponerlo los pacientes. Pero él hace un trabajo extraordinariamente bueno. Es uno de los últimos grandes cirujanos no especializados que quedan. Ya sabe, se hace cargo de cualquiera, cuanto más desahuciado mejor. Supongo que un cirujano se parece bastante a un abogado. No tiene ningún mérito salvar a quien sin lugar a dudas es inocente. Cuanto mayor es la culpabilidad, mayor es el mérito.

—¿Cómo es el doctor Courtney-Briggs? Lo presumo casado. ¿Se deja ver la esposa por el hospital?

—No muy a menudo, aunque se supone que forma parte de la Liga de Amigos del Hospital. Entregó los premios el año pasado, cuando en el último momento no pudo venir la princesa. Es rubia y muy elegante. Más joven que C. B., pero ya comienza a estar un poquitín gastada. ¿No irá usted a sospechar de Muriel Court-ney-Briggs? Ni siquiera estuvo en el hospital la noche en que murió Fallon. Probablemente estaría bien arro-pada en su cama, en ese sitio tan bonito cerca de Selbor-ne. Y desde luego no tenía el menor motivo para matar a Pearce.

De manera que sí tenía un motivo para deshacerse de Fallon. Probablemente el lío de Courtney-Briggs había tenido más resonancia de lo que él creía. A Dal-gliesh no le sorprendió que la enfermera Gearing estu-viese enterada. Su nariz afilada debía ser dada a husmear en los escándalos sexuales.

—Me pregunto si la esposa tendría celos —dijo él.

Sin darse cuenta de lo que había contado, la enfer-mera Gearing se volcó de buena gana en el asunto.

—Supongo que no lo sabía. Es lo normal en las es-posas. De todos modos, C. B. no iba a romper su ma-trimonio para casarse con Fallon. ¡No! La señora de C. B. tiene mucho dinero por su casa. Es la hija única de Price, el de Price and Maswell, la constructora, y con lo que gana C. B. y los beneficios malganados de papá están en la gloria. No creo que a Muriel le preocupe mucho lo que él haga, mientras se comporte como es debido con ella y el dinero siga fluyendo. Yo sé que a mí no me importaría. Además, si los rumores no mien-ten, nuestra Muriel no es precisamente el modelo de la Liga de la Pureza.

—¿Con alguien de aquí?

—Oh, no, nada de eso. Se mueve entre un grupito de gente muy elegante. Su retrato sale cada dos por tres en las revistas de sociedad. Y también andan metidos en el mundo del teatro. C. B. tenía un hermano que era actor, Peter Courtney. Se colgó hará unos tres años. Usted lo habrá leído en la prensa.

El trabajo de Dalgliesh no le ofrecía muchas oportunidades de ir al teatro, lo cual era uno de los placeres que más echaba a faltar. Solo había visto actuar una vez a Peter Courtney, pero había sido una representación casi inolvidable. Hacía un Macbeth muy joven, tan introspectivo y sensible como un Hamlet, sojuzgado sexualmente por una esposa mucho mayor, cuyo valor físico era una mezcla de violencia e histeria. Una versión perversa pero interesante, que había estado muy cerca de ser un éxito. Al recordar ahora la representación, Dalgliesh creyó detectar un cierto parecido entre los hermanos, quizás algo así como la caída de ojos. Pero Peter debía ser casi veinte años menor. Sintió ganas de saber cómo se llevaban los dos hermanos, tan distantes en edad y talentos.

De repente, y sin venir a cuento, Dalgliesh preguntó:

—¿Cómo se entendían entre ellas Pearce y Fallon?

—No se entendían. Fallon despreciaba a Pearce. No quiero decir que la odiase ni que le hubiese hecho ningún daño; sencillamente, la despreciaba.

—¿Por algún motivo concreto?

—Pearce se encargó de informar a la jefa sobre el trago de whisky que tomaba Fallon al acostarse. La muy santurrona... Ya sé que ha muerto y que no debería decirlo. Pero la verdad es que Pearce era una santurrona insoportable. Al parecer, lo que ocurrió fue que

Diane Harper (que ahora ha abandonado la escuela) tuvo un catarro fuerte una quincena antes de que se iniciara el curso, y Fallon le preparó un whisky caliente con limón. Pearce era capaz de oler el alcohol desde la mitad del pasillo y sacó la conclusión de que Fallon estaba tratando de seducir a las menores con el brebaje del infierno. De modo que se presentó en la cocinita (por entonces, claro está, estaban en la residencia principal de las enfermeras) con su bata y husmeando el aire como un ángel vengador, y amenazó con dar cuenta de Fallon a la jefa a no ser que le prometiera, más o menos de rodillas, no volver a probar la bebida. Fallon la mandó adonde debía mandarla y le dijo lo que tenía que hacer cuando hubiera llegado. Fallon tenía un buen repertorio de frases gráficas para cuando se irritaba. La enfermera Dakers se echó a llorar, Harper se descompuso y el alboroto general atrajo a la encargada de la residencia. Pearce informó con todo detalle a la señorita Taylor, aunque nadie sabe con qué consecuencias, excepto que Fallon pasó a guardar el whisky en su cuarto. Pero el escándalo dio mucho que hablar entre las alumnas. Fallon nunca fue popular entre sus compañeras. Era demasiado reservada y sarcástica. Pero Pearce gustaba muchísimo menos.

—¿Y Pearce sentía antipatía por Fallon?

—Bueno, no es fácil decirlo. Pearce nunca demostraba que le importase lo que los demás opinaban de ella. Era una chica rara, además de muy insensible. Por ejemplo, podía desaprobar que Fallon bebiera whisky, pero no le importaba pedirle prestado a Fallon el carné de la biblioteca.

—¿Cuándo ocurrió eso?

Dalgliesh se inclinó y devolvió la taza de té a la bandeja. Su voz era monótona, desinteresada. Pero de nuevo sentía brotarle la excitación y la expectación, la sensación intuitiva de que se había dicho algo importante. Era algo más que una corazonada; como casi siempre, era una certeza. Tanto podía sucederle varias veces a lo largo de un caso, si tenía suerte, como ninguna. No podía lograr que ocurriera de modo voluntario y le daba miedo estudiar sus raíces con demasiada minuciosidad, puesto que sospechaba que era una planta propensa a marchitarse bajo la influencia de la lógica.

—Muy poco antes de que volviera Pearce, creo. Debió ser una semana antes de la muerte de Pearce. El jueves, creo. En todo caso, aún no se habían trasladado a la Casa Nightingale. Fue inmediatamente después de la cena en el comedor principal. Fallon y Pearce andaban juntas hacia la puerta, y yo iba detrás de ellas, con Goodale. Fallon se volvió hacia Pearce y dijo: «Aquí tienes el vale de la biblioteca que te prometí. Es mejor que te lo dé ahora, porque supongo que no nos veremos por la mañana. Conviene que te quedes también con el carné, no vaya a ser que no te dejen el libro.» Pearce balbució algo y cogió el vale, un tanto groseramente, pensé yo, y eso fue todo. ¿Por qué? Eso no tiene importancia, ¿o sí?

—No se me ocurre por qué habría de tenerla —dijo Dalgliesh.

VIII

No se movió durante los siguientes quince minutos, con ejemplar paciencia. La enfermera Gearing no podía ni sospechar, dada su cortés atención a su parloteo y la relajada forma en que tomó la tercera y última taza de té, que ahora cada segundo era una concesión. Cuando hubieron acabado la merienda, transportó por ella la bandeja a la cocinita de las enfermeras, situada al final del pasillo, con la mujer pisándole los talones y farfullando protestas. Luego le dio las gracias y se marchó.

Fue directamente al dormitorio con aspecto de celda donde aún estaban la mayor parte de las posesiones que la enfermera Pearce tenía en el John Carpendar. Tardó un instante en escoger la llave adecuada entre el pesado manojo que llevaba en el bolsillo. La habitación había sido cerrada después de la muerte de su ocupante y seguía cerrada. Entró y encendió la luz. La cama estaba desmantelada y todo el cuarto se veía muy ordenado y limpio, como si también hubiera sido amortajado para enterrarlo. Con las cortinas descorridas, desde el exterior el cuarto no se diferenciaba de los otros. La ventana estaba abierta, pero en la atmósfera había un ligero olorcillo a desinfectante, como si alguien hubiese querido borrar el recuerdo de la muerte de Pearce mediante un rito de purificación.

No tuvo necesidad de refrescarse la memoria. Los residuos de aquella vida eran tan escasos que daban pena. Pero los repasó de nuevo, revolviéndolos con cuidado entre sus manos, como si el tacto de la tela y del cuero pudiera aportar alguna clave. No se demoró mucho tiempo. Nada había sido alterado desde su primera inspección. El armario de hospital, idéntico al del cuarto de la enfermera Fallon, era más que suficiente para los pocos trajes de lana, de colores y modelos desafortunados, que colgaban de los percheros almohadillados y que, bajo el contacto de sus manos rastreadoras, desprendieron un ligero aroma a quitamanchas y bolas de alcanfor. El grueso abrigo de invierno, de color beis, era de buena calidad pero inconfundiblemente viejo. Buscó una vez más en los bolsillos. No había nada, salvo un pañuelo que ya estaba cuando hizo el primer registro, una bola arrugada de algodón blanco que olía a rancio.

Pasó a los cajones de la cómoda. También aquí sobraba espacio. Los dos cajones superiores contenían ropa interior, camisetas y bragas recias y modosas, sin duda cálidas y muy apropiadas para el invierno inglés, pero sin la menor concesión al *glamour* ni a la moda. Los cajones estaban forrados con papel de periódico. Los periódicos ya habían sido retirados una vez, pero Dalgliesh introdujo la mano por debajo y solo sintió la superficie rasposa de la madera sin pulir. En los tres cajones restantes había faldas, rebecas y jerséis; un bolso de cuero, muy bien envuelto en papel de seda; un par de buenos zapatos, guardados en su funda original; una bolsita perfumada de pañuelos bordados que contenía una docena de piezas pulcramente plegadas; tres pares de medias de nailon, idénticas, todavía sin estrenar.

Se dirigió de nuevo a la mesilla de noche y a la pequeña estantería de encima. Había una lamparita, un pequeño despertador encerrado en su estuche de cuero, que iba muy atrasado, un paquete de pañuelos de papel, con uno estrujado y a medio sacar de la ranura, y una botella de agua vacía. También encontró una Biblia encuadernada en piel y una escribanía. Dalgliesh abrió la Biblia por la guarda y volvió a leer la dedicatoria escrita con cuidada caligrafía: «A Heather Pearce por su constancia y diligencia. Escuela dominical de St. Mark.» Constancia y diligencia. Palabras anticuadas e intimidantes, pero, se dijo, que la enfermera Pearce hubiera aprobado.

Abrió la escribanía, aunque con pocas esperanzas de hallar lo que buscaba. Todo seguía igual que en su anterior registro. Estaba la carta a medio acabar dirigida a la abuela, una monótona exposición de los hechos de la semana, escrita tan impersonalmente como el dietario de las salas, y un sobre de tamaño holandesa recibido el mismo día en que murió Pearce y a todas luces metido en la escribanía por alguien a quien, después de abrirlo, no se le ocurrió darle otro destino. Era un folleto con ilustraciones sobre el funcionamiento de un hogar para refugiados de guerra alemanes, en Suffolk, al parecer enviado con la esperanza de obtener donativos.

Dirigió su atención a la pequeña colección de libros que contenía el estante de la pared. Ya los había visto antes. Entonces como ahora, se sorprendió de lo manido de los gustos y de la pobreza de la biblioteca personal. Un premio escolar por las labores de costura: *Historias de Shakespeare contadas por Lamb*. Dalgliesh nunca había creído que las leyera ningún niño y no se notaba que la enfermera Pearce lo hubiera hecho. Había dos libros de viajes: *Tras los pasos de San Pablo* y *Tras los pasos del Señor*. Ambos estaban cuidadosamente firmados por la muchacha. Había un conocido manual de enfermería, pero en una edición antigua. La fecha de la guarda databa de casi hacía cuatro años. Se preguntó si lo habría comprado en previsión de sus futuros estudios, para descubrir al cabo que sus indicaciones sobre cómo aplicar las sanguijuelas y administrar los enemas eran anacrónicas. El ejemplar del *Tesoro dorado*, de Palgrave, era también un premio escolar, pero este por buena conducta, lo que era una impropiedad. También presentaba escasos rastros de haber sido leído. Por último, tres libros de bolsillo —novelas de una escritora muy conocida, todos con la faja «El libro de la película»— y una narración muy sentimentaloide de los vagabundeos por Europa de un perro y un gato perdidos, que había sido un *best seller* algunos años antes, según recordaba Dalgliesh. Este llevaba la inscripción: «Para Heather, con el cariño de tía Edie. Navidad de 1964.» Toda la colección le decía muy poco sobre la chica muerta, excepto que sus lecturas habían sido por lo visto tan limitadas como su existencia. Y en ninguna parte encontró lo que iba persiguiendo.

No volvió a pasar por la habitación de Fallon. El agente encargado de la escena del crimen la había repasado al dedillo y él mismo estaba en condiciones de describir el cuarto con todos los detalles y de redactar un minucioso inventario de cuanto contenía. Dondequiera que estuviesen el carné y el vale de la biblioteca, podía estar seguro de que no era allí. En lugar de eso, ascendió a buen paso las anchas escaleras que conducían al piso superior, donde había visto un teléfono de pared cuando llevaba la bandeja de la enfermera Gearing a la cocinita. Junto al teléfono colgaba un listín con las extensiones y, tras pensárselo un instante, llamó a la sala de estar de las alumnas. Respondió Maureen Burt. Sí, la enfermera Goodale seguía allí. Casi de inmediato, Dalgliesh oyó la voz de la chica y le pidió que subiera a verlo al cuarto de la enfermera Pearce.

Ella llegó tan deprisa que él apenas tuvo tiempo de alcanzar la puerta antes de ver la figura de uniforme, segura de sí misma, coronando los escalones. Se apartó a un lado al entrar ella en la habitación y pasar la vista, en silencio, por la cama sin ropas, el despertador parado y la Biblia cerrada, dejando que los ojos se detuvieran un instante en cada objeto con mirada benevolente y nada crítica. Dalgliesh se situó cerca de la ventana y, estando los dos de pie, se miraron sin hablar por encima de la cama. Luego él dijo:

—Me han contado que la enfermera Fallon prestó un carné de biblioteca a la enfermera Pearce en un determinado momento de la semana anterior a la muerte de esta. En ese momento usted salía del comedor con la enfermera Gearing. ¿Recuerda usted lo que ocurrió?

La enfermera Goodale no solía manifestar sorpresa.

—Sí, creo que sí. Fallon me había dicho antes de ese día que Pearce deseaba visitar una biblioteca de Londres y le había pedido que le prestara su carné de lectora y un vale. Fallon era socia de la biblioteca de Westminster. Hay un gran número de sucursales en la City, pero en teoría solo pueden ser socios quienes viven o trabajan en Westminster. Fallon tenía un piso en Londres antes de venir aquí a estudiar y guardaba el carné y los vales de lectora. Es una biblioteca estupenda, mucho mejor que la de aquí, y es muy útil poder sacar libros prestados. Creo que la enfermera Rolfe también es socia. Fallon se llevó el carné de lectora y uno de los vales al comedor y se los entregó a Pearce cuando salíamos.

—¿Dijo la enfermera Pearce para qué los quería?

—A mí, no. Tal vez se lo dijera a Fallon. No lo sé. Fallon nos prestaba los vales a todas las que los queríamos. Y nunca pedía explicaciones.

—¿Cómo son exactamente esos vales?

—Son pequeños y alargados, de plástico azul claro, con el escudo de armas de la City. La biblioteca acostumbra a dar cuatro a cada lector y se entrega uno cada vez que se saca un libro, pero Jo solo tenía tres. Debió perder el cuarto. También estaba el carné de lector. Es una tarjeta de cartulina con el nombre, el domicilio y la fecha de caducidad. A veces el bibliotecario solicita el carné de lector, para verlo, y supongo que por eso se lo daría Jo junto con el vale.

—¿Sabe usted dónde están los otros dos vales?

—Sí, en mi cuarto. Se los pedí prestados hace unos quince días, cuando fui a la ciudad con mi novio a asistir a un servicio especial en la Abadía. Pensé que tendríamos tiempo de visitar la sucursal de Great Smith Street, a ver si tenía el nuevo libro de Iris Murdoch. Pero al acabar el servicio encontramos a unos amigos de Mark, compañeros de la Facultad de Teología, y no fuimos a la biblioteca. Pensaba devolver los vales a Jo, pero los metí en mi escritorio y los olvidé. Ella no me lo recordó. Puedo enseñárselos, si le es de alguna utilidad.

—Creo que lo será. ¿Sabe usted si Heather Pearce utilizó el vale prestado?

—Pues supongo que sí. Aquella tarde la vi esperando el autobús de la línea que va a Londres. Las dos estábamos libres de servicio los jueves. Me imagino que tendría pensado visitar la biblioteca.

La chica parecía confusa.

—Por lo que sea, estoy bastante segura de que sacó un libro de la biblioteca, pero no consigo saber por qué me siento tan segura.

—¿No? Piénselo bien.

La enfermera Goodale permaneció en silencio, con los brazos cruzados, como si rezara, sobre la blancura de su delantal almidonado. Miraba fijamente al frente; luego, volvió los ojos hacia la cama y dijo sin alzar mucho la voz:

—Ya lo sé. La vi leyendo un libro de la biblioteca. Fue la noche en que Jo se puso enferma, la noche antes de que muriera la propia Pearce. Entré en su dormitorio muy poco después de las diez y media a pedirle que atendiera a Jo mientras yo buscaba a la tutora. Estaba sentada en la cama, con el pelo partido en dos trenzas, y leía. Ahora lo recuerdo. Era un libro grande, encuadernado en color oscuro, azul oscuro, creo, y con el número de la referencia estampado en oro al pie del lomo. Parecía un libro viejo y bastante pesado. No creo que fuese una novela. Lo sostenía sobre las rodillas, recuerdo. Al entrar yo, lo cerró a toda prisa y lo metió debajo de la almohada. Era raro que hiciera una cosa así, pero en aquel momento eso no me dijo nada. Pearce siempre era reservada hasta la extravagancia. Además, yo estaba demasiado preocupada por Jo. Pero ahora lo recuerdo todo.

Volvió a quedarse callada durante unos instantes. Dalgliesh aguardó. Luego, ella dijo en voz baja:

—Ya sé qué es lo que le preocupa. ¿Dónde está ese libro ahora? No estaba entre las cosas de Pearce cuando la enfermera Rolfe y yo ordenamos el cuarto e hicimos la lista de las pertenencias después de su muerte. La policía estaba con nosotras y no encontramos ningún libro que se le pareciera ¿Y qué fue del carné? Tampoco estaba entre las cosas de Fallon.

Dalgliesh preguntó:

—Dígame qué fue exactamente lo que ocurrió aquella noche. Usted ha dicho que entró en el cuarto de la enfermera Fallon poco después de las once y media. Yo tenía entendido que nunca se acostaba antes de las doce.

—Aquella noche sí. Supongo que sería porque no se encontraba bien y confiaba en que acostándose temprano se mejoraría. No dijo a nadie que estaba enferma. Jo no era de esas. Y yo no entré en su cuarto. Ella vino al mío. Me despertó poco después de las once y media. Parecía cadavérica. Sin duda tenía mucha fiebre y casi no se aguantaba en pie. La ayudé a volver a la cama, entré aquí a pedirle a Pearce que se quedara con ella y luego llamé a la enfermera Rolfe. Por regla general, es nuestra tutora cuando estamos en la Casa Nightingale. Vino a ver a Jo y luego telefoneó a la sala de enfermos particulares y pidió que viniera a recogerla una ambulancia. Después llamó a la enfermera Brumfett para informarla de lo ocurrido. A la enfermera Brumfett le gusta saber lo que pasa en su sala, incluso cuando está libre de servicio. No le hubiera resultado agradable llegar a la mañana siguiente al hospital y encontrarse con que Jo había sido instalada en su sala sin ella saberlo. Bajó a echar un vistazo a Jo, pero no la acompañó en la ambulancia. La verdad es que no era necesario.

—¿Quién la acompañó?

—Yo la acompañé. La enfermera Rolfe y la enfermera Brumfett volvieron a sus habitaciones y Pearce se fue a la suya.

O sea que el libro no pudo ser sustraído aquella noche, pensó Dalgliesh. Sin duda, Pearce se hubiera dado cuenta de que faltaba. Aunque hubiese decidido no continuar leyéndolo, costaba pensar que se hubiera puesto a dormir con un grueso volumen debajo de la almohada. De modo que lo probable era que alguien lo hubiese cogido después de su muerte. Una cosa era segura: un libro determinado que formaba parte de sus posesiones la noche antes de morir no estaba, sin embargo, en el cuarto cuando la policía, la señorita Rolfe y la enfermera Goodale lo registraron por primera vez alrededor de las diez y diez de la mañana siguiente. Tanto si el libro procedía de la biblioteca de Westminster como si no, había desaparecido; y si el libro no era de la biblioteca, entonces ¿qué había sido del vale y del carné? Ninguno de esos objetos estaba entre sus pertenencias. Y si había decidido no utilizarlos y se los había devuelto a Fallon, ¿por qué no estaban entre las pertenencias de Fallon?

Preguntó a la enfermera Goodale qué había ocurrido inmediatamente después de la muerte de la enfermera Pearce.

—La jefa de enfermería nos envió a las estudiantes a su sala y nos pidió que esperásemos allí. La enfermera Gearing se reunió con nosotras al cabo de una media hora y luego trajeron café y nos lo tomamos. Estuvimos allí juntas, charlando e intentando leer, hasta que llegaron el inspector Bailey y la señorita Taylor. Eso debió de ocurrir alrededor de las once, tal vez un poco antes.

—¿Y estuvieron todas juntas en el cuarto durante todo ese tiempo?

—No todo el tiempo. Yo fui a la biblioteca a buscar un libro que necesitaba y estuve fuera unos tres minutos. La enfermera Dakers también salió. No sé muy bien por qué, pero creo que susurró algo así como que iba al lavabo. Por lo demás, que yo recuerde, estuvimos todas juntas. La señorita Beale, la inspectora del DGE, estuvo con nosotras. —Hizo una pausa—. Usted cree que ese libro de la biblioteca que ha desaparecido tiene algo que ver con la muerte de Pearce, ¿no es cierto? Usted cree que es importante.

—Yo creo que podría serlo. De ahí que desee que no diga usted nada sobre nuestra conversación.

—Como usted quiera. —Ella se detuvo un momento—. Pero ¿no podría yo tratar de descubrir lo que ha sido del libro? Puedo preguntar a las compañeras, como por casualidad, si tienen el carné y el vale. Podría fingir que quiero utilizarlos.

Dalgliesh sonrió.

—Déjeme que sea yo el que haga de detective. Preferiría que no dijera usted nada.

No vio que hubiera ninguna razón para explicarle que en cualquier caso de asesinato era peligroso saber demasiado. Era una chica muy juiciosa. Muy pronto se le ocurriría a ella sola. Entendiendo que el silencio era una despedida, la enfermera Goodale se dio la vuelta para irse. Cuando estuvo en la puerta, dudó y se volvió:

—Superintendente Daigliesh, perdóneme si me meto donde no me llaman. No puedo creer que asesinaran a Pearce. Pero si fue asesinada, debieron sacar el libro de su habitación en algún momento posterior a las nueve menos cinco, que fue cuando Pearce entró en la sala de prácticas. El asesino, o la asesina, sabría que no iba a salir de allí con vida y que no corría ningún riesgo. Si el libro lo cogieron después de la muerte de Pearce, pudo hacerlo cualquiera y por razones absolutamente inocentes. Pero si lo cogieron antes de que muriese, entonces quien lo hizo fue el asesino. Eso sería cierto, incluso en el caso de que el libro en sí no tuviera nada que ver con la razón por la que fuese asesinada. Y el que Pearce nos preguntara a todas si habíamos cogido algo de su cuarto, hace pensar que el libro fue retirado antes de su muerte. ¿Y por qué habría de molestarse en cogerlo el asesino si no tuviera alguna relación con el crimen?

—Exactamente. Es usted una jovencita muy inteligente.

Por primera vez vio desconcertada a la enfermera Goodale. Enrojeció y se puso tan arrebolada y tan guapa como una novia joven; luego le sonrió, dio rápidamente media vuelta y desapareció. Intrigado por la metamorfosis, Daigliesh sacó la conclusión de que el vicario de la localidad había demostrado mucha sensibilidad y discernimiento a la hora de elegir esposa. Otra cosa distinta era cómo reaccionaría la junta parroquial frente a su inexorable inteligencia. Y confió en no verse obligado a detenerla por asesinato antes de que los miembros de la junta tuvieran oportunidad de plantearse el problema.

Dalgliesh la siguió al pasillo. Como de costumbre, estaba tenebrosamente oscuro, solo iluminado por dos bombillas altas envueltas en una maraña de cobre. Había llegado al borde de las escaleras cuando el instinto le hizo detenerse y volver sobre sus pasos. Encendió la linterna, se agachó mucho y fue desplazando el haz de luz, poco a poco, por la superficie arenosa de los dispositivos contra incendios. El más próximo formaba un bloque sólido y estaba gris de polvo; sin duda no había sido removido desde que lo llenaron. Pero la superficie del segundo se notaba que era reciente. Dalgliesh se puso los finos guantes de algodón que utilizaba en los registros, cogió un trozo de papel de periódico de uno de los cajones del cuarto de la enfermera Pearce, lo extendió sobre el suelo del pasillo y, lentamente, fue echando la arena, que formó una pirámide cada vez mayor. No encontró ningún carné de biblioteca escondido. Pero fue desenterrando una lata achatada y con tapón de rosca, con una etiqueta manchada. Dalgliesh la limpió de granitos de arena y dejó visible la imagen de una calavera con la palabra VENENO en letras mayúsculas. Debajo decía: «Insecticida para plantas. Mata los insectos, inofensivo para las plantas. Utilícese con precaución siguiendo las instrucciones.»

No necesitó leer las instrucciones para saber qué era lo que había encontrado. Aquello era nicotina casi pura. Por fin estaba en sus manos el veneno que había matado a la enfermera Fallon.

6

El final de un día muy largo

I

Cinco minutos más tarde, después de haber hablado con el director del laboratorio forense y con sir Miles Honeyman, Dalgliesh alzó los ojos hacia la cara malhumorada y a la defensiva del sargento Masterson.

—Estoy comenzando a entender por qué el cuerpo está tan interesado en preparar investigadores civiles. Le dije al agente encargado de la escena del crimen que se limitara al dormitorio, que nosotros nos ocuparíamos del resto de la casa. No sé por qué, pero pensaba que nuestros hombres sabían ver con los ojos.

El sargento Masterson, más furioso aún al reconocer que la reprimenda estaba justificada, se contuvo con esfuerzo. Le resultaba penoso soportar cualquier crítica; viniendo de Dalgliesh, casi imposible. Se puso tieso para atender, como un viejo soldado en el momento de cargar, sabiendo perfectamente que Dalgliesh se exasperaría, antes que ablandaría, ante su marcialidad, y procuró parecer al mismo tiempo ofendido y contrito.

—Greeson es un buen investigador. No he visto que se le escapara nunca nada hasta hoy. Sabe muy bien cómo ver con los ojos, señor.

—Greeson tiene una vista excelente. El problema es que no hay conexión entre los ojos y el cerebro. Y ahí es donde entra usted en liza. El mal ya está hecho. No vamos ahora a lamentarnos. No sabemos si esta lata estaba o no estaba en la arena cuando se descubrió el cadáver de Fallon esta mañana. Pero por lo menos la hemos encontrado. Las vísceras están en el laboratorio. Sir Miles ha llamado para decirlo hace una hora. Está sometiendo el veneno a la cromatografía de gases. Ahora que saben lo que buscan, tal vez vayan más deprisa. Lo mejor que podemos hacer es enviarles esta lata lo antes posible. Pero primero vamos a echarle un vistazo.

Echó mano a su maletín y sacó el revelador de huellas digitales, el espolvoreador y la lupa. La pequeña lata achatada se ennegreció entre sus meticulosas manos. Pero no había ninguna huella, solo unas cuantas manchas informes en la etiqueta descolorida.

—Bueno —dijo—. Localice a las tres enfermeras de plantilla, por favor, sargento. Son las personas con más posibilidades de saber de dónde ha salido este bote. Porque viven aquí. La enfermera Gearing está en su cuarto. Las otras deben andar por cualquier parte, no muy lejos. Y si la enfermera Brumfett sigue en la sala, tendrá que abandonarla. Quien haya de morir en las próximas horas tendrá que hacerlo sin su ayuda.

—¿Desea verlas juntas o por separado?

—Como sea. Lo mismo da. Limítese a encontrarlas. Gearing es la que más posibilidades tiene de sernos útil. Es la que se ocupa de las flores.

La enfermera Gearing fue la primera en llegar. Se presentó muy desenvuelta, con la curiosidad brillándole en el rostro y algo acalorada todavía por la euforia de haber sido una buena anfitriona. Luego posó los ojos en la lata. La transformación fue tan inmediata y tan sorprendente que casi resultó cómica. Balbució:

—¡Oh, no! —Se llevó las manos a la boca y se hundió en la butaca situada frente a la de Dalgliesh, mortalmente blanca—. ¿Dónde ha...? ¡Ay, Dios mío! ¿No me estará diciendo que Fallon tomó nicotina?

—Tomó o le dieron. ¿Reconoce usted esta lata, enfermera?

La voz de la enfermera Gearing era casi inaudible.

—Pues claro. Es mi... ¿No es el insecticida de los rosales? ¿Dónde lo ha encontrado?

—En algún sitio de por aquí. ¿Dónde y cuándo lo vio usted por última vez?

—Se guarda en el armario blanco que hay bajo la estantería del invernadero, exactamente a la izquierda de la puerta. Tengo allí todas las cosas de jardinería. No recuerdo cuándo lo vi por última vez.

Estaba al borde de las lágrimas; la agradable intimidad había desaparecido por completo.

—La verdad es que es demasiado horroroso. ¡Es terrorífico! Me hace sentir espantosamente mal. De veras. Pero ¿cómo iba yo a pensar que Fallon sabría dónde estaba eso y lo utilizaría? Ni siquiera yo lo recordaba. De haberme acordado, hubiese ido a ver si seguía en su sitio. Supongo que no queda ninguna duda. ¿Murió envenenada con nicotina?

—Quedan muchas dudas hasta que dispongamos del informe del toxicólogo. Pero, pensando con sentido común, da la sensación de que fue esto lo que la mató. ¿Cuándo lo compró usted?

—La verdad es que no lo recuerdo. Antes del verano pasado, antes de que las rosas lo necesitaran. Tal vez lo recuerde alguna otra de las enfermeras. Yo me encargo de la mayor parte de las plantas del invernadero. Pero en realidad tampoco soy la responsable; nunca he sido nombrada de forma oficial. Solo que me gustan las flores y, como a nadie más le importan, yo hago lo que puedo. Quería poner un macizo de rosas junto al comedor y necesitaba eso para combatir las plagas. Lo compré en los viveros Bloxham, en Winchester Road. Mire, la dirección está impresa en la etiqueta. Y lo guardé junto con los demás materiales de jardinería (guantes, cuerdas, regaderas, aperos, etcétera) en el armario que hay en el rincón del invernadero.

—¿Recuerda cuándo lo vio usted por última vez?

—La verdad es que no. Pero fui a buscar los guantes en el armario la mañana del sábado pasado. Teníamos un servicio especial en la capilla el domingo y quería arreglar las flores. Pensé que encontraría en el jardín alguna rama bonita, un poco de follaje y unas cuantas vainas que servirían para adornar. No recuerdo haber visto la lata el sábado, pero creo que me habría dado cuenta si hubiera desaparecido. Pero no estoy segura. No la he usado desde hace meses.

—¿Quién más sabía dónde estaba?

—Bueno, todo el mundo podía saberlo. Quiero decir que el armario no está cerrado con llave y nada impedía que la gente mirase dentro. Supongo que debería haberlo cerrado, pero nadie esperaba que... Quiero decir que si la gente quiere matarse, siempre encuentra algún modo de hacerlo. Me siento fatal, pero no quiero sentirme responsable. ¡No quiero! ¡No sería justo! Pudo utilizar otra cosa. ¡Cualquier cosa!

—¿Quién pudo utilizar cualquier cosa?

—Pues Fallon. Si Fallon se mató. Ay, ya no sé lo que me digo.

—¿Estaba enterada la enfermera Fallon de la existencia de la nicotina?

—No, a no ser que mirase en el armario y la encontrara. Las únicas personas de las que estoy segura de que conocían su existencia son Brumfett y Rolfe. Recuerdo que estaban en el invernadero cuando puse el bote en el armario. Lo sostuve en alto y dije alguna tontada como que contenía veneno de sobra para matar a un buen puñado, y Brumfett me dijo que lo guardara bajo llave.

—Pero usted no echó la llave.

—Bueno, yo lo metí al fondo del armario. No tiene cerradura, así que no podía hacer otra cosa. De todos modos, el bote lleva una etiqueta sobradamente clara. Todo el mundo puede ver que es veneno. Y una no cuenta con que la gente quiera matarse. Además, ¿por qué con nicotina? Las enfermeras tienen muchas ocasiones para hacerse con drogas. No sería justo acusarme de eso. Después de todo, el desinfectante que mató a Pearce también era letal. Nadie se quejó de que estuviera en el lavabo. No se puede gobernar una escuela de enfermeras como si fuese un manicomio. No estoy dispuesta a que se me acuse. Aquí se supone que la gente está cuerda y no que son locos homicidas. No quiero sentirme culpable. ¡No quiero!

—Si usted no utilizó el veneno contra la enfermera Fallon, no hay ninguna razón para que se sienta culpable. ¿Dijo algo la enfermera Rolfe cuando usted trajo el bote?

—No creo que dijera nada. Solo levantó la vista del libro. Pero la verdad es que no lo recuerdo. Ni siquiera sabría decirle cuándo fue exactamente. Pero era un día soleado y cálido. Eso lo recuerdo. Creo que debió ser a finales de mayo o principios de junio. Tal vez lo recuerde Rolfe, y seguro que Brumfett se acordará.

—Les preguntaremos. Mientras tanto, lo mejor será echarle un vistazo al armario.

Entregó la lata de nicotina a Masterson para que la empaquetara y la enviase al laboratorio, le dijo que mandara a las enfermeras Brumfett y Rolfe al invernadero y salió de la oficina precedido por la enfermera Gearing. Ella lo condujo a la planta baja, sin cesar de farfullar indignadas protestas. Entraron en el comedor. Al descubrir que la puerta del invernadero estaba cerrada, la enfermera Gearing salió de su estado de temeroso malhumor.

—¡Caramba! Lo había olvidado. La jefa opina que es mejor cerrar el invernadero cuando oscurece, porque algunos cristales no están muy firmes. ¿Recuerda que cayó un panel durante la tormenta? Teme que alguien entre por esa vía. Por lo general, no nos preocupamos de cerrarlo hasta que hacemos el repaso de las puertas a última hora de la noche. La llave estará en el tablero de la oficina de Rolfe. Aguarde aquí. Vuelvo en un periquete.

Regresó casi enseguida e introdujo la llave, grande y antigua, en la cerradura. Penetraron en la atmósfera cálida y mohosa del invernadero. La enfermera Gearing alcanzó el conmutador con mano segura, y los dos largos tubos fluorescentes, que colgaban del techo alto y cóncavo, parpadearon indecisos y luego se encendieron muy luminosos, revelando toda la frondosidad de la jungla arbórea. El invernadero tenía un aspecto impresionante. Dalgliesh ya lo había pensado en su primera inspección de la casa, pero ahora, deslumbrado por el vivo resplandor de las hojas y los vidrios, parpadeó sorprendido. A su alrededor, la pequeña selva de interior se enmarañaba, trepaba, reptaba y expandía en todas direcciones con una frondosidad agresiva, mientras en el exterior sus pálidos reflejos flotaban en la atmósfera del atardecer y se perdían, inmóviles e inmateriales, en un verdor interminable.

Algunas plantas parecían haber florecido en el invernadero desde el mismo día que se construyó. Surgían en forma de palmeras adultas, aunque en miniatura, de jarrones decorados, extendiendo su palio de hojas resplandecientes bajo las cristaleras. Otras, más exóticas, lanzaban desde sus tallos dentados y cicatrizados una profusión de vástagos, o bien, como los cactos gigantes, elevaban sus hojas gomosas, esponjosas y obscenas, para aspirar la humedad del ambiente. En el centro, los helechos esparcían sus sombras verdosas, la frágil fronda temblorosa con la corriente de la puerta. En las paredes laterales del gran habitáculo había estanterías blancas con macetas más familiares y agradables, que eran las favoritas de la enfermera Gearing: crisantemos rojos, rosados y blancos, y violetas africanas. El invernadero pretendía evocar un cuadro de la vida doméstica victoriana, con abanicos aleteantes y confidencias susurradas a cubierto de las palmeras. Pero para Dalgliesh ningún rincón de la Casa Nightingale estaba libre de la opresiva atmósfera del crimen; las mismas plantas le daban la impresión de estar absorbiendo el maná de una atmósfera viciada.

Mavis Gearing se dirigió derecha a un armario bajo, de algo más de un metro de longitud, de madera pintada de blanco, situado bajo la estantería de pared y a la izquierda de la puerta, apenas visible entre la maraña de helechos temblorosos. Tenía una puerta que no encajaba bien, con un pequeño tirador y sin cerradura. Los dos se inclinaron juntos a mirar en el interior. Aunque las luces fluorescentes del techo resultaban desagradablemente deslumbrantes, los fondos del armario quedaban a oscuras y las mismas sombras de sus cabezas no les dejaban ver nada. Dalgliesh encendió la linterna. El foco de luz puso al descubierto los artículos de jardinería que guardaba. Dalgliesh hizo un inventario mental. Había carretes de guita verde, un par de regaderas, un pequeño pulverizador, paquetes de semillas, algunos de ellos abiertos y semivacíos, con los bordes superiores doblados, un saquito de plástico con abono para macetas y otro de fertilizante, un par de docenas de tiestos de distintos tamaños, una pila de semilleros, unas tijeras de podar, un desplantador pequeño y una horca, un montón de catálogos de viveros, tres libros sobre jardinería encuadernados en tela con las tapas manchadas y sucias, unos cuantos jarrones vacíos y varias madejas de alambre.

Mavis Gearing señaló un punto del rincón del fondo.

—Ahí estaba. Lo puse bien adentro. No podía tentar a nadie. Ni siquiera se veía con solo abrir la puerta. La verdad es que estaba bastante bien escondido. Mire el hueco: ahí es donde estaba.

Hablaba con prisa por justificarse, como si el hueco la exculpara de toda responsabilidad. Luego, le cambió la voz. Se le volvió más grave, y se hizo ronca y plañidera como la de una actriz aficionada que interpreta una escena de seducción.

—Ya sé que todo esto tiene mal aspecto. Primero, yo estaba a cargo de la clase práctica cuando murió Pearce. Y ahora pasa esto. Pero yo no he tocado la nicotina desde entonces. La usé el verano pasado. ¡Juro que no la he tocado! Sé que algunas personas no van a creerme. Les alegrará (sí, alegrará) y se sentirán aliviadas si las sospechas recaen sobre mí y sobre Len. Porque, además, tienen celos. Siempre han tenido celos. De que yo tenga un hombre y ellas no. Pero usted sí me cree, ¿verdad? ¡Usted tiene que creerme!

Era algo patético y humillante. Pegó su hombro al de él, mientras seguían arrodillados y juntos en una especie de oración paródica y ridícula. Dalgliesh notaba su aliento en la mejilla. La mano derecha de ella, con los dedos crispados de nerviosismo, se deslizó por el suelo hacia la mano del superintendente.

Luego mudó de humor. Oyeron la fría voz de la enfermera Rolfe en la puerta.

—El sargento me ha dicho que los buscara aquí. ¿Interrumpo algo?

Dalgliesh sintió relajarse de inmediato la presión que recaía sobre su hombro, y la enfermera Gearing se puso en pie gateando, con gestos desmañados. Él ni se sentía ni parecía embarazado, pero lamentaba que la enfermera Rolfe hubiese elegido presentarse en aquel preciso instante.

La enfermera Gearing comenzó a dar explicaciones.

—Se trata del insecticida de los rosales. Contiene nicotina. Fallon debe haberlo tomado. Me siento horrorosamente mal por eso, pero ¿cómo iba yo a adivinarlo? El superintendente ha encontrado el bote.

Se volvió hacia Dalgliesh.

—¿Dijo usted dónde?

—No —dijo Dalgliesh—, no he dicho dónde. —Se dirigió a la señorita Rolfe—: ¿Sabía usted que la nicotina se guardaba en este armario?

—Sí. Vi a Gearing ponerla ahí. Un día del verano pasado, ¿no es cierto?

—Usted no me lo mencionó.

—No he pensado en ese bote hasta ahora. Nunca se me ocurrió que Fallon hubiera tomado nicotina. Y presumiblemente aún no sabemos si la tomó.

—No lo sabremos hasta disponer del informe del toxicólogo —dijo Dalgliesh.

—E incluso entonces, superintendente, ¿cómo va a estar usted seguro de que la droga procedía de este bote? Es muy posible que haya otros preparados de nicotina en el hospital. Esto podría ser un subterfugio.

—Desde luego, aunque me parece muy poco probable. Pero la ciencia del laboratorio forense nos lo aclarará. Esta nicotina está mezclada con una cierta proporción de detergente concentrado. Será identificable con la cromatografía de gases.

Ella se encogió de hombros.

—Bueno, entonces se resolverá la cuestión.

Mavis Gearing gritó:

—¿Qué quieres decir con otros preparados? ¿Adónde quieres ir a parar? No hay nicotina en las farmacias, que yo sepa. Y en cualquier caso, Len salió de la Casa Nightingale antes de que muriera Fallon.

—Yo no estaba acusando a Leonard Morris. Pero estaba muy cerca cuando murieron las dos, recuerda, y estaba aquí, en este lugar, cuando tú pusiste la nicotina en el armario. Es tan sospechoso como lo somos todos los demás.

—¿Estaba el señor Morris con usted cuando compró la nicotina?

—Bueno, en realidad, sí. Lo había olvidado, de otro modo se lo hubiera dicho. Salimos juntos aquella tarde y regresó conmigo a tomar el té.

Se volvió, enfadada, hacia la enfermera Rolfe.

—¡Te digo que esto no tiene nada que ver con Len! Apenas si conocía a Pearce ni a Fallon. Pearce no tenía nada que ver con Len.

Hilda Rolfe dijo con tranquilidad:

—Yo no estaba enterada de que Pearce tuviese nada que ver con nadie. No sé si pretendes insinuarle algo al señor Dalgliesh, pero desde luego a mí me lo estás insinuando.

El rostro de la enfermera Gearing se descompuso en una mueca de sufrimiento. Sollozando, movió la cabeza de un lado a otro, cual si buscara desesperadamente ayuda o amparo. Bañado por la luz verde del invernadero, el rostro parecía enfermizo y surrealista.

La enfermera Rolfe lanzó una mirada mordaz a Dalgliesh, y luego, ignorándolo, se acercó a su colega y dijo con inesperada gentileza:

—Mira, Gearing, lo siento. Por supuesto que yo no os acuso ni a Leonard Morris ni a ti. Pero el hecho de que estaba aquí habría salido a la larga. No permitas que la policía te aturda. Así es como trabajan ellos. Yo supongo que al superintendente no le importa un comino si tú o yo o Brumfett matamos a Pearce y a Fallon, con tal de demostrar que alguien lo hizo. Pues déjalo a él que se las apañe. Limítate a contestar a sus preguntas y tranquilízate. ¿Por qué no te ocupas tú de tu trabajo y dejas que la policía haga el suyo?

Mavis Gearing sollozaba como un niño que busca que lo tranquilicen:

—¡Es que es todo tan horroroso!

—¡Claro que es horroroso! Pero no va a durar toda la vida. Y mientras tanto, debes confiar en un hombre, buscarte un abogado, un psiquiatra o un cura. Por lo menos estarás segura de que hay alguien de tu parte.

Los ojos atormentados de Mavis Gearing pasaron de Dalgliesh a Rolfe. Parecía un niño que duda en el momento de decidir a quién debía ser leal. Luego, las dos mujeres se acercaron imperceptiblemente y miraron a Dalgliesh, la enfermera Gearing con embarullado reproche y la enfermera Rolfe con la dura sonrisa de satisfacción de la mujer que acaba de realizar una vileza bien pensada.

II

En ese momento, Dalgliesh oyó acercarse unos pasos. Alguien se movía por el comedor. Se volvió hacia la puerta, contando con que al fin comparecería la enfermera Brumfett. Se abrió la puerta del invernadero, pero en vez de la figura achaparrada vio a un hombre con la cabeza descubierta que vestía una gabardina con cinturón y llevaba un parche de gasa sobre el ojo izquierdo. Una voz impaciente dijo desde el umbral:

—¿Qué le pasa aquí a todo el mundo? Este sitio parece un depósito de cadáveres.

Antes de que nadie pudiese replicar, la enfermera Gearing se había lanzado a los brazos del hombre. Dalgliesh observó con interés que él fruncía el entrecejo y retrocedía con involuntaria crispación.

—Len, ¿qué te pasa? ¡Estás herido! ¡No me habías dicho nada! Yo creía que era la úlcera. No me habías dicho que te hiciste daño en la cabeza.

—Era la úlcera. Pero esto tampoco la ayuda.

Después se dirigió a Dalgliesh:

—Usted debe ser el superintendente Dalgliesh, de Scotland Yard. La señorita Gearing me dijo que deseaba verme. Voy a la consulta de mi médico de cabecera, pero estoy a su disposición durante media hora.

Pero la enfermera Gearing no había olvidado su preocupación.

—¡No me habías dicho nada del accidente! ¿Cómo fue? ¿Por qué no me lo contaste por teléfono cuando te llamé?

—Porque teníamos otras cosas de que hablar y porque no quería que te preocuparas.

Se soltó del brazo de ella, que lo retenía, y se sentó en una silla de mimbre. Las dos mujeres y Dalgliesh avanzaron y lo rodearon. Hubo un silencio. Dalgliesh revisó sus poco razonables ideas preconcebidas sobre el amante de la señorita Gearing. Allí sentado, con su gabardina barata y el ojo tapado, la cara magullada y hablando con voz sarcástica y rechinante, debería haber resultado ridículo. Pero, contra lo previsible, resultaba impresionante. Como fuese, la enfermera Rolfe le había hecho creer que era un hombrecito nervioso, incompetente y timorato. Pero aquel hombre tenía fuerza. Tal vez solo fuera la manifestación del nerviosismo reprimido; o tal vez fuese un resentimiento obsesivo, fruto del fracaso o de la falta de éxito entre la gente. Pero de ninguna manera era un personaje cómodo ni despreciable.

—¿Cuándo se enteró usted de que había muerto Josephine Fallon? —preguntó Dalgliesh.

—Cuando llamé a la oficina de farmacia, poco después de las nueve y media de esta mañana, para avisar de que no vendría. Me lo dijo mi ayudante. Supongo que para entonces la noticia circulaba por todo el hospital.

—¿Cómo reaccionó usted al enterarse?

—¿Cómo reaccioné? No reaccioné de ninguna manera. Apenas conocía a la chica. Me sorprendió, supongo. Dos muertes en la misma casa y en un espacio de tiempo tan corto...; bueno, como mínimo, es poco corriente. Es chocante, desde luego. Se podría decir que me chocó.

Hablaba como un político victorioso que condesciende a manifestar una opinión reproducible ante un periodista novato.

—Pero ¿no estableció usted ninguna relación entre las dos muertes?

—No en el primer momento. Mi ayudante se limitó a decir que otro ruiseñor (llamamos ruiseñores* a las estudiantes cuando están en la Casa Nightingale), que otra alumna, Jo Fallon, había aparecido muerta. Le pregunté cómo y me dijo algo sobre un ataque al corazón, secuela de la gripe. Pensé que era una muerte natural. Supongo que es lo que pensó todo el mundo en el primer momento.

—¿Cuándo pensó usted que no era una muerte natural?

—Supongo que cuando la señorita Gearing me telefoneó una hora después para decirme que usted estaba aquí.

De modo que la enfermera Gearing había telefoneado a Morris a su casa. Debía tener necesidad de hablarle con urgencia para haber corrido ese riesgo. ¿Sería quizá para advertirle, para ponerse de acuerdo? En tan-

---

* Juego de palabras intraducible: *nightingale* significa «ruiseñor». (*N. del T.*)

to que Dalgliesh se preguntaba qué excusa le habría dado a la señora Morris, si es que había habido tal excusa, el farmacéutico respondió a la pregunta no formulada.

—La señorita Gearing no suele llamarme a mi casa. Sabe que me gusta mantener completamente separadas mi vida profesional y la privada. Pero, como es natural, se inquietó por mi salud cuando habló con el laboratorio después del desayuno y le dijeron que yo no había ido. Padezco de una úlcera de duodeno.

—Sin duda, su esposa sabría tranquilizarla.

Replicó calmosamente, dirigiendo una mirada furibunda a la enfermera Rolfe, que se retiró a la periferia del grupo.

—Mi esposa pasa todos los viernes en casa de su madre, con los niños.

Como sin la menor duda sabría Mavis Gearing. De modo que, pese a todo, habían podido consultarse y convenir cuál sería la historia que contarían. Pero, si habían urdido una coartada, ¿por qué la habían fijado en la medianoche? ¿Porque sabían, por la mejor o la peor de las razones, que Fallon murió a esa hora? ¿O porque, conociendo los hábitos de la chica, consideraban que esa era la hora más probable? Solo el asesino, y quizá ni siquiera el asesino, podía saber la hora exacta en que murió Fallon. Bien pudo ser antes de medianoche. Ni siquiera Miles Honeyman, pese a sus treinta años de experiencia, era capaz de fijar exactamente la hora del fallecimiento con solo los síntomas clínicos. Lo único cierto era que Fallon había muerto y que ocurrió casi inmediatamente después de tomarse el whisky.

Pero ¿a qué hora exacta había sucedido eso? Ella tenía la costumbre de prepararse la última copa de la noche en cuanto subía al piso para acostarse. Pero nadie admitía haberla visto después de salir de la sala de estar de las alumnas. Era posible, solo posible, que Fallon estuviera viva cuando la enfermera Brumfett y las gemelas Burt vieron su luz encendida por el agujero de la cerradura un poco después de las dos de la madrugada. Y de haber estado viva, ¿qué habría hecho entre las doce de la noche y las dos de la madrugada? Dalgliesh se había concentrado en las personas que tenían acceso a la escuela. Pero era posible que Fallon hubiese salido de la Casa Nightingale aquella noche, a lo mejor a una cita. También cabía el supuesto de que hubiese retrasado la copa nocturna de whisky con limón por estar esperando alguna visita. Las puertas delantera y trasera de la Casa Nightingale aparecieron cerradas por dentro por la mañana, pero bien pudo Fallon dejar salir a su visitante a alguna hora de la noche y luego cerrar la puerta.

Mas Mavis Gearing seguía preocupada por la cabeza herida y la cara magullada de su amante.

—¿Qué te ha pasado, Len? Tienes que decírmelo. ¿Te has caído de la bicicleta?

La enfermera Rolfe se echó a reír sin consideración. Leonard Morris le lanzó una media mirada de intimidante desprecio y se volvió hacia la enfermera Gearing.

—Si quieres saberlo, Mavis, me caí. Fue después de despedirnos ayer noche. Había un gran olmo cruzado en la carretera y me eché encima con la bicicleta.

La enfermera Rolfe habló por primera vez.

—¿Acaso no lo iluminaba la luz del faro de la bicicleta?

—El faro de mi bicicleta, enfermera, no sin razón, está puesto de modo que ilumine la carretera. Vi el tronco del árbol. Lo que no vi a tiempo fueron unas ramas altas que sobresalían. Tuve suerte con no perder un ojo.

La enfermera Gearing, como era de esperar, emitió un quejido de angustia.

Dalgliesh preguntó:

—¿A qué hora ocurrió el accidente?

—Ya se lo he dicho. Anoche después de salir de la Casa Nightingale. ¡Ah, ya entiendo! ¿Quiere usted saber la hora exacta? Pues, mire usted por dónde, puedo contestarle. Me caí de la bicicleta a consecuencia del golpe y tuve miedo de haberme roto el reloj. Por suerte no se rompió. Las manecillas marcaban exactamente las doce y diecisiete minutos.

—¿No había una advertencia, una bufanda blanca atada a la rama?

—Claro que no, superintendente. De haberla habido, difícilmente me habría ido derecho contra ella.

—De haber estado en una rama alta, tal vez no la habría visto usted.

—Allí no había nada que ver. Después de recoger la bicicleta y recobrarme del susto, inspeccioné cuidadosamente el árbol. Mi primera idea fue que podría retirarlo un poco y dejar despejada una parte del camino. Era a todas luces imposible. Se hubiera necesitado un tractor y una grúa. Pero no había ninguna bufanda en ninguna parte de aquel árbol a las doce y diecisiete minutos.

—Señor Morris —dijo Dalgliesh—, creo que ha llegado el momento de que usted y yo hablemos un rato.

Pero la enfermera Brumfett estaba esperándolo en la puerta del cuarto de las entrevistas. Antes de que Dalgliesh tuviese tiempo de hablar, ella dijo en tono acusador:

—He sido convocada para hablar con usted en este cuarto. He venido de inmediato, pese a las molestias que eso causa en mi sala. Cuando llego me dicen que no está usted en su despacho y que, por favor, vaya al invernadero. Yo no tengo intención de perseguirlo a usted por toda la Casa Nightingale. Si quiere verme, le concedo media hora en este momento.

—Señorita Brumfett —dijo Dalgliesh—, parece usted decidida, por como se comporta, a darme la impresión de que ha matado a las dos chicas. Cabe que lo hiciera. Llegaré a una conclusión sobre este problema tan pronto como me sea razonablemente posible. Mientras tanto, por favor, refrene su animosidad contra la policía y aguarde hasta que yo pueda recibirla. Será cuando termine de entrevistar al señor Morris. Espere aquí, fuera del despacho, váyase a su cuarto, o haga lo que le convenga. Pero la quiero aquí dentro de diez minutos, porque yo tampoco tengo intención de perseguirla a usted por toda la casa.

No tenía ni idea de cómo se tomaría la reprimenda. La reacción fue sorprendente. Los ojos cubiertos por las gruesas lentes se ablandaron y pestañearon. El rostro dibujó una fugaz sonrisa e hizo un leve asentimiento de satisfacción, como si por fin hubiese logrado que una alumna demasiado dócil manifestara un destello de valentía.

—Aguardaré aquí. —Se hundió en la silla que había junto a la puerta y luego señaló a Morris con la cabeza—. Yo no lo dejaría que hablara todo lo que él quiera, o necesitará mucha suerte para haber terminado dentro de media hora.

III

Pero la entrevista duró menos de treinta minutos. El primer par de ellos los perdió Morris en acomodarse. Se quitó la raída gabardina, sacudiéndola y pasando las manos por los pliegues como si algo la hubiera contaminado en la Casa Nightingale, luego la dobló meticulosamente y la puso en el respaldo de su asiento. Después se sentó frente a Dalgliesh y tomó la iniciativa.

—Por favor, no me acribille a preguntas, superintendente. No me gusta que me interroguen. Prefiero contarle mi historia a mi manera. No tenga cuidado en cuanto a la precisión. Difícilmente sería yo el jefe de farmacia de un hospital importante si no tuviera cabeza para los detalles y buena memoria para los datos.

Dalgliesh dijo con mansedumbre:

—Entonces podríamos empezar por los datos, comenzando quizá por sus movimientos durante la noche pasada.

Morris continuó como si no hubiese oído tan razonable petición.

—La señorita Gearing me ha concedido el privilegio de su amistad durante los últimos seis años. No me cabe duda de que determinadas personas, determinadas mujeres que viven en la Casa Nightingale, han hecho su personal interpretación de nuestra amistad. Eso es de esperar. En una comunidad donde conviven varias solteronas de mediana edad, los celos sexuales son inevitables.

—Señor Morris —dijo Dalgliesh sin alzar la voz—, yo no estoy aquí para investigar sus relaciones con la señorita Gearing ni las de ella con sus colegas. Si estas relaciones tienen algo que ver con la muerte de las dos muchachas, entonces cuéntemelas. De lo contrario, dejamos a un lado los pinitos psicológicos y vayamos a los hechos.

—Mis relaciones con la señorita Gearing son pertinentes para su investigación porque son la razón de que yo estuviera en esta casa alrededor de las horas en que murieron la enfermera Pearce y la enfermera Fallon.

—De acuerdo. Luego hábleme de estas dos ocasiones.

—La primera ocasión fue la mañana en que murió la enfermera Pearce. Sin duda está usted al tanto de los detalles. Naturalmente, yo rendí mi visita al inspector Bailey, puesto que él redactó un aviso, a colocar en todos los tablones de anuncios del hospital, solicitando los nombres de las personas que habían pasado por la Casa Nightingale la mañana en que falleció la enfermera Pearce. Pero no tengo nada que oponer a repetir la información. Entré aquí, yendo camino de la farmacia, a dejar una nota a la señorita Gearing. De hecho era una postal, una de esas postales de «buena suerte» que se suelen enviar a los amigos en vísperas de algún acontecimiento importante. Yo sabía que la señorita Gearing daría la primera clase práctica del día, en realidad la primera clase práctica de esta escuela, dado que la enfermera Manning, que es la ayudante titular de la enfermera Rolfe, está con gripe. Como es natural, la señorita Gearing estaba nerviosa, sobre todo porque iba a estar presente la inspectora del Departamento General de Enfermería. Por desgracia, se me pasó la hora del correo el día anterior. Tenía interés en que recibiera mi postal antes de iniciar la clase, de manera que decidí ponerla yo mismo en su casillero. Vine a trabajar más temprano que de costumbre, llegué a la Casa Nightingale poco después de las ocho y me fui casi enseguida. No vi a nadie. Es de suponer que las enfermeras y las alumnas estarían desayunando. Desde luego, no entré en la sala de prácticas. No me interesaba demasiado llamar la atención. Me limité a colocar la postal, dentro de su sobre, en el casillero de la señorita Gearing, y me fui. Era una postal bastante divertida. Se veían dos petirrojos y el macho escribía con gusanos la frase «Buena suerte» a los pies de la hembra. Miss Gearing tal vez la haya guardado; le encantan esas menudencias. Sin duda, se la enseñará si usted se lo pide. Lo cual corroborará mi versión de lo que hice en la Casa Nightingale.

Dalgliesh dijo en tono solemne:

—Ya he visto la postal. ¿Sabía usted sobre qué era la clase de prácticas?

—Sabía que era de alimentación intragástrica, pero

no sabía que la enfermera Fallon se hubiera puesto enferma durante la noche ni quién haría de paciente.

—¿Tiene usted alguna idea sobre cómo meterían el corrosivo en el alimento?

—Si usted me hubiera dado tiempo, estaba a punto de decírselo. La explicación más plausible sería que alguien ha querido gastar una broma estúpida, sin darse cuenta de que las consecuencias serían fatales. Eso o un accidente. Hay precedentes. Un niño recién nacido resultó muerto en la sección de maternidad de un hospital (no, por suerte, en la del nuestro) hace solo tres años, al confundir la botella de leche con la de desinfectante. No me explico cómo pudo ocurrir aquí el accidente ni quién pudo ser tan ignorante e idiota como para pensar que las consecuencias de poner un veneno corrosivo en la leche del alimento podrían ser divertidas.

Hizo una pausa, como desafiando a Dalgliesh a que lo interrumpiera con otra pregunta. Al solo recibir por respuesta una suave mirada interrogativa, prosiguió:

—Esto por lo que respecta a la muerte de la enfermera Pearce. No puedo servirle de más en este caso. Otra cosa muy distinta es el asunto de la enfermera Fallon.

—¿Ocurrió algo anoche? ¿Vio usted a alguien?

La irritación se manifestó en brusquedad:

—Nada que tenga que ver con la noche pasada, superintendente. La señorita Gearing ya le ha hablado a usted sobre la noche pasada. No vimos a nadie. Salimos de su habitación inmediatamente después de las doce en punto y bajamos las escaleras pasando por el piso de la señorita Taylor. Yo recogí mi bicicleta, que estaba entre la maleza de la parte trasera de la casa (no veo razón para que las visitas que hago a este lugar deban anunciarse a todas las cotorras del barrio) y fuimos juntos, hablando, hasta el primer recodo del camino. Luego, nos detuvimos a charlar y yo volví a acompañar a la señorita Gearing a la Casa Nightingale y la vi entrar por la puerta trasera. La había dejado abierta. Por último me fui pedaleando y, como ya le he dicho, tropecé a las doce y diecisiete minutos con el olmo caído. Si alguien pasó por ese camino después que yo y puso una bufanda blanca en una rama, yo solo puedo decir que yo no vi a nadie. Si iba en coche, debió aparcarlo al otro lado de la Casa Nightingale. Yo no vi ningún coche.

Otra pausa. Dalgliesh no hizo ninguna señal, pero Masterson se tomó la licencia de dar un suspiro de cansina resignación, al tiempo que pasaba la página de su bloc de notas.

—No, superintendente, lo que voy a contarle tuvo lugar la primavera pasada, cuando este curso, incluida la enfermera Fallon, estaba en el edificio de las de segundo año. Como de costumbre, les di una conferencia sobre venenos. Al final de mi charla, todas las estudiantes, excepto la enfermera Fallon, recogieron sus libros y se fueron. Ella se acercó a mi mesa y me preguntó el nombre de un veneno capaz de matar instantáneamente y sin dolor, y que estuviera al alcance de cualquier persona. Me pareció una pregunta fuera de lo común, pero no vi la razón para negarme a contestarla. Ni por un momento se me ocurrió que la pregunta fuera de índole personal; y, de todos modos, hubiera conseguido la misma información en cualquier libro de la biblioteca del hospital sobre farmacología o medicina legal.

—¿Y qué fue exactamente lo que usted le dijo, señor Morris? —preguntó Dalgliesh.

—Yo le dije que un veneno con esas características era la nicotina y que podía adquirirse comprando cualquier insecticida para rosales.

¿Verdad o mentira? ¿Quién podía saberlo? En general, Dalgliesh se consideraba capaz de detectar las mentiras de los sospechosos; pero no de este sospechoso. Y si Morris se aferraba a su historia, ni siquiera sería posible desacreditarla. Y si era mentira, la intención saltaba a la vista: insinuar que Josephine Fallon se había suicidado. Y la evidente razón de que diese tal versión sería la de proteger a la enfermera Gearing. La amaba. Aquel hombre pedante y algo ridículo, y aquella mujer envejecida, tonta y coqueta, se amaban el uno al otro. ¿Y por qué no? El amor no era una prerrogativa de los seres jóvenes y deseables. Pero complicaba las cosas en cualquier investigación; resultaba lastimoso, trágico o absurdo, según los casos, pero nunca despreciable. El inspector Bailey, según sabía Dalgliesh por sus notas sobre el primer crimen, nunca se había creído del todo la historia de la postal. En su opinión, era un gesto estúpido e infantil para un hombre adulto, sobre todo teniendo en cuenta el carácter de Morris; por lo tanto, no lo había creído. Pero Dalgliesh pensaba de otro modo. Lo encontraba acorde con los paseos en bicicleta de Morris, solitarios y poco románticos, para ver a su amante; con la bicicleta ignominiosamente escondida entre los matorrales de la parte trasera de la Casa

Nightingale; con el lento paseo de los dos en la helada noche de enero, prolongando los últimos y preciosos minutos; y con la torpe pero digna defensa de la mujer amada por parte de Morris. En cuanto a la última afirmación, verdadera o falsa, era además, como mínimo, un engorro. Si Morris se atenía a lo dicho, constituiría un poderoso argumento a favor de quienes preferían creer que Fallon había muerto por su propia mano. Y se atendría a lo dicho. Ahora afrontaba a Dalgliesh con los ojos resueltos y exaltados de un futuro mártir, sosteniendo la mirada de su adversario, desafiándolo a que no lo creyera. Dalgliesh dijo en un suspiro:

—De acuerdo. No perderemos el tiempo en especulaciones. Repasemos otra vez lo que hizo usted anoche.

IV

Fiel a su promesa, la enfermera Brumfett aguardaba junto a la puerta cuando Masterson despidió a Leonard Morris. Pero se había desvanecido su anterior buen humor, divertido y condescendiente, y se instaló frente a Dalgliesh, sentándose como si fuera a entrar en batalla. Bajo aquella mirada matriarcal, él sintió algo así como las deficiencias de que debía acusarse la joven aspirante a enfermera en el primer momento de entrar en la sala de los enfermos particulares, y algo aún más fuerte y horriblemente familiar. Estuvo rastreando el sorprendente miedo hasta acertar con sus orígenes. Exactamente así lo había mirado en cierta ocasión la directora de la escuela primaria, provocándole la misma sensación de incompetencia y de miedo al niño de ocho años que añoraba a su mamá. Y, por un segundo, tuvo que hacer un esfuerzo para sostenerle la mirada.

Era la primera oportunidad que tenía de observarla de cerca y a solas. Era un rostro repelente y a la vez vulgar. Tras las gafas metálicas, con el puente medio incrustado en la profunda grieta carnosa que tenía en la abigarrada nariz, brillaban unos ojillos perspicaces. El pelo, de color gris metálico y corto, le enmarcaba entre bucles acanalados las flácidas mejillas de marsupial y la firme línea de la mandíbula. La elegante cofia plisada, que sobre la cabeza de Mavis Gearing parecía tan delicada como un merengue hilado y que incluso favorecía las facciones andróginas de Hilda Rolfe, quedaba aplastada sobre la frente de la enfermera Brumfett como una guarnición de lechuga alrededor de un pastel singularmente poco apetecible. Quitándole aquel símbolo de autoridad y sustituyéndolo por un sombrero de fieltro vulgar y corriente, cubriendo el uniforme con un abrigo informe de color marrón, se encontraría uno ante el prototipo del ama de casa madura que recorre a zancadas el supermercado, con su bolso informe en la mano y los ojillos pendientes de las ofertas de la semana. Sin embargo, al parecer era una de las mejores enfermeras de sala que había habido en el John Carpendar. Y lo que era más sorprendente: era la amiga preferida de la señorita Taylor.

Antes de darle tiempo a preguntarle, ella dijo:

—La enfermera Fallon se suicidó. Primero mató a Pearce y luego se mató a sí misma. Fallon asesinó a

Pearce. Yo sé por casualidad que fue ella. Así que, ¿por qué no cesa de molestar a la jefa de enfermería y deja que el hospital funcione en paz? Ahora ya no puede hacer nada por ninguna de ellas. Las dos han muerto.

Dicha en tono autoritario y con un desconcertante poder de evocación, la afirmación tenía la fuerza de una orden. La respuesta de Dalgliesh fue de una violencia poco razonable. ¡Condenada mujer! Él no iba a dejarse intimidar.

—Si usted sabe eso con seguridad, debe tener alguna prueba. Y todo lo que usted sepa debe decirlo. Yo estoy investigando un asesinato, enfermera, y no el robo de un orinal. Usted tiene la obligación de no ocultar pruebas.

Ella se echó a reír con el ulular burlesco y estridente de la tos de un animal.

—¡Pruebas! Usted no diría que son pruebas. ¡Pero yo lo sé!

—¿Le dijo algo la enfermera Fallon cuando estuvo internada en su sala? ¿Tuvo delirios?

No era más que una sospecha. Ella pronunció su negativa con un bufido.

—De haberlo hecho, mi obligación no sería contárselo a usted. Lo que un paciente dice en estado delirante no son chismorreos para ir pasándolos de boca en boca. Por lo menos, no en mi sala. Y tampoco es una prueba. Limítese a aceptar lo que le digo y deje de enredar. Fallon mató a Pearce. ¿Por qué cree usted que volvió a la Casa Nightingale aquella mañana con treinta y nueve grados y pico de temperatura? ¿Por qué cree usted que se negó a dar ninguna explicación a la policía?

Porque Fallon mató a Pearce. A ustedes los hombres les gusta complicar las cosas. Pero en realidad todo es muy sencillo. Fallon mató a Pearce y no cabe la menor duda de que tenía sus razones.

—No hay ninguna razón que justifique el asesinato. E incluso si Fallon mató a Pearce, dudo de que se matara a sí misma. No me cabe la menor duda de que sus colegas le habrán hablado del insecticida. Recuerde que Fallon no ha estado en la Casa Nightingale desde que se puso la lata de nicotina en el armario del invernadero. Su curso no ha estado en la Casa Nightingale desde la primavera del año pasado, y la enfermera Gearing compró el insecticida durante el verano. La enfermera Fallon cayó enferma la noche en que se trasladaron a este edificio, y no regresó a la Casa Nightingale hasta la noche anterior a su muerte. ¿Cómo explica usted que supiera dónde encontrar la nicotina?

Sorprendentemente, la enfermera Brumfett no parecía desconcertada. Hubo un momento de silencio y luego susurró algo incomprensible. Dalgliesh esperó. Después, ella dijo a la defensiva:

—Yo no sé cómo logró hacerse con la nicotina. Eso tiene que descubrirlo usted. Pero es evidente que así fue.

—¿Sabía usted dónde se puso la nicotina?

—No. Yo no tengo nada que ver con el jardín ni con el invernadero. Me gusta irme fuera del hospital los días que tengo libres. En general, juego al golf con la señorita Taylor o nos vamos por ahí en coche. Procuramos pasar nuestros días libres juntas.

El tono era presuntuoso. No disimulaba lo más mínimo su complacencia. ¿Qué sería lo que estaba tratando de transmitirle?, se preguntó Dalgliesh. ¿Sería aquella referencia a la señorita Taylor una forma de señalarle que era la favorita de la jefa y que debía ser tratada con deferencia?

Dalgliesh dijo:

—¿No estaba usted en el invernadero la tarde del verano pasado en que la señorita Gearing trajo la nicotina?

—No me acuerdo.

—Creo que será mejor que haga memoria, enfermera. No debe ser muy difícil. Otras personas lo recuerdan perfectamente.

—Si dicen que yo estaba, probablemente estaría.

—La señorita Gearing dice que le enseñó a usted el bote lleno y que hizo un comentario humorístico sobre la posibilidad de envenenar a toda la escuela con unas pocas gotas. Usted le dijo que no fuese infantil y que se asegurara de que la lata estaba bien guardada dentro del armario. ¿Lo recuerda ahora?

—Es el tipo de comentario tonto que haría la señorita Gearing y me atrevo a afirmar que yo le diría que tuviese cuidado. Es una lástima que no me prestara atención.

—Se toma usted estas muertes con mucha calma, enfermera.

—Me tomo todas las muertes con mucha calma. Si no, no serviría para mi trabajo. La muerte es algo que está a todas horas presente en un hospital. Es posible que alguien esté muriendo ahora mismo en mi sala, igual que le ocurrió esta tarde a uno de mis pacientes.

Hablaba en tono de protesta, presuroso y apasionado, como ultrajada ante la idea de que la fatalidad recayese sobre alguna de las personas a su cargo. A Dalgliesh, el repentino cambio de humor lo desconcertaba. Era como si aquel cuerpo carente de atractivo y entrado en carnes albergase un temperamento de *prima donna*, apasionado e irracional. En un determinado momento, los ojos de la mujer, pequeños y poco vistosos detrás de las gruesas lentes, intercambiaron con los suyos una mirada de sordo resentimiento y la boquita obstinada hizo un chasquido quejoso. Luego, de pronto, se produjo la metamorfosis. Ella lo fulminó con la mirada, con el rostro encendido de cólera, reanimado por la indignación. Él tuvo un vislumbre del ferviente y apasionado amor que volcaba sobre quienes estaban a su cargo. Tenía delante a una mujer, vulgar a primera vista, que había consagrado su vida a un único objetivo con formidable determinación. Si alguien o algo se cruzaba en el camino de lo que ella consideraba lo más importante, ¿hasta dónde no la llevaría su determinación? A Dalgliesh le parecía una mujer esencialmente poco inteligente. Pero el asesinato era muchas veces el último recurso de los poco inteligentes. Y aquellos asesinatos, con toda su complejidad, ¿eran obra de una mujer inteligente? Una botella de desinfectante cogida a toda prisa; un bote de nicotina al alcance de la mano. ¿No denunciaban los dos crímenes un súbito impulso incontrolable, una confianza irreflexiva en los medios más inmediatos? ¿No era muy probable que el hospital ofreciera medios mucho más sutiles?

Los perspicaces ojillos lo miraban con vigilante antipatía. Todo el interrogatorio era un ultraje para ella. No había ninguna esperanza de ganarse a semejante testigo ni él tenía ganas de intentarlo. Dijo:

—Quiero repasar todos sus movimientos durante la mañana en que murió Pearce y durante la noche de ayer.

—Ya le conté al inspector Bailey los de la mañana en que murió Pearce. Y a usted le he enviado una nota.

—Gracias por hacerlo. Ahora quiero que me los cuente usted en persona.

No volvió a protestar, pero recitó sus movimientos y actividades cronológicamente como si fueran un horario de ferrocarril.

La narración de los movimientos durante la mañana en que murió Heather Pearce coincidían casi exactamente con la versión escrita que había entregado al inspector Bailey. Se limitó a enumerar sus actividades, sin exponer hipótesis ni dar ninguna clase de opiniones. Tras el primer exabrupto revelador, había decidido, al parecer, atenerse a los hechos.

El lunes, 12 de enero, se había despertado a las seis y media y tomó el primer té de la mañana con la jefa de enfermería, en el piso de esta, como tenían por costumbre. Se había despedido de ella a las siete y cuarto y a continuación se había bañado y vestido. Permaneció en su cuarto hasta alrededor de las ocho menos diez, momento en que recogió su periódico en el casillero del vestíbulo y se fue a desayunar. No había visto a nadie en las escaleras ni en los pasillos. La enfermera Gearing y la enfermera Rolfe se le sumaron en el comedor y tomaron el desayuno las tres juntas. Cuando terminó el desayuno, fue la primera en salir del comedor; le era imposible decir con exactitud a qué hora, pero probablemente no serían más de las ocho y veinte; había pasado un momento por su cuarto del tercer piso y, desde allí, se dirigió andando al hospital, para llegar a su sala poco antes de las nueve en punto. Estaba enterada de la inspección del Departamento General de Enfermería, puesto que, como es obvio, la señorita Taylor se lo había contado. Estaba enterada de la clase práctica, puesto que los pormenores del programa escolar de las enfermeras se exponían en el tablón de anuncios del vestíbulo. Estaba enterada de la enfermedad de Josephine Fallon, puesto que la enfermera Rolfe la había llamado por teléfono a medianoche. No obstante, no sabía que la enfermera Pearce fuese a sustituir a Fallon. Estaba de acuerdo en que hubiera podido enterarse con facilidad, echando un vistazo al tablón de anuncios, pero no se tomó la molestia de mirarlo. No había ningún motivo para que le interesara. Una cosa era estar al tanto del programa escolar de las alumnas y otra muy distinta molestarse en controlar quién iba a hacer de paciente.

No estaba enterada de que la enfermera Fallon había regresado a la Casa Nightingale aquella mañana. De haberlo sabido, habría reprendido severamente a la chica. Cuando ella llegó a su sala, la enfermera Fallon estaba acostada en su cuarto. Nadie de la sala se había dado cuenta de la ausencia de Fallon. Por lo visto, la enfermera encargada había supuesto que estaría en el baño o en el retrete. Era reprensible que la enfermera encargada no lo hubiera comprobado, pero la sala estaba muy llena y no se cuenta con que los pacientes, y menos las estudiantes de enfermería, se comporten como idiotas. Probablemente la enfermera Fallon solo estuvo fuera de la sala unos veinte minutos. Al parecer, el paseo por la oscura mañana no la perjudicó en absoluto. Se había repuesto rápidamente de la gripe y no había sufrido ninguna clase de secuelas. No daba la sensación de estar demasiado deprimida mientras estuvo internada, y si algo la preocupaba, no se había confiado a la enfermera Brumfett. En opinión de la enfermera Brumfett, estaba perfectamente bien cuando se la dio de alta en la sala para reincorporarse a su curso en la Casa Nightingale.

A continuación, pasó a sus movimientos durante la noche anterior, con la misma voz monótona y cansina. La jefa de enfermería estaba en Ámsterdam, en la Conferencia Internacional, de modo que había pasado la tarde sola, viendo la televisión en la sala de las enfermeras de plantilla. Se acostó a las diez de la noche y la despertó alrededor de las doce menos cuarto una llamada telefónica del doctor Courtney-Briggs. Había ido al hospital por un atajo entre los árboles y había ayudado a la alumna de servicio a preparar la cama para cuando llegara el paciente. Estuvo junto al enfermo hasta cerciorarse de que el oxígeno y el gotero se estaban administrando como era debido y de que su estado general era tan bueno como podía esperarse. Regresó a la Casa Nightingale poco después de las dos de la madrugada y, yendo camino de su cuarto, había visto a Maureen Burt que salía del lavabo. Casi de inmediato apareció la otra gemela y tuvo una breve conversación con las dos. Declinó su ofrecimiento de hacerle un cacao y se fue derecha a su cuarto. Sí, había luz en el ojo de la cerradura de la habitación de Fallon, pero ella no pudo saber de ningún modo si la chica estaba viva o muerta. Había dormido bien y se había despertado inmediatamente después de las siete en punto, cuando entró a toda prisa la enfermera Rolfe con la noticia de que se había descubierto el cadáver de Fallon. No había visto a Fallon desde que la chica recibió el alta en su sala después de la cena del martes.

Al concluir el relato hubo un silencio y después Dalgliesh le preguntó:

—¿Le gustaba a usted la enfermera Pearce? ¿O la enfermera Fallon?

—No, no me gustaba ninguna de las dos. No creo que se deban tener relaciones personales con las alumnas. El que gusten o no gusten no cuenta. Son buenas enfermeras o no lo son.

—¿Y eran buenas enfermeras?

—Fallon era mejor que Pearce. Tenía más inteligencia y más imaginación. No era una compañera cómoda, pero gustaba a los pacientes. Algunas personas la consideraban insensible, pero no encontrará ningún paciente que lo diga. Pearce se esforzaba mucho. Iba de un lado a otro con aspecto de ser una joven Florence Nightingale, o eso debía ella pensarse. Siempre estaba pensando en la impresión que causaba. Una chica básicamente tonta. Pero se podía confiar en ella. Siempre hacía lo que era adecuado. Fallon hacía lo correcto. Eso exige instinto, además de preparación. Aguarde a estarse muriendo, amigo mío. Entonces apreciará la diferencia.

De modo que Josephine Fallon era a la vez inteligente e imaginativa. Dalgliesh lo creyó. Pero eran las dos últimas cualidades que hubiese imaginado ensalzar a la enfermera Brumfett. Recordó la conversación del almuerzo y su insistencia en la necesidad de obedecer sin hacer preguntas. Dalgliesh dijo midiendo las palabras:

—Me sorprende que usted coloque la inteligencia entre las virtudes de una futura enfermera. Yo creía que usted valoraba ante todo la absoluta obediencia. Es difícil de reconciliar la imaginación, que necesariamente es algo personal e incluso iconoclasta, con el sometimiento a la autoridad del buen subordinado. Le ruego me disculpe si parezco impertinente. Esta conversación no tiene mucho que ver con lo que me ha traído aquí, ya lo sé. Pero soy curioso.

Sí tenía mucho que ver con su trabajo allí y su curiosidad no era irrelevante. Pero ella no debía saberlo. Dijo con rudeza:

—La obediencia a la autoridad legítima es lo primero. Usted forma parte de un servicio disciplinado; no necesita que se lo digan. Solo cuando la obediencia es automática, cuando se ha aceptado la disciplina, incluso de buena gana, puede uno adquirir el saber y el valor que permiten saltarse sin peligro las reglas, llegado el momento. La imaginación y la inteligencia son peligrosas en la profesión de enfermera, si no se basan en la disciplina.

De modo que no era una conformista tan simple ni tan obstinada como aparentaba o quería aparentar delante de sus compañeras. Y además tenía imaginación.

¿Sería esta Brumfett, se preguntó, la que conocía y apreciaba Mary Taylor? Y sin embargo, Dalgliesh estaba convencido de que su primera impresión no era equivocada. En el fondo, no era una mujer inteligente. ¿No estaría, incluso ahora, repitiendo una teoría, con las mismas palabras, de otra persona? «El saber y el valor que permiten saltarse las reglas.» Pues sí, alguien de la Casa Nightingale se había saltado las reglas, a alguien no le había faltado el valor. Se miraron mutuamente. Él comenzaba a preguntarse si la Casa Nightingale no lo habría hechizado de alguna manera, si aquella atmósfera intimidante no le estaría afectando el buen juicio. Porque detrás de las gruesas lentes creyó ver alterarse los ojos, creyó detectar la urgencia de comunicarse, de ser entendida e incluso una petición de ayuda. Luego, la ilusión pasó. Y otra vez estaba frente al más vulgar, al más intransigente y al menos complejo de todos los sospechosos. Y la entrevista había terminado.

V

Eran ya más de las nueve, pero Dalgliesh y Masterson seguían juntos en la oficina. Tenían por delante al menos un par de horas de trabajo antes del descanso nocturno, entre hacer comprobaciones y comparaciones de los testimonios, investigar las discrepancias delatoras y programar las actividades del día siguiente. Dalgliesh decidió que Masterson se encargara de todo eso y marcó el número interior del piso de la jefa de enfermería. Le preguntó si podría concederle veinte minutos. Tanto la cortesía como la prudencia dictaban que debía mantenerla informada, pero había otra razón para visitarla antes de abandonar la Casa Nightingale.

Ella le había dejado la puerta del piso abierta y él entró directamente hasta la sala, llamó y pasó. Penetró en un espacio iluminado, tranquilo y silencioso. Y frío. La habitación, contra todo lo previsible, estaba helada. Ardía un fuego vivo en la chimenea, pero el calor apenas alcanzaba los rincones alejados del cuarto. Mientras lo cruzaba vio que ella estaba correctamente vestida, con las largas piernas embutidas en unos pantalones de terciopelo marrón rematados por un jersey de cachemir, de cuello alto y color beis claro, con las mangas subidas dejando al descubierto las frágiles muñecas. Alrededor de la garganta llevaba anudado un pañuelo de seda verde.

Se sentaron juntos en el sofá. Dalgliesh comprendió que ella había estado trabajando. Contra la pata de la mesita de café, sobre la que estaban extendidos unos papeles, había una cartera de mano abierta. En la parrilla de la chimenea se caldeaba una cafetera, y el reconfortante olor a leña y café caliente inundaba todo el cuarto.

Ella le ofreció café o whisky; ninguna otra cosa. Él aceptó el café y ella se levantó a buscar otra taza. Cuando hubo regresado y servido el café, Dalgliesh le dijo:

—Le habrán contado que he encontrado el veneno.

—Sí. Gearing y Rolfe vinieron a verme cuando usted acabó de hacerles preguntas. Supongo que eso significa que se trata de un asesinato.

—Eso creo yo, a no ser que la enfermera Fallon

escondiera ella misma la lata. Crear deliberadamente un misterio alrededor del suicidio, con objeto de causar el mayor número posible de molestias, sería un comportamiento propio de un exhibicionista o de un neurótico. La chica no parece haber sido ninguna de las dos cosas, pero me gustaría conocer su opinión.

—Estoy de acuerdo con usted. Fallon, diría yo, era una persona sumamente racional. Si decidió matarse, debió ser por razones que le parecieran de suficiente peso en aquel momento, y yo hubiera esperado que dejara una nota, breve pero lúcida, explicando esas razones. Muchísimos suicidas se matan para importunar a otras personas. Pero no Fallon.

—Esa es también mi opinión, pero quería saber la de alguien que realmente la hubiera conocido.

Ella preguntó:

—¿Qué ha dicho Madeleine Goodale?

—La enfermera Goodale cree que su amiga se suicidó; pero lo dijo antes de que encontráramos la nicotina.

Él no dijo dónde, ni ella lo preguntó. No tenía intención de decir a nadie de la Casa Nightingale dónde había encontrado el bote. Pero una persona tenía que saber dónde estaba escondido y quizá, con suerte, manifestara sin darse cuenta ese conocimiento delator.

Dalgliesh prosiguió:

—Hay otra cuestión. La señorita Gearing me cuenta que recibió a un amigo en su cuarto la noche pasada; dice que lo dejó salir por la puerta de usted. ¿La sorprende?

—No. Yo dejo el piso abierto cuando me ausento,

para que las enfermeras utilicen la escalera trasera. Eso les proporciona, por lo menos, cierta ilusión de vida privada.

—A costa, seguramente, de la vida privada de usted.

—Bueno, yo creo que se sobreentiende que no deben entrar en el piso. Tengo confianza en mis compañeras. Aunque no la tuviera, aquí no hay nada que les interese. Guardo todos los documentos oficiales en el despacho del hospital.

Tenía razón, por supuesto. Aquí no había nada que interesara a nadie, excepto a él. La sala de estar, con toda su individualidad, era casi tan sencilla como el piso de Dalgliesh sobre el Támesis. Quizá fuese esa la razón de que se sintiera como en casa. No había fotografías que invitasen a la especulación; ni escritorios rebosantes de bagatelas acumuladas; ni cuadros que traicionaran los gustos personales; ni tarjetas que proclamaran la abundancia, ni tan siquiera la existencia, de vida social. Él mantenía su piso bien cerrado; le resultaba insoportable la idea de que alguien pudiese entrar y salir cuando quisiera. Pero la reticencia de la señorita Taylor era aún mayor; era la autosuficiencia de una mujer tan reservada que ni siquiera su entorno personal dejaba traslucir nada.

Dalgliesh dijo:

—El doctor Courtney-Briggs me ha contado que fue amante de Josephine Fallon, durante un corto período, el primer año en que ella estuvo aquí. ¿Lo sabía usted?

—Sí. Lo sabía de la misma manera que sé que el invitado que tuvo ayer Mavis Gearing era con casi absoluta seguridad Leonard Morris. En los hospitales, el chismorreo se extiende por una especie de ósmosis. Uno no siempre recuerda si le han contado el último escándalo; sencillamente, lo sabe.

—¿Y hay mucho que saber?

—Quizá más que en otras instituciones más apacibles. ¿Lo encuentra sorprendente? Los hombres y mujeres que presencian a diario los sufrimientos corporales de la agonía y la enfermedad no es probable que sean muy escrupulosos con los desahogos que ese mismo cuerpo les ofrece.

¿Cuándo y con quién, se preguntó él, encontraba ella su correspondiente consuelo? ¿En el trabajo, en el poder que sin duda su trabajo le reportaba? ¿En la astronomía, rastreando durante las largas noches las órbitas de los astros? ¿O con Brumfett? ¡Dios quisiera que no fuese con Brumfett!

Ella dijo:

—Si está usted pensando que pudo matarla Stephen Courtney-Briggs para proteger su reputación, bueno, yo no lo creo. Me enteré del asunto; lo mismo que medio hospital, no me cabe duda. Courtney-Briggs no es muy discreto. Además, ese móvil solo valdría para una persona vulnerable a la opinión pública.

—Todo el mundo es vulnerable de un modo u otro a la opinión pública.

Ella le dirigió una súbita mirada punzante con sus extraordinarios ojos exoftálmicos.

—Claro. Sin duda, Stephen Courtney-Briggs es tan capaz de matar como cualquiera de nosotros para evitar un desastre personal o la ignominia pública. Pero no, diría yo, para evitar que la gente sepa que una mujer joven y atractiva estaba dispuesta a acostarse con él; ni para ocultar que un hombre maduro, como es el caso, sigue en condiciones de disfrutar del sexo allí donde se le ofrece.

¿Había un dejo de desdén, casi de resentimiento, en la voz? Por un momento, Dalgliesh creyó reconocer un eco de la enfermera Rolfe.

—¿Y la amistad de Hilda Rolfe con Julia Pardoe? ¿Sabe usted también eso?

Ella sonrió con algo de amargura.

—¿Amistad? Sí, lo sé, y creo comprenderlo. Pero no estoy segura de que lo comprenda usted. La versión ortodoxa, si el hecho se divulgara, sería que la enfermera Rolfe está corrompiendo a Pardoe. Pero si esa jovencita ha sido corrompida alguna vez, sospecho que eso ocurrió antes de que llegara al John Carpendar. No tengo intención de entrometerme. La cuestión se resolverá sola. Julia Pardoe recibirá el título oficial de enfermera dentro de pocos meses. Sé por casualidad que ha hecho planes para su futuro y que, desde luego, no pasan por quedarse aquí. Me temo que a la enfermera Rolfe le aguarda una mala época. Pero ya la afrontaremos cuando se presente.

La voz informó a Dalgliesh de que ella estaba enterada, de que estaba a la expectativa y de que tenía controlada la situación. Y de que no había más que hablar sobre el asunto.

Acabó el café en silencio y luego se levantó para irse. De momento no tenía nada más que preguntar y se sentía desagradablemente sensible a cada matiz de la voz de la jefa de enfermería, a cada silencio que tal vez insinuase que su presencia era fastidiosa. Era difícil que fuera bien recibido, como él sabía. Estaba acostumbrado a hacer de heraldo, en el mejor de los casos, de malas noticias, y en el peor, de desastres. Pero al menos estaba en su mano evitarle su presencia un minuto más de lo imprescindible.

Al levantarse ella para acompañarlo a la puerta, él hizo una referencia casual a la arquitectura de la casa y le preguntó cuánto tiempo hacía que formaba parte de las posesiones del hospital.

—Es una historia trágica y casi terrorífica. El edificio fue construido en 1880 por Thomas Nightingale, un fabricante local de cuerdas y maromas que había hecho carrera en el mundo y quería una vivienda que dignificase su nueva posición. El nombre es una pura coincidencia: no tiene nada que ver con Florence ni con el ruiseñor. Nightingale vivió aquí con su esposa (no tuvieron hijos) hasta 1886. Y en enero de aquel año se encontró, colgado de uno de los árboles del recinto, el cadáver de una de las criadas, una chica de diecinueve años llamada Nancy Gorringe, que había sido sacada de un orfanato por el señor Nightingale. Cuando descolgaron el cadáver, resultó patente que la chica había sido sistemáticamente maltratada, golpeada e incluso torturada, durante meses. Se trataba de sadismo calculado. Uno de los rasgos más horribles del caso era que los demás miembros del servicio debían tener alguna idea de lo que había estado sucediendo, pero no hicieron nada. Al parecer, recibían buen trato; en el proceso rindieron un conmovedor tributo a Nightingale como un amo justo y considerado. Debió ser algo parecido a esos casos modernos de crueldad infantil, en que solo se selecciona a uno de los miembros de la familia para someterlo a tortura y olvido, mientras los demás consienten los malos tratos. Porque les gusta el sadismo, supongo, o porque tienen la desesperada esperanza de mantenerse a salvo. Y sin embargo fue algo raro. Ninguno de los criados se volvió contra Nightingale, ni siquiera cuando la opinión pública local alcanzó el paroxismo, en las semanas siguientes al proceso. Él y su esposa fueron condenados y pasaron muchos años en la cárcel. Tengo la idea de que murieron en prisión. En cualquier caso, nunca regresaron a la Casa Nightingale. La casa la compró un fabricante de botas retirado, que la habitó solo durante dos años, hasta decidir que no le gustaba. La vendió a uno de los administradores del hospital, que pasó aquí los doce últimos años de su vida y la legó al John Carpendar. Siempre ha constituido un engorro para el hospital; nadie ha sabido bien qué uso darle. En realidad, no es adecuada para escuela de enfermeras, pero es difícil decir exactamente para qué sería adecuada. Existe la leyenda de que en esta época del año, por la noche, se oye llorar al fantasma de Nancy Gorringe en el bosque. Yo nunca la he oído y es una historia que procuramos ocultar a las alumnas. Pero nunca ha sido una casa con suerte.

Y ahora menos que nunca, pensó Dalgliesh, camino de la oficina. Ahora había dos asesinatos que agregar a aquella historia de maldad y violencia.

Dijo al sargento Masterson que podía dejar el trabajo y se instaló para hacer un último repaso en solitario de los papeles. Apenas se había ido el sargento, cuando sonó el teléfono del pasillo. Era el director del laboratorio forense para decir que ya estaban concluidos los análisis. Josephine Fallon había muerto envenenada con nicotina, y la nicotina procedía del insecticida para rosales.

VI

Eso fue dos horas antes de que Dalgliesh cerrara la puerta lateral de la Casa Nightingale, después de salir, y echara a andar para volver a The Falconer's Arms dando un paseo.

El camino estaba iluminado con farolas antiguas, muy espaciadas y que daban poca luz, de manera que la mayor parte del tiempo iba a oscuras. No encontró a nadie y cabía pensar que aquel camino solitario no era el predilecto de las estudiantes después de oscurecer. La lluvia había cesado, pero se estaba levantando viento, que hacía caer las últimas gotas que quedaban en las ramas entrecruzadas de los olmos. Las sentía darle en el rostro y colarse por debajo del cuello del abrigo, y por un momento lamentó haber decidido por la mañana no utilizar su coche. Los árboles nacían muy cerca del sendero, separados de este por un estrecho margen de hierba húmeda. Era una noche cálida, pese al viento creciente, y entre los árboles corría una ligera niebla que se arremolinaba en torno a las farolas. La calzada tenía unos tres metros de ancho. En sus tiempos debió ser la carretera principal de la Casa Nightingale, pero serpenteaba sin sentido entre los troncos de los olmos y los abedules, como si el primer propietario de la casa hubiese querido darse importancia alargando el trayecto.

Mientras andaba, iba pensando en Christine Dakers. Había visto a la chica a las cuatro menos cuarto de la tarde. La sala de enfermos particulares estaba muy silenciosa a esa hora, y la enfermera Brumfett, si andaba por allí, había tenido buen cuidado en no cruzarse en su camino. Lo había recibido la enfermera de servicio, que lo condujo al cuarto de la estudiante Dakers. La chica estaba sentada contra las almohadas y parecía tan ruborizada y triunfante como una madre reciente, y lo había recibido lo mismo que si esperase felicitaciones y flores. Alguien le había traído ya un ramo de narcisos y había dos jarrones con crisantemos junto a la bandeja del té, colocada sobre la mesa de comer en la cama, y un montón de revistas desparramadas encima de la cocina.

Mientras le contó su historia, había tratado de parecer despreocupada y contrita, pero la representación no fue convincente. En realidad, estaba radiante de felicidad y muy relajada. ¿Y por qué no? La había visitado la jefa de enfermería. Ella había confesado y había sido perdonada. Ahora rebosaba la dulce euforia de quien ha recibido la absolución. Y lo que era más, pensó él, las dos muchachas que podían suponerle una amenaza habían desaparecido de una vez por todas. Diana Harper había abandonado el hospital. Y Heather Pearce había muerto.

Y ¿exactamente para qué había confesado la enfermera Dakers? ¿A qué venía aquella liberación espiritual fuera de lo corriente? Dalgliesh quería saberlo. Pero no había salido de la habitación mucho mejor informado de lo que estaba al entrar. Aunque, al menos, se dijo él, había confirmado el testimonio de Madeleine Goodale sobre el tiempo que habían pasado estudiando juntas en la biblioteca. A no ser que estuviesen en connivencia, lo que parecía improbable, para proporcionarse mutuamente una coartada sobre el tiempo anterior al desayuno. Y después del desayuno ella se había tomado la última taza de café en el invernadero, donde había estado leyendo el periódico hasta la hora de incorporarse a la clase de prácticas. Estuvieron con ella la enfermera Pardoe y la enfermera Harper. Las tres chicas, que habían salido juntas del invernadero, hicieron una corta visita a los servicios de la segunda planta y se dirigieron, sin más, al aula de prácticas. Era muy difícil imaginarse cómo hubiera podido envenenar el alimento Christine Dakers.

Dalgliesh habría avanzado unos cincuenta metros cuando se detuvo a mitad de un paso, inmovilizado por lo que, durante un increíble segundo, le pareció el llanto de una mujer. Se quedó quieto, esforzándose por distinguir aquella voz extraña y desesperanzada. Durante un instante todo estuvo en silencio e incluso el viento dio la sensación de haber cesado. Luego volvió a oír como una voz, ahora sin confusión posible. No era el grito nocturno de un animal ni la invención de su cerebro cansado y sobreexcitado. En algún lugar del bosquecillo situado a su derecha, una mujer daba alaridos de desesperación.

No era supersticioso, pero sí tan impresionable por

el entorno como cualquier persona con imaginación. Solo en medio de la oscuridad, y oyendo el llanto de aquella voz humana que hacía de contrapunto al viento de nuevo creciente, tuvo un escalofrío de miedo. El terror y el desamparo de aquella sirvienta decimonónica lo rozaron de pasada como si lo hiciese el mismísimo dedo helado de la sirvienta. Durante un segundo espantoso se identificó con la aflicción y la desesperanza de aquella muchacha de otro siglo. El pasado se confundió con el presente. El terror era intemporal. La definitiva desesperación ocurría aquí y ahora. Luego, pasó ese momento. Aquella voz era real, de una mujer viva. Empuñando la linterna, se alejó del camino y penetró en la total oscuridad del bosque.

A unos veinte metros del lindero de hierba distinguió una choza de troncos, cuadrada y de pocos metros de longitud, cuya única ventana proyectaba un rectángulo de luz mortecina sobre la corteza del olmo más próximo. Se acercó a zancadas, sin hacer ruido gracias al suelo mojado, y abrió la puerta de un empujón. Se precipitó a su encuentro un olor cálido e intenso a madera y parafina. Y también algo más. El olor a vida humana. Acurrucada en una butaca de mimbre rota, con un farol de seguridad sobre la caja que tenía al lado, había una mujer.

La sensación de haber atrapado a un animal en su madriguera fue inmediata e inevitable. Se miraron el uno al otro en silencio. Pese al llanto despavorido, cortado instantáneamente al entrar él como si fuera falso, los ojos que escrutaban a fondo los suyos estaban despejados y brillaban amenazadores. Aquel animal tal vez estuviese apurado, pero estaba en su terreno y tenía todos los sentidos alerta. Cuando habló, la voz de la mujer sonó tenebrosa y agresiva, pero sin asomo de curiosidad o miedo.

—¿Quién es usted?

—Yo soy Adam Dalgliesh. ¿Y usted?

—Morag Smith.

—Me han hablado de usted, Morag. Debía haber vuelto al hospital esta tarde.

—Cierto. Y la señorita Collins me dijo que me presentara en la residencia del personal. Yo le pedí volver con los médicos, si no podía seguir en la Casa Nightingale. ¡Pero, ah, no! ¡No me hizo ni maldito caso! Yo me llevaba demasiado bien con los médicos. Así que a la residencia. Allí sí que la putean a una. Quise ver a la señorita Taylor, pero la enfermera Brumfett dijo que la jefa no estaba para que la molestaran.

Hizo una pausa en su enumeración de calamidades para manosear la mecha del farol. La luz aumentó. La mujer clavó los ojos en el superintendente.

—Adam Dalgliesh. Bonito nombre. Usted es nuevo por aquí, ¿verdad?

—He llegado esta misma mañana. Supongo que le habrán contado lo de la enfermera Fallon. Soy detective. He venido a descubrir cómo murieron ella y la enfermera Pearce.

Dalgliesh creyó en un primer momento que la noticia iba a desencadenar otro ataque de llanto. Ella abrió la boca de par en par, pero luego, pensándoselo mejor, lanzó un resuello entrecortado y la volvió a cerrar bien apretada. Dijo con rudeza:

—Yo no la maté.

—¿A la enfermera Pearce? Claro que no. ¿Por qué iba a matarla?

—Eso no es lo que decía el otro.

—¿Qué otro?

—El inspector, el condenado inspector Bill Bailey. Yo me daba cuenta de lo que pensaba. Hacía preguntas a todo el mundo y no quitaba los ojos de encima de una servidora. ¿Qué hizo usted desde el momento en que se levantó? ¿Qué diablos se pensaba él que estuve haciendo? ¡Trabajar! Eso es lo que estuve haciendo. ¿Le caía bien a usted la enfermera Pearce? ¿Fue alguna vez desconsiderada con usted? Me hubiera gustado que lo intentara. Pero yo ni siquiera la conocí. No hacía ni una semana que me trasladaron a la Casa Nightingale. Pero yo me daba cuenta de lo que él iba buscando. Siempre es lo mismo. Se acusa a la pobre criada de mierda.

Dalgliesh acabó de entrar en la choza y se sentó en la bancada que había contra la pared. Tenía que interrogar a Morag Smith y esta era una ocasión tan buena como otra. Dijo:

—Creo que está usted equivocada, ¿sabe? El inspector Bailey no sospechaba de usted. Me lo dijo él.

Ella lanzó un bufido sarcástico.

—No hay que creerse todo lo que la policía le diga. ¡Qué caramba! ¿Es que no le dijo eso a usted su padre? Sospechaba de mí. El cabronazo de Bailey. Por Dios, mi padre sí que le contaría a usted cosas de la policía.

Sin duda, también la policía tendría mucho que contar sobre su padre, pensó Dalgliesh, pero rechazó esa línea de conversación por considerar poco probable que fuese fructífera. El nombre del inspector Bailey se prestaba a los sarcasmos, y Morag estaba en el preciso estado de ánimo para desquitarse por esa vía. Dalgliesh se apresuró a defender a su colega.

—El inspector Bailey se limitaba a hacer su trabajo. No tenía intención de perjudicarla. Yo también soy policía y también tengo que hacer preguntas. Todos nosotros hacemos preguntas. Pero no llegaré a ninguna parte si no me ayuda. Si la enfermera Pearce y la enfermera Fallon fueron asesinadas, yo debo descubrir quién las asesinó. Eran jóvenes, como usted sabe. La enfermera Pearce debía tener su misma edad. Yo no creo que ellas quisieran morir.

No estaba seguro de cómo reaccionaria Morag a esta bien sopesada apelación a la justicia y al sentimiento, pero se daba cuenta de que los aguzados ojillos escudriñaban entre la penumbra.

—¡Ayudarle a usted! —La voz rebosaba resentimiento—. No me tome el pelo. Los que son como usted no necesitan ayuda. Ustedes saben muy bien cómo se ordeñan los cocos.

Dalgliesh reflexionó sobre la sorprendente metáfora y, a falta de pruebas en contra, decidió que pretendía ser un cumplido. Puso la linterna sobre el banco, vertical y en equilibrio, de modo que el foco de luz se desparramara por el techo, se apoyó bien contra la pared y descansó la cabeza en el mullido manojo de rafia que colgaba de un clavo. Le sorprendió encontrarse cómodo. Preguntó como por hablar:

—¿Viene usted aquí a menudo?

—Solo cuando estoy mal. —El tono sugería que era razonable que cualquier mujer tuviera prevista semejante eventualidad—. Aquí se está a solas. —Y agregó a la defensiva—: Antes, por lo menos, era un lugar aislado.

Dalgliesh se sintió reprendido.

—Lo siento. No volveré a venir.

—Bah, no se preocupe. Venga cuando quiera, si le gusta.

El tono tal vez no fuese cortés, pero el cumplido era inconfundible. Durante unos instantes permanecieron en un curioso silencio amigable.

Las recias paredes de la choza los enclaustraban, aislándolos en un silencio antinatural del gemido del viento. En el interior, el aire era frío pero mohoso, con un olor punzante a madera, parafina y humus. Dalgliesh miró en derredor. El lugar no era desagradable. Había una bala de paja en un rincón, una segunda butaca de mimbre similar a la que ocupaba Morag y un cajón de embalaje, recubierto con un hule, que hacía las veces de mesa. En conjunto, la forma evocaba la de una vieja estufa de petróleo. Uno de los estantes de la pared sostenía una tetera de aluminio y un par de tazones. Conjeturó que el jardinero debía utilizar la choza en otro tiempo como cobijo donde retirarse a descansar de los ardores del trabajo, además de como almacén y cobertizo para las macetas. En primavera y verano, aislada entre la quietud del bosque y envuelta en los trinos de los pájaros, pensó Dalgliesh, debía ser un escondite delicioso, pero ahora era pleno invierno.

—Perdone que le haga preguntas, pero no le resultaría más agradable que la importunara en su habitación. Ni se sentiría más a sus anchas, creo.

—No hay dónde estar a gusto en la Casa Nightingale. Ni tampoco en la residencia del personal. A mí me gusta estar aquí. Huele como la cabaña de la parcela de mi padre. Y en cuanto oscurece no viene nadie. Todo el mundo tiene miedo del fantasma.

—¿Usted no?

—Yo no creo en fantasmas.

Aquello era, pensó Dalgliesh, la última reivindicación del escepticismo a ultranza. Uno no cree en una cosa, luego esa cosa no existe. No torturándose con la imaginación, era posible disfrutar de las ventajas de la propia certidumbre, aunque solo consistieran en la indiscutida posesión de un cobertizo de jardín para cuando uno se siente trastornado. Se preguntó si debía interesarse por las causas de su aflicción o quizá sugerirle que se confiara a la jefa. Aquel llanto desatado, ¿respondía únicamente a las tan denostadas preguntas de Bill Bailey? Bailey era un buen detective, aunque no muy sutil en su trato con la gente. Uno no podía darse el lujo de ser crítico. Todo detective, por competente que fuese, sabía lo que era ganarse sin querer la hostilidad de un testigo. Una vez creada tal situación, era endemoniado sacarle algo útil, aunque la antipatía fuese en buena parte subconsciente. Y por regla general ocurría con las mujeres. El éxito de la investigación policial radicaba en buena medida en conseguir que la gente se prestara a colaborar, en hacer que hablara. Bill Bailey había fallado de plano con Morag Smith. Adam Dalgliesh también había fallado con otras personas algunas veces.

Recordó lo que el inspector Bailey le había dicho

sobre las dos sirvientas en la breve conversación que sostuvieron al traspasarle el caso.

—Esas no tienen nada que ver. La vieja, Martha Collins, lleva en el hospital cuarenta años, y, de tener tendencias homicidas, las habría manifestado antes de ahora. Está preocupada, sobre todo, por el robo del desinfectante de los lavabos. Parece tomárselo como una afrenta personal. Probablemente, su punto de vista es que los lavabos son de su incumbencia, pero no el asesinato. La joven, Morag Smith, está medio chiflada, y es tan tozuda como una mula con galones. Bien podría haberlo hecho, supongo, pero le juro que no veo por qué razón. Heather Pearce no le había hecho ningún mal, que yo sepa. De todos modos, apenas si tuvo tiempo. Morag fue transferida de la residencia de los médicos a la Casa Nightingale la víspera de la muerte de Pearce. He sacado la conclusión de que no estaba muy contenta con el cambio, pero eso no parece motivo suficiente para cargarse a las alumnas. Además, la chica no está asustada. Es tozuda, pero no está asustada. Si ha sido ella, dudo mucho que pueda usted probarlo.

Estaban sentados en silencio. Dalgliesh no tenía prisa por sondear su pesadumbre y sospechaba que ella se había dado el gusto irracional de una buena llorera. Había elegido hacerlo en su escondite secreto y tenía derecho a mantener ocultas sus emociones, aun cuando hubiera sido invadido el refugio material. Y él era demasiado reticente de por sí para tener ganas de fisgonear en las emociones ajenas como la gente que se hace la consoladora ilusión de que eso es una forma de preocupación por los demás. Él rara vez se preocupaba por nadie. Los seres humanos le interesaban constantemente y ya nada de lo que hicieran podría sorprenderle. Pero él no se implicaba. No le extrañaba que a ella le gustara el cobertizo, oliéndole como le olía a hogar.

Se dio cuenta de que había un farfulleo de fondo. Ella había reiniciado el relato de sus pesares.

—Ese se pasaba todo el tiempo mirándome. Y preguntándome lo mismo una vez y otra. Y creído, encima. Se le notaba lo que estaba imaginándose.

De repente se volvió hacia Dalgliesh.

—¿Está usted cachondo?

Dalgliesh prestó seria atención a la pregunta.

—No, soy demasiado viejo para ponerme cachondo cuando tengo frío y estoy cansado. A mi edad se necesita estar cómodo para satisfacer a la pareja y quedar bien con uno mismo.

Ella le lanzó una mirada en la que pugnaban por imponerse la incredulidad y la conmiseración.

—No es tan viejo. Pero gracias de todos modos por el pañuelito.

Se sonó convulsivamente una última vez antes de devolvérselo. Dalgliesh se apresuró a guardarlo en el bolsillo, resistiéndose a la tentación de dejarlo caer con recato detrás del banco. Estirando las piernas, dispuesto a ponerse en movimiento, solo oyó a medias las palabras que ella dijo.

—¿Qué ha dicho? —preguntó, cuidando de contener la voz, de no ser inquisitorial.

Ella respondió malhumorada:

—He dicho que de todos modos ese cabronazo no descubrió que me bebí la leche. Yo no se lo conté.

—¿La leche que se utilizó como alimento en la clase de prácticas? ¿Cuándo se la bebió usted?

Había tratado de sonar informal, solo ligeramente interesado por el asunto. Pero se daba cuenta del silencio que reinaba en la choza y de los dos astutos ojos que lo miraban fijamente. ¿Sería posible que ella no se diera cuenta de lo que le estaba diciendo?

—Fue a las ocho en punto o a lo mejor un minuto antes. Entré en la sala de prácticas a ver si me había dejado allí mi tarro de cera. La botella de leche estaba en el carro y me bebí una poca. Solo una poca de arriba.

—¿De la misma botella?

—¿Es que había a mano alguna taza? Tenía sed y al ver la leche se me ocurrió probarla. Así que me eché un buche.

Dalgliesh hizo la pregunta crucial:

—¿Se bebió la nata que había arriba?

—No había nada de nata. No era de esa clase de leche.

El corazón de Dalgliesh dio un salto.

—¿Y qué hizo usted luego?

—Yo no hice nada.

—Pero ¿no tenía usted miedo de que la tutora se diera cuenta de que la botella no estaba llena?

—La botella estaba llena. Yo la rellené con agua del grifo. Y solo me tomé un par de sorbos.

—¿Y repuso la tapa de la botella?

—Eso es. Con tanto cuidado que no se darían cuenta.

—¿Y no se lo dijo a nadie?

—A mí no me lo preguntó nadie. El inspector aquel me preguntó si había estado en la sala de prácticas y yo le dije que solo antes de las siete, cuando la limpié un poco. No iba a contarle nada a él. De todos modos, la maldita leche tampoco era suya; él no la pagó.

—Morag, ¿está usted absolutamente segura de la hora?

—Las ocho en punto. Por lo menos el reloj de la sala de prácticas marcaba las ocho. Lo miré porque tenía que ayudar a servir los desayunos, porque las camareras del comedor estaban de baja con gripe. Hay quien cree que una puede estar en tres sitios al mismo tiempo. De todos modos, llegué al comedor cuando las alumnas y las enfermeras ya habían empezado. Entonces Collins me echó una de sus miradas. ¡Otra vez tarde, Morag! Así que debían de ser las ocho. Las alumnas siempre empiezan a desayunar a las ocho.

—¿Y estaban todas?

—¡Claro que estaban todas! ¡Ya se lo he dicho! Estaban desayunando.

Pero él ya sabía que estaban todas. Los veinticinco minutos que iban entre las ocho y las ocho y veinticinco eran el único tiempo en que todas las sospechosas habían estado juntas, comiendo bajo la mirada de la señorita Collins y a la vista de todas las demás. Si la historia de Morag era cierta, y él no lo dudó ni por un instante, entonces el espacio de tiempo a investigar quedaba drásticamente reducido. Solo seis personas no disponían de coartada en firme para los cuarenta minutos transcurridos entre las ocho en punto y la concentración en el aula a las nueve menos veinte. Tendría que comprobar todas las declaraciones, por supuesto, pero ya sabía lo que iba a descubrir. Este era el tipo de información que estaba entrenado para recordar a voluntad, y los nombres le vinieron sumisamente a la cabeza. La enfermera Rolfe, la enfermera Gearing, la enfermera Brumfett, la estudiante Goodale, Leonard Morris y Stephen Courtney-Briggs.

Levantó con suavidad a la chica de su asiento.

—Vamos, Morag, voy a acompañarla a la residencia. Es usted un testigo muy importante y no quiero que pille una pulmonía antes de que haga su declaración.

—Yo no quiero escribir nada. No soy una colegiala.

—Otra persona la escribirá por usted. Usted solo tendrá que firmarla.

—Eso no me importa hacerlo. Tampoco soy una imbécil. Sé firmar con mi nombre, creo.

Y él estaría presente para supervisar que lo hiciera. Tenía la impresión de que el sargento Masterson no tendría más éxito que el inspector Bailey a la hora de tratar a Morag. Sería más seguro tomarle él mismo la declaración, aunque eso supusiera salir para Londres más tarde de lo previsto.

Pero merecía la pena perder ese tiempo. Cuando se dio la vuelta para encajar a presión la puerta de la choza, que no tenía cerradura, una vez los dos fuera, se sentía más contento de lo que había estado en ningún momento desde el hallazgo de la nicotina. Ahora sí estaba haciendo progresos. En conjunto, no había sido un mal día.

7

Danse Macabre

I

Eran las siete menos cinco de la mañana siguiente.
El sargento Masterson y el agente Greeson estaban en
la cocina de la Casa Nightingale, con la señorita Collins
y la señora Muncie. Entre la oscuridad y el frío, para
Masterson era como si fuese plena noche. La cocina olía
bien, a pan recién cocido, un olor de pueblo, nostálgico
y reconfortante. Pero la señorita Collins no era el prototipo de cocinera rolliza y acogedora. Vigilaba, con los
labios apretados y los brazos en jarras, mientras Greeson ponía una botella llena de leche en la parte delantera de la estantería intermedia del refrigerador, y dijo:

—¿Cuál deben coger?

—La primera botella que les venga a mano. Eso fue
lo que hicieron entonces, ¿no?

—Eso es lo que dicen. Yo tengo cosas más importantes que hacer que quedarme sentada a vigilarlas.
Ahora mismo tengo algo más importante que hacer.

—Por nosotros, vaya. Nosotros vigilaremos.

Cuatro minutos después, entraron juntas las gemelas Burt. Nadie dijo nada. Shirley abrió la puerta de la nevera y Maureen sacó la primera botella que le vino a mano. Seguidas por Masterson y Greeson, las gemelas hicieron el recorrido hasta la sala de prácticas atravesando el vestíbulo silencioso y retumbante. El aula estaba vacía y las cortinas corridas. Los dos tubos fluorescentes resplandecían sobre el semicírculo de asientos vacíos y la estrecha y alta cama donde una grotesca muñeca, de boca redonda y con dos agujeros negros y bostezantes en el lugar de las narices, estaba recostada contra los almohadones. Las gemelas fueron haciendo sus preparativos en silencio. Maureen puso la botella en el carro y luego sacó el aparato para la alimentación intragástrica y lo colocó junto a la cama. Shirley reunió los instrumentos y las vasijas que estaban en distintos armarios y los ordenó sobre el carro. Los dos policías observaban. Al cabo de veinte minutos, Maureen dijo:

—Esto es todo lo que hicimos antes del desayuno. Salimos del aula dejándola tal como está ahora.

—De acuerdo. Ahora adelantaremos los relojes a las ocho y cuarenta, que fue cuando volvieron aquí. No hace falta que vayamos de un sitio a otro. Y haremos entrar al resto del curso —dijo Masterson.

Obedientes, las gemelas pusieron en hora sus relojes de bolsillo mientras aguardaban a las demás alumnas. Se presentaron casi enseguida y en el mismo orden que el día de autos. Primero Madeleine Goodale, seguida de Julia Pardoe y Christine Dakers, que entraron juntas. No hubo el menor conato de conversación y todas ocuparon en silencio sus respectivos puestos en el semi-círculo de sillas, tiritando un poco como si hiciera mucho frío en el aula. Masterson observó que evitaban mirar a la grotesca muñeca que ocupaba la cama. Cuando estuvieron todas instaladas, el sargento dijo:

—Bien, enfermera. Comencemos con la práctica. Empiece por calentar la leche.

Maureen lo miró, perpleja.

—¿La leche? Pero nadie ha podido... —A la chica se le quebró la voz.

—¿Nadie ha podido envenenarla? No se preocupe. Limítese a seguir. Quiero que haga exactamente lo mismo que hizo aquella vez —dijo Masterson.

Ella llenó una gran jarra con agua caliente del grifo, y metió dentro, durante unos segundos, la botella sin abrir, para templar la leche. Al percatarse de la impaciencia de Masterson por continuar, arrancó la tapa de la botella y vertió el contenido en una probeta de vidrio. Luego cogió un termómetro que había entre el instrumental del carro y tomó la temperatura al líquido. La clase atendía en fascinado silencio. Maureen dirigió una mirada a Masterson. Al no recibir respuesta, tomó la sonda esofágica y la insertó en la boca rígida de la muñeca. Su mano estaba absolutamente firme. Por último, alzó por encima de su cabeza un embudo de cristal. Masterson dijo:

—Adelante, enfermera. No le hará ningún daño a la muñeca mojarse un poco. Está hecha para eso. Unos cuantos gramos de leche caliente no van a pudrirle las tripas.

Maureen se detuvo. Ahora el líquido era visible y

todos los ojos estaban concentrados en la cascada blanca. Luego, de repente, la chica se detuvo, con el brazo todavía en alto, y se quedó inmóvil, como una modelo en una pose desgarbada.

—Bueno —dijo Masterson—. ¿Va o no va?

Maureen bajó la probeta y se la acercó a la nariz, y sin decir una palabra se la alargó a su hermana gemela. Shirley olió y miró a Masterson.

—Esto no es leche, ¿verdad? Es desinfectante. ¡Usted quería comprobar si nos dábamos cuenta!

Maureen Burt preguntó:

—¿Quiere usted decirnos que la leche también era desinfectante la otra vez; que la leche estaba envenenada antes de que sacáramos la botella de la nevera?

—No. La otra vez la leche estaba perfectamente cuando ustedes la sacaron de la nevera. ¿Qué hicieron ustedes con la botella después de verter la leche en la probeta?

—La llevé al fregadero de la esquina y la enjuagué —respondió Shirley—. Siento haberme olvidado. Debía haberlo hecho antes.

—No importa. Hágalo ahora.

Maureen había dejado la botella en la mesa situada junto al fregadero, con la tapa arrugada al lado. Shirley la recogió. Masterson dijo en voz muy baja:

—¿Y?

La chica se volvió hacia él, perpleja.

—Hay algo distinto, algo está equivocado. No fue como ahora.

—¿No? Pues piense. No se ponga nerviosa. Relájese. Relájese y piense.

Se produjo un silencio sobrenatural. Luego, Shirley se volvió de pronto hacia su hermana.

—¡Ya lo sé, Maureen! Es la tapa de la botella. La otra vez cogimos una de las botellas de leche homogeneizada que había en la nevera, una de las que tienen la tapa de color plata. Pero cuando volvimos a la sala de prácticas después del desayuno era distinta. ¿No te acuerdas? La tapa era dorada. Era leche entera.

La enfermera Goodale dijo desde su asiento sin alzar la voz:

—Sí. Yo también me acuerdo. La única tapa que yo vi era dorada.

Maureen se quedó mirando a Masterson, desconcertada e inquisitiva.

—Eso quiere decir que alguien debió cambiar las tapas.

Antes de que Maureen tuviera tiempo de contestar, se oyó la voz tranquila de Madeleine Goodale:

—No necesariamente la tapa. Pudo cambiar la botella entera.

Masterson no contestó. De modo que el viejo había acertado. La solución de desinfectante había sido preparada con todo cuidado y con tiempo, y después se cambió por la botella de la que había bebido Morag Smith. ¿Y qué fue de la botella original? Casi con toda seguridad habría sido dejada en la cocina de la planta de las enfermeras. ¿No se había quejado la enfermera Gearing a la señorita Collins de que la leche estaba aguada?

Dalgliesh resolvió deprisa sus asuntos en Scotland Yard y a las once en punto estaba en North Kensington.

El número 49 de Millington Square, Londres W10, era un caserón italianizante y ruinoso, con una fachada de estuco descascarillado. No tenía nada de especial. Había cientos iguales en aquella parte de Londres. A todas luces, estaba dividida en apartamentos de una pieza, puesto que cada ventana presentaba un tipo de cortina distinto, o bien carecía de cortinas, y rezumaba esa extraña atmósfera, sigilosa y solitaria, de los hacinamientos que era característica de todo el barrio. Dalgliesh vio que en el porche no había nada parecido a un tablero de timbres ni tampoco lista de inquilinos. La puerta de la calle estaba abierta. Empujó la puerta de cristales que daba paso al vestíbulo e inmediatamente lo asaltó una bocanada de olor a comida rancia, cera del suelo y ropa usada. Las paredes del vestíbulo, forradas de papel grueso y con relieves, y repintadas luego de marrón oscuro, brillaban ahora como si rezumaran pringue y sudor. El dibujo del linóleo del suelo y de la escalera se veía parcheado por otros motivos de colores más vivos allí donde los desgarrones podían ser peligrosos, pero, por lo demás, estaba arrugado y sin reparar. La pintura de las carpinterías era de un verde tradicional. No había ni rastro de vida, pero incluso a aquella hora del día notó la presencia de gente, detrás de las puertas bien cerradas y numeradas, mientras ascendía sin que nadie se lo impidiese hacia los pisos superiores.

La puerta número 14 estaba en la parte trasera de la

última planta. Al acercarse oyó el repiqueteo penetrante y entrecortado de una máquina de escribir. Llamó fuerte y el ruido cesó. Hubo de esperar más de un minuto antes de que la puerta se entreabriera; se encontró entonces frente a un par de ojos recelosos y poco acogedores.

—¿Quién es usted? Estoy trabajando. Mis amigos saben que no tienen que venir por la mañana.

—Yo no soy un amigo. ¿Me permite entrar?

—Ya me lo imaginaba. Pero no puedo perder mucho tiempo con usted. Y no creo que me compense el tiempo que me haga perder. No quiero asociarme a nada; no tengo tiempo. Y no quiero comprar nada porque no tengo dinero. Además, tengo todo lo que necesito.

Dalgliesh le enseñó su documentación.

—No soy comprador ni vendedor; ni siquiera de información, que es lo que vengo buscando. Se trata de Josephine Fallon. Soy agente de policía y estoy investigando su muerte. Usted, doy por supuesto, es Arnold Dowson.

La puerta se abrió algo más.

—Más vale que pase. —Los ojos grises no expresaban el menor temor, pero sí quizá cierto cansancio.

Era una habitación fuera de lo normal: un pequeño ático con el techo en declive y una ventana de buhardilla, amueblado casi exclusivamente con cajones de madera basta y sin pintar, algunos de los cuales aún conservaban el nombre del tendero o del almacenista de vinos de quien procedían. Estaban ingeniosamente montados, de modo que las paredes quedaban cubiertas desde el suelo hasta el techo de celdillas de madera clara. Esos nichos eran desiguales y contenían todos los utensilios de la vida diaria. Algunos huecos estaban repletos de libros encuadernados, y otros, de libros de bolsillo color naranja. Otra caja enmarcaba una estufita eléctrica de dos resistencias, más que suficiente para calentar un cuarto tan minúsculo. En otra caja se amontonaba una pila de ropa limpia pero sin planchar. Otra contenía tazones con una franja azul y demás cacharrería; y aún había una última con una colección de *objets trouvés*: conchas marinas, un perro de Staffordshire, un tarrito de mermelada y plumas de pájaros. La cama individual, con la manta por cobertor, estaba bajo la ventana. Otro cajón invertido servía de mesa y de escritorio. Las dos únicas sillas eran de las plegables que se usan en exteriores. Dalgliesh se acordó de un artículo que había leído en el suplemento en color de los domingos sobre cómo amueblar una vivienda por menos de 50 libras. Probablemente a Arnold Dowson le habría costado la mitad de esa cifra. Pero el cuarto no resultaba desagradable. Todo era funcional y sencillo. Quizá fuese un poco claustrofóbico para algunos gustos, y había algo de obsesivo en la meticulosa limpieza y en cómo se había aprovechado hasta el último palmo de espacio, lo que impedía que el conjunto resultara relajante. Era el hábitat de un hombre independiente y organizado que, como él mismo había dicho a Dalgliesh, tenía sencillamente todo lo que necesitaba.

El habitante se correspondía con la vivienda. Casi parecía demasiado limpio. Era un hombre joven, probablemente de poco más de veinte años, pensó Dalgliesh.

El jersey beis de cuello alto estaba impecable, con ambas mangas pulcra y simétricamente remangadas, dejando ver los puños blanquísimos de la camisa. Llevaba unos vaqueros descoloridos pero sin manchas, concienzudamente lavados y planchados. Había una arruga en la parte central de cada pernera, y los bajos, vueltos, estaban meticulosamente cosidos. Lo cual daba lugar a una curiosa incongruencia con el vestuario tan informal. Calzaba sandalias de cuero con hebilla, como las que suelen verse en los niños, pero sin calcetines. El pelo, muy rubio y peinado en forma de casco, daba al rostro la compostura de un paje medieval. Bajo el pulcro flequillo, el rostro era huesudo y delicado, la nariz curva y demasiado grande, la boca pequeña y bien conformada, con una pizca de petulancia. Pero el rasgo más destacado eran las orejas. Eran las orejas más pequeñas que Dalgliesh había visto en un hombre y carecían por completo de color, incluso en los lóbulos. Daban la sensación de ser de cera. Sentado en un cajón de naranjas puesto bocabajo, con las manos colgándole lacias entre las rodillas, parecía la figura central de un cuadro surrealista; una figura única y bien dibujada contra el fondo de celdillas. Dalgliesh sacó una de las cajas y se sentó frente al muchacho. Dijo:

—¿Sabía usted que ha muerto, claro?

—Sí. Lo he leído en el periódico de la mañana.

—¿Sabía usted que estaba embarazada?

Esta pregunta despertó por lo menos algo de emoción. El rostro tirante del muchacho palideció. La cabeza se sobresaltó y estuvo mirando a Dalgliesh en silencio durante un momento antes de replicar:

—No. No lo sabía. Ella no me lo dijo.

—Estaba embarazada de casi tres meses. ¿Es posible que el hijo fuera suyo?

Dowson bajó la vista a sus manos.

—Sería posible, supongo. Yo no tomé ninguna clase de precauciones, si es a eso a lo que se refiere. Ella me dijo que no me preocupara, que corría de su cuenta. Al fin y al cabo, era enfermera. Yo supuse que sabría cuidarse sola.

—Eso es algo que sospecho que nunca supo hacer. ¿No sería mejor que me lo contase todo?

—¿Tengo que contárselo?

—No. Usted no tiene que decir nada. Puede exigir la presencia de un abogado y crear toda clase de complicaciones, y hacer que todo esto se alargue. Pero ¿para qué? Nadie le acusa de haberla asesinado. Pero alguien la asesinó. Usted la conocía y cabe suponer que la apreciaba. O que la apreció en una época. Si usted quiere ayudar, la mejor manera es contándome todo lo que sepa sobre ella.

Dowson se puso en pie muy despacio. Parecía tan lento y tan torpe de movimientos como un anciano. Miró en derredor, cual si se hubiese perdido. Luego dijo:

—Haré un poco de té.

Se acercó, arrastrando los pies, a la cocina de gas de dos fuegos, encajada a la derecha de la exigua chimenea en desuso, levantó una olla como si estuviera comprobando al peso que contenía la suficiente cantidad de agua, y encendió el gas. Cogió dos de los tazones que había en una de las cajas y los colocó sobre otra, que interpuso entre él y Dalgliesh. Contenía cierto número de periódicos muy bien doblados que daban la sensación de no haber sido leídos. Extendió uno sobre la caja y puso los dos tazones azules y una botella de leche con tanta ceremonia como si fueran a recibir a la familia real. No volvió a hablar hasta que el té estuvo hecho y servido. Entonces dijo:

—Yo no era su único amante.

—¿Le habló a usted de los otros?

—No, pero creo que uno de ellos era médico. Quizá más de uno. No tiene nada de particular, dadas las circunstancias. Una vez, hablando del sexo, me dijo que el carácter y la personalidad de un hombre se manifiestan siempre cuando hacía el amor. Si era egoísta o insensible o brutal, no podía ocultarlo en la cara, aunque lo hiciera estando vestido. Luego dijo que se había acostado con un cirujano y le saltó a la vista que la mayor parte de los cuerpos con los que había tenido contacto estaban previamente anestesiados; que estaba tan pendiente de admirar su propia técnica que en ningún momento se le ocurrió que compartía la cama con una mujer despierta. Se reía de eso. No creo que le importara demasiado. Se reía de muchísimas cosas.

—¿Pero usted no cree que fuera feliz?

Pareció reflexionar. Dalgliesh pensó: Pero, por Dios, no responda «¿De quién habla?».

—No, en realidad no era feliz. No la mayor parte del tiempo. Pero sabía cómo ser feliz. Eso era lo importante.

—¿Cómo la conoció?

—Estoy preparándome para ser escritor. Es lo que

quiero ser y nunca he querido ser otra cosa. Tengo que ganar dinero para ir viviendo hasta que acabe mi primera novela y la publique, de modo que trabajo de noche de telefonista, en las conferencias con Europa. Sé el suficiente francés para poder hacerlo. El sueldo no está mal. No tengo muchos amigos porque no tengo tiempo y nunca me había acostado con ninguna mujer hasta conocer a Jo. Me parece que no gusto a las mujeres. La conocí el verano pasado en St. James's Park. Ella tenía el día libre y yo estaba observando los patos y viendo el aspecto del parque. Quería situar una de las escenas de mi libro en ese parque, en julio, y fui a tomar notas. Ella estaba tendida de espaldas en la hierba, mirando al cielo. Completamente sola. Se me escapó una de las páginas del bloc y fue a caerle, volando, a la cara. Yo fui detrás y me disculpé, y la perseguimos juntos.

Sostenía la taza de té en el aire y la miraba como si siguiera contemplando la superficie del lago en verano.

—Era un día raro: muy caluroso, sin sol y con viento. El viento, muy cálido, soplaba a rachas. El lago parecía espeso como aceite.

Hizo una leve pausa y, al no decir nada Dalgliesh, prosiguió:

—Así que nos conocimos, hablamos y yo la invité a venir a tomar un té. No sé qué esperaba que ocurriera. Después del té seguimos hablando y ella me hizo el amor. Semanas después me dijo que no lo tenía pensado cuando vino aquí, pero yo no lo sé. Ni siquiera sé por qué volvió. Tal vez estuviera aburrida.

—¿Era eso lo que usted pensaba?

—Tampoco lo sé. Quizá. Sé que quería hacer el amor con una mujer. Quería saber en qué consistía eso. Es una experiencia sobre la que no se puede escribir hasta haberla vivido.

—Y a veces ni siquiera entonces. ¿Y cuánto tiempo siguió ella sirviéndole de modelo?

El muchacho no pareció percatarse de la ironía. Dijo:

—Venía por aquí cada quince días, cuando estaba libre. Nunca salíamos juntos, a no ser a algún bar. Ella traía comida y guisaba; luego hablábamos y nos íbamos a la cama.

—¿De qué hablaban?

—Supongo que yo era el que más hablaba. No me contó mucho sobre su vida, solo que su padre y su madre habían muerto siendo ella todavía pequeña y que se había criado en Cumberland, con una tía mayor. La tía ya ha muerto. No creo que Jo tuviera una infancia muy feliz. Siempre quiso ser enfermera, pero tuvo tuberculosis a los diecisiete años. No fue muy grave; pasó dieciocho meses en un sanatorio suizo y se curó. Pero los médicos le aconsejaron que no estudiara para enfermera. Por eso hizo otras cosas. Fue actriz durante unos tres años; aunque no se le daba demasiado bien. Luego hizo de camarera y trabajó algún tiempo en una tienda. Después tuvo novio formal, pero no llegaron a ninguna parte. Ella rompió el compromiso.

—¿Le dijo por qué?

—No, salvo que descubrió algo sobre aquel hombre que hacía imposible casarse con él.

—¿Le dijo qué era ese algo o quién era el hombre?

—Ni me lo dijo ni yo se lo pregunté. Pero creo que debía ser alguna clase de pervertido sexual.

Viendo la cara que ponía Dalgliesh, agregó a toda prisa:

—La verdad es que no lo sé. Ella nunca lo dijo. La mayor parte de las cosas que sé sobre Jo salieron casualmente en las conversaciones. La verdad es que nunca hablaba de sí misma mucho rato. Soy yo quien se ha hecho esa idea. Jo hablaba de su noviazgo con amargura y desesperanza.

—¿Y después de eso?

—Bueno, parece que decidió volver sobre su anterior propósito de ser enfermera. Pensó que pasaría el reconocimiento médico si tenía suerte. Eligió el hospital John Carpendar porque quería estar cerca de Londres, pero no en el mismo Londres, y pensó que un hospital pequeño sería más descansado. No quería que se le quebrantara la salud, supongo.

—¿Le hablaba del hospital?

—No mucho. Parecía estar bastante contenta. Pero me ahorraba los detalles sobre sábanas y bacinillas.

—¿Sabe usted si tenía algún enemigo?

—Sí que debía tenerlo, ¿no es cierto?, puesto que alguien la mató. Pero nunca me habló de eso. Tal vez no lo supiera.

—¿Le dicen a usted algo estos nombres?

Fue pronunciando los nombres de todas las personas —alumnas, enfermeras, cirujano y farmacéutico— que habían estado en la Casa Nightingale la noche en que murió Josephine Fallon.

—Creo que mencionó a Madeleine Goodale. Mi

impresión es de que eran amigas. Y el nombre Courtney-Briggs me resulta familiar. Pero no recuerdo nada
en concreto.

—¿Cuándo la vio por última vez? —preguntó Dalgliesh.

—Hace unas tres semanas. Vino la noche que tenía
libre e hizo la cena.

—¿Cómo la encontró?

—Estaba nerviosa y se moría de ganas de hacer el
amor. Luego, a la hora de irse, dijo que no volvería a
verme. Pocos días después recibí una carta. Decía sencillamente: «Lo que dije era en serio. Por favor, no tra-
tes de verme. Tú no tienes la culpa de nada, así que no
te preocupes. Adiós y gracias. Jo.»

Dalgliesh le preguntó si guardaba la carta.

—No. Solo guardo los papeles importantes. Quiero
decir, que no dispongo de espacio para acumular cartas.

—¿Y trató usted de volver a verla?

—No. Ella me había pedido que no lo hiciera y no
parecía tener mucho sentido. Supongo que lo habría
hecho de saber lo del niño. Pero no estoy seguro. Yo
no podía hacer nada. Aquí no cabe un niño. Bueno, ya
lo ve. ¿Acaso sería posible? Ella no deseaba casarse conmigo y yo nunca pensé en casarme con ella. No quiero
casarme con nadie. Pero no creo que se matara por lo
del niño. Siendo Jo, no.

—Muy bien. Usted no cree que se matara. Dígame
por qué.

—No era de esas.

—¡Vamos! Usted puede decir algo más.

El muchacho dijo en tono agresivo:

—Es absolutamente cierto. He conocido en mi vida a dos personas que se hayan suicidado. Una era un compañero del último año del bachiller. El otro llevaba la lavandería donde yo trabajaba. Yo hacía el reparto en la camioneta. Bueno, en los dos casos todo el mundo dijo todas las cosas que se dicen siempre sobre lo terrible y sorprendente que resultaba el hecho. Pero en realidad yo no estaba sorprendido. No quiero decir que estuviera esperándolo ni nada por el estilo. Solo que en realidad no me desconcertó. Cuando pienso en esas muertes creo que realmente se suicidaron.

—Su experiencia es muy corta.

—Jo no se hubiera matado. ¿Por qué iba a matarse?

—Yo veo razones. Por lo pronto, no había tenido demasiado éxito en la vida. No tenía parientes que se interesaran por ella ni tampoco muchos amigos. No dormía bien por las noches, no era en realidad feliz. Por fin había conseguido ingresar en una escuela de enfermeras y estaba a pocos meses de los exámenes finales. Y entonces se encontró embarazada. Sabía que su amante no deseaba el hijo, que no le serviría de nada buscar que él la consolara o ayudara.

Dowson gritó su vehemente protesta:

—¡Ella nunca buscó consuelo ni ayuda en nadie! ¡Eso es lo que estoy intentando decirle! Se acostaba conmigo porque quería. Yo no soy responsable de ella. Yo no soy responsable de nadie. ¡De nadie! Solo soy responsable de mí mismo. Jo sabía lo que se hacía. No era una de esas chicas jóvenes e inexpertas, necesitadas de consuelo y protección.

—Si usted cree que solo las personas jóvenes e inocentes necesitan consuelo y protección, está pensando en tópicos. Y si comienza por pensar en tópicos, acabará escribiéndolos.

El muchacho dijo de mal humor:

—Tal vez. Pero eso es lo que yo creo.

De pronto se puso de pie y se acercó a la pared. Cuando regresó a la caja situada en el centro, Dalgliesh vio que empuñaba una gran pieza pulimentada. La encajaba cómodamente en la palma de la mano curvada como un perfecto ovoide. Era de color gris claro y moteada como un huevo. Dowson la dejó deslizarse de la mano a la mesa, por la que rodó suavemente hasta detenerse. Luego se sentó otra vez y se inclinó hacia delante, con la cabeza entre las manos. Juntas, las manos recordaban la piedra. Dalgliesh no habló. De pronto, el muchacho dijo:

—Me la dio ella. La encontramos en la playa de Ventnor, en la isla de Wight. Fuimos juntos el octubre pasado. Pero claro que usted lo sabe. Debe ser por ahí por donde me ha localizado. Cójala. Es increíblemente pesada.

Dalgliesh cogió la piedra entre las manos. Era agradable de tocar, lisa y fría. Disfrutó con la perfección de sus formas pulidas por el agua, con la redondez dura e inconmovible que con tanta suavidad se le encajaba en la palma de la mano.

—Yo nunca fui de vacaciones a la playa cuando era pequeño. Mi padre murió antes de que yo cumpliera seis años, y la vieja no tenía dinero. Así que me perdí la playa. Jo pensó que sería divertido que fuéramos juntos. El pasado mes de octubre fue muy cálido. ¿Se acuerda? Embarcamos en el transbordador en Portsmouth, que solo llevaba una docena de personas, además de nosotros. La isla también estaba vacía. Podíamos andar desde Ventnor hasta el faro de St. Catherine sin ver un alma. Hacía bastante calor y todo estaba tan desierto como para bañarnos desnudos. Jo encontró esta piedra. Pensó que serviría de pisapapeles. Yo no estaba dispuesto a romperme el bolsillo por traerla a casa, pero ella sí. Luego, cuando estuvimos de vuelta, me la dio como recuerdo. Yo quería que se la quedara, pero Jo dijo que yo me olvidaría de las vacaciones mucho antes que ella. ¿Me entiende usted? Sabía cómo ser feliz. Yo no estoy seguro de saberlo. Pero Jo sí que sabía. Quien es así, no se suicida. Uno no se suicida si sabe lo maravillosa que puede ser la vida. Colette entendía de esto. Escribió sobre «la apremiante relación, feroz y furtiva, con la tierra y con todo lo que mana de los pechos de la tierra». —Se quedó mirando a Dalgliesh—. Colette fue una escritora francesa.

—Lo sé. ¿Y usted cree que Josephine Fallon vivía esa sensación?

—Sé que la vivía. No mucho tiempo. Ni muy a menudo. Pero cuando se sentía feliz era maravillosa. Quien ha conocido una vez esa felicidad, no se suicida. Mientras haya vida, existe la esperanza de que se repita. ¿Para qué, entonces, suprimir para siempre esa esperanza?

—También se suprime la desgracia —dijo Dalgliesh—, lo cual puede parecer más importante. Pero creo que tiene usted razón. Yo no creo que Josephine Fallon se suicidara. Creo que la asesinaron. Por eso le pregunto si tiene algo más que contarme.

—No. La noche en que murió trabajé en teléfonos. Será mejor que le dé la dirección. Supongo que querrá comprobarlo.

—Existen razones para considerar extremadamente improbable que lo hiciera alguien que no estuviese familiarizado con la Casa Nightingale. Pero lo comprobaremos.

—Aquí tiene la dirección.

Arrancó una esquina del periódico que cubría la mesa y, sacando un lápiz del bolsillo de los pantalones, escribió la dirección con pulso inseguro y casi rozando el papel con la cabeza. Luego la dobló, como si fuera un mensaje secreto, y se la alargó por encima de la mesa.

—Llévese también la piedra. Me gustaría que se la quedara. No, cójala. Por favor, cójala. Usted cree que yo soy inhumano y que no lamento su muerte. Pero se equivoca. Quiero que descubra quién la mató. Eso no le hará ningún bien a ella ni a la persona en cuestión, pero quiero que lo descubra. Y estoy apenado. Solo que no puedo permitirme demasiados sentimientos. No puedo involucrarme. ¿Lo comprende?

Dalgliesh tomó la piedra en la mano y se levantó para irse.

—Sí —dijo—, lo comprendo.

III

El señor Henry Urquhart, de la firma Urquhart, Wimbush and Portway, era el abogado de Josephine Fallon. Dalgliesh estaba citado con él a las doce y vein-

ticinco de la mañana, una hora elegida, innecesariamente en opinión de Dalgliesh, para poner de relieve que
cada minuto del abogado era valioso y que no estaba
dispuesto a dedicar a la policía más que la media hora
anterior al almuerzo. Dalgliesh fue recibido en cuanto
llegó. Tuvo sus dudas sobre si un sargento habría sido
atendido con la misma prontitud. Esta era una de las
pequeñas ventajas que le reportaba su pasión por hacer
el trabajo personalmente, controlando las gestiones
desde su despacho con la colaboración de un reducido
equipo de agentes, especialistas en el examen de la escena del crimen, fotógrafos, peritos en huellas digitales
y técnicos, todos los cuales le prestaban su ayuda y le
permitían mantenerse al margen de cuanto no fueran
los principales protagonistas del caso. Estaba enterado
de que tenía fama de resolver los casos muy deprisa,
pero nunca escatimaba el tiempo para los pormenores
que sus colegas consideraban más propios de un detective raso. En consecuencia, a veces captaba información
que un investigador con menos experiencia hubiese pasado por alto. Aunque apenas si esperaba ningún provecho de la entrevista con Henry Urquhart. Lo probable era que se redujese a poco más que un intercambio
formal y puntilloso de datos específicos. Pero había
tenido necesidad de visitar Londres. Tenía asuntos que
resolver en Scotland Yard y siempre era agradable recorrer a pie, en una soleada mañana de invierno, aquellos
rincones recoletos de la City.

La sociedad Urquhart, Wimbush and Portway era
uno de los bufetes más respetables y florecientes de la
City. Dalgliesh opinaba que pocos clientes de Urquhart

se habrían visto implicados en una investigación criminal. Tendrían de vez en cuando sus pequeñas dificultades con los representantes de la Corona; quizá, contra todo lo aconsejable, se complacieran en litigios imprudentes o se obstinaran en redactar testamentos inválidos; a lo mejor recurrirían a los servicios de sus abogados para que les preparasen defensas técnicas contra la legalidad vigente en materia de alcohol y circulación; y pudiera ser que necesitasen quien los sacara de toda clase de locuras e imprudencias. Pero sus ejecuciones se realizarían al amparo de la legalidad.

La habitación adonde lo habían conducido bien podía servir de escenario para representar el despacho de un abogado de éxito. El fuego de carbón formaba una gran pila en el interior de la chimenea. Desde encima de la repisa del hogar, el retrato del fundador contemplaba con gesto aprobatorio a su bisnieto. El despacho donde recibía el bisnieto era de la misma época que el cuadro y presentaba idénticas características de perdurabilidad, adecuación para la tarea y sólida opulencia, que rozaban las fronteras de la ostentación. En la otra pared había un óleo de reducidas dimensiones. Dalgliesh pensó que tenía todo el aspecto de ser un Jan Steen. El cuadro proclamaba ante el mundo que la firma sabía reconocer una buena pintura y podía permitirse el lujo de colgarla en sus paredes.

Urquhart, alto, ascético, discretamente canoso en las sienes y con aspecto de clérigo cauto, estaba bien elegido para el papel de abogado de éxito. Vestía un traje de excelente corte, pero de paño liso, como si hubiera bastado el rayado más ortodoxo para hacerlo incurrir en la caricatura. Saludó a Dalgliesh sin demostrar curiosidad ni preocupación, pero el superintendente se percató de que ya tenía extendido sobre la mesa el protocolo de la señorita Fallon. Dalgliesh expuso en pocas palabras el asunto y acabó diciendo:

—¿Puede usted contarme algo sobre la chica? En una investigación criminal, todo lo que alcancemos a saber sobre la vida pasada y la personalidad de la víctima puede sernos útil.

—¿Y en este caso, está usted seguro, se trata de un asesinato?

—La mató la nicotina que contenía el vaso de whisky que tomaba antes de dormirse. Por lo que sabemos, no estaba enterada de que había un bote de insecticida para rosales en el armario del invernadero y, si acaso lo sabía y se le ocurrió usarlo, dudo de que posteriormente hubiera escondido el envase.

—Entiendo. Y además existe la sospecha de que el veneno administrado a la primera víctima (Heather Pearce, ¿verdad?) estaba destinado en realidad a mi cliente.

Urquhart permaneció un momento con las manos unidas por los dedos y la cara ligeramente inclinada, como si consultara a su propio inconsciente, a un poder superior o al fantasma de su ex cliente, antes de hacer público lo que sabía. Dalgliesh pensó que hubiera podido ahorrarse aquel rato. Urquhart era un hombre que sabía perfectamente bien hasta dónde estaba dispuesto a llegar, desde el punto de vista profesional y desde cualquier otro. La pantomima no era convincente. Y su relación de hechos, cuando salió a la luz, no colaboró en nada a arropar el desnudo esquematismo de la vida de Josephine Fallon. Aportó los datos. Consultó los papeles que tenía delante y los fue presentando ordenadamente, sin sentimentalismos y con claridad. La fecha y el lugar de nacimiento; las circunstancias en que murieron los padres; la consecuente crianza al cuidado de una tía entrada en años, quien junto con el abogado había hecho de administradora hasta la mayoría de edad de la señorita Fallon; la fecha y las circunstancias del fallecimiento de dicha tía a resultas de un cáncer de matriz; el dinero heredado por Josephine Fallon y el exacto modo en que esta lo había invertido; los movimientos de la chica desde su vigésimo primer cumpleaños, en la medida, como señaló el abogado con frialdad, en que ella se había tomado la molestia de mantenerlo informado de estos.

—Estaba embarazada. ¿Lo sabía usted? —dijo Dalgliesh.

No hubo manera de apreciar si la noticia desconcertaba al abogado, aunque el rostro se le frunció y asumió el vago aspecto pesaroso de quien en ningún momento ha sido capaz de acomodarse del todo al desorden del mundo.

—No. No me lo dijo. Pero tampoco yo habría contado con que lo hiciera, a no ser, claro está, que estuviera pensando en hacer una reclamación de paternidad. Infiero que no se planteaba este problema.

—Le contó a su amiga Madeleine Goodale que pensaba abortar.

—Ya. Una solución cara y, a mi modo de ver, pese a la reciente legislación, discutible. Moralmente, quiero decir, por supuesto, no desde el punto de vista jurídico. La reciente legislación...

—Conozco la reciente legislación —dijo Adam Dalgliesh—. Entonces, ¿no tiene usted nada más que contarme?

La voz del abogado adoptó un dejo de reproche.

—Ya le he referido una gran cantidad de hechos acerca de sus orígenes y posición económica, en la medida de mis conocimientos. Mucho me temo que no esté a mi alcance proporcionarle información más reciente ni más personal. La señorita Fallon no me consultaba sino rara vez. En realidad, tampoco tenía motivos para hacerlo. La última vez fue con ocasión de su testamento. Usted, creo, ya está al tanto de las disposiciones. Madeleine Goodale es la única heredera. La fortuna es probable que ascienda a, aproximadamente, unas veinte mil libras.

—¿Había algún testamento anterior?

¿Sería la imaginación de Dalgliesh o bien percibió una leve contracción de los músculos faciales del abogado, una mueca casi invisible provocada por la indeseada pregunta?

—Hubo dos, pero el segundo no llegó a firmarse. El primero, que data de poco después de la mayoría de edad, lo dejaba todo a asociaciones de beneficencia, entre otras a la de la lucha contra el cáncer. El segundo tenía previsto formalizarlo con ocasión de su matrimonio. Aquí tengo la carta.

La entregó a Dalgliesh por encima de la mesa. Estaba fechada en Westminster (Londres) y la letra era vertical, segura y poco femenina.

Estimado Mr. Urquhart:

La presente tiene por objeto comunicarle que el 14 de marzo contraeré matrimonio con Peter Courtney en el juzgado de Marylebone. Él es actor; quizá lo haya oído nombrar. Hágame el favor de preparar un testamento para que yo lo firme en esa fecha. Lo legaré todo a mi marido. El nombre completo es Peter Albert Courtney Briggs. Sin guion. Supongo que necesita saberlo para redactar el testamento. Residiremos en esta dirección.

También necesitaré un poco de dinero. ¿Me hará el favor de solicitar a Warrenders que ponga doscientas libras a mi disposición antes de fin de mes? Gracias. Espero que usted y el señor Surtees se encuentren bien. Le saluda atentamente

JOSEPHINE FALLON

Una carta muy fría, pensó Dalgliesh. Sin ninguna clase de explicaciones. Poco texto de buenas palabras y deseos. Y, concretamente, nada de invitación a la boda.

—Warrenders era su agente de Bolsa —dijo Henry Urquhart—. Siempre se entendía con ellos por mediación nuestra, que nos encargábamos de todos los documentos. Prefería que lo hiciéramos nosotros. Decía que prefería viajar sin equipaje.

Repitió la frase, sonriendo con complacencia, como si de algún modo la encontrara notable, y miró a Dalgliesh como si esperara un comentario por su parte. Prosiguió:

—Surtees es mi pasante. Ella siempre mencionaba a Surtees.

Parecía encontrar este hecho más enigmático que los términos en que estaba redactada la carta.

—Y posteriormente Peter Courtney se ahorcó —dijo Dalgliesh.

—Así fue, tres días antes de la boda. Dejó una carta para el juez. No se hizo pública durante la encuesta, me congratulo de poder decirlo. Era sumamente explícita. Courtney contaba que había decidido casarse para solventar determinadas dificultades económicas y personales, pero en el último momento no se sintió con fuerzas para afrontar el matrimonio. Al parecer, era un jugador impenitente. Tengo entendido que el vicio del juego viene a ser una enfermedad afín al alcoholismo. Conozco mal el síndrome, pero he tenido ocasión de apreciar que puede tener consecuencias trágicas, sobre todo en el caso de un actor cuyos ingresos, aunque cuantiosos, son irregulares. Peter Courtney estaba muy endeudado y le era absolutamente imposible desembarazarse de un vicio que acrecentaba todos los días esas deudas.

—¿Y los problemas personales? Creo que era homosexual. Hubo habladurías en su momento. ¿Sabe usted si su cliente estaba enterada?

—No dispongo de información. Parece poco probable que no lo supiera, dado que llegó hasta el punto de establecer un compromiso. Desde luego, bien pudo ser que fuera tan optimista o tan temeraria como para suponer que ella lo ayudaría a curarse. Yo le hubiera desaconsejado ese matrimonio de habérmelo consultado ella, pero, como ya le he dicho, no me consultó.

Y muy poco después, pensó Dalgliesh, en cuestión de tan solo meses, iniciaba los estudios en el John Carpendar y dormía con el hermano de Peter Courtney. ¿Por qué? ¿Soledad? ¿Aburrimiento? ¿La urgente necesidad de olvidar? ¿Compensación por los servicios prestados? ¿Qué servicios? ¿Mera atracción sexual, si es que las necesidades físicas eran alguna vez tan simples, por un hombre que físicamente era una versión sin pulir del novio que había perdido? ¿La necesidad de asegurarse de que era capaz de despertar el deseo heterosexual? El propio Courtney-Briggs había insinuado que ella fue quien tomó la iniciativa. Desde luego, fue ella quien puso fin a sus relaciones. No había la menor posibilidad de equivocarse en cuanto al amargo resentimiento del cirujano contra una mujer que había cometido la temeridad de cortar con él antes de que él hubiera decidido cortar con ella.

Al levantarse para irse, Dalgliesh dijo:

—El hermano de Peter Courtney es cirujano en el hospital John Carpendar. Tal vez ya lo supiera usted.

Henry Urquhart desplegó su sonrisa rígida y sin gracia.

—Oh, sí, lo sé. Stephen Courtney-Briggs es cliente mío. A diferencia de su hermano, ha ganado un guion para el apellido y un éxito más duradero. —Y agregó, aparentemente sin venir a cuento—: Estaba de vacaciones en el Mediterráneo, en el yate de un amigo, cuando falleció el hermano. Por supuesto, le supuso un gran *shock*, así como numerosas molestias.

Sí que debió ser una complicación, pensó Dalgliesh. Pero Peter muerto suponía, con toda seguridad, menos complicaciones que Peter vivo. Sin la menor duda, a Stephen Courtney-Briggs le iba bien tener un actor famoso en la familia, un hermano menor que, sin hacerle la competencia en su terreno, agregase lustre a la pátina del éxito y proporcionara a Courtney-Briggs una vía de entrada al mundo egocéntrico y extravagante del teatro. Pero el activo se había transformado en pasivo; el héroe, en objeto de escarnio o, como mínimo, de piedad. Era un fracaso que al hermano debía resultarle difícil de olvidar.

Cinco minutos después, Dalgliesh estrechó la mano a Urquhart y se fue. Al pasar por el recibidor, la chica de la centralita oyó sus pasos, miró a su alrededor, se sonrojó y se quedó quieta, momentáneamente confundida, con la clavija en la mano. Estaba bien adiestrada, pero no lo bastante bien. No queriendo perturbarla más, Dalgliesh sonrió y salió a toda prisa del edificio. No le cabía la menor duda de que, siguiendo las instrucciones de Henry Urquhart, estaba telefoneando a Stephen Courtney-Briggs.

IV

Saville Mansions era un gran inmueble de finales de la época victoriana, próximo a Marylebone Road, respetable y próspero pero ni ostentoso ni opulento. Masterson se encontró con el previsible problema de no encontrar sitio donde aparcar, y eran más de las siete y media cuando entró en el edificio. El vestíbulo estaba dominado por un ascensor envuelto en rejas de diseño recargado y un mostrador de recepción presidido por un portero de uniforme. Masterson, que no tenía intención de dar cuenta de sus gestiones, le hizo un gesto de saludo con la cabeza y subió a buen paso por las escaleras. El apartamento 23 estaba en la segunda planta. Llamó al timbre y se dispuso a esperar.

Pero la puerta se abrió inmediatamente y se vio poco menos que abrazado por una extravagante aparición, pintada como la caricatura de una puta de comedia y vestida con un traje de noche corto, en gasa de colores fulgurantes, que hubiera quedado impropio incluso en una mujer de la mitad de sus años. El corpiño era tan escotado que atisbó el canal que separaba los flácidos pechos, recogidos y levantados por las copas del sujetador, y también los polvos cosméticos apelmazados entre las grietas de la piel seca y amarillenta. Llevaba las pestañas cargadas de rímel; el pelo quebradizo, teñido de un rubio inverosímil, estaba peinado alrededor de la cara enrojecida por el colorete formando hojuelas lacadas; la boca pringada de carmín se entreabría con gesto de incrédula consternación. La sorpresa era mutua. Estuvieron mirándose como si ambos fueran incapaces de dar crédito a los ojos. La expresión de la mujer se desnudó de la alegría del desengaño con un efecto casi cómico.

Masterson fue el primero en recuperarse y se presentó:

—Se acordará —dijo— de que telefoneé a primera hora de la mañana y concertamos una cita.

—Ahora no me es posible recibirle. Voy a salir. Creía que era usted mi pareja de baile. Usted dijo que vendría a media tarde.

La voz regañona y estridente se había vuelto más aguda con el desengaño. Daba la impresión de que iba a cerrarle la puerta en las narices. Masterson se apresuró a colar un pie por la abertura.

—Me ha sido imposible llegar antes. Lo siento.

Imposible llegar antes. Demasiado bien había llegado. Aquel interludio en la parte trasera del automóvil, frenético pero en último término satisfactorio, lo había entretenido más rato de lo que tenía previsto. También le había llevado más tiempo encontrar un sitio lo bastante apartado, aun siendo una tarde oscura de invierno. Guildford Road no ofrecía muchas desviaciones prometedoras hacia el campo abierto, donde disfrutar del panorama de márgenes de hierba y senderos desiertos. Además, Julia Pardoe se había mostrado melindrosa. Cada vez que él desaceleraba el coche en un paraje adecuado, ella le oponía un sofocado «aquí no». Primero la había visto cuando estaba a punto de bajar a la calzada en el paso de peatones que daba acceso a la estación de Heatheringfield. Había frenado el coche por ella, pero, en lugar de llamarla con la mano, se inclinó y abrió la puerta del otro lado. Ella solo dudó un momento antes de acercarse, con el abrigo balanceándose por encima de las botas que le llegaban hasta las rodillas, y se había deslizado al asiento libre sin pronunciar una palabra ni dirigirle una mirada. Él había dicho:

—¿Va a la ciudad?

Ella había asentido con la cabeza y se había sonreído para sus adentros, con los ojos clavados en el parabrisas. Así de sencillo. Julia Pardoe no habría dicho ni una docena de palabras durante el trayecto. Los preliminares más o menos descarados que él consideraba consustanciales al juego no merecieron la menor respuesta. Masterson bien hubiera podido ser el chófer con quien ella viajaba en indeseada proximidad. Al final, picado por la cólera y la humillación, comenzó a preguntarse si no se habría equivocado. Pero existía la confirmación de aquella inmovilidad concentrada, de los ojos clavados, a veces durante minutos y con toda la intensidad de su color azul, en las manos que manejaban el volante o manipulaban la palanca de cambios. Ella quería de todas todas. Lo deseaba tanto como él. No podía decirse que hubiera sido exactamente un ligue rápido. Una cosa le había dicho ella, para sorpresa de Masterson. Iba a reunirse con Hilda Rolfe; irían juntas al teatro después de cenar temprano. Bueno, pues tendrían que ir sin cenar o bien perderse el primer acto; por lo visto, a ella no le preocupaba ninguna de las dos cosas.

Divertido y solo un poco curioso, él había preguntado:

—¿Cómo vas a explicarle el retraso a la enfermera Rolfe? ¿O no piensas molestarte en acudir?

Ella se encogió de hombros.

—Le contaré la verdad. Hasta es posible que le haga bien.

Viendo el repentino gesto de malhumor de él, ella agregó con desprecio:

—¡No te preocupes! No va a chivarse a Dalgliesh. Hilda no es de esas.

Masterson confió en que tuviera razón. Aquello era algo que Dalgliesh no le perdonaría.

—¿Qué hará? —preguntó él.

—¿Si se lo digo? Dejar el trabajo, me imagino; irse del John Carpendar. Está bien harta del hospital. Si sigue, solo es por mí.

Apartando de la cabeza el recuerdo de aquella vocecita aguda y despiadada, y volviendo al presente, Masterson se obligó a sonreír a esta otra mujer tan distinta con que ahora se enfrentaba y dijo en tono expiatorio:

—El tráfico, ya sabe... He venido en coche desde Hampshire. Pero no la entretendré mucho rato.

Sosteniendo en alto su carné, con el aire algo furtivo inseparable de este gesto, se abrió pasó al interior del piso. Ella no trató de impedírselo. Pero tenía los ojos en blanco, y sin duda pensaba en otra cosa. Acababa de cerrar la puerta cuando sonó el teléfono. Sin abrir la boca, lo dejó en el recibidor y se metió casi corriendo en el cuarto de la izquierda. La oyó elevar la voz para protestar. Parecía estar reclamando y luego rogar. Después se hizo el silencio. Él avanzó sin hacer ruido por el recibidor y se esforzó por escuchar. Creyó percibir que la mujer marcaba. Luego, hablaba otra vez. Tampoco entendió Masterson la nueva conversación, que concluyó en pocos segundos. Luego, volvió a oírla marcar números. Y nuevos sollozos. En total, hizo cuatro llamadas antes de reaparecer en el recibidor.

—¿Tiene algún problema? —preguntó Masterson—. ¿Puedo ayudarla?

Ella alzó los ojos y lo miró fijamente durante unos segundos, como el ama de casa que calcula la calidad y el precio de un bistec. La respuesta, cuando se produjo, fue perentoria y asombrosa:

—¿Sabe usted bailar?

—Fui campeón de la policía metropolitana durante tres años seguidos —mintió él. El cuerpo, como era bastante lógico, no celebraba campeonatos de baile, pero consideró poco probable que ella lo supiera, y la mentira, como la mayor parte de las mentiras, le salió fácil y espontánea.

De nuevo la mirada atenta y especulativa.

—Necesita usted un esmoquin. Yo tengo aquí las cosas de Martin. Voy a venderlas, pero todavía no han pasado. Me prometieron pasar esta tarde, pero no han venido. Una no puede fiarse de nadie en estos tiempos. Usted parece tener la misma talla. Era bastante ancho de hombros antes de caer enfermo.

Masterson contuvo las ganas de echarse a reír a carcajadas. Dijo en tono solemne:

—Me gustaría ayudarla si tiene algún problema. Pero soy policía. Estoy aquí para recabar información, no para pasarme la noche de baile.

—No será toda la noche. Acaba a las once y media. Es el Baile de la Medalla Delaroux, en el Athenaeum, cerca del Strand. Allí hablaremos.

—Sería más cómodo hablar aquí.

La cara hosca de la mujer hizo un mohín de obstinación.

—No quiero hablar aquí.

Se expresaba con la displicencia de un niño obstinado. Luego endureció la voz para pronunciar su ultimátum:

—O el baile o nada.

Se miraron en silencio. Masterson reflexionó. La

idea era grotesca, desde luego, pero no iba a sacarle nada esta noche si no cedía. Dalgliesh lo había enviado a Londres en busca de información y su orgullo no le permitía regresar a la Casa Nightingale sin nada. Pero ¿le consentía su orgullo pasarse el resto de la noche acompañando en público a aquella bruja pintarrajeada? El baile no le planteaba el menor problema. Era una de las habilidades, aunque quizá no de las más importantes, que le había enseñado Sylvia. Sylvia era una rubia lujuriosa, diez años mayor que él, con un marido director de banco al que había sido muy agradable ponerle los cuernos. Sylvia estaba loca por el baile y los dos habían participado juntos en toda una serie de competiciones y progresado de las medallas de bronce a las de plata y a las de oro, hasta que el marido se puso más agresivo de lo soportable. Sylvia comenzó a insinuarse sobre el divorcio, y Masterson, prudentemente, decidió que la relación había sobrevivido a su utilidad, por no decir a sus personales dotes para el deporte en pista cubierta, y que el cuerpo de policía ofrecía una carrera aceptable para un hombre ambicioso y necesitado de una excusa para iniciar una etapa relativamente virtuosa. Ahora había cambiado de gustos, en cuanto a las mujeres y al baile, y disponía de menos tiempo para ambas cosas. Pero Sylvia había sido útil. Como decían en la escuela de detectives, ninguna habilidad es nunca inútil para el trabajo policial.

No, el baile no le planteaba ningún problema. Otra cosa era si ella tendría la misma pericia. Probablemente la velada sería un fiasco y, tanto si la acompañaba como si no, acabaría por hablar. Pero ¿cuándo hablaría? A

Dalgliesh le gustaba trabajar deprisa. Este era uno de esos casos en que el número de sospechosos estaba limitado a los miembros de una comunidad pequeña y cerrada, y lo normal era que Dalgliesh no contase con dedicarle más de una semana. No le quedaría precisamente agradecido a su subordinado por perder una noche. Y además habría de justificar de alguna manera el tiempo pasado en el coche. No era una buena noche para regresar con las manos vacías. ¡Y qué diablos! Sería una buena historia para contarla a los compañeros. Y si la cosa se ponía imposible, siempre estaba a tiempo de dejarla colgada. Más le valía acordarse de meter sus ropas en el coche por si acaso necesitaba emprender una huida rápida.

—De acuerdo —dijo—. Pero espero que merezca la pena.

—No lo dude.

El esmoquin de Martin Dettinger le sentaba mejor de lo que se temía. Era extraño ese ritual de vestirse de tiros largos con la ropa de otro hombre. Se encontró rebuscando en los bolsillos como si pudieran contener alguna clase de pista. Los zapatos le venían pequeños y no hizo el menor intento de calzárselos. Por suerte, los suyos eran negros y con suela de cuero. Aunque demasiado pesados para bailar y discordantes con el esmoquin, servirían. Guardó sus ropas de cualquier manera en la caja de cartón suministrada de mala gana por la señora Dettinger y salieron juntos.

Sabía que eran escasas las posibilidades de encontrar aparcamiento en el Strand, de manera que se dirigió hacia el río y estacionó cerca de County Hall. Luego anduvieron hasta la estación de Waterloo y tomaron un taxi. Esa parte de la noche no le fue demasiado mal. Ella se había arropado en un voluminoso abrigo de pieles pasado de moda. Olía fuerte y a rancio, como si hubiera alojado una camada de gatos, pero por lo menos servía para disimular. Durante el trayecto, ninguno de los dos pronunció una palabra.

El baile ya había comenzado cuando llegaron ellos, poco después de las ocho, y el gran salón estaba tan lleno que el ambiente era desagradable. Se dirigieron a una de las pocas mesas vacías que quedaban junto a la pista. Masterson se fijó en que todos los instructores varones lucían un clavel rojo; las mujeres lo llevaban blanco. Abundaban los besos y las palmadas acariciadoras en hombros y brazos. Uno de los hombres se dirigió afectadamente a la señora Dettinger, con balidos de bienvenida y felicitación.

—Tiene usted un aspecto maravilloso, señora Dettinger. Lamento que Tony esté enfermo. Pero me congratulo de que haya encontrado pareja.

Miraba a Masterson con algo de curiosidad. La señora Dettinger respondió al cumplido con un desmañado cabeceo y una maliciosa mirada de agradecimiento. No hizo el menor gesto de presentar a Masterson.

Estuvieron sentados durante las dos piezas siguientes y Masterson se entretuvo en examinar el salón. En conjunto, el cuadro era de una tremebunda respetabilidad. Colgado del techo había un gran racimo de globos, sin duda listos para soltarlos en el clímax orgiástico de los festejos de la noche. La orquesta vestía chaquetillas rojas con charreteras doradas, y los músicos mostraban la cara tenebrosa y resignada de quienes ya tenían visto todo aquello. Masterson preveía una velada de cínico distanciamiento, con el único provecho de ser testigo de la locura ajena y disfrutar del insidioso placer de sentir asco. Recordó la descripción que hiciera un diplomático francés sobre la forma de bailar de los ingleses: «*Avec les visages si tristes, le derrières si gais.*» Aquí los traseros se comportaban a todas luces con formalidad, pero los rostros mantenían una inamovible mueca de deleite fingido, tan poco natural que Masterson se preguntó si la escuela les habría enseñado la expresión facial adecuada al mismo tiempo que los pasos. Fuera de la pista de baile, todas las mujeres parecían estar aburridas, con expresiones que oscilaban entre una cierta aprensión y un nerviosismo casi frenético. Había muchas más que hombres y algunas bailaban entre ellas. En su mayoría eran maduras y todas se adornaban por igual con modelitos anticuados, corpiños ajustados con grandes escotes e inmensas faldas de vuelo tachonadas de lentejuelas.

La tercera pieza fue un ritmo rápido. Ella se volvió de repente hacia Masterson y dijo:

—Bailaremos esto.

Sin protestar, él la condujo a la pista y le rodeó firmemente el cuerpo con el brazo izquierdo. Estaba resignado a soportar una noche larga y agotadora. Si aquella vieja arpía tenía algo útil que contar (y el viejo Dalgliesh, por lo visto, así lo creía), entonces ¡por Dios que iba a contárselo!, aunque tuviese que arrastrarla, dándole voces de una punta a otra de aquella condenada pista, hasta que se derrumbara. La idea le resultó halagüeña y se complació con ella. La veía, descoyuntada como una marioneta con los hilos rotos, con las piernas de palillo despatarradas y los brazos caídos de agotamiento. Solo que probablemente él se desmoronaría antes. La media hora pasada con Julia Pardoe no era el mejor modo de prepararse para una noche de baile; la vieja bruja conservaba buenas reservas de vitalidad. Masterson sentía las gotas de sudor que le corrían por las comisuras de la boca, pero ella apenas si jadeaba y seguía teniendo las manos secas y frías. El rostro pegado al suyo estaba absorto, la mirada era vidriosa y el labio inferior colgaba inerte. Era lo mismo que bailar con un saco de huesos que se moviera.

La música hizo un redoble y cesó. El director de la orquesta paseó por la pista su deslumbrante sonrisa artificial. Los músicos se alejaron, permitiéndose una breve sonrisa. Se desvaneció el caleidoscopio de luces de colores que centraba la pista y luego surgió un nuevo dibujo mientras las parejas se soltaban y volvían cuchicheando a sus mesas. Los camareros rondaban en espera de los pedidos. Masterson chasqueó los dedos.

—¿Qué va usted a tomar?

Las palabras le salieron tan desaliñadas como el tacaño que se ve en el brete de pagar una ronda. Ella pidió un *gin-tonic*, y cuando se lo trajeron lo aceptó sin dar las gracias ni agradecerlo de ninguna forma visible. Él se conformó con un whisky doble. Sería el primero de muchos. Desplegando la falda de colores flameantes alrededor de la silla, la mujer se puso a escrutar el local con aquella mirada suya, tan penetrante como desagradable, que Masterson ya empezaba a conocer bien. Él no tenía por qué estar allí. Cuidado, se dijo, no seas impaciente. Ella quiere tenerte aquí. Déjala.

—Hábleme de su hijo —dijo en voz baja, procurando parecer tranquilo y poco autoritario.

—Ahora no. Otra noche. No hay prisa.

Estuvo a punto de gritar de exasperación. ¿Se pensaba en serio que volvería a verlo? ¿Esperaba que se pasase la vida bailando con ella con la expectativa de una migaja de información? Se imaginó la escena: los dos pegando brincos sin parar durante años, representando sin proponérselo una charada surrealista. Masterson apoyó el vaso.

—No habrá otra noche. A menos que usted me ayude. El superintendente no es muy partidario de que se tire el dinero del erario público cuando no hay nada que averiguar. Yo tengo que justificar lo que hago en cada instante.

Le inculcó a la voz el adecuado grado de resentimiento y de fariseísmo. Ella lo miró por primera vez desde que estaban sentados.

—Puede que sí haya algo que averiguar. Yo nunca he dicho lo contrario. ¿Qué pasa con las copas?

—¿Con las copas? —Masterson estaba estupefacto.

—¿Quién paga las copas?

—Pues, por lo general, entran en los gastos. Pero cuando se trata de divertirse con los amigos, como esta noche por ejemplo, pago yo, como es natural.

Mintió con facilidad. Era una de las cualidades que consideraba más provechosas para su profesión.

Ella asintió con cara de contento. Pero no dijo nada.

Él se estaba preguntando si volver a probar cuando la orquesta atacó un cha-cha-chá. Sin decir una palabra, ella se puso en pie y lo miró. Volvieron a la pista.

Al cha-cha-chá siguió un mambo, al mambo un vals, al vals un foxtrot lento. Y Masterson aún no había averiguado nada. Luego hubo una novedad en el programa. De pronto bajaron las luces, y un individuo acicalado, reluciente de pies a cabeza como si se hubiera bañado en brillantina, se plantó delante del micrófono y lo ajustó a su altura. Iba acompañado por una rubia lánguida, con un rebuscado peinado a la moda de hacía como mínimo cinco años. Los focos revolotearon a su alrededor. Agitaba negligentemente un pañuelo de gasa en la mano izquierda y pasó los ojos por la pista de baile vacía, con cara de ser la dueña y señora. Se produjo un silencio de expectación. El hombre consultó la lista que tenía en la mano.

—Y ahora, señoras y caballeros, llega el momento que todos estábamos esperando. La exhibición de baile. Los ganadores de nuestras medallas ofrecerán, para nuestro deleite, una demostración de los bailes por los que fueron premiados. Comenzaremos por la medalla de plata: la señora Dettinger, que baila... —consultó la lista—, que baila un tango.

Recorrió el salón con el índice de su gordezuela mano. La banda rompió el silencio con una fanfarria discordante. La señora Dettinger se puso en pie, arrastrando a Masterson tras ella. Sus garras dominaban la muñeca del sargento como un vicio. El foco se fue desplazando y se posó sobre ellos. Hubo un breve aplauso. El individuo acicalado prosiguió:

—La señora Dettinger baila con... ¿Podríamos conocer el nombre de la nueva pareja de la señora Dettinger?

—Edward Heath —gritó fuerte Masterson.

El acicalado se cortó; luego optó por tomárselo literalmente. Cargando las palabras de entusiasmo, anunció:

—La señora Dettinger, medalla de plata, baila el tango con el señor Edward Heath.

Los platillos percutieron, y de nuevo se oyeron algunos aplausos. Masterson condujo a su pareja a la pista, con exagerada cortesía. Se daba cuenta de que estaba algo bebido, de lo cual se alegraba. Iba a divertirse.

Apretó la mano contra los riñones de la mujer y puso cara de lujurioso. De inmediato se ganó una risita tonta de la mesa más próxima. Ella frunció el entrecejo y él vio, fascinado, cómo un inesperado rubor se extendía por el rostro y el cuello de la mujer. Comprendió, para su contento, que estaba enormemente nerviosa, que en realidad aquella patética charada era importante para ella, que se había vestido con tanto esmero y pintarrajeado como un payaso con vistas a este momento. Al baile de la Medalla Delaroux. La exhibición de tango. Y luego le había fallado la pareja. Por falta de valor, probablemente, del pobre imbécil. Pero el destino le había proporcionado un sustituto presentable y competente. Debió parecerle un milagro. Para este momento había sido encarrilado hasta el salón del Athenaeum y había estado bailando con ella durante horas y horas de aburrimiento. Saberlo era regocijante. Por Dios, que ahora la tenía en sus manos. Este era el gran momento

de la mujer. Masterson adivinaba que ella no lo olvidaría en mucho tiempo.

Comenzó el ritmo lento. Advirtió, con disgusto,
que la pieza a bailar era la misma melodía que llevaba
sonando buena parte de la noche. Musitó la letra en el
oído de la mujer. Ella susurró:

—Se supone que estamos bailando el tango de Delaroux.

—Estamos bailando el tango de Charles Masterson,
mi vida.

Aferrándola, la obligó a recorrer a la fuerza toda la
pista, en una parodia pavoneada de tango, haciéndole
dar vueltas malintencionadas en las que el pelo lacado
casi barría el suelo y le traqueteaban los huesos, man-
teniéndola luego inmóvil y en pose, mientras lanzaba
una sonrisa de imprevisible satisfacción a quienes ocupaban la mesa próxima. Ahora la risita se oyó más fuerte, más prolongada. Al erguirla de un tirón, en espera
del siguiente compás, ella susurró:

—¿Qué quiere usted saber?

—Su hijo reconoció a alguien, ¿no es cierto? Cuando estaba en el John Carpendar, en el hospital. ¿Vio a
alguien al que conocía?

—¿Quiere saber comportarse y bailar como es debido?

—A lo mejor.

Prosiguieron el baile según los cánones del tango.
Él la sintió relajarse un poco entre sus brazos, pero
seguía estrechándola con fuerza.

—A una de las enfermeras. La había visto antes.

—¿Qué enfermera?

—No lo sé, no me dijo el nombre.

—¿Qué fue lo que le dijo?

—Después del baile.

—Dígamelo ahora, si no quiere acabar en el suelo. ¿Dónde la había visto antes?

—En Alemania. En el banquillo. En un consejo de guerra. Salió bien librada, pero todo el mundo era consciente de su culpabilidad.

—¿En qué lugar de Alemania?

Murmuró las palabras entre los labios, que tenía estirados con la sonrisa de un bailarín profesional.

—En Felsenheim. En un sitio llamado Felsenheim.

—Dígalo otra vez. ¡Diga otra vez ese nombre!

—Felsenheim.

El nombre no le decía nada, pero estaba seguro de recordarlo. Con un poco de suerte, luego le sonsacaría los detalles, pero los datos primordiales tenía que arrancárselos ahora que estaba en sus manos. Por supuesto, cabía la posibilidad de que no fueran ciertos. Que nada fuera cierto. Y en caso de ser ciertos, podían ser irrelevantes. Pero esa era la información que le habían enviado a buscar. Sintió que lo invadía una oleada de seguridad y buen humor. Incluso corría el peligro de empezar a disfrutar del baile. Decidió que era el momento de hacer algo espectacular y la guio por una serie de pasos complicados, comenzando por unas vueltas cada vez más cerradas y concluyendo con una rápida carrera, con la que cruzaron en diagonal a la otra esquina de la sala. Les salió impecable y el aplauso fue largo y sostenido. Masterson preguntó:

—¿Cómo se llamaba?

—Irmgard Grobel. Entonces era muy joven, claro. Martin dijo que por eso se había librado. A él nunca le cupo duda de que era culpable.

—¿Está usted segura de que no le dijo qué enfermera era?

—No. Martin estaba muy enfermo. Me había hablado del juicio cuando regresó de Europa y por eso entendí de lo que iba. Pero la mayor parte del tiempo que estuvo en el hospital la pasó inconsciente. Y cuando no, casi siempre deliraba.

Tal vez se equivocase, pensó Masterson. La historia era bastante increíble. Y probablemente no sería fácil reconocer un rostro al cabo de veinticinco años; a no ser que aquella cara lo hubiese fascinado durante el proceso. Debió causar una honda impresión en un hombre joven y casi seguro que muy sensible. Lo bastante, tal vez, para recordarla en el delirio y engañarse creyendo, en algunos de los pocos instantes de consciencia y lucidez, que uno de los rostros que se inclinaban sobre él era el de Irmgard Grobel. Pero suponiendo, solo suponiendo, que tuviera razón, si se lo había contado a la madre, bien pudo contárselo a aquella enfermera o haberlo dejado escapar en el delirio. ¿Y para qué habría utilizado semejante información Heather Pearce?

Masterson susurró muy flojo en la oreja de la mujer:

—¿A quién más se lo ha dicho usted?

—A nadie. Yo no se lo he dicho a nadie. ¿Por qué iba a decírselo a nadie?

Otra vuelta en redondo. Y el desplante final. Perfecto todo. Nuevos aplausos. Él arreció la presa que hacía sobre la mano de la mujer y puso la voz áspera y amenazante bajo su sonrisa inmutable.

—¿A quién más? Ha debido contárselo usted a alguien.

—¿Por qué?

—Porque usted es mujer.

Fue una respuesta feliz. La tozudez marmórea del rostro de la mujer se ablandó. Alzó los ojos hacia Masterson y batió las pestañas, sobre las que ya solo perduraban restos de rímel, en un amago de coquetería. ¡Vaya por Dios, pensó el, se va a poner tierna!

—Bueno, pues... quizá se lo haya dicho a una persona.

—De eso no me cabe ni la más maldita duda. Lo que yo le pregunto es a quién.

De nuevo la mirada de afectada y el suspiro de rendición. Estaba decidida a divertirse con aquel hombre dominante. Por lo que fuese, tal vez por la ginebra, tal vez por la euforia del baile, su resistencia se había desmoronado. De ahora en adelante todo iría como la seda.

—Se lo dije al doctor Courtney-Briggs, el cirujano de Martin. Bueno, me pareció que hacía bien.

—¿Cuándo?

—El miércoles pasado. El miércoles de la semana pasada, quiero decir. En su consultorio de Wimpole Street. No estaba ya en el hospital el viernes, cuando murió Martin, así que no pude verlo antes. Solo va al John Carpendar los lunes, jueves y viernes.

—¿Quiso él verla?

—¡Oh, no! La enfermera que sustituía a la encargada de la sala me dijo que el doctor estaría encantado de hablar conmigo, si creía que me serviría de consuelo, y que llamara por teléfono a Wimpole Street para concertar una cita. Yo no hice nada entonces. ¿Para qué? Martin ya había muerto. Pero enseguida recibí la factura. No era muy considerado, pensé yo, haciendo tan poco tiempo de la muerte de Martin. ¡Y doscientas libras! Me pareció disparatada. Al fin y al cabo, el cirujano no había servido de nada. Así que pensé en presentarme en Wimpole Street y mencionarle lo que sabía. No estaba bien que el hospital tuviese empleada a una mujer como aquella. A una auténtica asesina. Además de que pedirme tantísimo dinero... Yo tenía otra factura del hospital, por la estancia, ya sabe, aunque sin comparación con las doscientas libras del doctor Courtney-Briggs.

Las frases le salían entrecortadas. Le hablaba cerca del oído cuando se presentaba la ocasión. Pero ella no jadeaba ni tampoco era incoherente. Le sobraban energías para hablar y bailar al mismo tiempo. Era Masterson el que sentía que se cansaba. Repitieron el trenzado hasta desembocar en el *doré* y rematarlo todo con una pirueta. Ella no dio un solo paso en falso. La vieja estaba bien enseñada, aunque nadie podía haberle enseñado su gracia o *élan*.

—Así que fue usted a todo galope a contarle lo que sabía y le insinuó que rebajara un poco sus honorarios.

—No me creyó. Decía que Martin estaba delirante y se equivocaba, y que él respondía personalmente por todas las enfermeras titulares. Pero me bajó cincuenta libras de la factura.

Ella hablaba con ceñuda satisfacción. Masterson estaba sorprendido. Aun cuando Courtney-Briggs se hubiese creído la historia, no había ninguna razón para que redujera la factura en una cifra nada despreciable. No era el encargado de seleccionar ni designar a las enfermeras. No tenía ningún motivo para inquietarse. Masterson se preguntó si se habría creído la historia. Era obvio que no había informado de nada al presidente de la junta directiva del hospital ni tampoco a Mary Taylor. Quizá fuera cierto que respondía personalmente por todas las enfermeras titulares, y el descuento de cincuenta libras solo habría sido un gesto para aplacar a una señora inaguantable. Pero Masterson no creía que Courtney-Briggs fuera el tipo de hombre que se dobblega ante un chantaje ni que renuncia a un penique que considera suyo.

—Pues vaya —dijo a su pareja—, no le salió a usted tan mal, ¿no? Si se porta bien en lo que queda de la noche, incluso puede que la acompañe a casa.

La acompañó a casa. Abandonaron el Athenaeum temprano, pero era ya bien pasada la medianoche cuando él salió definitivamente del piso de Baker Street. Para entonces, sabía de la historia tanto como ella estaba en condiciones de contar. Desde que regresaron, ella se fue poniendo cada vez más sentimental, reacción que él atribuyó a la ginebra y al éxito. La había abastecido de lo primero durante el resto de la noche, no lo suficiente para emborracharla hasta que resultase intratable, pero sí lo suficiente para mantenerla parlanchina y dócil. Pero el trayecto de vuelta constituyó una pesadilla, que en nada aliviaron las miradas entre divertidas y despectivas del taxista que los condujo desde el salón de baile al aparcamiento del coche, ni tampoco la reprobatoria suficiencia del portero de Saville Mansions cuando cruzaron el vestíbulo. Una vez en el piso, él la había devuelto a la coherencia mediante halagos, consuelos e intimidaciones, haciendo café para los dos en la cocina, de una sordidez increíble —una cocina de mujerzuela, pensó Masterson, contento de dar con una nueva razón para despreciarla—, y haciéndoselo beber con la promesa de que, por supuesto que no, él no la dejaría, la volvería a llamar el sábado siguiente y formarían una pareja de baile estable. Antes de media noche había logrado sacarle todo lo que deseaba saber sobre la vida de Martin Dettinger y sobre su estancia en el hospital John Carpendar. Sobre el hospital no había gran cosa que saber. Ella no le hizo muchas visitas durante la semana en que estuvo internado. En fin, ¿para qué? Ella no podía hacer nada por ayudarlo. Él estaba inconsciente la mayor parte del tiempo y, en realidad, ni siquiera la reconocía cuando se despertaba. Excepto en aquella ocasión, claro. Ella había confiado entonces encontrar alguna palabra de consuelo y de cariño, pero lo único que había obtenido fue aquella extraña carcajada y la conversación sobre Irmgard Grobel. El hijo le había contado la historia años antes. Ella estaba harta de oírla. Un buen chico debería haber pensado en su madre a la hora de morirse. Fue una experiencia terrible estar a su lado, contemplándolo. Ella era una persona muy sensible. Los hospitales la trastornaban. El difunto señor Dettinger nunca se hizo cargo de hasta qué punto era ella sensible.

Al parecer, había muchas cosas que el difunto señor Dettinger no había comprendido, entre otras, las necesidades sexuales de su esposa. Masterson oyó la historia matrimonial sin el menor interés. Era la consabida historia de esposa insatisfecha, marido tirano e hijo desgraciado y sensible. Masterson la escuchó sin conmoverse. Las personas no le interesaban de un modo especial. Las dividía en dos grandes grupos: las que cumplían la ley y las delincuentes; y la guerra sin tregua que llevaba contra las últimas satisfacía, como él muy bien se daba cuenta, alguna imprecisa necesidad de su propio carácter. Pero sí le interesaban los hechos. Sabía que cuando alguien visitaba el escenario de un crimen, siempre había alguna prueba que se le pasaba por alto o bien se llevaba consigo. El trabajo del detective consistía en encontrar tales pruebas. Sabía que, de momento, estaba por demostrar que las huellas digitales mintiesen, pero que los seres humanos sí mentían a menudo y sin ninguna razón, tanto cuando eran inocentes como cuando eran culpables. Sabía que los datos se mantenían en pie ante los tribunales, mientras que las personas no siempre lo dejaban a uno bien. Sabía que las motivaciones eran imprevisibles, aunque él fuera a veces lo bastante honrado para reconocer las propias. Había tenido la sensación, en el mismísimo instante de penetrar a Julia Pardoe, de que su conducta, con la consiguiente rabia y júbilo, se dirigía de algún modo contra Dalgliesh. Pero no se le ocurrió preguntarse el porqué. Lo hubiera considerado una especulación inútil. Tampoco se había preguntado si también para la muchacha se trataba de una conducta malintencionada, de una compensación personal.

—Se supone que un muchacho debe necesitar a su madre cuando se está muriendo. Fue terrible estar presente, oyendo aquella respiración espantosa, que primero era suave y luego se hizo horrorosamente ruidosa. Desde luego, estaba en una habitación particular. Por eso me cobró el hospital. No iba por el seguro. Pero el ruido que hacía debieron oírlo todos los enfermos del pasillo.

—La respiración de Cheyne-Stoke —dijo Masterson—. Precede a los estertores de la agonía.

—Tendrían que haber hecho algo. Yo me descompuse completamente. Aquella enfermera debió hacer algo. La fea. Supongo que ella cumplía con su obligación, pero nunca me prestó la menor atención. Después de todo, hay que hacer un poco de caso a los vivos. Ella no podía hacer absolutamente nada por Martin.

—Esa era la enfermera Pearce. La que murió.

—Sí. Me acuerdo de que usted me lo dijo. Ella también ha muerto. No oigo hablar más que de muerte. La muerte me rodea por todas partes. ¿Cómo dice usted que se llama esa respiración?

—Respiración de Cheyne-Stoke. Significa que uno va a morirse.

—Deberían haber hecho algo. Aquella chica debió haber hecho algo. ¿Respiraba ella así antes de morirse?

—No, vociferaba. Alguien le echó desinfectante en el estómago y se lo quemó.

—¡No quiero saberlo! ¡No quiero oír ni una palabra sobre eso! Hablemos del baile. Volverá el sábado que viene, ¿verdad?

Y así habían seguido. Fue aburrido y agotador y, al final, casi terrorífico. La triunfal sensación de estar consiguiendo lo que pretendía se desvaneció antes de medianoche, y a partir de entonces solo fue sensible al odio y a la repugnancia que lo embargaban. Mientras oía los balbuceos de la mujer, se entretuvo pensando en fantasías sanguinarias. No le costaba imaginarse cómo sucedían esas cosas. Un atizador a mano. La cara boba haciéndose trizas. Los golpes, uno tras otro. El astillarse de los huesos. Los borbotones de sangre. Un orgasmo de odio. Visualizando las imágenes, se le hacía difícil mantener tranquila la respiración. Tomó la mano de la mujer con gesto cariñoso.

—Sí —dijo—. Sí. Sí que volveré, sí.

Ahora la carne estaba seca y caliente. Tal vez tuviera fiebre. Las uñas pintadas no eran lisas. En el dorso de la mano, las venas sobresalían como cordones de color púrpura. Fue acariciando con un dedo las manchas marrones de los años.

Poco después de medianoche, la voz de la mujer farfullaba sin coherencia, la cabeza se le había hundido sobre el pecho y él comprendió que estaba dormida. Esperó un momento, luego se soltó la mano y entró de puntillas en el dormitorio. Tardó solo un par de minutos en cambiarse de ropa. Después entró en el cuarto de baño y se lavó la cara y la mano que había estado en contacto con las de la mujer, muchas veces. Por último salió del piso, cerrando la puerta sin dar golpe, como si temiese despertarla, y se perdió en la noche.

V

Quince minutos después, el automóvil de Masterson pasaba frente al piso donde la señorita Beale y la señorita Burrows, enfundadas en sus batas de andar por casa, tomaban el último cacao del día, frente al fuego moribundo de la chimenea. Lo oyeron pasar en forma de un breve *crescendo* en el flujo intermitente del tráfico, e interrumpieron su charla para especular con fugaz interés sobre las razones que impulsaban a la gente a la calle en las primeras horas de la madrugada. Desde luego, no era habitual que estuviesen levantadas tan tarde, pero el día siguiente era sábado y podían darse el gusto de prolongar la conversación nocturna, contando con no tener que madrugar.

Habían estado comentando la visita que les hiciera por la tarde el superintendente Dalgliesh. En realidad, convinieron, les había salido muy bien, casi había sido una fiesta. Tenían la impresión de que a él le había gustado su té. Dalgliesh se sentó, medio hundido en la butaca más cómoda, y los tres charlaron como si el detective fuese tan inofensivo y tan de confianza como el párroco del barrio.

Él dijo a la señorita Beale:

—Quiero ver la muerte de la enfermera Pearce a través de sus ojos. Cuénteme todo lo que vio y sintió desde el momento en que cruzó las puertas del hospital.

Y la señorita Beale se lo había contado, disfrutando indecentemente durante la media hora en que fue importante, convencida de que, en opinión del detective, ella lo había observado todo con exactitud y era capaz de narrarlo con suma claridad. Él sabía escuchar, reconocieron ambas. Bueno, eso formaba parte de su oficio. Además, tenía tacto para hacer hablar a la gente. Incluso Angela, que durante la mayor parte del tiempo se había mantenido en silencio, no acertaba a explicarse por qué sintió la necesidad de explicar su reciente encuentro con la enfermera Rolfe en la biblioteca de Westminster. Y los ojos del detective parpadearon con interés; interés que se había convertido en decepción cuando ella precisó la fecha. Las amigas estuvieron de acuerdo en que no había posibilidad de error. El superintendente quedó decepcionado. La enfermera Rolfe había sido vista en la biblioteca el día que no correspondía.

VI

Eran más de las once cuando Dalgliesh echó la llave al cajón de su escritorio, cerró la puerta de la oficina al salir y dejó la Casa Nightingale por la puerta lateral, para regresar dando un paseo a The Falconer's Arms. En un recodo donde el camino se estrechaba antes de perderse entre las sombras negras de los árboles, volvió la cara hacia la desolada mole del edificio, enorme y siniestro, con sus cuatro torretas negras recortadas contra el cielo nocturno. La casa estaba casi por completo a oscuras. Solo había una ventana con luz y Dalgliesh tardó un instante en identificarla. Así pues, Mary Taylor estaba en su dormitorio, aunque aún no dormía. La luz solo era un pálido resplandor, quizá de una lamparita de noche, y la vio apagarse.

Fue andando hacia la salida de Winchester Road. Ahora los árboles se echaban encima del camino. Las ramas negras se arqueaban sobre la cabeza de Dalgliesh, tapándole la escasa luz de las farolas más próximas. Durante unos cincuenta metros, avanzó en medio de la casi total oscuridad, pisando deprisa y sin ruido sobre la alfombra de hojas caídas. Se sentía en ese estado de cansancio físico en el que la mente y el cuerpo parecen separarse; el cuerpo, adaptado a la realidad, se desenvuelve en un estado solo a medias consciente por el mundo físico habitual, mientras que la mente, liberada, se pierde por una órbita incontrolable donde la fantasía y la realidad resultan ambiguas. A Dalgliesh le extrañaba sentirse tan cansado. Este caso no era más fatigoso que otros. Llevaba muchas horas trabajando, pero una jornada de dieciséis horas era lo normal cuando investigaba un caso. Y aquel abatimiento fuera de lo normal no se debía al cansancio ni a la frustración del fracaso. El caso estaría resuelto al día siguiente por la mañana. Esta misma noche, más tarde, cuando regresara Masterson con otra pieza del rompecabezas, el cuadro estaría completo. Dentro de dos días, como máximo, abandonaría la Casa Nightingale. Dentro de dos días habría visto por última vez aquella habitación dorada y blanca de la torreta sudoeste.

Moviéndose como un autómata, oyó a su espalda, aunque demasiado tarde, unas pisadas silenciosas. Instintivamente, se dio la vuelta para hacer frente al adversario y sintió rebotar el golpe, de la sien izquierda al hombro. No hubo dolor, solo un crujido como si el cráneo entero se le rajara, un entumecimiento del brazo izquierdo y, al cabo de un segundo, que le pareció una eternidad, la calidez casi reconfortante de un borbotón de sangre. Resolló y se desplomó de bruces. Pero continuaba consciente. Cegado por la sangre y luchando contra las náuseas, trató de levantarse, buscando el suelo con ambas manos, queriendo ponerse en pie y pelear. Pero los pies resbalaban sobre la tierra mojada y los brazos no tenían la menor fuerza. La propia sangre le cegaba los ojos. El olor sofocante del humus húmedo, acre como un anestésico, le oprimía la nariz y la boca. Se quedó tirado, vomitando sin poder evitarlo, sintiendo dolor a cada espasmo, y esperó, colérico de impaciencia, el último golpe que lo aniquilara.

Pero nada ocurrió. Se sumió sin resistirse en la inconsciencia. Pocos segundos después era devuelto a la realidad por una mano que le sacudía delicadamente los hombros. Alguien estaba volcado sobre él. Oyó la voz de una mujer:

—Soy yo. ¿Qué pasa? ¿Le han sacudido?

Era Morag Smith. Se esforzó por responder, por advertirla para que se marchara a toda prisa. Los dos juntos no serían rival para un asesino decidido. Pero la boca parecía incapaz de pronunciar las palabras. Se daba cuenta de que en algún lugar cercano gemía un hombre y luego comprendió, como una amarga humorada, que la voz de ese hombre era la suya. Al parecer, no controlaba en absoluto su voz. Se daba cuenta de que unas manos le recorrían la cabeza. Luego ella se puso a tiritar como un niño.

—¡Uf! ¡Está perdido de sangre!

De nuevo intentó hablar. Ella bajó la cabeza, acercándose. Dalgliesh distinguía los mechones de pelo moreno y el rostro blanco que se cernía sobre él. Pugnó por levantarse y esta vez se las arregló para ponerse de rodillas.

—¿Lo ha visto?

—No en realidad... Me oyó venir. Escapó hacia la Casa Nightingale. Caray, está hecho una piltrafa. Apóyese en mí.

—No. Déjeme y vaya en busca de ayuda. Podría volver.

—Ese no volverá. Sea como sea, mejor vamos juntos. No me gusta la idea de ir sola. Una cosa es un fantasma y otra un asesino sanguinario. Venga, le echaré una mano.

Él sentía los huesos puntiagudos de los delgados hombros de la mujer, pero aquel cuerpecillo era todo nervio y aguantaba bien el peso de Dalgliesh. Se obligó a sostenerse sobre los pies y sé quedó erguido, vacilando. Preguntó:

—¿Hombre o mujer?

—No lo vi. Podría ser cualquiera de las dos cosas. Ahora no piense en eso. ¿Cree que llegará a la Casa Nightingale? Es lo que tenemos más cerca.

Ahora que estaba en pie, Dalgliesh se sentía ya mucho mejor. Apenas veía el camino, pero dio unos cuantos pasos vacilantes, sosteniéndose con la mano que tenía sobre el hombro de la muchacha.

—Creo que sí. No habrá más de cincuenta metros. Llame al timbre del piso de la jefa. Sé que está.

Hicieron el camino juntos, despacio y arrastrando los pies, borrando, como Dalgliesh comprendió con amargura, las posibles huellas que se podrían haber rastreado a la mañana siguiente. Aunque sobre aquellas hojas empapadas tampoco quedarían demasiadas señales. Se preguntó cuál habría sido el arma. Pero tal especulación carecía de sentido. No era posible hacer nada hasta que fuese de día. Sintió una oleada de cariño y gratitud por la mujer cuyo frágil brazo le rodeaba la cadera sin pesarle, como si fuera el de un niño. Debemos hacer una pareja extravagante, pensó. Y dijo:

—Probablemente me ha salvado usted la vida, Morag. Si ese hombre huyó fue porque la oyó a usted.

¿Ese hombre o esa mujer? Si Morag hubiese tenido tiempo de ver si era hombre o mujer... Casi no alcanzó a captar la respuesta.

—No diga tontadas.

Oyó, sin sorprenderse, que ella estaba llorando. La mujer no hizo nada por cortar ni controlar los sollozos, que tampoco les impedían avanzar. A lo mejor, llorar era para Morag casi tan natural como andar. Él tampoco hizo nada por consolarla, a no ser rodearle los hombros. Ella lo interpretó como una solicitud de más ayuda y apretó el brazo alrededor de la cadera de Dalgliesh, echándose contra él y facilitándole el andar. Y de este modo estrafalario recorrieron el tramo ensombrecido por los árboles.

VII

La luz de la sala de prácticas era intensa, demasiado intensa. Incluso le atravesaba los párpados pegados y él balanceaba la cara de un lado a otro para eludir el dardo doloroso. Luego, unas manos heladas le sostuvieron la cabeza. Las manos de Mary Taylor. La oía hablarle, diciéndole que Courtney-Briggs estaba en el hospital. Había enviado a buscarlo. Después, las mismas manos le quitaron la corbata, le desabrocharon los botones de la camisa y le sacaron los brazos de la chaqueta con hábiles movimientos.

—¿Qué ha ocurrido?

Era la voz de Courtney-Briggs, bronca y masculina. O sea que había llegado el cirujano. ¿Qué estaría haciendo en el hospital? ¿Otra operación urgente? Los pacientes de Courtney-Briggs tenían una curiosa propensión a recaer. ¿Qué coartada tendría para la media hora anterior? Dalgliesh dijo:

—Había alguien escondido esperándome. Tengo que comprobar qué personas había en la Casa Nightingale.

Sentía una fuerte presión en el brazo. Courtney-Briggs lo empujaba de nuevo hacia la silla. Se cernían sobre él dos manchones grises y bamboleantes. De nuevo se oyó la voz de ella.

—Ahora no. Casi no se tiene en pie. Irá uno de nosotros.

—Vaya ahora mismo.

—Enseguida. Cerraremos todas las puertas. Nos enteraremos de si vuelve alguien. Confíe en nosotros. Usted, relájese.

Así de razonable. Confíe en nosotros. Relájese. Se asió a los brazos metálicos de la mesa, aferrándose a la realidad.

—Quiero comprobarlo personalmente.

Medio cegado por la sangre, sintió más bien que vio la mirada de preocupación que ellos intercambiaron. Sabía que debía de parecer un niño petulante que insiste ante la implacable serenidad de los adultos. Exasperado por la impotencia, quiso levantarse de la silla. Pero el suelo se ondulaba de un modo mareante y luego le saltaba al encuentro formando espirales de colores chillones. No estaba bien. Era incapaz de aguantarse en pie.

—Los ojos —dijo.

Y la voz de Courtney-Briggs, fastidiosa de tan razonable:

—Enseguida. Primero he de mirarle la cabeza.

—¡Pero yo quiero ver!

La ceguera lo enfurecía. ¿Le estaba haciendo todo aquello a propósito? Levantó una mano y se estiró los párpados pegados. Los oía hablar entre ellos, en voz baja, susurrando en su jerga profesional de la que quedaba excluido el paciente: él. Distinguió otros ruidos: el zumbido de un esterilizador, el tintineo de los instrumentos, el cerrarse de una tapa metálica. Luego se acentuó el olor a desinfectante. Ahora ella le limpiaba los ojos. Le pasaba un algodón deliciosamente frío por las pestañas. Abrió los ojos y vio con toda claridad la resplandeciente bata de Mary Taylor y la larga trenza de pelo que le caía sobre el hombro izquierdo. Le habló inmediatamente.

—Tengo que saber quién está en la Casa Nightingale. ¿Puede comprobarlo ahora mismo, por favor?

Sin otra palabra ni tan siquiera una mirada a Courtney-Briggs, ella salió de la casa. En cuanto se hubo cerrado la puerta, Dalgliesh dijo:

—No me contó usted que su hermano fue novio de Josephine Fallon.

—Usted no me lo preguntó.

La voz del cirujano era despreocupada, como la de

quien habla pensando en otra cosa. Se oyó un tijeretazo y sintió la gelidez del acero en el cráneo. El cirujano estaba cortándole el pelo alrededor de la herida.

—Usted debía saber que me interesaría.

—¡Que le interesaría! Desde luego que le interesaría. La gente como usted tiene un insaciable interés por las vidas ajenas. Pero yo me limité a satisfacer su curiosidad exclusivamente en lo concerniente a la muerte de esas dos chicas. Usted no puede quejarse de que yo le haya ocultado nada que venga al caso. La muerte de Peter no tiene nada que ver. Es una tragedia personal.

No tanto una tragedia personal, pensó Dalgliesh, como una vergüenza pública. Peter Courtney había transgredido el primer principio de su hermano: la necesidad de triunfar. Dalgliesh dijo:

—Se ahorcó.

—Como usted dice, se ahorcó. Una forma de morir no muy digna ni muy agradable, pero el pobre muchacho no tenía mis recursos. El día en que me hagan el último diagnóstico, yo dispondré de mejores soluciones que echarme una soga al cuello.

Su egocentrismo, pensó Dalgliesh, era pasmoso. Incluso la muerte del hermano tenía que verla en relación con él. Se sentía satisfecho y seguro en el centro de su universo particular, donde todos los demás —hermanos, amantes, pacientes— giraban alrededor de aquel sol, que era él, que existía en virtud de su propio calor y su propia luz, sometidos a su fuerza centrípeta. Pero ¿no es así como se veía a sí misma la mayor parte de la gente? ¿Estaba Mary Taylor menos encerrada en sí misma? ¿Y él? ¿No sería, sencillamente, que tanto él como la jefa de enfermería satisfacían su egocentrismo con mayor sutileza?

El cirujano se acercó a la caja negra del instrumental y sacó un espejo montado en un aro metálico, que se encajó en la cabeza. Volvió junto a Dalgliesh, con el oftalmoscopio en la mano, y se sentó en una silla frente a su paciente. Estaban cara a cara, casi rozándose las frentes. Dalgliesh notaba el tacto metálico del instrumento sobre el ojo derecho. Courtney-Briggs ordenó:

—Mire hacia delante.

Obediente, Dalgliesh clavó la mirada en el foco luminoso. Y dijo:

—Usted salió del edificio principal del hospital alrededor de medianoche. Habló con el portero de la entrada principal a las doce y treinta y ocho. ¿Dónde estuvo en el intermedio?

—Ya se lo dije. Había un olmo caído que bloqueaba la carretera trasera. Perdí unos minutos en examinar el lugar y asegurarme de que otras personas no tropezarían con el árbol.

—A una persona le ocurrió exactamente eso. Fue a las doce y diecisiete minutos. No había ninguna bufanda de advertencia en las ramas a esa hora.

El oftalmoscopio se trasladó al otro ojo. La respiración del cirujano era absolutamente regular.

—Se habrá confundido.

—Él no opina así.

—De lo que usted deduce que llegué al árbol caído después de las doce y diecisiete minutos. Tal vez tenga razón. Como no estaba preparándome una coartada, no consulté la hora a cada par de minutos.

—Pero no querrá usted convencerme de que tardó diecisiete minutos en llegar desde el edificio central del hospital a aquel sitio.

—Creo que podría justificar perfectamente el retraso, ¿sabe? Podría alegar que hube de plegarme a una imperiosa necesidad natural, dicho sea en la deplorable jerga forense, y detuve el coche para meditar entre los árboles.

—¿Y fue así?

—Pudo haber sido. Cuando haya terminado con su cabeza, que dicho sea de paso va a necesitar como una docena de puntos, reconsideraré el asunto. Usted me disculpará si ahora me concentro en lo que hago.

La señorita Taylor había regresado en silencio. Se situó cerca de Courtney-Briggs, como el acólito que espera órdenes. Tenía la cara muy pálida. Sin aguardar a que hablara, el cirujano le entregó el oftalmoscopio. Ella dijo:

—Todas las personas que debían estar en la Casa Nightingale están en sus habitaciones.

Courtney-Briggs pasaba las manos sobre el hombro izquierdo de Dalgliesh, provocando dolor a cada presión de los fuertes dedos con que lo exploraba. Dijo:

—Parece que la clavícula está bien. Muy magullada, pero no rota. Quien lo atacó debía ser una mujer alta. Usted mide más de uno ochenta.

—Si es que era una mujer. También pudo utilizar un arma larga, un palo de golf quizá.

—Un palo de golf. Señorita Taylor, ¿dónde tiene usted sus palos? ¿Dónde los guarda?

Ella respondió con torpeza:

—En la portería de mi escalera particular. Suelo dejar la bolsa detrás de la puerta.

—Entonces más vale que compruebe ahora mismo si están.

Ella estuvo ausente menos de dos minutos y ellos esperaron su regreso en silencio. Al volver, se dirigió directamente a Dalgliesh.

—Falta un palo.

La noticia pareció animar a Courtney-Briggs. Dijo en tono casi jovial:

—¡Bueno, ya conoce el arma! Pero no tendría demasiado sentido ponerse a buscarla esta noche. Debe estar tirada en cualquier rincón del parque. Sus hombres la encontrarán y harán todo lo que sea menester hacerle mañana: comprobar si hay huellas digitales, detectar sangre y cabellos, y demás rutinas. Ahora vamos a suturar esta herida. Tendré que trasladarle al quirófano de externos. Necesitará anestesia.

—No quiero anestesia.

—Entonces se la daré local. Bastarán unas cuantas inyecciones alrededor de la herida. Podríamos hacerlo aquí.

—No quiero ninguna clase de anestesia. Solo quiero que me cosa la herida.

Courtney-Briggs se lo explicó con buenas palabras, como si fuese un niño:

—El corte es muy profundo y hay que suturarlo. Le va a doler mucho si no acepta la anestesia.

—Ya le he dicho que no quiero anestesia. Tampoco quiero ninguna inyección profiláctica de penicilina ni antitetánica. Solo quiero que cosa la herida.

Vio que intercambiaban una mirada entre ellos. Sabía que se estaba comportando con una obstinación nada razonable, pero no le importaba. ¿Por qué no lo hacían de una vez? Entonces habló Courtney-Briggs en tono ceremonioso:

—Si prefiere usted otro cirujano...

—No, yo solo quiero que lo haga de una vez.

Hubo un momento de silencio. Luego el cirujano dijo:

—Muy bien. Tardaré lo menos posible.

Dalgliesh se dio cuenta de que Mary Taylor se había colocado a su espalda. Ella le echó la cabeza hacia atrás, contra su pecho, sosteniéndola entre sus manos firmes y frías. Él cerró los ojos como un niño. La aguja parecía enorme, una varilla de acero al mismo tiempo gélida y al rojo vivo que le atravesaba el cuero cabelludo una y otra vez. El dolor era espantoso, solo soportable gracias a la cólera y la obstinada decisión de no traicionar sus debilidades. Compuso una máscara rígida con las facciones. Pero se enfureció al sentir que unas lágrimas involuntarias se le escapaban entre los párpados.

Al cabo de una eternidad, comprendió que la sutura había terminado. Se oyó decir:

—Gracias. Y ahora me gustaría volver a mi despacho. El sargento Masterson tiene instrucciones de regresar aquí si no estoy en el hotel. Él me llevará en el coche.

Mary Taylor estaba envolviéndole la cabeza con una venda de gasa. No hablaba. Courtney-Briggs dijo:

—Yo preferiría que se fuese usted derecho a la cama. Podemos ofrecerle un cuarto en la residencia del personal médico para esta noche. Dispondré una sesión de rayos X para primera hora de la mañana. Me gustaría volver a examinarle entonces.

—Disponga usted lo que quiera para mañana. Pero en este momento quiero estar solo.

Se levantó de la silla. Ella le puso una mano en el brazo, para ayudarlo. Pero él debió hacer algún gesto, puesto que Mary Taylor se retrajo. Se sentía sorprendentemente ingrávido sobre los pies. Era extraño que un cuerpo tan etéreo pudiese aguantar la carga de una cabeza tan pesada. Levantó una mano, para explorarse, y sintió el tacto áspero de la venda; la notaba a una inmensa distancia del cráneo. Luego, enfocando meticulosamente con los ojos, echó a andar sin que nadie se interpusiera, atravesando el cuarto en dirección a la puerta. Al alcanzarla, oyó la voz de Courtney-Briggs.

—Querrá usted saber dónde estaba yo en el momento de la agresión. Estaba en mi cuarto de la residencia de los médicos. Voy a quedarme allí toda la noche, porque tengo una intervención a primera hora de la mañana. Lamento no poder complacerle con una coartada. Solo me cabe confiar en que usted comprenda que, si yo quisiera quitar a alguien de en medio, dispongo de medios más sutiles que un palo de golf.

Dalgliesh no replicó. Sin mirar en derredor ni pronunciar una palabra, los dejó y cerró a sus espaldas, sin hacer ruido, la puerta de la sala de prácticas. La escalera le pareció una formidable escalada y, al principio, tuvo miedo de no ser capaz de superarla. Pero se agarró a la baranda con firmeza y, a pasitos medidos uno tras otro, hizo el recorrido hasta la oficina y se acomodó para esperar a Masterson.

8

Un círculo de tierra quemada

I

Eran cerca de las dos de la madrugada cuando el portero de la entrada principal del hospital saludó a Masterson, que llegaba. El viento se hizo cada vez más fuerte mientras conducía por el tortuoso camino que desembocaba en la Casa Nightingale, entre una alameda de gruesos árboles negros. Todo el edificio estaba a oscuras salvo la ventana encendida donde seguía trabajando Dalgliesh. Masterson la miró y puso mala cara. Había sido irritante y desconcertante descubrir que Dalgliesh estaba todavía en la Casa Nightingale. Masterson contaba con tener que presentar su informe sobre las pesquisas del día; la perspectiva no era desagradable, puesto que lo respaldaba el éxito conseguido. Pero había sido un día muy largo. Esperaba que no le aguardase ahora una de las noches en blanco del superintendente.

Masterson entró por la puerta lateral, dándole dos

vueltas a la llave cuando estuvo dentro. Lo recibió el silencio del gran vestíbulo, espectral y agorero. El edificio parecía estar conteniendo la respiración. Volvió a oler la extraña, pero ya familiar, amalgama de desinfectante y cera para pisos, poco acogedora y algo siniestra. Como si temiera despertar a la casa dormida, en realidad medio vacía, no encendió la luz sino que atravesó el vestíbulo alumbrándose con la linterna. Los avisos que había en el tablón de anuncios resaltaban blancos y le recordaron las esquelas del atrio de alguna catedral extranjera. Se ruega una oración por el alma de Josephine Fallon. Se encontró subiendo las escaleras de puntillas, como si temiese despertar a los muertos.

En la oficina del primer piso, Dalgliesh estaba sentado al escritorio, leyendo papeles. Masterson se detuvo en el umbral, como un poste, disimulando la extrañeza. El rostro del superintendente se veía gris y ojeroso bajo el inmenso bulto del vendaje. Estaba muy erguido, con los codos sobre la mesa y las manos abiertas a ambos lados de la página. La pose era habitual. Masterson se dijo, y no por primera vez, que el superintendente tenía unas manos notables y sabía sacarles partido exhibiéndolas. Tenía decidido desde hacía mucho que Dalgliesh era uno de los hombres más orgullosos que había conocido. Esa esencial vanidad estaba demasiado bien encubierta para que fuese visible en general, pero resultaba gratificante pillarlo en algunas de sus vanidades menores. Dalgliesh levantó la vista sin sonreír.

—Lo esperaba hace dos horas, sargento. ¿Qué ha estado usted haciendo?

—Obteniendo información por métodos poco ortodoxos, señor.

—Tiene usted aspecto de que los métodos ortodoxos se hubieran utilizado contra usted.

Masterson se tragó la obvia respuesta. Si el viejo optaba por ponerse misterioso sobre su herida, no sería él quien le diera el gusto de demostrar curiosidad.

—He estado bailando hasta casi media noche, señor.

—A su edad, no debe ser demasiado agotador. Hábleme de la dama. Parece haberle causado impresión. ¿Ha pasado usted una noche agradable?

Masterson podría haber replicado, con razón, que la noche había sido endiablada. Se contentó con exponer lo averiguado. La exhibición de tango quedó prudentemente olvidada. Su instinto le decía que tal vez Dalgliesh no considerara su aventura divertida ni inteligente. Pero, por lo demás, hizo una exacta relación de lo acaecido durante la velada. Procuró atenerse a los hechos y no incurrir en sentimentalismos, pero cayó en la cuenta de que disfrutaba con algunas partes de la narración. El retrato de la señora Dettinger fue conciso pero cáustico. Al concluir, le costó trabajo ocultar el desprecio y la repugnancia que sentía por la mujer. Tuvo la sensación de que en conjunto le estaba saliendo bastante bien.

Dalgliesh escuchó en silencio. La cabeza encapsulada seguía inclinada sobre los papeles y Masterson no percibió el menor indicio sobre lo que pensaba. Concluida la exposición, Dalgliesh levantó los ojos.

—¿Le gusta su trabajo, sargento?

—Sí, señor. La mayoría de las veces.

—Sabía que iba a decir eso.

—¿Era la pregunta un reproche, señor?

Masterson se daba cuenta de que se estaba metiendo en terreno peligroso, pero era incapaz de reprimir estos primeros pasos a tientas.

Dalgliesh no respondió a la pregunta, sino que dijo:

—Yo no creo que sea posible ser detective y comportarse siempre con amabilidad. Pero si alguna vez descubre usted que la crueldad se está volviendo agradable en sí misma, entonces es que probablemente ha llegado la hora de dejar el oficio.

Masterson enrojeció y guardó silencio. ¡Y eso en boca de Dalgliesh! Dalgliesh, que se desinteresaba de la vida privada de sus subordinados hasta el punto de dar la impresión de desconocer que existiera; Dalgliesh, cuya causticidad podía resultar tan demoledora como una porra en manos de otro. ¡Amabilidad! ¿Hasta qué punto exactamente era él amable? ¿Cuántos de sus grandes éxitos habían sido logrados a base de amabilidad? Nunca se ponía violento, desde luego. Era demasiado orgulloso, demasiado quisquilloso, demasiado controlado, demasiado inhumano en realidad, para recurrir a algo tan comprensible como un poco de violencia práctica. Su reacción frente al delito consistía en encoger la nariz, no en soltar una patada. ¡Pero amabilidad! Cuéntele eso a los compañeros, pensó Masterson.

Dalgliesh continuó hablando como si no hubiese dicho nada de particular.

—Tendremos que volver a ver a la señora Dettinger. Y necesitaremos una declaración firmada, por supuesto. ¿Cree usted que lo que le ha dicho es verdad?

—Es difícil saberlo. No se me ocurre por qué habría de mentir. Pero es una mujer rara y no estaba muy contenta conmigo en ese momento. Tal vez le reporte alguna satisfacción el hecho de confundirnos. Por ejemplo, podría ser que Grobel fuera el nombre de algún otro de los acusados.

—De tal modo que la persona que reconoció su hijo en el hospital podría ser cualquiera de los acusados en Felsenheim, cualquiera de los que siguen vivos en paradero desconocido. Exactamente, ¿qué fue lo que le dijo el hijo?

—Ese es el problema, señor. Al parecer, le dio a entender que esa mujer alemana, Irmgard Grobel, estaba empleada en el John Carpendar, pero ella no recuerda las palabras exactas. Cree que le dijo algo como: «Este hospital es muy curioso, mamaíta, tienen trabajando aquí de enfermera a Grobel.»

Dalgliesh dijo:

—Lo que permite interpretar que no se trataba de la enfermera que lo atendía, pues de lo contrario, es de suponer, lo habría especificado. Aunque, claro está, pasó inconsciente la mayor parte del tiempo y bien pudo no haber visto antes a la enfermera Brumfett ni darse cuenta de que era la encargada de la sala. No estaba en condiciones de comprender los pormenores de la burocracia sanitaria. Según el informe médico, estuvo delirando o inconsciente la mayor parte del tiempo, lo que hace su testimonio poco fiable, aun cuando no existiera el inconveniente adicional de que ha muerto. De todos modos, por lo que parece, la madre no se tomó la historia demasiado en serio al principio. ¿No la comentó con nadie del hospital? ¿Con la enfermera Pearce, por ejemplo?

—Ella dice que no. Yo creo que en aquellos momentos la principal preocupación de la señora Dettinger era recoger las pertenencias de su hijo y el certificado de defunción, para reclamar al seguro.

—¿No es usted muy cruel, sargento?

—Bueno, la señora paga casi dos mil libras al año por unas lecciones de baile y está acabando con su capital. A los de la academia Delaroux les gusta cobrar por adelantado. Me informé a fondo sobre sus finanzas mientras la devolvía a casa. La señora Dettinger no buscaba crear problemas. Pero luego, al recibir la factura de Courtney-Briggs, se le ocurrió que la historia aquella de su hijo podría servirle para conseguir un descuento. Y además lo consiguió. De cincuenta libras.

—Lo que permite interpretar que o bien el doctor Courtney-Briggs es más caritativo de lo que nosotros creíamos, o bien que pensó que la información valía ese dinero. ¿Le hizo el descuento enseguida?

—Ella dice que no. Primero lo visitó en su consulta de Wimpole Street la tarde del miércoles, 21 de enero. No salió muy satisfecha de aquella entrevista, así que lo llamó por teléfono el sábado pasado por la mañana. La recepcionista le dijo que el doctor Courtney-Briggs estaba en el extranjero. Pensaba volver a llamarlo el lunes, pero recibió antes por correo el cheque de cincuenta libras. No iba acompañado de carta ni de ninguna clase de explicación, solo de una tarjeta de visita. Pero ella entendió perfectamente el mensaje.

—De modo que estuvo en el extranjero el sábado

pasado. ¿Dónde?, me pregunto yo. ¿En Alemania? En cualquier caso, hay que comprobarlo.

—Todo parece muy improbable, señor. Y en realidad, tampoco encaja —dijo Masterson.

—No. Nosotros estamos bastante seguros de quién fue la persona que mató a las dos chicas. Lógicamente, todos los datos apuntan a esa persona. Y, como usted dice, este nuevo dato en realidad no encaja. Es desconcertante que cuando uno anda revolviendo la basura en busca de la pieza que falta del rompecabezas y la encuentra, resulte que esa pieza no es del mismo juego.

—Entonces, ¿no cree usted que la información venga al caso, señor? Me fastidia pensar que mis andanzas nocturnas con la señora Dettinger hayan sido inútiles.

—¡Sí que viene al caso! ¡De plano! Además, hemos descubierto una especie de corroboración. Hemos rastreado el libro de la biblioteca que andaba perdido. En la biblioteca de Westminster han sido muy amables. La señorita Pearce estuvo en la sucursal de Marylebone la tarde del jueves, 8 de enero, que fue su día libre, y preguntó si tenían algún libro sobre los consejos de guerra contra los alemanes. Dijo que estaba interesada por el proceso de Felsenheim, celebrado en noviembre de 1945. No encontraron nada en los fondos de la sucursal, pero le dijeron que mirarían en otras bibliotecas de Londres y le propusieron que volviera o llamara por teléfono un par de días después. Llamó el sábado por la mañana. Le dijeron que habían localizado un libro que trataba sobre el consejo de guerra de Felsenheim, entre otros, y ella pasó a recogerlo por la tarde. En todas las visitas se presentó como Josephine Fallon, y utilizó el carné y el vale azul de Fallon. Normalmente, claro está, no hubieran anotado el nombre y la dirección. Pero los apuntaron porque tenían que pedir el libro a otra biblioteca.

—¿Devolvieron el libro, señor?

—Sí, pero anónimamente, y no saben exactamente cuándo. Probablemente el miércoles siguiente a la muerte de Pearce. Alguien lo dejó en la bandeja de ensayos. Cuando la empleada fue a poner los libros recién devueltos, lo vio y lo llevó al mostrador para que lo registraran y apartaran para devolverlo a la central. Nadie sabe quién lo devolvió. La biblioteca tiene mucha actividad y la gente entra y sale cuando quiere. No todo el mundo va a devolver libros ni pasa por el mostrador. Es muy fácil llevar un libro en una cesta, o en el bolsillo, y ponerlo entre los de la bandeja. La empleada que lo encontró había estado trabajando en el mostrador durante la mayor parte de la mañana y la tarde, mientras otra empleada se ocupaba de las devoluciones. Esta última, que era nueva, llevaba retrasado el trabajo, y la veterana fue a echarle una mano. Inmediatamente vio el libro en la bandeja. Aproximadamente a las cuatro y media. Pero pudieron dejarlo a cualquier hora.

—¿Hay huellas, señor?

—Nada que nos sirva. Manchas. El libro ha pasado por bastantes manos del personal de la biblioteca y Dios sabe por cuántas de los lectores. ¿Y por qué no? Nadie podía saber que iba a formar parte de las pruebas de una investigación criminal. Pero hay algo interesante. Échele una ojeada a esto.

Abrió uno de los cajones del escritorio y sacó un

grueso volumen encuadernado en tela azul, con la numeración de una biblioteca estampada en el lomo. Masterson lo cogió y lo puso sobre la mesa. Se sentó y lo abrió con cuidado, sin apresurarse. Era una descripción de varios consejos de guerra celebrados en Alemania a partir de 1945, al parecer rigurosamente documentada, de tratamiento nada sensacionalista y escrito por un consejero de la reina que en tiempos había formado parte de la Auditoría General del Ejército. Tenía pocas ilustraciones, de las que solo dos se referían al proceso de Felsenheim. Una mostraba un plano general de la sala de sesiones, con una imagen irreconocible del doctor que ocupaba el banquillo, y la otra era un retrato del comandante del campo de concentración. Dalgliesh dijo:

—Se menciona a Martin Dettinger, pero solo de pasada. Durante la guerra sirvió en la infantería ligera y en noviembre de 1945 fue nombrado miembro del tribunal militar que se constituyó en Alemania Occidental para juzgar a cuatro hombres y una mujer acusados de crímenes de guerra. Estos tribunales se crearon por una orden militar de junio de 1945 y este constaba de un presidente, que era un brigadier de la guardia de granaderos, cuatro oficiales del ejército, uno de los cuales fue Dettinger, y un auditor militar designado por la Auditoría General. Como he dicho, se les encomendó juzgar a cinco personas que, según la acusación (encontrará el auto de acusación en la página 127), «actuando conjuntamente y persiguiendo un propósito común, y en nombre y al servicio del entonces Reich alemán, aproximadamente el 3 de septiembre de 1944, presentaron su colaboración voluntaria, intencionada e ilegítima para realizar y encubrir el asesinato de treinta y un seres humanos de nacionalidades rusa y polaca».

A Masterson no le sorprendió que Dalgliesh fuese capaz de citar la acusación palabra por palabra. Esta habilidad de memorizar y presentar los datos con pedante exactitud era un ardid de leguleyo. Dalgliesh dominaba la técnica mejor que casi nadie, y, si deseaba ejercitarla, no sería el sargento quien se lo impidiese. Masterson no dijo nada. Observó que el superintendente tenía en la mano una gran piedra gris, un ovoide perfecto, y la hacía rodar lentamente entre los dedos. Presumiblemente, debía de haberle echado el ojo en el parque del hospital y la habría cogido para utilizarla de pisapapeles. Desde luego, no estaba en el escritorio de la oficina por la mañana. La voz cansada y forzada prosiguió:

—Esos treinta y un hombres, mujeres y niños eran judíos obligados a trabajar en Alemania y se decía que estaban enfermos de tuberculosis. Fueron enviados a una institución de Alemania Occidental, en principio pensada para ocuparse de enfermos mentales, pero que desde el verano de 1944 se dedicaba no a curar, sino a matar. No hay datos sobre cuántos enfermos mentales alemanes fueron asesinados allí. El personal había jurado guardar secreto sobre sus actividades, pero circulaban muchos rumores por las inmediaciones. El 3 de septiembre de 1944 se envió a la institución un grupo de rusos y polacos. Se les dijo que serían tratados contra la tuberculosis. Aquella misma noche les pusieron inyecciones letales (a hombres, mujeres y niños) y cuando amaneció estaban muertos y enterrados. A los cinco acusados se los juzgaba por este crimen y no por los cometidos contra personas de nacionalidad alemana. Los procesados eran: el director del centro, doctor Max Klein; un farmacéutico joven, Ernst Gumbmann; el jefe de los practicantes, Adolf Straub; y una enfermera joven, sin los estudios terminados, de dieciocho años de edad, Irmgard Grobel. Fueron condenados el médico y el practicante. El médico fue condenado a muerte, y el practicante, a veintitrés años de cárcel. El farmacéutico y la mujer quedaron absueltos. En la página 140 encontrará la defensa del abogado de ella. Más vale que la lea en voz alta.

Masterson tomó el libro en silencio y buscó la página. Comenzó a leer. La voz le salía más fuerte de lo normal.

—«Este tribunal no está juzgando a la acusada Irmgard Grobel por su participación en la muerte de personas de nacionalidad alemana. Ahora sabemos lo que ocurría en la institución Steinhoff. Sabemos, también, que se hacía en concordancia con la legislación alemana dictada por el propio Adolf Hitler. Siguiendo las órdenes procedentes de las máximas autoridades, muchos miles de alemanes dementes fueron ejecutados con la más absoluta legalidad a partir del año 1940. En el plano moral, cada cual puede juzgar estos hechos como guste. El problema no es si al personal de Steinhoff le parecían mal o bien, ni si los consideraban despiadados. El problema es si los consideraban legales. Los testigos han demostrado que tal ley estaba en vigor. Irmgard Grobel, si tuvo algo que ver con las muertes de estas personas, actuó de acuerdo con esta ley.

»Pero a nosotros no nos conciernen los enfermos mentales. A partir de julio de 1944, la misma ley se extendió a los trabajadores extranjeros enfermos de tuberculosis incurable. Podría sostenerse que la acusada no albergaría la menor duda sobre la legalidad de tales ejecuciones cuando ya había presenciado cómo tantos alemanes eran librados de sus sufrimientos en nombre del interés del Estado. Pero eso no es de mi incumbencia. No estamos en condiciones de juzgar las opiniones de la acusada. Ella no participó en los únicos asesinatos que incumben a este tribunal. El transporte de rusos y polacos llegó a Steinhoff el 3 de septiembre de 1944, a las seis y media de la tarde. Aquel día, Irmgard Grobel regresaba de un permiso. El tribunal ya ha conocido que entró en los locales de las enfermeras a las siete y media y se cambió de uniforme. Estaba de servicio a partir de las nueve. En el tiempo transcurrido entre la llegada a la institución y la entrada en servicio en el departamento de enfermeras del Bloque E, solo habló con otras dos enfermeras, las testigos Willig y Rohde. Estas dos mujeres han declarado que no comentaron con Grobel la llegada del transporte. En estas condiciones entró Grobel de servicio. Había tenido un viaje difícil y se sentía cansada y enferma. Estaba dudando sobre si pedir o no que la sustituyeran. Entonces es cuando suena el teléfono y habla con ella el doctor Klein. El tribunal ha oído las declaraciones de los testigos de esta conversación. Klein pidió a Grobel que mirara en el almacén de medicamentos cuáles eran las reservas de evipán y fenol. Ustedes ya han oído que el evipán se servía en cajas, cada una de las cuales contenía veinticinco inyecciones, cada una de las cuales consistía en una cápsula de evipán en polvo y una ampolla de agua destilada. El evipán y el fenol, junto con otras drogas peligrosas, se guardaban en la oficina de las enfermeras. Grobel comprobó las cantidades disponibles e informó a Klein de que había dos cajas de evipán y alrededor de 150 cc de fenol líquido. Luego, Klein le ordenó que tuviera todo el evipán y el fenol disponibles preparados para entregarlos al practicante Straub, que pasaría a recogerlos. También le ordenó que entregara a Straub doce jeringuillas de 10 cc y cierta cantidad de agujas fuertes. La acusada alega que en ningún momento le explicó el fin con que se necesitaban tales medicamentos y ustedes ya han oído por boca del acusado Straub, que tampoco él la ilustró sobre este particular.

»Irmgard Grobel no abandonó el cuarto de guardia hasta que regresó a sus habitaciones, en camilla, a las nueve y veinte de la noche. El tribunal ha oído cómo la enfermera Rhode, al incorporarse retrasada al servicio, la encontró desmayada en el suelo. Durante cinco días estuvo en cama, con fuertes vómitos y fiebre. No vio entrar a los rusos y polacos en el Bloque E, no vio sus cadáveres, que fueron sacados a primeras horas de la mañana del 4 de septiembre. Cuando se reincorporó al servicio, los cadáveres estaban enterrados.

»Señor presidente, este tribunal ha oído el testimonio de los testigos sobre la bondad de Irmgard Grobel, sobre su amabilidad con los niños enfermos, sobre su competencia como enfermera. Quisiera recordar al tribunal que es joven, poco más que una niña. Pero no pido la absolución en razón de su juventud ni de su sexo, sino porque es manifiestamente, entre todos los acusados, la única persona inocente. Ella no tuvo parte en la muerte de los treinta y un rusos y polacos. Ella ni siquiera supo de su existencia. La defensa no tiene más que agregar.»

La voz amargada de Dalgliesh rompió el silencio.

—El consabido alegato legalista de los teutones, como verá, sargento. No perdían mucho tiempo en cometer los crímenes, ¿no le parece? Ingresados a las siete y media e inyectados poco después de las nueve. ¿Y por qué evipán? No podían estar seguros de que la muerte fuese instantánea a menos que inyectaran una gran dosis. Dudo de que menos de 20 cc maten instantáneamente. Tampoco debía preocuparles. Lo que salvó a Grobel fue estar de permiso hasta el turno de noche. La defensa sostuvo que ella no se enteró de la presencia de los prisioneros extranjeros, de la que nadie supo nada hasta la mañana del día 4. El mismo alegato le valió la libertad al farmacéutico. Desde el punto de vista técnico, ambos eran inocentes, si cabe calificar con esta palabra a quienes trabajaron en Steinhoff.

Masterson estaba callado. Todo eso había ocurrido hacía mucho tiempo. Grobel era entonces una jovencita. Diez años más joven que él ahora. La guerra era una vieja historia. No tenía más importancia para su vida que las guerras de las Dos Rosas, e incluso menos, puesto que carecía del aura romántica y caballeresca de la historia aprendida durante la adolescencia. Él no tenía ninguna opinión especial sobre los alemanes ni, de hecho, sobre ningún otro pueblo, salvo los pocos que consideraba inferiores cultural e intelectualmente. Los alemanes no formaban parte de estos. Para él, Alemania significaba hoteles limpios y buenas carreteras, *rippchen* regado con buen vino local en el Hostal Struben, con el Rin trazando una gran curva a sus pies como una cinta de plata, y las excelencias del campamento de Coblenza.

Y si alguno de los acusados en Felsenheim continuaba vivo, ahora sería una persona entrada en años. La misma Irmgard Grobel tendría cuarenta y tres. Todo aquello era agua pasada. Solo tenía importancia porque afectaba al caso de turno. Dijo:

—Eso ocurrió hace mucho tiempo. ¿Merece la pena matar por conservar una cosa así en secreto? ¿A quién le importa hoy? ¿La política oficial no es perdonar y olvidar?

—Nosotros, los ingleses, somos buenos para perdonar a nuestros enemigos; eso nos libera de la obligación de simpatizar con nuestros amigos. Eche un vistazo a este libro, Masterson. ¿Qué le llama la atención?

Masterson dejó que las páginas se abrieran, las removió, se colocó el libro a la altura de los ojos y examinó la encuadernación. Luego lo repuso sobre la mesa y separó las páginas centrales. Incrustados entre los cuadernillos había granos de arena.

—Hemos enviado una muestra al laboratorio para que la analicen —dijo Dalgliesh—, pero no caben muchas dudas sobre el resultado. Casi con toda seguridad, son de la arena que hay junto a los extintores en la Casa Nightingale.

—Así que estuvo escondido allí hasta que él o ella pudo devolverlo a la biblioteca. La misma persona escondió el libro y la lata de insecticida. Todo encaja a la perfección.

—Un poco demasiado a la perfección, ¿no le parece a usted? —dijo Dalgliesh.

Pero el sargento se estaba acordando de otra cosa.

—¡El folleto, el que encontramos en la habitación de Pearce! ¿No era sobre las actividades de un asilo de Suffolk para las víctimas del fascismo? Supongamos que Pearce lo solicitó. ¿No es otro ejemplo de cómo hacer que el castigo compense el delito?

—Eso creo yo. Nos pondremos en contacto con el asilo por la mañana y descubriremos qué les ofreció Pearce, si les ofreció algo. Y volveremos a hablar con Courtney-Briggs. Estaba en la Casa Nightingale más o menos a la hora en que murió Fallon. Cuando sepamos a quién vino a ver y por qué, estaremos muy cerca de tener resuelto el caso. Pero todo eso habrá de esperar hasta mañana.

Masterson ahogó un bostezo y dijo:

—Ya es mañana, señor, desde hace casi tres horas.

II

Si al portero nocturno de The Falconer's Arms le extrañó que los dos huéspedes regresaran de madrugada, uno de ellos a todas luces enfermo y con la cabeza aparatosamente vendada, estaba habituado a no demostrarlo. Su pregunta sobre si podía servir en algo a los caballeros sonó rutinaria; la respuesta de Masterson, meramente educada. Ascendieron a pie los tres tramos de escalera hasta su planta, puesto que el viejo ascensor era ruidoso y nada de fiar. Firmemente decidido a no revelar su debilidad al sargento, Dalgliesh subió todos los escalones sin agarrarse a la barandilla. Sabía que era estúpida vanidad y, para cuando llegó a su cuarto, ya estaba pagando las consecuencias. Se sentía tan débil que tuvo que descansar unos instantes contra la puerta cerrada antes de poder alcanzar, tambaleándose, la bañera. Sosteniéndose en los grifos, con la frente apoyada en los antebrazos, tuvo unas arcadas dolorosas y estériles. Sin levantar la cabeza, abrió el grifo que tenía a mano derecha. Brotó un chorro de agua fría como el hielo. Se enjuagó la cara y bebió en el cuenco de las manos. Enseguida se sintió mejor.

Durmió a intervalos. Le costaba acomodar la cabeza vendada sobre las almohadas, y la pérdida de sangre parecía haberle dejado el cerebro mucho más activo y despejado de lo normal, e incapaz de rendirse al sueño. Cuando se adormecía, solo era para soñar. Andaba por el parque del hospital con Mavis Gearing. Ella patinaba como una jovencita entre los árboles, blandiendo las tijeras de podar y diciendo con coquetería:

—Qué cosas más hermosas se encuentran para hacer adornos, incluso en esta época del año en que todo está muerto.

Él no encontraba incoherente que ella fuera cortando a tijeretazos rosas rojas en plena flor de las ramas secas, ni tampoco que ninguno de los dos reparase en el cuerpo de Mary Taylor, con la soga del verdugo alrededor del cuello, que se balanceaba suavemente colgado de una de las ramas.

Hacia el amanecer, el sueño se hizo más profundo. Aun así, los timbrazos chillones y repetidos del teléfono lo despertaron inmediatamente. La esfera luminosa de su reloj de viaje marcaba las cinco y cuarenta y nueve de la mañana. Le costó trabajo girar la cabeza en el hueco de la almohada y buscó a tientas el auricular. Enseguida reconoció la voz. Aunque poco después comprendió que hubiera distinguido aquella voz de la de cualquier otra mujer de este mundo.

—¿Señor Dalgliesh? Soy Mary Taylor. Siento molestarle, pero supuse que preferiría que lo llamara. Hemos tenido un incendio. Nada peligroso; solo en el jardín. Al parecer se ha iniciado en un cobertizo abandonado que hay a unos cincuenta metros de la Casa Nightingale. El edificio no corre ningún peligro, pero el fuego se está extendiendo muy deprisa por los árboles.

Dalgliesh se asombró de lo claramente que pensaba. La herida ya no le dolía. La cabeza no le pesaba casi nada y hubo de tocarse la áspera gasa del vendaje para confirmar que seguía en su sitio. Dijo:

—¿Está bien Morag Smith? Utilizaba la choza como una especie de refugio.

—Lo sé. Me lo contó ella anoche después de traerle a usted. Le proporcioné una cama aquí para pasar la noche. Morag está a salvo. Es lo primero que he comprobado.

—¿Y las demás personas de la Casa Nightingale?

—Ahora lo comprobaré. No se me había ocurrido que...

—Claro que no. ¿Por qué habría de ocurrírsele? Voy ahora mismo.

—¿Es necesario? El doctor Courtney-Briggs insistió en que debía descansar. Los bomberos lo tienen todo controlado. Al principio temían por la Casa Nightingale, pero han talado los árboles más próximos. El incendio estará apagado dentro de media hora. ¿No podría esperar hasta la mañana?

—Voy ahora mismo —dijo él.

Masterson estaba tendido de espaldas, traspuesto de cansancio, con la gran carota sin expresión, debido al sueño, y la boca entreabierta. Necesitó casi un minuto para despertarlo. Dalgliesh hubiese preferido dejarlo allí, aturdido, pero sabía que en su actual estado de debilidad era más seguro que condujera Masterson. Zarandeado hasta recuperar la conciencia, Masterson escuchó las órdenes del superintendente sin hacer ningún comentario y luego se fue poniendo las ropas en resentido silencio. Era demasiado prudente para discutir la decisión de Dalgliesh de regresar a la Casa Nightingale, pero era evidente por sus modales malhumorados que consideraba la excursión innecesaria, y el corto trayecto hasta el hospital lo hicieron en silencio.

El incendio se apreciaba en forma de un resplandor rojo sobre el cielo nocturno desde antes de divisar el hospital, y, conforme penetraron por la puerta abierta de Winchester Road, oyeron también el fragor chirriante de los árboles que ardían y olieron en el aire fresco el aroma de la madera quemada, intenso y dulzón. Y eso acabó con el mohíno resentimiento de Masterson. Lo aspiró con ruidoso placer y dijo con candorosa franqueza:

—Me gusta este olor, señor. Me recuerda mi infancia, supongo. Los campamentos de verano de los *boy scouts*. Los fuegos de campamento, viendo subir las chispas al cielo, mientras todos nos apelotonábamos alrededor, envueltos en mantas. Es una maravilla tener trece años, y ser jefe de patrulla significa tanto poder y tanto honor como probablemente nunca vuelve a conocer uno. Ya me entiende usted, señor.

Dalgliesh no lo entendía. Su infancia solitaria y aislada había carecido de tales placeres tribales. Pero era un vislumbre interesante y curiosamente tierno sobre la personalidad de Masterson. ¡Jefe de patrulla de los *boy scouts*! Bueno, ¿por qué no? Con una familia distinta, con otro sesgo del destino, muy bien habría podido ser el cabecilla de una banda callejera, canalizando su ambición y su crueldad por senderos menos conformistas.

Masterson metió el coche entre los árboles hasta una distancia segura y luego anduvieron hacia el incendio. Como por un acuerdo tácito, se detuvieron y permanecieron juntos, bajo la sombra de los árboles, callados y mirando atentamente. Nadie pareció percatarse de su presencia y nadie se acercó a ellos. Los bomberos estaban atareados. Solo había un camión cisterna y, al parecer, tomaban el agua en la Casa Nightingale. El fuego estaba ya controlado, pero aún resultaba espectacular. El cobertizo había desaparecido por completo y solo un círculo de tierra negra señalaba dónde estuvo emplazado. Los árboles de alrededor parecían horcas calcinadas, mutiladas y retorcidas como consecuencia de la agonía entre llamas. En la periferia aún ardían a fuego vivo algunos arbustos, crujiendo y chisporroteando bajo los chorros de agua de los bomberos. Una única llama, que serpenteaba y flameaba movida por el viento, iba saltando de una a otra copa de los árboles y se encendía con la clara luz incandescente de una vela, hasta que el chorro de la manguera acertó a apagarla. Estando ellos mirando, se prendió y estalló de repente una gran conífera produciendo una lluvia de agujas doradas. Se oyó un débil suspiro de admiración y Dalgliesh vio que el grupito de alumnas, con sus capas negras, que estaba observando desde lejos, había avanzado imperceptiblemente hasta quedar iluminado por el fuego. Por un momento, el resplandor les dio en la cara y él creyó distinguir a Madeleine Goodale y a Julia Pardoe. Luego vio moverse entre ellas la figura alta e inconfundible de la jefa de enfermería. Dijo unas pocas palabras al grupito, que dio la vuelta y desapareció a regañadientes entre los árboles. Entonces fue cuando ella vio a Dalgliesh. Durante un instante se quedó absolutamente inmóvil. Envuelta en la gran capa negra, con la capucha echada a la espalda, permaneció contra un arbusto aislado, como la víctima en la hoguera, con la reverberación del fuego a sus espaldas y la luz enrojeciéndole la pálida tez. Luego, anduvo despacio hacia él. Entonces Dalgliesh se dio cuenta de que estaba muy blanca. Ella dijo:

—Tenía usted razón. No estaba en su cuarto. Me ha dejado una carta.

Dalgliesh no contestó. Tenía la cabeza tan despejada que parecía operar al margen de su voluntad, no tanto dominando las claves del crimen como viéndolo desde una gran altura: a sus pies se extendía un paisaje sin sombras, comprensible, conocido, inequívoco.

Ahora lo sabía todo. No solo cómo habían muerto las chicas; no solo cuándo y por qué; no solo por mano de quién. Sabía la verdad última de todo el crimen, pues era un crimen. Tal vez nunca fuese capaz de probarla, pero la sabía.

Media hora después, el incendio estaba dominado. Las mangueras sin agua reptaban y saltaban sobre la tierra ennegrecida al enrollarlas, levantando nubecillas de humo acre. El último espectador había desaparecido y a la cacofonía del viento y del fuego había sucedido un suave rumor de fondo solo interrumpido por las órdenes del oficial de los bomberos y las voces borrosas de sus hombres. Incluso el viento había amainado un poco y a Dalgliesh le resultaba agradable y cálido en la cara, después de haber pasado sobre la tierra humeante. Por todas partes flotaba el tufo de la madera carbonizada. Los faros del camión de bomberos apuntaban hacia el círculo humeante donde se había alzado la choza. Dalgliesh se adelantó hacia allí, con Masterson a su izquierda y Mary Taylor a su derecha. El calor se dejaba sentir, molesto, a través de las suelas de los zapatos. Había poco que ver; un trozo de metal grotescamente retorcido, que bien podría pertenecer a una estufa; la figura carbonizada de una tetera metálica, que una patada deformaría hasta hacerla irreconocible. Y algo más: una forma, solo eso, que incluso tras la extrema profanación de la muerte todavía era horrorosamente humana. Los tres estuvieron mirándola en silencio. Tardaron varios minutos en identificar algunos detalles: la pelvis, ridículamente diminuta al desnudarla de su envoltorio vivo de músculos y carne; el cráneo, boca arriba y vacío, como una especie de cáliz; la mancha que había dejado el cerebro al derramarse.

—Acordone este lugar y manténgalo vigilado, y luego llame a sir Miles Honeyman —dijo Dalgliesh.

—Le espera un buen problema de identificación, señor —dijo Masterson.

—Sí —replicó Dalgliesh—, si no supiéramos por adelantado de quién se trata.

III

De tácito acuerdo y sin cambiar palabra, recorrieron el edificio silencioso hasta llegar al piso de la jefa. Nadie los siguió. Al entrar en la sala, el reloj que había sobre la repisa de la chimenea dio las seis y media. La sala aún estaba muy oscura, y en comparación con el aire templado por el incendio del exterior el ambiente era muy frío. Las cortinas habían sido descorridas y la ventana estaba abierta. La señorita Taylor se apresuró a cerrarla, echó las cortinas con un rápido gesto de los brazos y se volvió hacia Dalgliesh, con mirada serena y compasiva, como si lo viera por primera vez.

—Parece usted cansadísimo y muerto de frío. Acérquese al fuego y siéntese.

Él avanzó y se apoyó contra la chimenea, temiendo que si se sentaba no podría volver a levantarse. Pero la repisa no estaba muy firme y el mármol resbalaba como el hielo. Se dejó caer en la butaca y estuvo observándola mientras ella, arrodillada en la alfombra del hogar, agregaba astillas secas a las cenizas todavía calientes de la noche anterior. Las astillas prendieron con llama. Después, sin ponerse de pie, metió la mano en el bolsillo de la capa y le alargó una carta.

Era un sobre azul, sin sello, en el que se leía, con letra redonda e infantil pero firme: «A quien corresponda.» Dalgliesh extrajo la carta. Un papel azul, barato, normal y corriente, sin rayar, pero con los renglones tan derechos que quien los escribió debió de hacerlo sobre un patrón rayado.

Yo maté a Heather Pearce y a Josephine Fallon. Habían descubierto algo sobre mi pasado, algo que a ellas no les importaba, y amenazaban con chantajearme. Cuando la enfermera Gearing me telefoneó para decirme que Fallon había caído enferma y estaba internada, comprendí que la enfermera Pearce haría de paciente en su lugar. Recogí la botella de desinfectante aquella misma mañana muy temprano y llené una de las botellas de leche vacías que había en la cocinita de las enfermeras. Repuse la tapa con cuidado y me llevé la botella conmigo cuando bajé a desayunar, dentro de mi bolso de tapicería. Todo lo que tuve que hacer fue colarme en la sala de prácticas después del desayuno y cambiar la botella de leche que había en el carro por la de veneno. De haber habido alguien en el aula, hubiese dado cualquier excusa y probado otra vez y de otra forma. Pero estaba vacía. Subí la botella de leche a la cocinita de las enfermeras y tiré la botella de desinfectante por una de las ventanas de los lavabos.

Yo estaba en el invernadero cuando la enfermera Gearing trajo el bote de insecticida para los rosales y me acordé de la nicotina a la hora de matar a Fallon. Sabía dónde se guardaba la llave del invernadero y me puse guantes de cirugía para no dejar huellas dactilares. Fue fácil echar el veneno en el vaso de whisky con limón de Fallon mientras ella estaba en el cuarto de baño y la bebida se enfriaba en su mesita de noche. Fallon hacía lo mismo todas las noches. Me quedé con el bote, pensando en colocarlo más tarde, aquella misma noche, junto a su cabecera, para que pareciese un suicidio. Sabía que era importante imprimir sus huellas dactilares en la lata y que eso no sería difícil. Tuve que alterar mis planes porque el doctor Courtney-Briggs me telefoneó poco antes de las doce, reclamándome en mi sala. No podía quedarme con el bote, puesto que no me sería posible tener el bolso conmigo en la sala y no consideraba seguro dejarlo en mi cuarto. De modo que lo escondí en la arena de los extintores que hay frente a la habitación de la enfermera Fallon, de donde pensaba recuperarlo y colocarlo en su mesilla de noche en cuanto regresara a la Casa Nightingale. También este plan resultó imposible. Cuando llegué al final de las escaleras, las dos gemelas Burt estaban fuera de sus habitaciones. Se veía luz por el agujero de la cerradura de la enfermera Fallon y las gemelas dijeron que le llevarían una taza de cacao. Supuse que encontrarían el cadáver aquella misma noche. No pude hacer otra cosa que seguir escaleras arriba y acostarme. Estuve aguardando en la cama, esperando oír la alarma en cualquier momento. Me preguntaba si las gemelas habrían cambiado de idea o si Fallon se habría quedado dormida antes de tomarse el whisky con limón. Pero no me atreví a comprobarlo. Si hubiera podido colocar el bote de nicotina junto a la cama de Fallon, nadie habría sospechado que fue un asesinato y yo habría cometido dos crímenes perfectos.

No hay nada más que decir, excepto que nadie sabía mis intenciones y que nadie me ayudó.

ETHEL BRUMFETT

—Desde luego —dijo Mary Taylor—, es de su puño y letra. La encontré en su repisa cuando volví, después de telefonearle a usted, para comprobar que todo el mundo estaba bien. Pero ¿es cierto lo que dice?

—Ah, sí, es cierto. Ella mató a las dos chicas. Solo el asesino podía saber dónde estaba escondido el bote de nicotina. Era evidente que la segunda muerte quería presentarse como un suicidio. Pero, entonces, ¿por qué no estaba el bote junto a la cabecera? Esto solo podía deberse a que el asesino no pudo completar su plan. La enfermera Brumfett era la única persona de la Casa Nightingale que tuvo que salir aquella noche y que al regresar se le impidió entrar en el cuarto de Fallon. Pero siempre fue la principal sospechosa. La botella de veneno tuvo que ser preparada con tiempo, y por alguien que tuviese acceso a las botellas de leche y al desinfectante, y por alguien que pudiera llevar encima la botella letal sin que se notara. La enfermera Brumfett no iba a ninguna parte sin su gran bolso de tapicería. Fue mala suerte que se le ocurriera coger una botella con la tapa de un color que no era el mismo. No sé si llegaría a darse cuenta. Incluso en el caso de que se diera cuenta, no habría tenido tiempo para cambiarla. Todo el plan se basaba en que la sustitución se haría en un instante. Tuvo que confiar en que nadie se diera cuenta. Y, de hecho, nadie se dio cuenta. Y hay otro aspecto en que también era única entre los sospechosos. Era la única persona que no estuvo presente para presenciar ninguna de las muertes. No hubiera sido capaz de levantar una mano contra Fallon mientras la tuvo de paciente. Eso le hubiera resultado imposible. Y prefirió no presenciar ninguno de los asesinatos. Hace falta ser un asesino psicópata o un profesional para presenciar voluntariamente la agonía de las víctimas.

Ella dijo:

—Sabemos que Heather Pearce era una chantajista en potencia. Me pregunto qué incidente del tenebroso pasado de la pobre Brumfett habría desenterrado para divertirse.

—Yo creo que usted lo sabe, lo mismo que yo. Heather Pearce había descubierto algo sobre Felsenheim.

Ella pareció quedarse paralítica y muda. Estaba ovillada junto a la butaca, a los pies de él, con la cara vuelta hacia otro lado. Al cabo de un momento giró el rostro y lo miró.

—A ella no la condenaron, como usted sabe. Brumfett era conformista y autoritaria. Estaba educada en la idea de que la obediencia ciega era el primer deber de una enfermera. Pero no mataba a sus pacientes. El veredicto del tribunal de Felsenheim fue justo. Y aun cuando no lo fuese, fue el veredicto de un tribunal legalmente constituido. Oficialmente, es inocente.

—Yo no estoy aquí para discutir el veredicto de Felsenheim —dijo Dalgliesh.

Ella continuó hablando con vehemencia, como si él no hubiera dicho nada, como si quisiera convencerlo.

—Brumfett me habló del asunto cuando éramos estudiantes en el Hospital General de Nethercastle. Vivió en Alemania la mayor parte de su infancia, pero su abuela era inglesa. Después del proceso, quedó en libertad y, finalmente, en 1944 contrajo matrimonio con un sargento británico, Ernest Brumfett. Ella tenía dinero y solo fue un matrimonio de conveniencia, una forma de salir de Alemania y entrar en Inglaterra. Para entonces, la abuela había muerto, pero ella seguía teniendo algunos vínculos en este país. Ingresó en el Nethercastle como auxiliar de sala, pero era tan eficiente que, transcurridos dieciocho meses, no hubo dificultad para que la aceptaran de alumna. Fue una decisión inteligente por parte del hospital. No es probable que escarbaran demasiado en el pasado de nadie, sobre todo en el pasado de una mujer que tenía demostrada su valía. El hospital es un gran edificio victoriano, siempre llenísimo, con una escasez de personal crónica. Brumfett y yo acabamos juntas los estudios, estuvimos juntas en la maternidad local, nos hicimos comadronas, y juntas nos trasladamos al sur, al John Carpendar. Conozco a Ethel Brumfett desde hace casi veinte años. La he visto pagar una y otra vez por lo ocurrido en la institución Steinhoff. Entonces ella era muy joven. No podemos ni imaginarnos cómo sería su infancia en Alemania. Solo sabemos lo que la mujer adulta hizo por este hospital y por sus pacientes. El pasado no tiene nada que ver.

—Hasta que al fin ocurrió lo que ella, subconscientemente —dijo Dalgliesh—, siempre debió temer. Hasta que alguien del pasado la reconoció.

Ella dijo:

—Entonces todos estos años de afanes y esfuerzos se convirtieron en nada. Yo comprendo que encontrara necesario matar a Pearce. Pero ¿por qué a Fallon?

—Por cuatro razones. La enfermera Pearce necesitaba comprobar la historia de Martin Dettinger antes de hablar con Brumfett. La manera más obvia de comprobarla era consultando la documentación del proceso. De modo que pidió a Fallon que le prestara el carné de la biblioteca. Estuvo en la biblioteca de Westminster el jueves y de nuevo el sábado, que fue cuando le proporcionaron el libro. Debió enseñárselo a la enfermera Brumfett cuando habló con ella y debió mencionarle cómo había conseguido el carné. Tarde o temprano, Fallon querría que se le devolviese el carné. Era fundamental que nadie descubriera para qué lo había necesitado la enfermera Pearce, ni tampoco el título del libro que había solicitado en la biblioteca. Este es uno de los datos importantes que la enfermera Brumfett ha omitido en su confesión. Una vez que hubo sustituido la botella de leche por la de veneno, subió al piso, cogió el libro de la biblioteca del cuarto de la enfermera Pearce y lo escondió en uno de los cubos de arena hasta que encontró la ocasión de devolverlo anónimamente a la biblioteca. Sabía demasiado bien que Pearce no saldría viva de la sala de prácticas. Es característico de ella que eligiera el mismo escondite para el bote de nicotina. La enfermera Brumfett no era una persona imaginativa.

»Pero el problema del libro de la biblioteca no era la principal razón para matar a la enfermera Fallon. Había otras tres razones. Quería crear una confusión de motivos, dar la sensación de que Fallon era la víctima deseada. Al morir Fallon, siempre quedaba la posibilidad de interpretar que Pearce había muerto por error. Era Fallon quien estaba previsto que haría de paciente la mañana de la inspección. Fallon resultaba una víctima más verosímil. Estaba embarazada; lo cual ya constituía por sí mismo un motivo. La enfermera Brumfett la había atendido y pudo detectar o sospechar el embarazo. No creo que se le escaparan a la enfermera Brumfett muchos síntomas de sus pacientes. Además, cabía la posibilidad de que el asesinato de Pearce se atribuyera a Fallon. Después de todo, había admitido que regresó a la Casa Nightingale la mañana del crimen y se había negado a dar ninguna explicación. Bien pudo haber puesto ella el veneno en el alimento. Y después, quizás atormentada por los remordimientos, se habría suicidado. Esta explicación resuelve limpiamente los dos misterios. Es una hipótesis muy atractiva, desde el punto de vista del hospital, y hay bastante gente que quiere creerla.

—¿Y la última razón? Usted ha dicho que eran cuatro. Quería evitar que se hicieran investigaciones sobre el carné de la biblioteca; quería hacer pensar que Fallon había sido víctima fallida del primer crimen; o bien, en otro caso, acusar a Fallon de la muerte de Pearce. ¿Cuál es el cuarto motivo?

—Quería protegerla a usted. Siempre quiso protegerla. Lo cual no fue fácil en el caso del primer crimen. Usted estaba en la Casa Nightingale; usted tuvo tantas posibilidades como cualquiera de envenenar el alimento de la práctica. Pero se aseguró, por lo menos, de que usted tuviera una coartada a la hora en que murió Fallon. Usted estaba en Ámsterdam. Era imposible que usted hubiese matado a la segunda víctima. Entonces, ¿por qué habría de haber matado a la primera? Desde el comienzo de esta investigación decidí que los dos crímenes estaban relacionados. Sería demasiada coincidencia dos asesinos en el mismo lugar y al mismo tiempo. Lo cual, automáticamente, la excluía a usted de la lista de sospechosos.

—Pero ¿por qué iba a sospechar nadie que yo maté a ninguna de las dos chicas?

—Porque los motivos que hemos imputado a Ethel Brumfett carecen de sentido. Piénselo. Un hombre agonizante recupera unos segundos la conciencia y ve un rostro inclinado sobre él. Abre los ojos y, en medio de los dolores y del delirio, reconoce a una mujer. ¿A la enfermera Brumfett? ¿Reconocería usted el rostro de la enfermera Brumfett después de veinte años? ¿El rostro feo, vulgar, sin ningún atractivo, de Brumfett? Solo una mujer de cada millón tiene un rostro tan hermoso y personal que haga posible reconocerlo, en un abrir y cerrar de ojos, al cabo de veinte años. Su rostro. Usted es Irmgard Grobel, y no la enfermera Brumfett.

—Irmgard Grobel ha muerto —repitió ella con dulzura.

Él prosiguió como si ella no hubiese hablado.

—No me sorprende que la enfermera Pearce no sospechara ni por un momento que usted pudiera ser la tal Grobel. Usted es la jefa de enfermería, protegida por un temor reverencial y casi religioso de toda imputación de debilidad humana, y no digamos de los pecados humanos. Debió resultarle psicológicamente imposible pensar que usted fuese una asesina.

»Y además estaban las palabras que usó Martin Dettinger. Él dijo que era una de las enfermeras. Creo saber por qué cometió ese error. Usted visita a diario todas las salas del hospital y habla con casi todos los pacientes. El rostro que Dettinger vio sobre él no solo era, con absoluta claridad, el de Irmgard Grobel. Vio una mujer vestida con lo que para él era un uniforme de enfermera: la capita y la cofia triangular de las enfermeras del ejército. Para su cerebro aturdido por las drogas, todo aquello significaba una enfermera. Sigue significando una enfermera para todo el que ha pasado por un hospital militar, y Martin Dettinger estuvo muchos meses en hospitales militares.

Ella volvió a decir con dulzura:

—Irmgard Grobel ha muerto.

—De manera que le dijo a la enfermera Pearce algo muy parecido a lo que le dijo a su propia madre. La señora Dettinger no demostró mucho interés. ¿Por qué iba a interesarle? Pero, luego, cuando recibió la factura del hospital, pensó que tal vez le sirviera para ahorrarse unas cuantas libras. Si el doctor Courtney-Briggs no fuese tan codicioso, dudo de que ella hubiera dicho nada a nadie. Pero se lo dijo a Courtney-Briggs, y él se hizo con una misteriosa información por la que le valía la pena perder algún tiempo y tomarse algunas molestias en comprobarla. Podemos imaginarnos lo que pensó Heather Pearce. Debió experimentar la misma sensación de triunfo y la misma sensación de poder que cuando vio agacharse a la enfermera Dakers para recoger los billetes que revoloteaban por el camino delante de ella. Solo que esta vez caería en su poder alguien muchísimo más importante e interesante que una compañera de estudios. Nunca se le ocurrió que el paciente podía referirse a una mujer distinta de la enfermera que lo atendía. Pero sí sabía que tendría que demostrarlo, o por lo menos que asegurarse de que Dettinger, que después de todo era un agonizante, no mentía ni estaba viendo alucinaciones. Por eso, el jueves perdió medio día en visitar la biblioteca de Westminster y solicitó un libro sobre el proceso de Felsenheim. Allí tuvieron que pedirlo a otra sucursal y ella volvió a recogerlo el sábado. Creo que en ese libro se enteró de lo bastante como para convencerse de que Martin Dettinger sabía lo que se estaba diciendo. Yo creo que Pearce habló con la enfermera Brumfett la noche del sábado y que Brumfett no negó la acusación. Me pregunto cuál sería el precio que exigió Pearce. Nada tan manido ni tan comprensible, o bien tan reprensible, como un dinero en efectivo por su silencio. A Pearce le gustaba ejercer el poder; pero todavía disfrutaba más regodeándose en su rectitud moral. Debió ser el sábado por la mañana cuando escribió al secretario de la Liga de Ayuda a las Víctimas del Fascismo. La enfermera Brumfett tendría que pagar, pero el dinero se enviaría a plazos regulares a la Liga. Pearce tenía mucho ingenio para hacer que el castigo compensara el delito.

Esta vez ella guardó silencio; sentada con las manos entrelazadas, pero lacias, sobre el regazo, miraba sin expresión hacia algún punto insondable del pasado. Dalgliesh dijo con voz suave:

—Todo eso puede comprobarse, como usted sabe. No nos ha quedado gran cosa del cadáver, pero tampoco lo necesitamos mientras tengamos el rostro de usted. Tiene que haber documentos del proceso, fotografías, el acta de su matrimonio con el sargento Taylor...

Ella habló en voz tan baja que él hubo de inclinar la cabeza para oírla.

—Abrió los ojos como platos y me miró. No dijo nada. Era una mirada frenética, de desesperación. Pensé que se pondría a delirar o que tal vez tenía miedo. Pensé que se había dado cuenta en aquel momento de que iba a morir. Le hablé un poco y luego él cerró los ojos. Yo no lo reconocí. ¿Cómo iba a reconocerlo? Yo no soy ya la misma persona que la niña de Steinhoff. No quiero decir que lo de Steinhoff sea algo que le ocurrió a otra persona distinta. Ya ni siquiera recuerdo con exactitud lo que sucedió en el tribunal de Felsenheim. No me acuerdo de ninguna de las caras.

Pero debió tener necesidad de contárselo a alguien. Debió ser un paso dentro del proceso de convertirse en otra persona, de quitarse Steinhoff de la cabeza. De modo que se lo contó a Ethel Brumfett. Las dos eran jóvenes y estudiaban juntas para enfermera en Nethercastle, y Dalgliesh supuso que Brumfett debía representar algo para ella: bondad, confianza, devoción. Si no, ¿por qué a Brumfett? ¿Por qué había elegido a Brumfett entre todos los mortales para confiarse? Por lo visto había pronunciado sus pensamientos en voz alta, porque ella dijo con vehemencia, como si fuera importante hacérselo comprender:

—Se lo dije por ser tan vulgar. Su vulgaridad tenía algo de salvaguardia. Tuve la sensación de que, si Brumfett era capaz de escucharme y creerme y seguir queriéndome, entonces nada de lo que había ocurrido era tan terrible. Usted no lo entenderá.

Pero él sí lo entendía. Había un chico así en su escuela, un chico tan vulgar y tan a salvo de todo que era una especie de talismán contra la muerte y la desgracia. Dalgliesh se acordó del muchacho. Era curioso que no hubiese pensado en él desde hacía treinta años. Sproat Minor, con su cara redonda, agradable y con gafas, su familia convencional, sus orígenes sin nada digno de mención, su bendita normalidad. Sproat Minor, protegido, por la mediocridad y la insensibilidad, de todos los terrores del mundo. La vida no podía ser absolutamente terrorífica mientras existiera un Sproat Minor. Dalgliesh se preguntó por un instante qué habría sido de él. Dijo:

—Y Brumfett se ha mantenido pegada a usted desde entonces. Cuando usted vino aquí, ella la siguió. Aquel impulso de confiarse, aquella necesidad de contar al menos con una amiga que lo supiera todo sobre usted, la puso en sus manos. Brumfett la protectora, la consejera, la confidente. Teatros con Brumfett; mañanas jugando al golf con Brumfett; vacaciones con Brumfett; paseos por el campo con Brumfett; el primer té de la mañana y el último de la noche con Brumfett. Su devoción debe haber sido bastante auténtica. Después de todo, estuvo dispuesta a matar por usted. Pero al mismo tiempo era un chantaje. Un chantaje más al uso, que se limitara a exigir unos ingresos regulares libres de impuestos, hubiera sido infinitamente preferible a la insoportable devoción de Brumfett.

—Es cierto —dijo ella con tristeza—. Todo es cierto. ¿Cómo es posible que lo sepa usted?

—Porque ella era una mujer fundamentalmente tonta y torpe, y usted no.

Y hubiera podido agregar: «Porque me conozco a mí mismo.»

Ella lanzó un grito de vehemente protesta.

—¿Y quién soy yo para despreciar la estupidez y la torpeza? ¿Qué derecho tengo yo a ser tan especial? ¡Oh, sí, Brumfett no era inteligente! Ni siquiera era capaz de matar por mí sin armar un cisco. No era lo bastante lista para engañar a Adam Dalgliesh, pero ¿cuáles son los criterios para medir la inteligencia? ¿La ha visto usted alguna vez haciendo su trabajo? ¿La ha visto alguna vez con un paciente agonizante o con un niño enfermo? ¿Ha presenciado usted alguna vez cómo esa mujer tonta y torpe, cuya devoción y compañía, según parece, solo merecen mi desprecio, trabajaba toda la noche para salvar una vida?

—He visto el cadáver de una de sus víctimas y he leído el informe de la autopsia de la otra. Creo en la palabra de usted en cuanto a la mano con los niños.

—Esas no eran sus víctimas. Eran las mías.

—¡No! —dijo él—. Solo ha habido una víctima de usted en la Casa Nightingale, y ha sido Ethel Brumfett.

Ella se puso en pie con un movimiento rápido y se quedó mirándolo con sus ojos asombrosamente verdes, reflexivos y fijos. Algo dentro de él sabía que debía decir determinadas palabras. ¿Dónde estaban esas frases manidas, esas advertencias oficiales, la perorata profesional que viene a los labios casi espontáneamente en el momento de presentar la acusación? Se habían perdido, por no venir al caso y ser hueras, en algún limbo de su entendimiento. Sabía que estaba enfermo, que aún se encontraba débil por la pérdida de sangre y que ahora tenía que retirarse, traspasar el caso a Masterson y meterse en la cama. Él, el más puntilloso de los detectives, había hablado como si no existieran normas establecidas, como si estuviera enfrentándose a un enemigo personal. Pero tenía que seguir. Aunque no pudiera probarlo, tenía que oírla admitir que él sabía la verdad. Y como si fuera la pregunta más natural del mundo, dijo con voz suave:

—¿Estaba ya muerta cuando la echó al fuego?

IV

Entonces, alguien llamó al timbre de la puerta del piso. Sin decir palabra, Mary Taylor se echó la capa sobre los hombros y fue a abrir. Hubo un corto susurro de voces; luego entró en la sala, seguida del doctor Courtney-Briggs. Dalgliesh vio que las manecillas del reloj marcaban las siete y veinticuatro minutos. La jornada laboral estaba a punto de iniciarse.

Courtney-Briggs ya estaba vestido. No manifestó la menor sorpresa por la presencia de Dalgliesh ni ninguna preocupación especial por su evidente debilidad. Se dirigió a los dos con voz neutra:

—Me han dicho que hubo un incendio durante la noche. No he oído a los bomberos.

Mary Taylor, con la cara tan blanca que Dalgliesh pensó que iba a desmayarse, dijo con calma:

—Entraron por la puerta de Winchester Road y no pusieron las sirenas para no despertar a los enfermos.

—¿Y qué me dicen de ese rumor de que han encontrado un cuerpo quemado entre las cenizas del cobertizo del jardín? ¿De quién es el cadáver?

—Es la enfermera Brumfett —dijo Dalgliesh—. Dejó una nota confesándose autora de los asesinatos de la enfermera Pearce y de la enfermera Fallon.

—¡Las mató Brumfett! ¡Brumfett!

Courtney-Briggs lanzó una agresiva mirada a Dalgliesh, con sus facciones grandes y hermosas al borde de descomponerse por la irritación y la incredulidad.

—¿Dijo por qué? ¿Estaba loca esa mujer?

—Brumfett no estaba loca, y sin duda creía tener sus razones —dijo Mary Taylor.

—Pero ¿qué va a ser hoy de mi sala? Empiezo a operar a las nueve en punto. Usted ya lo sabe. Y tengo una lista de intervenciones muy largas. Las dos enfermeras titulares están de baja por la gripe. No puedo poner los enfermos graves en manos de estudiantes de primero o segundo curso.

La jefa de enfermería dijo con calma:

—Enseguida me ocuparé de eso. La mayor parte de las enfermeras de servicio ya estarán levantadas a estas horas. No va a ser sencillo, pero, si es necesario, retiraremos alguna de la escuela. —Se volvió hacia Dalgliesh—: Prefiero hablar por teléfono desde las habitaciones de las enfermeras. Pero no se inquiete. Me hago cargo de la importancia de nuestra conversación y regresaré para concluirla.

Los dos hombres la contemplaron mientras se perdía por la puerta y la cerraba sin hacer ruido. Por primera vez pareció darse cuenta Courtney-Briggs de la presencia de Dalgliesh. Dijo en tono desagradable:

—No olvide pasar por el servicio de rayos X a que le hagan una radiografía de la cabeza. No hace bien en no guardar cama. Le reconoceré en cuanto haya resuelto las obligaciones de la mañana. —Hizo que el asunto sonara a trámite tedioso para el que tendría que buscar un momento.

Dalgliesh preguntó:

—¿A quién vino usted a visitar en la Casa Nightingale la noche en que asesinaron a Josephine Fallon?

—Ya se lo dije. A nadie. Yo no entré en la Casa Nightingale.

—Tiene diez minutos sin justificarse, diez minutos durante los cuales estuvo abierta la puerta trasera que conduce al piso de la jefa de enfermería. La enfermera Gearing hizo salir a su amigo por ahí y estuvo paseándose con él por el parque. De manera que usted pensó que debía estar la jefa, pese a no haber luces encendidas, y ascendió por las escaleras hasta el piso. Debió esperar un rato. ¿Por qué, me pregunto yo? ¿Por curiosidad? ¿O buscaba usted algo?

—¿Por qué habría de visitarla? No estaba. Aquella noche, Mary Taylor estaba en Ámsterdam.

—Pero usted no lo sabía en aquel momento, ¿no es verdad? La señorita Taylor no acostumbra a asistir a congresos internacionales. Por razones que bien podemos imaginarnos, no ha querido enseñar demasiado la cara en público. Esta falta de interés por las relaciones sociales se consideraba un rasgo de modestia en una mujer tan capaz y tan inteligente. Solo a última hora de la tarde del martes se le pidió que fuera a Ámsterdam en representación del Comité de las Escuelas de Enfermería de la zona. Usted pasa consulta los lunes, jueves y viernes. Pero la noche del miércoles le avisaron para intervenir a un paciente particular. Supongo que al personal del quirófano, ocupado con la emergencia, no se le ocurriría mencionar que la señorita Taylor no estaba en el hospital. ¿Por qué tenían que mencionarlo? —Hizo una pausa.

Courtney-Briggs dijo:

—¿Y cuándo supone usted que planeé visitar a la jefa de enfermería a media noche? ¿No está presuponiendo usted que hubiera sido un visitante bien recibido? ¿No está usted sugiriendo que ella me esperaba?

—Usted vino a ver a Irmgard Grobel.

Hubo un momento de silencio. Luego, Courtney-Briggs dijo:

—¿Qué sabe usted de Irmgard Grobel?

—Lo mismo que usted y por boca de la misma persona: la señora Dettinger.

Otro silencio. Luego, con la obstinación de quien sabe que no van a creerle, Courtney-Briggs dijo:

—Irmgard Grobel ha muerto.

—¿De verdad? —preguntó Dalgliesh—. ¿No esperaba usted encontrarla en el piso de la señorita Taylor? ¿No era esta la primera oportunidad que se le presentaba de echarle en cara lo que usted sabía? Y debía estar deseándolo. Ejercer el poder siempre es agradable, ¿no es cierto?

Courtney-Briggs dijo con calma:

—Eso lo sabrá usted.

Permanecieron mirándose un momento en silencio. Dalgliesh preguntó:

—¿Qué tenía usted pensado hacer?

—Nada. Yo no relacionaba a Grobel con la muerte de Pearce ni con la de Fallon. Incluso si hubiera relación, dudo de que hubiese hablado. Este hospital necesita a Mary Taylor. Por lo que a mí respecta, Irmgard Grobel no existe. Fue juzgada en su momento y no se la consideró culpable. Eso bastaba para mí. Soy cirujano, no me dedico a la teología moral. Yo hubiera guardado el secreto.

Por supuesto que lo hubiera guardado, pensó Dalgliesh. El valor de ese secreto habría desaparecido en cuanto se hiciese público. Era una información especial, una información muy importante, conseguida a un cierto precio y que él hubiera utilizado a su manera. Ponía a Mary Taylor en su poder para siempre. Esa mujer, que tantas veces y tan enojosamente se le oponía, cuyo poder era cada vez mayor y que estaba a punto de ser nombrada jefa del servicio de enfermería, la misma que influía contra él en el presidente de la junta directiva del hospital. En sir Marcus Cohen. ¿Qué influencia retendría sobre aquel judío devoto cuando se supiera que había trabajado en la institución Steinhoff? Estaba de moda olvidar esas cosas, pero ¿podría perdonarlas sir Marcus Cohen?

Recordó las palabras de Mary Taylor. Hay más de una forma de chantaje. Tanto Heather Pearce como Ethel Brumfett sabían eso. Y quizás el chantaje más gratificante para un temperamento delicado no consistiera en exigir dinero sino en gozar del secreto so capa de generosidad, bondad, complicidad o superioridad moral. Al fin y al cabo, la enfermera Brumfett no había pedido demasiado, solo una habitación junto a la de su ídolo; el prestigio de que todo el mundo supiera que era la amiga de la jefa; compañía en sus horas libres. La pobre imbécil de Pearce solo había exigido unos cuantos chelines a la semana y uno o dos versículos de las escrituras. Pero cómo debieron disfrutar de su poder. Y cuán infinitamente más gratificante habría encontrado Courtney-Briggs el suyo. No cabía duda de que estaba decidido a guardar el secreto; no le había hecho ninguna gracia saber que Scotland Yard se abatiría sobre la Casa Nightingale.

—Nosotros podemos probar que usted voló a Alemania la noche del viernes —dijo Dalgliesh—. Y yo creo adivinar la razón. Era la forma más rápida y segura de informarse sobre lo que quería, preferible a dirigirse a la Auditoría del Ejército. Probablemente consultó los archivos de prensa y las actas del proceso. Eso es lo que yo hubiera hecho. Y sin duda dispone usted de muy buenas relaciones. Pero nosotros podemos descubrir dónde estuvo y qué hizo. No es posible entrar y salir del país de incógnito.

—Admito que lo sé —dijo Courtney-Briggs—. También admito que vine a la Casa Nightingale a ver a Mary Taylor la noche que murió Fallon. Pero nada de lo que he hecho es ilegal ni puede ponerme en ningún compromiso.

—Eso lo creo.

—Aunque hubiese hablado antes, habría sido demasiado tarde para salvar a Pearce. Estaba ya muerta cuando me visitó la señora Dettinger. No tengo nada que reprocharme.

Comenzaba a defenderse con tanta torpeza como un colegial. Después oyeron unos pasos apagados y miraron alrededor. Mary Taylor había vuelto. Se dirigió sin más al cirujano:

—Puedo proporcionarle a las gemelas Burt. Me temo que eso significa el final de este trimestre, pero no tengo elección. Tendrán que reincorporarse a las salas.

Courtney-Briggs dijo refunfuñando:

—Cumplirán. Son chicas juiciosas. Pero ¿qué pasa con la enfermera titular?

—Tenía pensado que se hiciera cargo, provisionalmente, la enfermera Rolfe. Pero me temo que no será posible. Va a irse del John Carpendar.

—¡Irse! ¡No puede hacer eso! —exclamó Courtney-Briggs.

—No veo cómo podría yo impedírselo. Pero creo que tampoco tendré oportunidad de intentarlo.

—Pero ¿por qué se va? ¿Qué ha pasado?

—No quiere decirlo. Creo que ha habido algo en la investigación policial que la ha trastornado.

Courtney-Briggs se dio la vuelta para encarar a Dalgliesh.

—¡Ya ve! Dalgliesh, yo comprendo que usted se limita a hacer su trabajo, que usted ha sido enviado aquí para esclarecer las muertes de las dos chicas. Pero, por el amor de Dios, ¿no se le ha ocurrido a usted que esta intromisión está poniendo las cosas muchísimo peor?

—Sí —dijo Dalgliesh—. ¿Y no le pasa a usted lo mismo en su trabajo alguna vez?

V

Ella acompañó a Courtney-Briggs a la puerta. No se demoraron. Estaba de vuelta en menos de un minuto y, avanzando con decisión hacia la chimenea, dejó que la capa le resbalara de los hombros y la extendió pulcramente sobre el respaldo del sofá. Luego, arrodillándose, cogió un par de tenazas de cobre y se puso a arreglar el fuego, ordenando meticulosamente los carbones, de manera que cada llama de los encendidos diera en otro trozo. Sin mirar a Dalgliesh, dijo:

—Nos han interrumpido nuestra conversación, superintendente. Usted me estaba acusando de asesinato. Ya he afrontado esa acusación otra vez, pero al menos el tribunal de Felsenheim aportó ciertas pruebas. ¿Qué pruebas tiene usted?

—Ninguna.

—Ni las encontrará.

Ella hablaba sin ira ni complacencia, pero con una fuerza, con una serenidad y resolución que nada tenían que ver con la inocencia. Dejando caer los ojos sobre la cabeza que brillaba al resplandor de la chimenea, Dalgliesh dijo:

—Pero usted no lo ha negado. Usted no me ha mentido de momento y supongo que no se propondrá empezar a mentir ahora. ¿Por qué habría de suicidarse Brumfett por ese procedimiento? Le gustaba la comodidad. ¿Por qué tener una muerte incómoda? Los suicidas rara vez hacen cosas así, salvo cuando son demasiado psicóticos para importarles. Ella tenía acceso a muchos medicamentos mortales. ¿Por qué molestarse en salir a un parque frío y oscuro e inmolarse con una larga agonía? Ni siquiera contaba con la ayuda de estar siendo un espectáculo público.

—Hay precedentes.

—No muchos en este país.

—Quizá fuese demasiado psicótica para que le importara.

—Desde luego, eso es lo que se dirá.

—Quizá se diera cuenta de que era importante no dejar un cadáver identificable si quería convencerlo a usted de que ella era Grobel. Contando con una confesión escrita y un montón de huesos carbonizados, ¿por qué tendría usted que complicarse la vida? No servía para nada matarse si usted podía determinar la identidad del cadáver sin mayores problemas.

—Una mujer inteligente y sagaz razonaría de ese modo. Ella no era ninguna de las dos cosas. Pero usted sí. Debió parecerle que valía la pena intentarlo. Aunque nosotros no hubiéramos descubierto lo de Irmgard Grobel y Felsenheim, ya era importante de por sí quitarse de encima a Brumfett. Como usted misma ha dicho, ni siquiera sabía matar sin armar un cisco. Ya debía de estar aterrorizada cuando intentó asesinarme. No sería difícil que volviera a caer en el pánico. Durante muchos años había sido un estorbo para usted; ahora se había convertido en una peligrosa responsabilidad. Usted no le pidió que matara en su nombre. Ni siquiera era una manera razonable de salvar una dificultad. Hubiera sido posible hacer frente a las amenazas de Pearce si la enfermera Brumfett se hubiese limitado a no perder la cabeza e informarla a usted de lo que sucedía. Pero ella tuvo que demostrarle su devoción de la forma más espectacular posible. Mató para protegerla a usted. Y esas dos muertes las ligarían, a usted y a ella, indisolublemente, para toda la vida. ¿Cómo iba a sentirse usted libre ni segura mientras viviese Brumfett?

—¿No va usted a explicarme cómo lo hice?

Bien podían ser, pensó Dalgliesh, dos colegas comentando un caso. A pesar de toda su debilidad, él sabía que esta estrambótica conversación era peligrosamente poco ortodoxa, que la mujer arrodillada a sus pies era una enemiga, que la inteligencia que se enfrentaba a la suya estaba íntegra. Ahora ella no tenía la menor esperanza de salvar su reputación, pero estaba luchando por su libertad, quizás incluso por su vida. Dalgliesh dijo:

—Puedo decirle cómo lo habría hecho yo. No era complicado. La habitación de Brumfett es la puerta inmediata al piso de usted. Supongo que ella solicitó ese cuarto y que a la enfermera Brumfett no se le podía negar nada. ¿Porque estaba enterada de lo de Steinhoff? ¿Porque la tenía a usted atrapada? ¿O sencillamente porque había hecho recaer sobre usted el peso de su devoción y usted no tuvo la crueldad de librarse de ella? El caso es que dormía cerca de usted.

»Yo no sé cómo murió. Pudo ser una pastilla, una inyección, cualquier cosa que usted le administraría con la excusa de ayudarla a dormir. Previamente, a petición de usted, había escrito la confesión. Me gustaría saber cómo logró convencerla para que la escribiera. No creo que ella pensara en ningún momento que se iba a utilizar. No está dirigida a mí ni a ninguna persona en concreto. Me imagino que usted dijo que debía haber algo por escrito, por si acaso les ocurría alguna cosa, a usted o a ella, o por si se necesitaba disponer en el futuro de un documento donde constara lo que realmente había sucedido, una prueba que la protegiera a usted. Así que ella escribió esta simple nota, probablemente dictada por usted. Es de una franqueza y de una lucidez que, supongo yo, poco tienen que ver con la enfermera Brumfett.

»Y luego murió. A usted le bastó con acarrear el cadáver un par de metros para ponerse a salvo detrás de la puerta de su casa. Aun así, esta es la parte más arriesgada del plan. ¿Y si se hubiera presentado la enfermera Gearing o la Rolfe? Por lo tanto, usted debió dejar abiertas las puertas del cuarto de la enfermera Brumfett y las de su piso, y escuchar atentamente hasta asegurarse de que no había nadie en el pasillo. Luego se echó el cadáver al hombro y pasó todo lo deprisa posible a este piso. Dejó el cadáver sobre la cama y regresó a cerrar el cuarto de ella y a echar la llave del piso. Brumfett era una mujer gorda pero baja. Usted es alta y fuerte y tiene costumbre de mover enfermos imposibilitados. Esta parte no era muy difícil.

»Pero luego tuvo que trasladarla al automóvil. Le vino bien tener acceso al garaje desde el portal, y no digamos ya a su escalera privada. Estando bien cerradas con llave la puerta interior y la exterior del piso, usted pudo operar sin temor a que la sorprendieran. Una vez depositado el cadáver en el asiento trasero de su coche y cubierto con una manta de viaje, lo condujo por el recinto y se metió marcha atrás entre los árboles, acercándose cuanto pudo al cobertizo. Dejó el motor en marcha. Era importante contar con una huida rápida y estar de vuelta en el piso antes de que se viera el incendio. Esta parte del plan es un poco arriesgada, pero el camino que conduce a Winchester Road rara vez se utiliza después del anochecer. El fantasma de Nancy Gorringe se ocupa de eso. Hubiera sido un inconveniente, pero no una catástrofe, que la hubieran visto. Después de todo, usted es la jefa de enfermería y nada le impide salir a dar una vuelta en coche por la noche. De haber pasado alguien, habría tenido que seguir adelante y elegir otro lugar u otro momento. Pero no pasó nadie. Ahora el coche está muy metido entre los árboles, con las luces apagadas. Usted transporta el cadáver a la choza. Luego hace un segundo viaje con el bidón de petróleo. Y después de eso ya solo le queda empapar el cadáver y los objetos que lo rodean, apilar leña y lanzar una cerilla encendida desde la puerta.

»Solo necesita un momento para volver a partir con el coche y regresar directamente por la puerta del garaje. Una vez que ha cerrado esa puerta y está usted dentro, ya está a salvo. Desde luego, usted sabe que el fuego será tan violento que se verá casi enseguida. Pero para entonces ya está en el piso, lista para recibir la llamada de teléfono que la informará de que los bomberos están en camino y dispuesta a avisarme a mí. Y la confesión de la suicida, que ella ha dejado en sus manos y que tal vez no fuera necesario utilizar nunca, también está lista para ser entregada.

Ella preguntó con calma:

—¿Y cómo va usted a probar eso?

—Probablemente no podré probarlo. Pero sé que eso es lo que ha sucedido.

—Pero usted va a intentar probarlo —dijo ella—, ¿no es cierto? Porque Adam Dalgliesh no puede permitirse un fallo. Y va a intentar probarlo sin importarle cuál sea el precio que pagará usted o cualquier otra persona. Al fin y la cabo, hay alguna posibilidad. No existen muchas esperanzas de encontrar rastros de los neumáticos entre los árboles, desde luego. Los efectos del fuego, las ruedas del camión de bomberos, las pisadas de la gente, habrán borrado las huellas. Pero entonces usted examinará el interior del coche y, sin duda, sobre todo la manta de viaje. No se olvide de la manta de viaje, superintendente. Habrá fibras de las ropas, e incluso cabellos quizá. Pero eso no sorprenderá a nadie. La señorita Brumfett me acompañaba muchas veces en el coche; en realidad, la manta de viaje del coche era suya; y es muy probable que esté repleta de pelos suyos.

Pero ¿y los rastros de mi piso? Si bajé el cadáver por la estrecha escalera trasera, es casi seguro que habrán quedado señales en las paredes, donde las arañaran los zapatos de Brumfett. A no ser, claro está, que la mujer que mató a Brumfett tuviera el suficiente sentido común para quitarle los zapatos a la víctima y llevarlos aparte, a lo mejor colgados de los cordones alrededor del cuello. No era posible dejarlos en el piso. Usted podría comprobar el número de pares que tenía Brumfett. Después de todo, alguien habrá que lo sepa en la Casa Nightingale. Tenemos aquí tan poca intimidad... Y ninguna mujer andaría descalza, entre los árboles, para matarse.

»¿Y los demás rastros del piso? Si la maté yo, tendrá que haber una jeringuilla, un frasco de píldoras, algo que denuncie cómo lo hice. Pero tanto su botiquín como el mío contienen aspirinas y pastillas para dormir. Supongo que yo le daría una cosa de esas. ¿O me limitaría a atontarla o a asfixiarla? Cualquier sistema es tan bueno como otro con tal de que no arme jaleo. ¿Cómo va usted a demostrar de qué forma murió si el forense solo dispone de unos cuantos huesos carbonizados? Y además está la confesión de suicidio, una nota de su puño y letra donde constan datos que solo podría conocer el asesino de Pearce y Fallon. Sea cual sea su opinión, superintendente, ¿va usted a decirme que el juez no se conformará con dar por bueno que Ethel Brumfett escribió esa nota como una confesión antes de quemarse viva?

Dalgliesh comprendió que no aguantaría mucho rato en pie. Ahora estaba luchando contra el mareo al mismo tiempo que contra la debilidad. La mano que tenía sobre la repisa de la chimenea, para sostenerse, estaba más helada que el mármol y resbaladiza de sudor, y el mismo mármol le parecía blando y maleable como masilla. Sentía dolorosas palpitaciones en la herida, y el monótono dolor de cabeza, que hasta entonces había sido poco más que un ligero malestar, se iba agudizando y concretando en forma de aguijonazos detrás del ojo izquierdo. Caer desvanecido a los pies de ella sería una humillación que él no olvidaría. Luego, poco a poco, se fue deslizando al asiento. La voz de ella parecía llegarle desde muy lejos, pero aún oía las palabras y se daba cuenta de que su propia voz seguía siendo normal.

Ella continuó:

—Supongamos que yo le digo que estoy en condiciones de controlar a Courtney-Briggs y que nadie, salvo nosotros tres, sabrá nunca lo de Felsenheim. ¿Estaría usted dispuesto a dejar mi pasado fuera de su informe, de modo que al menos esas chicas no hayan muerto en vano? Para este hospital es importante que yo siga siendo la jefa de enfermería. No le estoy pidiendo piedad. No temo nada por mí. Usted nunca conseguirá demostrar que yo maté a Ethel Brumfett. ¿No va a ponerse en ridículo intentándolo? ¿No es mucho más valiente y sensato olvidarse de que hemos mantenido esta conversación, aceptar como cierta la confesión de Brumfett, puesto que lo es, y dar por cerrado el caso?

—Eso no es posible —dijo él—. Su pasado forma parte de las pruebas. Yo no puedo destruir pruebas ni omitir hechos relevantes en mi informe por la simple razón de que a mí no me gusten. Si alguna vez hiciera una cosa así, tendría que renunciar a mi trabajo. No solo a este caso concreto, sino a mi trabajo. Y para siempre.

—Y eso no podría usted hacerlo, por supuesto. ¿Qué sería de un hombre como usted sin su trabajo, sin este preciso trabajo? Usted es tan vulnerable como el resto de nosotros. Incluso tendría que comenzar a vivir y a sentir como un ser humano.

—No va a conmoverme por ese procedimiento. ¿Para qué humillarse intentándolo? Existen normas, órdenes, y un juramento. Sin todas esas cosas, nadie podría hacer la labor policial con garantías. Sin todas esas cosas, ni Ethel Brumfett estaría a salvo, ni usted estaría a salvo, ni Irmgard Grobel estaría a salvo.

—¿Esa es la razón de que no vaya a ayudarme?

—No únicamente. Yo tampoco quiero ayudarla.

Ella dijo con tristeza:

—Lo cual es honrado, por lo menos. ¿Y no tiene usted ninguna clase de dudas?

—Desde luego que las tengo. No soy tan arrogante como para no tenerlas.

Y sí que las tenía. Pero eran dudas intelectuales y filosóficas, de las que no atormentan ni perduran. Hacía ya muchos años que esas dudas no le quitaban el sueño.

—Porque hay normas, ¿no es cierto? Y órdenes. E incluso un juramento. Todas esas cosas son escudos muy útiles para protegerse de las dudas cuando nos incordian. Yo lo sé porque a mí me protegieron en una ocasión. Al fin y al cabo, usted y yo no somos tan distintos, Adam Dalgliesh.

Recogió la capa que estaba sobre el respaldo de la

silla y se la echó sobre los hombros. Se acercó a él y se detuvo enfrente, sonriéndole. Luego, advirtiendo su debilidad, levantó ambas manos y lo ayudó a ponerse en pie. Se quedaron mirándose el uno al otro. De repente sonó el timbre de la puerta y casi a la vez el zumbido chillón e insistente del teléfono. Para ambos, había comenzado el día.

9

Epílogo estival

I

Acababan de dar las nueve cuando le pasaron el aviso. Dalgliesh salió a pie de Scotland Yard y cruzó Victoria Street entre la niebla matinal, seguro presagio de un nuevo día caluroso de agosto. Encontró la dirección sin dificultad. Era un gran edificio de ladrillo rojo situado entre Victoria Street y Horseferry Road, no demasiado sórdido pero sí sombrío y deprimente, un rectángulo funcional con la fachada moteada de ventanas desproporcionalmente diminutas. No había ascensor y subió a pie, sin que nadie se lo impidiera, los tres tramos de escaleras forradas de linóleo que conducían al último piso.

El rellano olía a sudor rancio. En la puerta del apartamento, una mujer madura y muy gorda, con un delantal floreado, se quejaba al agente de servicio entre gemidos bronquíticos. Al ver acercarse a Dalgliesh, se volvió hacia él, perorando protestas y recriminaciones a mansalva. ¿Qué iba a decir el señor Goldstein? En realidad, ella no tenía derecho a subarrendar una habitación. Solo lo había hecho por complacer a la señora. Y ahora esto. La gente no tenía consideración.

Pasó de largo junto a ella sin hablar y entró en el cuarto. Era una pieza cuadrada, sofocante de olor a pulimento de muebles y abarrotado de objetos que habían sido símbolos de riqueza en otra década. La ventana estaba abierta y las cortinas de encaje descorridas, pero escaseaba el aire. Se diría que el oficial médico y el detective encargado del caso, que eran individuos voluminosos, lo habían consumido todo.

Otro cadáver que contemplar; solo que este no era de su responsabilidad. Como si comprobara un recuerdo, solo necesitó echar un vistazo al cuerpo rígido que había sobre la cama para percibir con distanciado interés que el brazo colgaba suelto por el borde, con los largos dedos doblados, y que la jeringuilla hipodérmica seguía pinchada en el antebrazo, como una especie de insecto metálico con las fauces hincadas a fondo en la tersura de la carne. La muerte no la había despojado de su personalidad, al menos de momento. Pero ocurriría bastante pronto, junto con los demás oprobios de la descomposición.

El médico, con la camisa remangada y sudando, se disculpó como si temiera haber hecho algo mal. Al apartar la mirada de la cama, Dalgliesh se dio cuenta de que le estaba hablando:

—Y puesto que Scotland Yard está tan cerca y dado que la segunda nota iba dirigida a usted personalmente... —Hizo una pausa dubitativa.

—Ella misma se inyectó evipán. La primera nota es absolutamente explícita. Es un caso claro de suicidio. Por eso no quería telefonearle el detective. Pensaba que no merecía la pena que se tomara usted la molestia de venir. En realidad, aquí no hay nada de interés.

—Me alegro de que llamara —dijo Dalgliesh—. Y no es ninguna molestia.

Había dos sobres blancos, uno de ellos cerrado y dirigido a él; el otro, abierto, llevaba escritas las palabras: «A quien corresponda.» Dalgliesh se preguntó si habría sonreído al escribir aquella frase. Ante la mirada del médico y del detective, abrió la carta. La letra era completamente firme, de trazos gruesos y puntiaguda. Cayó en la cuenta, con una especie de sobresalto, de que era la primera vez que veía algo escrito por ella.

Nadie pudo creerlo, pero usted tenía razón. Yo maté a Ethel Brumfett. Era la primera vez que mataba en mi vida; me parece importante que lo sepa. Le inyecté evipán, igual que haré conmigo dentro de muy poco. Ella pensó que era un sedante. ¡Pobre crédula! Hubiera tomado la nicotina de mi mano con toda facilidad y hubiera servido para lo mismo.

Yo esperaba poder hacer aún algo que valiera la pena. No ha sido así y no tengo carácter para vivir fracasada. No me arrepiento de lo que hice. Era lo mejor para el hospital, lo mejor para ella y lo mejor para mí. No era fácil que me disuadiera el que Adam Dalgliesh considerase su trabajo la personificación de la ley moral.

Se equivocaba, pensó él. No era que nadie hubiese creído en él, sino que, como era lógico, exigieron que encontrara alguna prueba. No había encontrado ninguna, ni entonces ni después, aunque había continuado con el caso, como si fuese una venganza personal, lleno de odio contra ella y contra sí mismo. Y ella no había admitido nada; ni en ningún momento había corrido el peligro de caer en el pánico.

Muy poco quedó sin explicar en la encuesta judicial sobre las muertes de Heather Pearce, Josephine Fallon y Ethel Brumfett. Quizás el juez opinase que ya había habido demasiados rumores y especulaciones. Se reunió con el jurado y no hizo nada en absoluto por abreviar las preguntas a los testigos ni tampoco por atemperar los procedimientos. Cuando salió a la luz la historia de Irmgard Grobel y de la institución Steinhoff, sir Marcus Cohen estaba sentado junto a Dalgliesh, al fondo de la sala de visitas, y había escuchado con el rostro contraído de pesadumbre. Acabada la encuesta del jurado, Mary Taylor se acercó a él, atravesando la sala, le entregó una carta con su dimisión y se fue sin pronunciar palabra. Aquel mismo día abandonó el hospital. Y ese fue el final, en lo tocante al John Carpendar. No se descubrió nada más. Mary Taylor había quedado en libertad; en libertad para buscar este cuarto y esta muerte.

Dalgliesh anduvo hasta la chimenea. El pequeño hogar, de baldosas color verde bilioso, estaba ocupado por un ventilador polvoriento y un tarro de mermelada lleno de hojas secas. Con cuidado, los apartó. Se daba cuenta de que el médico y el detective lo miraban con rostros inexpresivos. ¿Qué pensarían que iba a hacer?

¿Destruir pruebas? ¿Por qué se preocupaban? Ellos ya tenían su carta, lista para depositarla en el juzgado, utilizarla como prueba y archivarla en el ostracismo. Esto solo le competía a él.

Mantuvo la carta abierta, temblorosa, en el hueco de la chimenea y, encendiendo una cerilla, le prendió fuego por una de las esquinas. Pero el tiro era flojo y el papel fuerte. Tuvo que sostenerla, batiéndola un poco, hasta chamuscarse las yemas de los dedos, antes de que la hoja ennegrecida se desprendiera de su mano, desapareciendo por la negrura de la chimenea y ascendiendo en cenizas hacia el cielo estival.

II

Aquel mismo día, diez minutos después, llegaba la señorita Beale en su coche al hospital John Carpendar. Entró por la puerta principal y se detuvo en la garita del portero. La recibió una cara desconocida, un portero joven y nuevo, en mangas de camisa como correspondía al uniforme de verano.

—¿La inspectora del Departamento General de Enfermería? Buenos días, señorita. Me temo que esta entrada no es la mejor para ir a la nueva escuela de enfermeras. De momento está en un edificio provisional, en la parte despejada del recinto donde hubo un incendio. Está muy cerca de donde estaba la antigua escuela. Si toma la primera carretera a la izquierda...

—Muy bien, gracias —dijo la señorita Beale—. Conozco el camino.

Había una ambulancia frente al servicio de urgencias. Al mismo tiempo que la señorita Beale pasaba de largo muy despacio salió del hospital la enfermera Dakers, con una cofia de encaje y el cinturón azul del personal de plantilla, cambió unas palabras con los camilleros y estuvo supervisando el traslado del paciente. A ojos de la señorita Beale, parecía haber crecido tanto en estatura como en autoridad. No quedaba rastro en aquella mujer segura de la aterrorizada estudiante que había sido. Así que la enfermera Dakers se había graduado. Bueno, eso era de esperar. También cabía presumir que las gemelas Burt, asimismo ascendidas, estarían trabajando en cualquier otra parte del hospital. Pero sí que había habido cambios. La enfermera Goodale se había casado; la señorita Beale leyó la noticia en la prensa nacional. Y Hilda Rolfe, según contaba Angela, hacía de enfermera en algún sitio de África central. Esta mañana conocería a la nueva jefa de estudios. Y a la nueva jefa de enfermería. La señorita Beale dedicó un fugaz pensamiento a Mary Taylor. Estaría ganándose bien la vida en alguna parte, si es que no ejercía de enfermera. Las Mary Taylor de este mundo sobrevivían por instinto.

Condujo por el conocido camino que iba entre los prados agostados por el verano, entre los macizos de flores rebosantes de rosales florecidos, y giró para entrar en el túnel verde de los árboles. El aire estaba quieto y caliente, la estrecha carretera se moteaba con los primeros rayos fuertes de luz solar. Y ahora veía la última revuelta que recordaba. La Casa Nightingale, o lo que quedaba del edificio, surgió frente a ella.

Una vez más, detuvo el coche y miró con curiosidad. El edificio daba la sensación de que lo hubiera rajado por la mitad un hachazo de gigante, de ser alguna clase de animal caprichosamente mutilado, dejando sus vergüenzas y su desnudez expuestas a los ojos de todo el mundo. Una escalera desprovista de barandilla ascendía hacia la nada y se cortaba de pronto; en la segunda planta, una bombilla cascada colgaba de un hilo de la luz contra el tabique agrietado; en la planta baja, las ventanas ojivales de la fachada, sin cristales, componían una elegante arcada de piedra tallada por la que se divisaba un fondo empapelado, con manchas claras en los lugares que en tiempos cubrían cuadros y espejos. De los restos de cielo raso, brotaban cables pelados que parecían cerdas de un pincel. Frente a la casa, apilados contra un árbol, había una abigarrada colección de chimeneas, repisas y fragmentos de paneles labrados, a todas luces apartados para conservarlos. En lo alto de lo que quedaba del muro trasero, alguien cuya silueta se recortaba contra el cielo golpeaba con un pico, sin orden ni concierto, ladrillos sueltos. Los ladrillos se desplomaban de uno en uno sobre los escombros del interior del edificio, levantando nubecillas de polvo.

Delante de la casa, otro obrero, desnudo hasta la cintura y con la piel bronceada, manejaba un tractor con una grúa de la que colgaba una cadena y una inmensa bola de hierro. Mientras la señorita Beale lo observaba, con las manos aferradas al volante como si refrenara un instintivo movimiento de retroceder en señal de protesta, la bola se balanceó hacia delante y se estrelló contra lo que quedaba de fachada. Durante un momento no se oyó otra cosa que el resonar del espantoso golpe. Luego, el muro tuvo una suave sacudida y se desmoronó hacia el interior entre el estrépito de la cascada de ladrillos y argamasa, produciendo una ingente polvareda entre la que se adivinaba vagamente la solitaria figura a contraluz que parecía hacer las funciones de demonio supervisor.

La señorita Beale reflexionó un instante, luego fue soltando poco a poco el embrague y guio el coche hacia la derecha, hacia donde se vislumbraban entre los árboles las líneas planas, funcionales y nítidas de la nueva escuela provisional. Allí estaba la normalidad, la higiene, el mundo que ella reconocía como propio. Aquella emoción, sospechosamente parecida al arrepentimiento que había sentido al presenciar la violenta destrucción de la Casa Nightingale, era en realidad una ridiculez. Se empeñó en sofocarla. Era una casa horrible; un edificio maldito. Hubieran debido derribarlo hacía cincuenta años. Y nunca había tenido las mínimas condiciones para ser una escuela de enfermeras.